Karen Hamaker-Zondag
Die Yod-Figur

Karin Hamaker-Zondag bei IRIS

Reihe »Astrologische Deutung«
Band 1 Elemente und Kreuze
Band 2 Deutung der Planeten
Band 3 Deutung der Häuser
Band 4 Deutung von Aspekten und Aspektfiguren
Band 5 Häuserherrscher und Häuserbeziehungen

Das 12. Haus
Stundenastrologie
Die Yod-Figur

KAREN HAMAKER-ZONDAG

Die Yod-Figur

UND DIE UNASPEKTIERTEN PLANETEN

Die Originalausgabe erschien unter dem Titel *De Jod Figuur en ongeaspecteerde planeten* bei Symbolon, 1998, Amstelveen, Niederlande.
Die erste deutsche Ausgabe erfolgte 2001 bei IRIS, Amsterdam, Niederlande.

2. Auflage 2023

Karen Hamaker-Zondag
Die Yod-Figur

Übersetzung: Christine Ruf und Brigitte Talke
Umschlaggestaltung: Studio Paul Pollmann/Dragon Design GB
Foto: nednapa/shutterstock.com

Illustrationen: Hans Hamaker

Gesamtherstellung: Libri Plureos GmbH, Hamburg
Printed in Germany

ISBN 978-3-89060-837-2

IRIS ist ein Imprint bei Neue Erde.

Neue Erde GmbH
Cecilienstr. 29 · 66111 Saarbrücken · Deutschland · Planet Erde
www.neue-erde.de · info@neue-erde.de

Inhaltsverzeichnis

Vorwort

Die Jahre zwischen 1975 und 1978 kann ich im Nachhinein als einen wichtigen Wendepunkt in meinem Leben betrachten. Aber fragen Sie mich nicht, was in dieser Zeit alles geschehen ist! Viel Kummer und Schmerz, Emotionen, turbulente Ereignisse, gesundheitliche Probleme, Familienprobleme – es wurde immer schlimmer, bis ich an einen Punkt gelangte, an dem ich das Gefühl hatte, mein ganzes Leben hinter mir lassen und von vorne beginnen zu müssen. Das waren auch die Jahre, in denen ich mich trotz zweier akademischer Titel entschied, der akademischen Welt Lebewohl zu sagen und zu versuchen, mit der Astrologie meinen Lebensunterhalt zu verdienen. Es ist schwer zu beschreiben, was man in so einer Zeit durchmacht, und natürlich versuchte ich auch, dies astrologisch zu analysieren.

Heute, viele Jahre später, verstehe ich sehr gut, was damals los war, sowohl psychologisch als auch astrologisch. Aber damals kannte ich die Yodfigur noch nicht. Ich hatte zwar von der Existenz des Quinkunx gehört, hatte aber nach damaligen Gesichtspunkten gelernt, dass ein Quinkunx als Nebenaspekt nicht so wirksam sei. Jetzt weiß ich es allerdings besser!

1975 stand Pluto in der Primärprogression im Quinkunx zu meinem Aszendenten und bildete gleichzeitig ein Quinkunx zu meinem Jupiter: eine Yodfigur also. 1976 bildete sich die gleiche Konstellation, aber diesmal im Transit. Ende 1976 gesellte sich Neptun in Schütze hinzu, der im Sextil zu Pluto stand und ebenfalls ein Quinkunx zu meinem Jupiter bildete. Also ein doppeltes Yod. Und kurz darauf, im Januar und Februar 1977, kam noch Saturn in Löwe hinzu und stand im Quinkunx zu meinem Aszendenten; gleichzeitig bildete er ein Sextil zu Pluto: das dritte Yod. Und 1977/1978 lief der primärprogressive Mars in meinem Geburtshoroskop in die Fische und bildete hier ein Quinkunx zu Pluto, Neptun und Saturn. Zwei weitere Yodfiguren kamen also hinzu! Und das innerhalb kurzer Zeit, wobei sie sich teilweise überschnitten.

Durch all das, was ich in dieser Zeit erlebte, veränderte ich mich. Mein Traumleben war sehr bewegt. In diesen Jahren beschäftigte ich mich intensiv mit Jungscher Psychologie. Das bedeutete Konfrontation mit mir selbst. Diesen Verarbeitungsprozessen stellte ich mich, um mit mir selbst ins Reine zu kommen.

1978 heiratete ich Hans - ein wichtiger Wendepunkt in meinem Leben. Ich lernte ihn während der „Yodjahre" kennen; vergleicht man unsere Horoskope in der Synastrie, findet man noch weitere Yodfiguren. Die Extreme konnten nicht größer sein als in diesen Jahren: tiefer Schmerz um Erfahrungen aus der Vergangenheit, die verarbeitet werden mussten, und großes Glück in der Liebe. Ich hatte mehr und mehr die Vermutung, dass diese Horoskopfigur, das Yod, damit zu tun haben könnte und entschloss mich, dem auf die Spur zu kommen. Eine völlig neue Welt tat sich vor mir auf! Und als ob der Himmel mir hätte helfen wollen, fand ich in den nächsten neunzehn Horoskopen, die ich für meine Klienten analysierte, eine Yodfigur. Diesen Klienten konnte ich dann Fragen stellen und erfahren, wie ihr Leben verlaufen war!

Während ich mich mit der Bedeutung der Yodfigur befasste, stieß ich auch auf das Thema der unaspektierten Planeten. Die Grundproblematik beider Themen gestaltet sich teilweise ähnlich. Auch wenn es sich um zwei verschiedene Horoskopfaktoren handelt, betrachte ich sie in diesem Buch gemeinsam, ich werde aber auch deutlich die Unterschiede aufzeigen.
In der Zeit, in der sich ganz allmählich ein Bild von der tiefen und einschneidenden Bedeutung von Yodfiguren und unaspektierten Planeten in mir entfaltete, begann ich sehr vorsichtig, und unter dem Vorbehalt, dass ich noch dabei war, sie zu studieren, meinen Klienten darüber zu erzählen. Ich werde niemals meine erste Klientin vergessen: Mitten im Gespräch nahm sie, mit Tränen in den Augen, meine Hand und sagte; „Das ist das erste Mal, dass ich das Gefühl habe, verstanden zu werden...". Auf der Stelle nahm ich mir vor, ein Buch über meine Erfahrungen zu schreiben, sobald ich genügend Informationen zu diesem Thema gesammelt hätte. 1989 begann ich zu schreiben, was sehr viel Zeit und Energie in Anspruch nahm. Weihnachten 1998 wurde das Buch dann fertig.
Jetzt, zwanzig Jahre nach dem Beginn meiner Studien über Yodfiguren und unaspektierte Planeten, gebe ich in diesem Buch meine Erfahrungen wieder. Schon öfter ist mir aufgefallen, dass in der Zeit, in der ich ein Buch schreibe, mir genau diese Themen verstärkt in der Außenwelt begegneten. Das war bei meinem Buch über die Yodfigur nicht anders. Natürlich hatte ich auch in der Zeit der Vorbereitung und während des Schreibens selbst wieder die entsprechenden Yodfiguren im Transit und in der Progression. Ich verstand aber viel besser, was sich hier abspielte und hatte bereits gelernt, dem nachzugeben. Ich hoffe, dass dieses Buch nicht nur zu einer besseren Einsicht in die Ursachen von bestimmten unsicheren Gefühlen beiträgt, sondern auch dazu anregt, das Leben mehr im Hier und Jetzt zu genießen.

Im ersten Teil des Buches versuche ich, die Hintergründe und die Dynamik von Yodfiguren und unaspektierten Planeten zu verdeutlichen und zu erklären, und zeige auf, worauf bei der Deutung im Geburtshoroskop, bei Progressionen und Transiten und auch bei der Deutung von Beziehungshoroskopen zu achten ist. Im zweiten Teil führe ich einige Beispiele auf, die Geschichte machten, beispielsweise die Beziehung zwischen Charles und Diana und die zwischen Clinton und Monika Lewinsky. Im Licht von Yodfiguren und unaspektierten Planeten erkennen wir, welche dahinterliegende Dimension bei diesen Beziehungen eine Rolle spielte. Es sind Beispiele, die zeigen, wie Yodfiguren und unaspektierte Planeten zu allerlei komplizierten Situationen in der Außenwelt führen können. Weiterhin habe ich eine Reihe von Beispielen ausgearbeitet, die widerspiegeln, mit welchen Empfindungen und Emotionen Yodfiguren und unaspektierte Planeten in einem selbst einhergehen. Diese Gefühle hat Jung in seinem Buch „Erinnerungen, Träume, Gedanken" auf sehr beeindruckende Weise beschrieben, was ich anhand seines Horoskops genauer aufzeigen werde. Ich beschreibe den Zusammenhang von Empfindungen, Gefühlen und Ereignissen im Leben von Menschen wie Sie und ich, um aufzuzeigen, wie sich Yodfiguren und unaspektierte Planeten im Alltag anfühlen und Gestalt annehmen.

Wie immer bin ich meinem Mann Hans sehr dankbar; er ist meine größte Stütze und gleichzeitig mein größter Kritiker. An dieser Stelle möchte ich auch meiner Schwägerin Yvonne danken, die vergnügt und guter Laune eine Menge Verwaltungsarbeit auf sich nahm, und mir damit viel Freiraum zum Schreiben verschaffte. Die Zusammenarbeit mit ihr war wirklich sehr angenehm. Mein Dank richtet sich auch an die vielen Menschen, die so wunderbar offen und ehrlich ihre Erfahrungen mit mir geteilt haben, sowohl die Klienten als auch die Teilnehmer meiner Workshops. So war ich in der Lage, Yodfiguren und unaspektierte Planeten eingehend zu erforschen. Viele Menschen haben aktiv an diesem Buch mitgearbeitet. Ich durfte ihre Erfahrungen und ihre Geschichte, sowie ihre Horoskope veröffentlichen. All diese Episoden wurden vor der Veröffentlichung von ihnen korrigiert, ergänzt und gebilligt. Sie selbst haben sich für das Pseudonym entschieden, unter dem sie in diesem Buch erscheinen. Daher kann ich an dieser Stelle nicht ihre wahren Namen nennen, um mich herzlich zu bedanken. Die Phase, in der ich an meinem Buch schrieb, habe ich als sehr außergewöhnlich empfunden, und ich bin all diesen Menschen sehr dankbar für ihre Mitarbeit, Unterstützung und Offenheit. Ihnen widme ich dieses Buch.

Karen Hamaker-Zondag

1. Kapitel
Was ist ein Yod?
Technische Hintergründe der Yodfigur

Ein Yod ist eine Aspektfigur, bei der ein Punkt (MC oder Aszendent oder ein Planet) jeweils ein Quinkunx zu zwei weiteren Punkten/Planeten bildet, während diese beiden miteinander im Sextil stehen. An einem Yod kann entweder das MC oder der Aszendent beteiligt sein. Da wir aber keine Aspekte zwischen MC und Aszendent bilden, können diese beiden nicht gleichzeitig an einem Yod beteiligt sein. (Das Wort Yod stammt aus dem Hebräischen und bedeutet „Hand".)
Die Astrologie benennt eine Reihe von Aspekten, die im Horoskop eine geschlossene Figur bilden können. Wir kennen zum Beispiel das große Trigon, das Punkte in den drei Zeichen eines Elements miteinander verbindet, oder das große Quadrat, das Punkte in den vier Zeichen eines Kreuzes miteinander verbindet und so weiter. Die Deutungsrichtung einer Aspektfigur wird unter anderem von der Bedeutung der beteiligten Aspektarten und der beteiligten Planeten bestimmt. Allerdings ist noch mehr zu beachten. Um wirklich zu verstehen, worum es bei Aspekten und Aspektfiguren im Allgemeinen und bei einer Yodfigur im Besonderen geht, müssen wir zunächst einen Umweg machen und verschiedene astrologische Regeln und Deutungsfaktoren mit einbeziehen, um diese bei der Besprechung der Yodfigur auf einer tieferen Verständnisebene zusammenzubringen.

Aspekte

Technisch gesehen ist ein Aspekt ein Winkel, den die Planeten am Himmel, von der Erde aus betrachtet, bilden. Zahllose Winkel sind möglich, aber die Geschichte hat uns gelehrt, dass bestimmte Winkel sehr deutlich in ihrer Auswirkung sind, andere wiederum nur geringfügig oder gar nicht zum Tragen kommen. Kepler nahm eine Einteilung von Haupt- und Nebenaspekten vor. Die Hauptaspekte waren seit jeher die Konjunktion (0°), das Sextil (60°), das Quadrat (90°), das Trigon (120°) und die Opposition (180°). Alle diese Winkel sind durch die Zahl 30 teilbar, was der Gradzahl eines ganzen Zeichens entspricht. Damals wurden ausschließlich Aspekte innerhalb der Zeichengrenzen als wichtig erachtet. Die einzigen Aspekte, die bei dieser Reihe von Hauptaspekten fehlen, aber ebenfalls durch 30 teilbar sind, sind das Halbsextil (30°) und das Quinkunx (150°). Sie wurden als Nebenaspekte behandelt.

Kepler schuf eine Vielzahl neuer Aspekte, indem er Musik und Zahlenlehre mit der Idee der astrologischen Aspekte verband. Er kannte das Quinkunx, schuf aber auch völlig neue Aspekte. Da Kepler eine Reihe von Aspekten benannte, deren Winkel nicht mehr durch 30 teilbar war, tauchte das Problem auf, dass man beispielsweise ein Quintil (72°) zwischen den Zeichen Widder und Krebs fand (z.B. ein Planet auf 29° Widder und ein anderer 72° weiter auf 11° Krebs), aber auch eines zwischen Widder und Zwillinge (z.B. ein Planet auf 2° Widder und der andere 72° weiter auf 14° Zwillinge). Er gab den Aspekten auf dem Hintergrund von Musik und Zahlenlehre eine eigene Bedeutung, und die Winkel, die zu den Aspekten gehörten, wurden seit Kepler eigentlich strikt mathematisch betrachtet, ohne den Zeichenhintergrund der beteiligten Planeten mit einzubeziehen. Das bedeutete, dass die bewährte Arbeitsmethode, bei der ein Planet unauflöslich mit dem Zeichen, in dem er steht, verbunden ist und wobei der Zeichenhintergrund für die Aspektlehre von entscheidendem Interesse war, völlig außer acht gelassen wurde. Wie wir aus griechischen Quellen wissen (vgl. Ptolemäus), wurden Aspekte nicht mit einem eigenen Orbis bedacht. Man benutzte vielmehr „Ganze-Zeichen-Aspekte", das heißt Aspekte innerhalb der Zeichengrenzen .

So ging man beispielsweise davon aus, dass jeder Planet in Widder, ungeachtet des Grads, auf dem er stand, ein Sextil mit jedem Planeten in Wassermann bildet. Der einzige Grund dafür war, dass die Zeichen Widder und Wassermann im Sextil zueinander stehen, wodurch die Planeten in diesen Zeichen wegen ihres Hintergrundes eine Sextilverbindung miteinander eingingen.

Wenn man tatsächlich den Zeichenhintergrund bei der Deutung eines Aspekts außer acht lässt, kommt man zu ziemlich merkwürdigen Kombinationen und sieht sich mit widersprüchlichen Aussagen konfrontiert.

Ein Beispiel:

Wenn man einen Winkel (Abstand in Graden) nur als mathematische Gegebenheit betrachtet, dann sieht man einen Winkel von 120° (natürlich mit Orbis) zwischen 29° Widder und 1° Jungfrau als ein Trigon an, da der Aspekt 122° beträgt, und somit wirkt er, mit dem zulässigen Orbis, als Trigon. Allerdings agieren die beteiligten Planeten niemals selbständig. Sie werden immer durch die Beschaffenheit des Zeichenhintergrunds gefärbt.

Auch wenn Merkur in seiner Art immer Merkur bleibt (der unter anderem für unsere Art zu reden, zu denken und Tatsachen zu kombinieren steht), so wird er im Zeichen Widder doch auf andere Weise Gestalt annehmen als im Zeichen Stier. Bei der Deutung von Aspekten können wir uns daher nicht allein darauf beschränken, dass

Merkur diesen oder jenen Aspekt bildet, vielmehr müssen wir Merkur zunächst in Bezug auf seinen Zeichenhintergrund näher untersuchen.

Stellen Sie sich vor, dass es sich bei unserem Beispiel um ein Trigon zwischen Merkur auf 29° Widder und Mond auf 1° Jungfrau handelt. Wie verhalten sich die beiden Planeten? Merkur in Widder wird auf eine dem Element Feuer entsprechende Art und Weise reden und denken, schnell und eher in groben Umrissen. Dieser Merkur wird die Welt bestürmen wollen, zahllose Möglichkeiten sehen und jedes Abenteuer riechen. Auf diese Art und Weise wird er unterschiedliche Tatsachen miteinander kombinieren und die Dinge bedenken. Er wird beim Reden, was er enthusiastisch, schwungvoll und mit Verve tut, über seine eigenen Worte stolpern. Vielleicht platzt er mit allem einfach heraus. Details und die konkrete stoffliche Welt übersieht er allzu leicht. Für Mond in Jungfrau gilt das allerdings nicht. Dieser Mond wird sich dann wohl fühlen, wenn er sich auf die konkrete Wirklichkeit ausrichten kann, auf dasjenige, was greifbar und sinnlich wahrgenommen werden kann. Er bezieht sich auf das, was ihm Sicherheit bietet. Daher hat dieser Mond die größten Schwierigkeiten mit riskanten Abenteuern und der Jagd nach vielfältigen, noch nicht greifbaren Möglichkeiten. Mond in Jungfrau fühlt sich sicher, wenn er in Ruhe überlegen und bedachtsam handeln kann. Vollkommen anders, und hinsichtlich der Bedürfnisse sogar im Widerspruch zu Merkur in Widder. Was bedeutet das nun für das Trigon zwischen diesen beiden Zeichen?

Ein Trigon wird immer als eine harmonische und fließende Verbindung zwischen zwei Planeten beschrieben, die gut zusammenarbeiten. Wie aber kann ein die Welt erobernder und abenteuerlicher Merkur in Widder nun mit einem in seinen Augen hemmenden, mit beiden Beinen fest auf dem Boden stehenden, nüchternen Mond in Jungfrau, der eine Abneigung gegen Abenteuer hegt, harmonisch zusammenarbeiten und sich wohl fühlen? Die überschäumenden Ideen dieses Merkurs in Widder und das Spielen mit den verschiedensten Möglichkeiten jagen dem bedächtigen Mond in Jungfrau einen gehörigen Schrecken ein! Die Wahrscheinlichkeit, dass diese beiden Verhaltensmuster große Mühe miteinander haben und wechselseitige Spannungen hervorrufen, ist enorm groß. Stünde der Mond aber auf dem letzten Grad in Löwe, dann hätten wir ein Trigon, bei dem sowohl der Mond als auch Merkur auf dem Hintergrund des Feuerelements agieren würde. Widder und Löwe sind ja bekanntlich beides Feuerzeichen. Hier könnte der Mond das Bedürfnis nach Abenteuern und neuen Möglichkeiten, aber auch die enthusiastische Art zu erzählen, ohne weiteres wertschätzen. Löwe ist zwar ein fixes Zeichen und benötigt etwas mehr Zeit als Widder (kardinal), aber beide haben qua Orientierung zum Leben so vieles gemeinsam (Feuer), dass sie gut miteinander auskommen. Hier kann also durchaus von der Flexibilität des Trigons gesprochen werden. Diese Flexibilität fehlt bei einem Trigon außerhalb der Zeichengrenzen. Wenn ein solcher Aspekt außerhalb der Zeichengrenzen nicht mehr der Grundbedeutung der Zeichen gerecht wird, ist es dann überhaupt noch dieser spezielle Aspekt? Mit anderen Worten: kann ein als harmonisch geltendes Trigon auch dann noch als solches gelten, wenn es Spannungen und Irritationen hervorruft? Meines Erachtens nicht, daher glaube ich, dass wir zu den älteren Überzeugungen zurückkehren müssen, bei denen der Zeichenhintergrund bei der Deutung der Aspekte von entscheidender Bedeutung ist.

Zeichenhintergrund, Elemente und Kreuze

Alle an Aspekten und Aspektfiguren beteiligten Planeten stehen in einem Zeichen. Daher spielt der Zeichenhintergrund dieser Planeten eine wichtige Rolle. Ein Zeichen wiederum entlehnt einen großen Teil seiner Bedeutung der Tatsache, dass es zu einem bestimmten Element, einem Kreuz und einer Polarität gehört (das heißt, ob es der Gruppe von positiven oder negativen Zeichen zugeordnet wird).
Elemente bilden Betrachtungsweisen, die – auf jungianische Weise ausgedrückt – Bewusstseinsfunktionen darstellen. Eine solche (automatisierte) Betrachtungsweise hilft uns dabei, uns in der Außenwelt zurechtzufinden. Noch bevor man sich Gedanken gemacht hat, ist man bereits damit beschäftigt, die Tatsachen und Erscheinungen, denen man begegnet, zu ordnen und zu benennen, um sich selbst einen Halt in der äußeren Welt zu verschaffen. C.G. Jung entdeckte nach langer praktischer Erfahrung, dass es vier verschiedene Bewusstseinsfunktionen gibt, mit deren Hilfe wir wahrnehmen und uns orientieren. Diese stimmen sehr gut mit den astrologischen Elementen überein. Obwohl Jung sich auch mit Astrologie befasste, kann man bei der Beschäftigung mit der Entwicklung seiner Typenlehre genau erkennen, dass er sie nicht aus den astrologischen Elementen abgeleitet hat. Um so archetypischer ist also, dass sie so gut übereinstimmen.
Die vier möglichen Bewusstseinsfunktionen, die Jung unterschied, können wir folgendermaßen erläutern:

- **Empfinden:** Feststellen, dass etwas da ist und wahrnehmen, wie es ist, zum Beispiel: hart, scharf, warm, etc. Die sinnliche Wahrnehmung steht an erster Stelle. Da das mit den Sinnen nicht Wahrnehmbare bei dieser Betrachtungsweise keinen Halt bietet, ist dieser Wahrnehmungstypus auf die Sicherheit der konkreten Welt und des Hier und Jetzt ausgerichtet; die Zukunft ist ja doch nicht greifbar. Dies entspricht dem Element Erde.

- **Denken:** Fragen, was das Wahrgenommene wirklich ist und wie es in das eigene Bezugssystem eingefügt werden kann. Dieser Typus betrachtet die Dinge gern theoretisch und strikt logisch. Handlungen von Menschen in der Umgebung, aber auch die eigenen Handlungen werden aus einer logischen Argumentation heraus betrachtet. Alles wird so weit wie möglich logisch begründet und motiviert. Dies entspricht dem Element Luft.

- **Fühlen:** Feststellen und/oder erfahren, was das Wahrgenommene an Lust- und Unlustgefühlen hervorruft, und es infolgedessen akzeptieren oder ablehnen. Der emotionale Wert ist wichtig. Diese Betrachtungsweise beinhaltet auch, dass sehr subtile Dinge wahrgenommen werden, die diesem Typus jedoch nicht immer bewusst sein müssen. Er nimmt sehr schnell eine Atmosphäre oder Ausstrahlung auf, was bei seinen Einschätzungen eine wichtige Rolle spielt. Diese Funktion entspricht dem Element Wasser.

- **Intuition:** (Unbewusstes) Wissen oder Erahnen, woher das Wahrgenommene kommt und/oder wie es sich weiterentwickeln wird (als Möglichkeit). Oft wird dabei das Objekt an sich nicht bewusst wahrgenommen, sondern es ist eine Art „Erfassen" oder „Sehen" der Hintergründe. Darum nannte Jung diese Funktion Intuition, was allerdings nicht mit dem astrologischen Uranus gleichgesetzt werden kann. Der intuitive Typus ist stets auf der Suche nach Möglichkeiten, Hintergründen und mehr Raum. Dies entspricht dem Element Feuer.

Planeten, die innerhalb eines Elementes stehen, orientieren sich auf die gleiche Art und Weise in der Außenwelt. In dieser Hinsicht verstehen sich solche Planeten also sehr gut. Selbst wenn nicht von einem echten Trigon innerhalb des zulässigen Orbis die Rede ist, wird sich ein Planet in Löwe mit einem Planeten in Schütze sehr wohl fühlen, weil sie die gleiche Orientierung in Bezug auf die Welt haben und ihre Umgebung auf die gleiche Art und Weise ordnen. Das war bereits den Astrologen in früheren Zeiten klar. Es gab eine Zeit, in der man aufgrund des wechselseitigen Verständnisses und der Ähnlichkeit in der Wahrnehmungsweise alle Planeten in Löwe als im Trigon mit allen Planeten in Schütze stehend ansah, auch wenn man diesen Zusammenhang damals anders beschrieb.

Löwe und Schütze gehören jedoch jeweils zu einem anderen Kreuz. Jedes Element besteht aus drei Zeichen, und jedes dieser Zeichen gehört einem anderen Kreuz an.

Kreuze haben mit der Art und Weise zu tun, wie wir Problemen begegnen und sie beschreiben, wie wir sie verarbeiten. Sie beschreiben auch die Art des psychischen Energieflusses. Wir unterscheiden drei Kreuze:

- **Das kardinale Kreuz:** Zeichen, die zu diesem Kreuz gehören, verarbeiten ihre Probleme, indem sie ihren Platz in der Umgebung sichern und/oder sich auf die Außenwelt oder die Umgebung beziehen. Inwieweit die Umgebung eine Rolle spielt, kann allerdings sehr unterschiedlich sein. Man kann die Umgebung beispielsweise brauchen, um sich gegen sie zur Wehr zu setzen oder seine Kräfte mit ihr zu messen (Widder) oder um seine Gefühlsimpulse empfinden zu können (Krebs), um Kompromisse einzugehen oder sie zu steuern (Waage).

- **Das fixe Kreuz:** verarbeitet Prozesse völlig entgegengesetzt dem kardinalen Kreuz, es verschließt sich und schließt die Umgebung aus. Ein fixes Zeichen kann sich psychisch und nach außen hin buchstäblich abkapseln und so lange ins Grübeln geraten, bis es aus dieser Stimmung wieder heraus findet. Bis das geschafft ist, kümmert es sich wenig darum, ob sein Verhalten „sozial" oder taktvoll ist. Das fixe Zeichen ist ganz sicher nicht asozial, es braucht einfach Zeit und Raum, um bei Problemen wieder zu sich selbst zu finden. Wenn das nicht gelingt, ist das nicht auf Unwilligkeit zurückzuführen; sein Inneres ist dann noch zu sehr aufgewühlt.

- **Das bewegliche Kreuz:** neigt dazu, erst nach verschiedenen Wegen zu suchen, um weiterzukommen, und läuft dabei Gefahr, dass seine Probleme bereits (oder fast) in dem Augenblick gelöst sind, in dem es sie signalisiert. Oder es ist so sehr damit beschäftigt, „Scherben wegzuräumen", dass es die Ernsthaftigkeit der Probleme außer acht lässt. Es wird ausgezeichnet in der Lage sein, schnell voranzukommen und den Faden wieder aufzunehmen. Oftmals erkennt es aber erst im Nachhinein, worum es auf einer tieferen Ebene wirklich ging, was dann noch zu verarbeiten ist.

Planeten, die in verschiedenen Zeichen, aber im gleichen Kreuz stehen, verarbeiten ihre Probleme auf die gleiche Art, betrachten sie allerdings auf unterschiedliche Weise, da das vom entsprechenden Element abhängig ist. Wenden wir uns einmal den

Zeichen Widder und Steinbock zu. Diese beiden betrachten die Welt mit völlig verschiedenen Augen. Tauchen aber Probleme auf, werden beide auf ihre Art etwas in oder mit ihrer Umgebung tun wollen, um sich besser zu fühlen und wieder das Gefühl zu bekommen, das Leben im Griff zu haben.

Zwischen Widder und Steinbock gibt es noch einen weiteren Unterschied: Widder ist ein positives und Steinbock ein negatives Zeichen. Der Unterschied zwischen diesen beiden Polaritäten stellt sich folgendermaßen dar:

- **Positiv:** Neigt dazu, die Initiative zu ergreifen und aktiv zu werden. Es besteht das Interesse, etwas zu tun und anzupacken anstatt abzuwarten. Will gern selbst das Heft in der Hand behalten. Stellt eine Facette von Yang dar. Zeichen: Feuer- und Luftzeichen.

- **Negativ:** Neigt dazu, sich zunächst eine Vorstellung davon zu verschaffen, was eigentlich los ist. Braucht Zeit und fühlt sich besser, wenn es sich zunächst in der Außenwelt orientieren kann und erst dann reagieren muss. Es wartet die erste Aktion ab und wird erst dann selbst handeln: also reagierend anstelle von initiierend. Stellt eine Facette von Yin dar. Zeichen: Erde und Wasser.

Bei einem Aspekt geschieht folgendes: Wenn die Psyche das Thema eines Planeten aktiviert, brennen alle anderen Planeten, die an diesem Aspekt beteiligt sind, darauf, mitzumachen. Sie drängen darauf, sich recht schnell um diese Angelegenheit zu kümmern, und werden dadurch die Handlung oder Wirkungsweise des Planeten, der aktiviert wurde, färben. So wird beispielsweise ein Mond in Stier als ruhig beschrieben. Betrachten Sie aber einmal diesen Mond in Stier im Aspekt zu Uranus. Hier gesellen sich mit Sicherheit Unruhe und Schnelligkeit hinzu!

Außer wenn er unaspektiert ist, steht ein Planet also nie allein, er wird immer auch mit anderen Energien zu tun haben. Die anderen Planeten stehen ja nicht im luftleeren Raum. Sie bringen in ihrer Wirkung ihre Stellung in einem Element, einem Kreuz und einer Polarität mit ein. Hier stellt sich die Frage, welcher der Hintergründe des betreffenden Planeten den aspektierten Planeten ‚färben' und welche nicht. In einem Aspektmuster oder einer Aspektkonfiguration, wie einem großen Trigon, einem großen Quadrat, einem Drachen oder einem Yod, - um nur einige zu nennen - haben wir es daher mit einer komplizierten Interaktion verschiedener Faktoren zu tun, welche die Deutung bestimmen.

Hintergründe von Aspektkonstellationen oder Aspektmustern

Planeten, die an einem großen Trigon beteiligt sind, stehen immer in einem bestimmten Element. Es gibt vier Elemente. Das bedeutet, dass wir vier verschiedene Arten des „großen Trigon" kennen: eine Feuer-, eine Erd-, eine Wasser- und eine Luftvariante. Zwei dieser Elemente gehören zu den positiven, zwei zu den negativen Zeichen. Daraus ergibt sich, dass zwei der vier möglichen Arten eines großen Trigons zu der positiven und zwei zu der negativen Variante gehören. Die Worte positiv und negativ dürfen wir hier allerdings nicht wie im üblichen Sprachgebrauch auffassen, sondern im Sinne von Aktion: Yang (positiv) und Reaktion: Yin (negativ).
Wir müssen also beim großen Trigon stets im Hinterkopf behalten, dass es verschiedene Arten gibt, was natürlich auch für die Deutung Folgen hat.
Ein anderes Beispiel: Beim großen Quadrat stehen die vier beteiligten Planeten im gleichen Kreuz, also entweder in einem kardinalen, fixen oder beweglichen. Die beteiligten Zeichen stehen allerdings wiederum in einem anderen Element. Ein großes Quadrat hat als Hintergrund immer zwei positive und zwei negative Zeichen. Der Aufbau eines großen Quadrats ist daher qua Zusammenstellung anders als bei einem großen Trigon.

Der Zeichenhintergrund der Planeten ist ein wesentlicher Bestandteil bei der Deutung und eine wichtige Facette bei einem Aspektmuster. Wenn sich ein Aspektmuster vorwiegend in Übereinstimmung mit seiner Orientierung befindet, funktioniert die Wirkung dieses Musters eher reibungslos. So orientieren sich die an einem großen Trigon beteiligten Planeten auf dieselbe Art und Weise, weil der Zeichenhintergrund zum selben Element gehört. Alle drei nehmen entweder eine aktive Haltung ein oder sie agieren abwartend und reagierend, abhängig davon, ob das große Trigon in positiven oder negativen Zeichen steht. Das einzige, was bei einem großen Trigon unterschiedlich ausfällt, ist das Verarbeitungsmuster der Planeten, da die beteiligten Kreuze sich in ihrer Art unterscheiden. Wenn allerdings die Orientierung und die Art der Reaktion auf derselben Linie liegen, besteht ein nahezu reibungsloses Zusammenwirken, bei dem es kaum Spannungen gibt. Da Kreuze vor allem mit der Verarbeitung von Problemen zu tun haben, wird die Tatsache, dass nur wenig Spannung entsteht, kaum dazu führen, dass die Beteiligung von drei verschiedenen Kreuzen in einem großen Trigon zu Schwierigkeiten führt.
Bei einem großen Quadrat stellt sich die Situation ganz anders dar. Hier haben wir vier verschiedene Arten, eine Situation zu betrachten, weil vier verschiedene Elemente beteiligt sind. Das heißt auch, dass eines davon jeweils zu der inferioren oder unbewussten Funktion gehört.

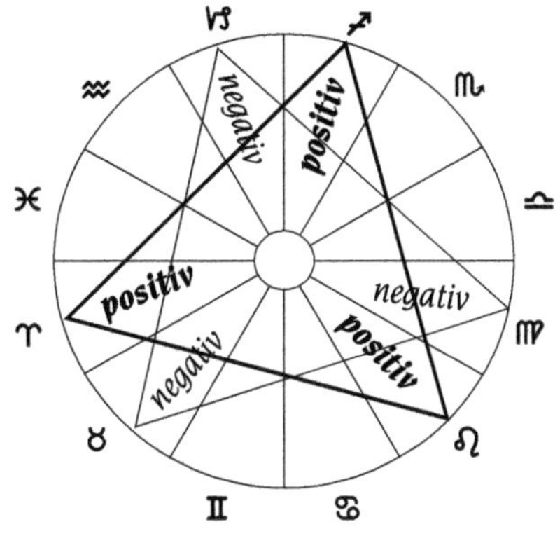

Das große Trigon (hier ein großes Feuer- und ein großes Erde-Trigon mit den jeweiligen Polaritäten)

Vier verschiedene Orientierungsweisen bringen Spannungen und Konflikte mit sich. Zwar gehören die beteiligten Zeichen bei einem großen Quadrat zu einem Kreuz, wodurch die Spannung auf eine bestimmte Art und Weise aufgegriffen und verarbeitet wird, aber innerhalb dieses großen Quadrats haben wir zwei positive (oder Yang-) und zwei negative (oder Yin-) Zeichen, wodurch ein Teil sofort handeln möchte (Yang), während der andere abwarten will, um auf kommende Impulse zu reagieren (Yin). Durch die Spannung der verschiedenen Betrachtungsweisen und deren Verarbeitung entsteht daher eine Hin- und Herbewegung zwischen der Neigung, sofort oder eben nicht sofort zu handeln.

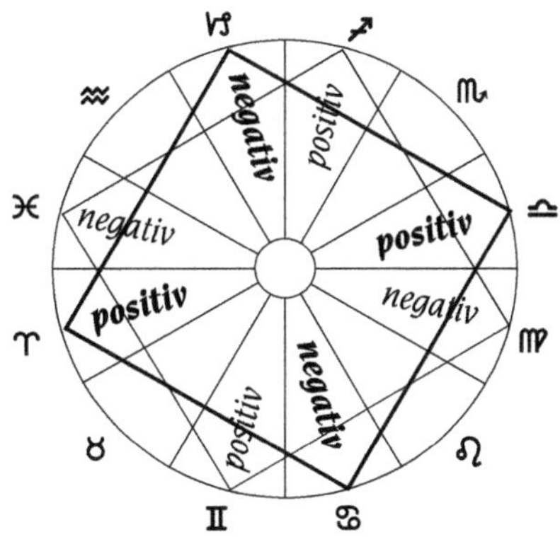

Das große Quadrat (hier ein großes kardinales und ein großes bewegliches Quadrat)

Die Beispiele vom großen Trigon und dem großen Quadrat zeigen auf, dass wir bereits einen guten Einblick in die Bedeutung und die Wirkung eines Aspektmusters bekommen können, wenn wir nur die Rolle des Zeichenhintergrundes der beteiligten Planeten betrachten.

Das Quinkunx und die Yodfigur

Eine Yodfigur besteht aus zwei Quinkunxen und einem Sextil an der Basis, wobei einer der beteiligten Punkte anstelle eines Planeten auch der Aszendent oder das Medium Coeli sein kann. Das Quinkunx (lat.: fünf Zwölftel) spielt eine wichtige Rolle im Horoskop. Es handelt sich um einen Aspekt, bei dem die beteiligten Planeten oder Punkte im Abstand von 150° zueinander stehen, wobei ein kleiner Orbis erlaubt ist.
Es ist eigentlich erstaunlich, dass dieser Aspekt so lange unberücksichtigt blieb oder als Nebenaspekt abgetan wurde, was sich aber glücklicherweise in den letzten Jahrzehnten geändert hat. Dieser Aspekt ist nicht neu; Kepler nannte ihn 150°-Aspekt und beschrieb ihn als „scharf trennend". Koch, der die Aspektlehre von Kepler analysiert hat, beschreibt diesen Aspekt als eine „deutlich trennende Tendenz, welche die beiden Möglichkeiten einander scharf gegenüberstellt." Ein Quinkunx zeigt seiner Meinung nach Grenzsituationen an, die Enttäuschungen mit sich bringen. Es drängt auf eine Entscheidung und bringt die Neigung mit sich, die Aufmerksamkeit allein auf die verpassten und nicht auf die verwirklichten Möglichkeiten zu richten.

Danach gab es noch neuere Veröffentlichungen über das Quinkunx, wie die von Sackoian und Acker (1972) und die von Alan Epstein (1984 und 1996). Wenn wir eine Yodfigur deuten wollen, müssen wir zuerst das Quinkunx verstehen können.
Ein Quinkunx wird von zwei Planeten (oder MC oder AC und einem Planeten) gebildet, die fünf Zeichen voneinander entfernt sind (ein Zeichen hat 30° und 5 x 30° = 150°). Diese Zeichen gehören verschiedenen Elementen, verschiedenen Kreuzen und einer jeweils entgegengesetzten Polarität an; ist das eine Ende negativ, dann ist das andere positiv. Nehmen wir beispielsweise das Zeichen Krebs als Ausgangspunkt. Von dort aus können zwei Quinkunx-Aspekte gebildet werden: einer zu Schütze und einer zu Wassermann (rechts und links drehend jeweils fünf Zeichen weiter). Krebs ist ein negatives Zeichen, also abwartend und reagierend. Die beiden Zeichen, mit denen Krebs ein Quinkunx bilden kann, - Schütze und Wassermann - gehören zu den positiven Zeichen, die nicht abwarten können, sondern aktiv werden wollen.
Was die Elemente betrifft: Krebs ist Wasser, Schütze Feuer und Wassermann Luft. Da verschiedene Elemente beteiligt sind, besteht daher keine Ähnlichkeit in der Art, sich

zu orientieren. Was die Kreuze betrifft: Krebs ist ein kardinales, Wassermann ein fixes und Schütze ein bewegliches Zeichen. So passiert es zwangsläufig, dass die Verschiedenheit in der Orientierungsweise (der Elementhintergrund) und der Unterschied zwischen den positiven und negativen Zeichen zu Spannungen führen kann. Um mit dieser Spannung gut umzugehen und die Probleme zu verarbeiten, ist es am besten, eines der Kreuze zu nutzen. Jedes Kreuz hat seine eigene Verarbeitungsweise. Bei einem Quinkunx sind nun zwei Kreuze beteiligt, und jeder der beteiligten Punkte will die Probleme auf eine andere Weise angehen, wodurch sich die Spannungen noch verstärken. Die Schlussfolgerung aufgrund der Analyse der beteiligten Zeichenhintergründe ist, dass das Quinkunx eine Kombination von Zeichen ist, die sich nicht verstehen und die Neigung haben, Spannungen noch hochzupeitschen. Mir ist aufgefallen, dass bei Aspektfiguren die Bedeutung der Unterschiedlichkeit zwischen positiven und negativen Zeichen enorm ist, viel gravierender, als das in der Literatur oft beschrieben wird. Wenden wir uns nun dem Sextil zu. Dieses bildet sich zwischen zwei Zeichenhintergründen, wobei sich die beteiligten Zeichen bezüglich Element und Kreuz voneinander unterscheiden, im Hinblick auf positiv oder negativ aber gleich sind. Diese Übereinstimmung, das heißt, sofort zu handeln oder nicht, trägt dazu bei, die unterschiedliche Orientierungsweise aufzufangen. Ein Sextil wird immer zwischen Luft und Feuer (positiven Zeichen) oder Wasser und Erde (negativen Zeichen) gebildet. Das Sextil beinhaltet aber auch eine gewisse Spannung, und zwar durch die unterschiedlichen Orientierungs- (Element) und Verarbeitungsweisen (Kreuz), was in der Diskussion über das Sextil deutlich wird. Es wird als freundlicher oder harmonischer Aspekt angesehen, bringt aber auch Unsicherheit mit sich, da das Sextil uns das, was es verheißt, nicht zum Geschenk macht. Anders als beim Trigon, bei dem alles grundsätzlich günstig verläuft, muss beim Sextil noch kräftig mitgearbeitet werden.

Ein Quinkunx ist daher ein schwieriger Aspekt. Man könnte sagen, dass die beteiligten Planeten ihre unterschiedliche Welt einfach nicht begreifen. Diejenigen, die auf der Grundlage der Jungschen Elementenlehre arbeiten, unterscheiden zwei Arten von Quinkunxen: bei der einen verhalten sich die beteiligten Zeichen inferior-superior zueinander und bei der anderen tun sie das nicht. Jung entdeckte, dass es vier verschiedene Arten gibt, anhand derer sich der Mensch in der Außenwelt orientiert, und dass diese vier sich nicht nur gegenseitig ausschließen, sondern dass jede Betrachtungsweise oder Bewusstseinsfunktion zur Folge hat, dass die gegenübergestellte Wahrnehmungsweise unbewusst bleibt. Er unterschied die folgenden vier Funktionen, die in der Astrologie mit den vier Elementen verbunden sind:

Denken	=	Luft
Fühlen	=	Wasser
Empfinden	=	Erde
Intuition	=	Feuer

Bei einem Denktypus (Luft) wirkt die Orientierungsweise des Fühlens (Wasser) unbewusst, beim Empfindungstypus (Erde) bleibt die Orientierungsweise der Intuition (Feuer) unbewusst. Jung sprach von einer superioren Funktion, wenn es um den Typus geht, der man „ist", also der Orientierung des Bewusstseins (astrologisch widergespiegelt durch die Sonne). Die psychologisch entgegengesetzte Funktion, die unbewusst bleibt, nannte er die inferiore Funktion.

Astrologisch ergibt sich die folgende Polarität, wenn wir vom Hintergrund der Jungschen Vorstellung aus arbeiten: Luft versus Wasser und Feuer versus Erde. (Eine ausführliche Darstellung und genauere Erklärung hierzu finden Sie in „Psyche en Astrologisch Symbool" und „Elemente und Kreuze".)

Diese Sichtweise hat für das Quinkunx immense Folgen. Ein Quinkunx mit dem Zeichenhintergrund Luft-Wasser oder Feuer-Erde hat es noch schwerer als das mit den Zeichenhintergründen Luft-Erde oder Feuer-Wasser. In unserem Beispiel stellt sich daher das Quinkunx zwischen Krebs (Wasser) und Wassermann (Luft) schwieriger dar, als das zwischen Krebs (Wasser) und Schütze (Feuer). Obwohl auch das Letztgenannte genügend Spannung mit sich bringt; das ist bei einem Quinkunx einfach grundsätzlich so.

Ein Yod ist, wie wir bereits gesehen haben, eine Aspektfigur mit zwei Quinkunxen, ausgehend von einem Punkt, mit einem Sextil als Basis. Lassen Sie uns die betroffenen Zeichenhintergründe einmal anschauen, um eine tiefere Einsicht in die Spannung eines Yod zu bekommen:

- Ein Yod verbindet drei Planeten, die alle in einem jeweils anderen Element stehen.

- Ein Yod verbindet drei Planeten, die alle jeweils in einem anderen Kreuz stehen.

- Die Spitze einer Yodfigur gehört immer zu einer anderen Polarität (positiv oder negativ) als die durch das Sextil verbundenen Punkte an der Basis.

- Von den zwei Schenkeln einer Yodfigur beinhaltet einer immer die Spannung superior-inferior.

Wenn wir als Beispiel wieder Krebs als Ausgangspunkt nehmen, sehen wir folgendes:

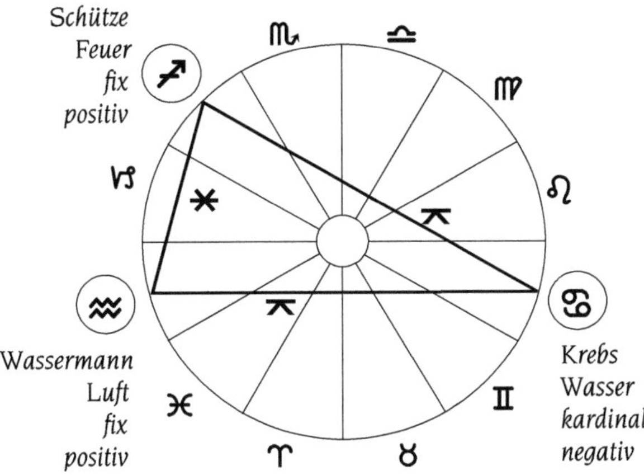

Wir haben drei Elemente: Wasser, Feuer und Luft, wobei die Verbindung Krebs - Wassermann die Achse superior-inferior bildet. Drei Elemente bezeichnen drei verschiedene Arten der Wahrnehmung und Orientierung.
Es sind alle drei Kreuze beteiligt, also drei verschiedene Impulse und Bedürfnisse im Hinblick auf Verarbeitung.
Krebs ist negativ und wartet lieber ab, Wassermann und Schütze sind positiv und schreiten am liebsten sofort zur Tat.

Wir wissen, dass alle Planeten, die einen Aspekt zu einem anderen Planeten oder Punkt bilden, dazu neigen, sich einzumischen, sobald der betreffende Planet aktiviert oder „eingeschaltet" wird. Wie wir aus der obigen Darstellung ersehen, arbeitet ein Planet nicht nur mit seiner eigenen Energie, sondern auch mit der Energie des Zeichens, in dem er steht. Für eine Yodfigur bedeutet das, um bei unserem Beispiel zu bleiben, dass, wann immer der Planet in Krebs aktiviert wird, die beiden anderen „Schenkel" der Yodfigur, also die von Wassermann und Schütze, mitmischen und eingreifen wollen. Wenn der Planet in Krebs ein Erlebnis aus seinem eigenen Gefühl heraus betrachten will, wird der Planet in Wassermann dagegen Einwände erheben und eine mentale Sichtweise in den Vordergrund stellen. Mit einem Krebs-Hintergrund neigen die Planeten dazu, etwas konservativer zu werden und sich auf ihre nähere Umgebung hin auszurichten. Dagegen erhebt der Schütze-Hintergrund wiederum Einspruch, weil er am liebsten die Dinge von einer höheren Warte aus betrachtet und immer über den eigenen Horizont hinaus blicken will.

Dieses Problem tritt auch bei einem T-Quadrat auf, zum Beispiel bei einem Planeten in Widder (Feuer) im Quadrat zu einem Planeten in Krebs (Wasser) und in Opposition zu einem Planeten in Waage (Luft). Auch hier finden wir drei verschiedene Elemente, die für eine kräftige Grundspannung sorgen. Sobald Probleme auftreten, kommen noch zwei weitere Mechanismen ins Spiel: die Notwendigkeit zur Verarbeitung (die Kreuze) und die Notwendigkeit, etwas zu tun, entweder aktiv oder passiv (die Polarität positiv/negativ).
Das T-Quadrat hat mit dem Yod gemeinsam, dass die Polarität positiv/negativ spannungsgeladen ist. Denn sowohl beim Yod als auch beim T-Quadrat steht immer einer der drei beteiligten Punkte in einer anderen Polarität als die beiden anderen. In unserem Yod-Beispiel ist Krebs negativ und Schütze und Wassermann sind positiv. Im Beispiel vom T-Quadrat: Krebs ist negativ, Widder und Waage sind positiv. Sowohl das Yod als auch das T-Quadrat bekommen dadurch eine zusätzliche Spannung, weil der eine Teil dieser Aspektfiguren aktiv werden und etwas unternehmen will, während der andere Teil erst abwarten will, wie der Hase läuft.

Beim Yod und T-Quadrat haben wir also eine doppelt starke innere Spannung - durch die Kombination der drei Elemente und durch die Spannung der Polaritäten. Das verstärkt die Notwendigkeit, die aufgeworfene Problematik innerlich zu verarbeiten und damit ins Reine zu kommen. Und eben darin liegt ein großer Unterschied zwischen einem T-Quadrat und einem Yod. Beim T-Quadrat stehen alle beteiligten Punkte im gleichen Kreuz, daher werden sie ein Problem auf dieselbe Art und Weise verarbeiten und wiederkäuen. In unserem Beispiel stehen Widder, Krebs und Waage allesamt im kardinalen Kreuz, was zur Folge hat, dass jemand mit diesem T-Quadrat Probleme auch auf „kardinale" Weise verarbeitet. Um seine Schwierigkeiten bewältigen zu können, wird er sich mit diesem T-Quadrat der Außenwelt bedienen und darin seine Rolle erfahren und bestätigen wollen – auf diese Art kann er sich wieder zurechtfinden.
Beim Yod stellt sich die Sache nicht ganz so einfach dar. Hier steht jeder der drei Punkte in einem anderen Kreuz. Wenn also der erste Punkt im kardinalen Kreuz steht (in unserem Beispiel in Krebs), dann wird sich dieser Punkt auf die Außenwelt beziehen und dort etwas ausrichten wollen, selbst wenn es nur darum geht, für Gemütlichkeit zu sorgen. Eine positive Rückmeldung vermittelt ihm dann das Gefühl, weitermachen zu können. Der Punkt im festen Kreuz (in unserem Beispiel Wassermann) vertritt aber genau das Gegenteil und wird die am Yod beteiligten Planeten regelrecht zwingen wollen, sich nach innen zu wenden und die Umgebung

außer acht zu lassen. Dieser Punkt muss wiederkäuen und brüten, um sich wieder zurechtzufinden, und verliert durch den kardinalen Punkt die Nerven, weil er durch ihn seine Mitte verliert. Umgekehrt wird der kardinale Punkt durch den fixen Punkt nervös, weil das fixe Kreuz ihn in seine Innenwelt ziehen will, womit sich das kardinale Kreuz überhaupt nicht wohl fühlt und keine Möglichkeit darstellt, seinen Problemen die Stirn zu bieten. Im Gegenteil, es wird sich nur noch schlechter fühlen. Der bewegliche Punkt (hier Schütze) kann die anderen beiden vor den Kopf stoßen, indem er so tut, als wäre nichts passiert oder er flüchtet sich in allerlei Aktivitäten, die nichts mit dem Problem zu tun haben, wodurch es erst im Nachhinein zu einer Verarbeitung kommt. Und genau dann, wenn es den beiden anderen wieder ein wenig besser geht, beschwört er neue Probleme herauf. Das mag zwar ein wenig schwarzweiß dargestellt sein, und doch ist dies das Kernproblem bei einem Yod; es gibt wirklich keinerlei Übereinstimmung zwischen den Beteiligten, da sie die Dinge auf völlig unterschiedliche Weise wahrnehmen (die Elemente). Auch die Neigung zu agieren oder zu reagieren ist völlig unterschiedlich (die Polaritäten), und wenn es dann um eine Verarbeitung geht, liegen sich alle Beteiligten kräftig in den Haaren. Turbulenzen also, und Unruhe, Unsicherheit und Instabilität sind die Folgen. Zählen wir alles zusammen, haben wir drei Elemente, zwei Polaritäten und drei Kreuze. Drei plus zwei plus drei ergibt acht. Tatsächlich stehen die drei Beteiligten einer Yodfigur in acht „verschiedenen" Welten!

Wenn man versteht, wie die Zeichen aufgebaut sind und wie sie die Wirkungsweise der Planeten färben, begreift man sehr rasch die Wirkungsweise von Aspektfiguren. In der Literatur über Yodfiguren wird immer wieder davon ausgegangen, dass ein Yod die Bedeutung des sechsten/achten Hauses hat: von Widder aus betrachtet stehen die beiden anderen Punkte nämlich in Jungfrau und Skorpion, dem sechsten und dem achten Zeichen. Abgesehen von der Tatsache, dass auch andere Anfangspunkte als in Widder möglich sind und sich somit völlig andere Bedeutungen ergeben, denke ich, dass die Dynamik eines Yod viel besser durch den Aufbau der beteiligten Zeichen verstanden werden kann.

Die Orben

Ein anderer Punkt, der bei den technischen Hintergründen wichtig ist, ist die Frage der Orben. Ein Orbis ist die zulässige Abweichung in Graden in beide Richtungen, gemessen von dem exakten Punkt aus, innerhalb dessen der Aspekt noch gültig ist oder wirkt. In der Astrologie gibt es keine einheitliche Auffassung über Orben; im Hinblick auf Yodfiguren muss man allerdings auf einige Dinge achten.

Dieser Aspekt hat einen Winkel von 150°, fünf ganze Zeichen also. Er wurde lange Zeit zu den Nebenaspekten gezählt, wird aber inzwischen von vielen Astrologen als Hauptaspekt angesehen. Deshalb gibt man diesem Aspekt einen Orbis, der auch bei den Hauptaspekten üblich ist, einen Orbis also, der wesentlich größer ist als bei den Nebenaspekten. Wenn wir uns die Aspekte mit ihren Winkeln einmal anschauen, erkennen wir, welche Probleme mit dem 150°-Aspekt entstehen, wenn es um die Orben geht:

Hauptaspekte			**Nebenaspekte**		
Grad	Aspekt	Orbis	Grad	Aspekt	Orbis
0°	Konjunktion	6°	18°	Vigintil	1°
60°	Sextil	4°	30°	Halbsextil	2°
90°	Quadrat	6°	36°	Dezil	2°
120°	Trigon	6°	40°	Novil	2°
180°	Opposition	6°	45°	Halbquadrat	1°
			51°25'43"	Septil	2°
150°	Quinkunx	...	72°	Quintil	2°
			108°	Tridezil	2°
			135°	Anderthalbquadrat	2°
			144°	Biquintil	2°

Räumt man dem Quinkunx einen Orbis von 6° ein, würde man ihm ein Wirkungsspektrum von 150° - 6° und 150° + 6° zugestehen. Es hätte dann einen Wirkungsbereich von 144° bis 156°. Wenn wir uns die Liste der Nebenaspekte anschauen, sehen wir, dass 144° ein Biquintil mit einem Orbis von 2° beschreibt. Mit anderen Worten, das Biquintil (mit einer vollkommen anderen Bedeutung und Deutung) wirkt von 144° - 2° bis 144° + 2° und bewegt sich somit in einem Bereich von 142° bis 146°.
Wenn man dem Quinkunx also einen Orbis von 6° gäbe, würde er sich zu einem großen Teil mit einem anderen Aspekt, dem Biquintil, überschneiden. Epstein räumt

in seinem Buch über das Quinkunx diesem Aspekt sogar einen Orbis von 8° ein, wodurch das Quinkunx das Biquintil vollständig überlagert und verschluckt; er hält sogar noch einen größeren Orbis für möglich.
Es ergibt sich also ein großes theoretisches Problem, dessen wir uns bewusst sein müssen, bevor wir mit dem Quinkunx zu arbeiten beginnen.
Genau genommen gibt es zwei Möglichkeiten:

- entweder lässt man die Nebenaspekte vollständig außer acht und nimmt für das Quinkunx einen großen Orbis;

- oder man nimmt die Nebenaspekte ernst und benutzt für das Quinkunx einen kleinen Orbis.

Man kann also dem Quinkunx nur dann einen großen Orbis zugestehen, wenn man die Nebenaspekte als unwirksam, unwichtig oder unnötig erachtet. In allen anderen Fällen gilt für das Quinkunx ein maximaler Orbis von 4°: 150° - 4° = 146°, was dann gleichzeitig die Grenze zum Biquintil ist. Es bleibt noch die Frage, ob zwischen zwei Aspekten eine Lücke besteht, also ein Bereich ohne Aspekteinwirkung oder ob dort eine scharfe Grenze zu ziehen ist. Wenn man eine Lücke voraussetzt, kann der Orbis für das Quinkunx höchstens 3 – 3,5° betragen.

Ich selbst gehe von einem Orbis von 3° aus. Das ist ein sicherer Wert, und die Praxis zeigt, dass sich ein Quinkunx mit diesem Orbis auch deutlich auswirkt. Ich kenne auch eine Reihe von Beispielen, bei denen sogar ein Orbis von 3,5° noch Auswirkungen zeigte, die mit meinen Erfahrungen übereinstimmten. Bei 4° war dem nicht mehr so. Das bedeutet, dass ich mich selbst zwischen einem Orbis von 3° bis maximal 3,5° bewege, sicherheitshalber aber in diesem Buch bei einem Orbis von 3° bleibe. Und wie schon weiter oben betont, arbeite ich ausschließlich mit Aspekten innerhalb der Zeichengrenzen.

Die beteiligten Punkte

Beim Erforschen von und beim Arbeiten mit Yodfiguren ist mir immer wieder aufgefallen, dass sich die Kennzeichen am deutlichsten zeigen, wenn es sich bei den beteiligten Punkten um Planeten handelt. Einer der drei Punkte kann auch der Aszendent oder das MC sein. Planeten sind psychische Antriebskräfte, die für die erforderliche Bewegung sorgen. Diese Bewegung wird durch das MC und den Aszendenten nach außen gebracht.

Horoskopfaktoren wie Mondknoten oder Glückspunkt gehören einer anderen Kategorie an; sie sind jedenfalls keine psychischen Antriebskräfte. Meiner Erfahrung nach sind diese beiden letztgenannten nicht wirklich an einer Yodfigur beteiligt. Aufgrund meiner Erkenntnisse über und meiner Erfahrung mit Yodfiguren ist mir deutlich geworden, dass Yodfiguren auf Planeten, Aszendent und MC beschränkt sind. Das ist auch der Grund, weshalb ich Mondknoten und Glückspunkt in diesem Buch nicht als Teil einer Yodfigur behandeln werde. Vorerst bezweifle ich noch, ob sie bei dieser Aspektverbindung überhaupt wirksam sind.

2. Kapitel
Unaspektierte Planeten

Hauptaspekte, Nebenaspekte und Orben

Aspekte sind ein wichtiger Bestandteil bei der Deutung eines Geburtshoroskops, da sie die Planeten, die die aktiven und dynamischen Faktoren darstellen, miteinander verbinden. Jede Verbindung bedeutet, dass ein Teil unserer psychischen Energie in Kontakt mit einem anderen Teil steht, und dass diese Kräfte sich nicht nur gegenseitig beeinflussen und zusammenarbeiten (oder sich gegenseitig behindern), sondern sich auch bewusst erleben und erfahren können. Das hilft uns, uns selbst kennenzulernen.

Es kommt allerdings vor, dass ein oder mehrere Planeten keinen einzigen Hauptaspekt bilden. Sie stehen alleine, sind also unaspektiert. Daher haben sie keinen direkten Einfluss auf andere Planeten (oder eine psychische Dynamik) und werden auch selbst nicht beeinflusst, deshalb können sie extreme Auswirkungen haben. Das erkennen wir vor allem an einer Alles-oder-Nichts-Haltung: heftige Übertreibung oder, das genaue Gegenteil, überhaupt keine Reaktion. Ob ein Planet unaspektiert ist, hängt vor allem davon ab, wie groß der Orbis ist, den wir ihm zugestehen. Verwenden wir sehr große Orben, ist die Wahrscheinlichkeit von unaspektierten Planeten eher gering. Verwenden wir hingegen sehr kleine Orben, dann ist die Wahrscheinlichkeit von einem oder mehreren unaspektierten Planeten groß. Wenn wir also unaspektierte Planeten in die Deutung mit einbeziehen, müssen wir uns zunächst mit dem Problem der Orben beschäftigen. Hier können uns die unaspektierten Planeten eine Hilfe sein.

Die Kennzeichen eines unaspektierten Planeten sind nämlich sehr spezifisch. Trägt ein Planet die Kennzeichen eines unaspektierten Planeten, ist die Wahrscheinlichkeit groß, dass er tatsächlich keine Aspekte bildet. Verwendet man einen großen Orbis, beispielsweise von 10° oder mehr, wie das früher noch üblich war, dann bildet dieser Planet einen oder gar mehrere Aspekte, die bei einem kleineren Orbis nicht bestehen. Wenn er sich also wie ein unaspektierter Planet ausdrückt, müssen wir deutlich kleinere Orben verwenden. Umgekehrt gilt, dass wir, wenn ein Planet unter Anwendung von sehr kleinen Orben unaspektiert ist und die in Frage stehende Person in der Praxis die kennzeichnenden Verhaltensmuster nicht zum Ausdruck bringt, größere Orben verwenden müssen. Bei der Untersuchung von Aspekten habe ich

mich sowohl mit Haupt- als auch mit Nebenaspekten beschäftigt. Wenn ein Planet nur Nebenaspekte bildete (siehe Übersicht im 1. Kapitel), zeigte sich, dass er wie ein unaspektierter Planet wirkte. Nach meiner Erfahrung ist ein Planet dann unaspektiert, wenn er keine Hauptaspekte bildet. Die Nebenaspekte spielen hierbei offenbar keine Rolle.
Die Erforschung der Wirkung unaspektierter Planeten führte mich letztlich auch zu bestimmten Orben bei Aspekten; von diesen Werten gehe ich aus.

Aspekt	**MC, AC, und Planeten untereinander**	**Sonne und Mond zueinander und zu anderen Planeten**
Konjunktion	6°	8°
Sextil	4°	6°
Quadrat	6°	8°
Trigon	6°	8°
Quinkunx	3° (bis 3,5°)	3° (bis 3,5°)
Opposition	6°	8°

Bei unaspektierten Planeten geht es um Aspekte mit anderen psychischen Energien (Planeten). Wenn ein Planet einen Aspekt zum Aszendenten oder zum MC bildet, aber keine Aspekte zu anderen Planeten, trägt er die Merkmale eines unaspektierten Planeten. Einen Planeten im Aspekt zum Aszendenten oder MC wird man aber etwas schneller erkennen und sehen können.

Allgemeine Kennzeichen von unaspektierten Planeten

Hat man einen unaspektierten Planeten im Horoskop, ist es sehr wahrscheinlich, dass man selbst nicht klar erkennt, was man damit tut und wie stark sich dieser Planet im Alltag zum Ausdruck bringt. Ein unaspektierter Planet manifestiert sich aber in jedem Fall unverkennbar! Um einige Missverständnisse aus dem Weg zu räumen: ein unaspektierter Planet ist *nicht* schwach, *nicht* unwichtig und *nicht* schlecht. Ganz im Gegenteil, es zeigt sich, dass viele Menschen, die etwas Außergewöhnliches geleistet haben, durch einen unaspektierten Planeten unterstützt worden sind. Es geht also bei einem unaspektierten Planeten nicht um die Frage, ob man damit etwas erreichen kann - das ist mit Sicherheit so. Es geht vielmehr um die Frage, wie man etwas erreicht und wie man das innerlich erlebt.

Auf der Suche

Ein unaspektierter Planet muss alles alleine schaffen. Anfänglich scheint es sogar so, dass andere Persönlichkeitsanteile in uns diesen Teil nicht erkennen können. Daher lernt man ihn auch nicht so schnell kennen, obwohl man tief innen spürt, dass es ihn gibt. Dies ist nicht so sehr ein bewusstes, sondern eher ein implizites Wissen. Hieraus entwickelt sich das Bedürfnis, nach diesem Teil - diesem Planeten also – in sich zu suchen, der irgendwie aber nicht fassbar ist und sich hinter einem Schleier zu verbergen scheint. Man hat das Gefühl, für etwas keine Kraft oder nicht das entsprechende Können zu besitzen, oder man glaubt, dass man dies oder jenes einfach noch nicht kann und „vielleicht niemals lernen" wird, ohne dass es dafür erkennbare Gründe gäbe. Dieses innere Gefühl ist gewöhnlich ziemlich ausgeprägt; selbst wenn nur Kleinigkeiten schief gehen, neigt man dazu, sie schwerer als nötig zu nehmen.

Also ist man ständig auf der Suche nach den Themen dieses Planeten. Einige Bereiche des entsprechenden Planeten üben sogar eine magische oder geheimnisvolle Anziehungskraft aus. So erlebte ich einmal einen kleinen Jungen mit einem unaspektierten Merkur, der von klein an von Bleistiften und Buntstiften fasziniert war (Objekte, die zu Merkur gehören). Wenn im ganzen Haus kein einziger Stift mehr zu finden war, brauchten die Eltern nur in seinem Zimmer nachzusehen, in dem sie dann sämtliche Schreibutensilien, die sie im Haus hatten, wiederfanden. Dieser Junge konnte einfach nicht die Finger von den Stiften lassen. Die Eltern konnten machen, was sie wollten. Egal, ob sie ihn freundlich darum baten, die Stifte an Ort und Stelle zu lassen, oder ob sie ihm eine große Schachtel eigener Stifte schenkten, nichts half, auch keine Bestrafungen. Jeder neue Stift faszinierte ihn aufs Neue. Merkur beinhaltet natürlich noch eine Reihe anderer Themen, daher kann sich eine solche Faszination auch auf andere Vorlieben von Merkur auswirken. Für diesen Jungen waren es eben die Stifte....

Gerade durch die Faszination und das „Auf der Suche sein" ist man stark mit einem unaspektierten Planeten beschäftigt, obwohl man das selbst kaum wahrnimmt. Das Problem ist nämlich, dass es keine anderen Planeten gibt, die Kontakt mit dem unaspektierten Planeten aufnehmen, so dass man anfänglich gar nicht begreift, was man mit dem unaspektierten Planeten „tut". Man weiß eigentlich nicht, was vorgeht, kann es nicht einordnen, so wie der Junge mit seinen Stiften nicht erkannte, dass er einfach zu viele auf sein Zimmer schleppte. Es ist so, dass man alles, was man mit diesem Planeten tut, irgendwie nicht ergründen kann, dass man damit nicht Maß halten kann oder dessen Wirkung verkennt. Das muss übrigens nicht das ganze Leben so sein. Im Verlauf des Lebens erhält man mehrmals die Möglichkeit, mehr Klarheit zu gewinnen. Im Transit und in der Progression bilden andere Planeten Aspekte und nehmen während dieser Zeit Kontakt mit den Inhalten des unaspektierten Planeten auf. Dann kommt man plötzlich einen großen Schritt weiter und erkennt, was man gerade tut, oder man kommt näher an tiefe Sehnsüchte und verborgene Charakterzüge heran. Der unaspektierte Planet bildet natürlich in Transiten und Progressionen auch selbst Aspekte. Man bekommt daher genügend Möglichkeiten, Maß halten zu lernen und sich selbst zu ergründen. Anfänglich sieht es allerdings schwierig aus.

Es scheint tatsächlich so, dass uns das Unbewusste auf alle möglichen Arten helfen will, die Inhalte des unaspektierten Planeten kennenzulernen. Wenn man sich häufig mit der Energie oder den Bereichen dieses Planeten befasst, ist die Wahrscheinlichkeit natürlich größer, dass das eine oder andere zu uns durchdringt, wodurch wir einen solchen Planeten natürlich schneller kennenlernen. Das bedarf einer längeren Anlaufzeit, während der man für gewöhnlich nicht erkennen kann, wie stark die nähere Umgebung mit unserem unaspektierten Planeten konfrontiert wird. Da wir ihn so stark betonen, hat die Umgebung bereits die vollen Auswirkungen erfahren oder ertragen müssen, bevor man selbst überhaupt eine Vorstellung davon hat, womit man da eigentlich zugange ist. Selbst wenn andere sich darüber äußern oder Bemerkungen fallen lassen, wird man einfach nicht begreifen, worum es eigentlich geht.

Ein Beispiel: Der Sohn einer Klientin hat einen unaspektierten Mars. Er ist ein äußerst lebendiges und bewegliches Kerlchen, und vielleicht wäre „Zappelphilipp" die richtige Bezeichnung für ihn. Er schläft wenig und macht ständig Radau. Er ist ein strahlendes Kind, das sein Leben sichtlich genießt. Er hat (noch) nicht begriffen, wieviel Mühe er seinen Eltern mit seiner lebhaften Art macht. Seine Eltern sind verständnisvoll und geduldig (und sie lieben Ruhe!), aber oft wird es ihnen einfach zu viel. Sie konnten einfach nicht begreifen, dass ihr Sohn selbst noch nach jahrelangem Bitten, bei Tisch nur ein einziges Mal still sitzen zu bleiben, immer noch herumzappelte und mit seinen unruhigen Bewegungen dabei immer wieder Dinge umwarf. Seine Mutter erzählte mir, dass ihr Sohn einmal mit seinem Besteck lauthals auf den Tisch trommelte, nur mit knapper Not seinen Teller verpasste und einen Lärm verursachte, der es den Eltern unmöglich machte, ein Wort miteinander zu wechseln. Mars war sichtbar aktiv! Als sie schließlich rief: „Kannst Du denn wirklich nicht mal einen Moment lang stillsitzen?", schaute ihr Sohn sie völlig entgeistert an und bestritt, einen derartigen Lärm verursacht zu haben. Das ist für Kinder mit unaspektierten Planeten ein entscheidendes Problem. Welche Eltern wissen schon genügend über unaspektierte Planeten, um zu begreifen, dass ihr Kind wirklich nicht erkennen kann, was es da anrichtet, und dass der Junge in unserem Fall tatsächlich völlig erstaunt über die Bemerkung seiner Mutter sein konnte. Es ist gut möglich, dass er seinem Gefühl nach gar nicht geschrien und getrommelt hat oder zumindest noch gar nicht richtig damit angefangen hatte. Klar ist aber, dass er längst damit zugange war und einen fürchterlichen Lärm verursacht hatte. Vermutlich hätten alle Eltern ärgerlich darauf reagiert. Warum lügt das Kind und sagt, es habe doch gar nichts getan? Ist es auch noch ein Querkopf? Und warum bleibt es dabei, zu leugnen? Es war doch unüberhörbar, was für einen riesigen Krach es veranstaltet hatte?! Für einen Außenstehenden war das natürlich unüberhörbar, nur das Kind selbst hat es nicht mitbekommen.

Die Faszination, die ein unaspektierter Planet auf seinen „Besitzer" ausübt und die damit verbundene Ausrichtung auf die Bereiche dieses Planeten tragen in hohem Maß zur Entwicklung der Fähigkeiten bei, die dieser Planet verheißt! Fast unmerklich entwickelt man allerlei Facetten dieser Energie, allein dadurch, dass man damit beschäftigt ist. Wenn man diese Energie mehr versteht und erkennt, enthält sie ein riesiges Potential. Die Faszination und die Suche geben daher gleichzeitig einen Fokus und eine Ausrichtung auf einen bestimmten Bereich, und es kommt sehr häufig vor, dass jemand ein Thema seines unaspektierten Planeten zu seinem Beruf macht, oder aber diese Planetenenergie sonstwie in seinem Alltag zum Ausdruck bringt. Das kann mit großer Freude und ganz bewusst geschehen! Ich kannte beispielsweise eine Sportlehrerin (mit einem betonten fünften Haus im Geburtshoroskop) mit einer unaspektierten Venus, die letztlich einen neuen Beruf ergriff: sie wurde Schönheitsspezialistin.

Unsicherheit

Ein weiteres Kennzeichen unaspektierter Planeten ist, dass sie oft mit Gefühlen von Unsicherheit einhergehen. Diese Unsicherheit hängt mit verschiedenen Dingen zusammen. An erster Stelle ist da dieses Gefühl, „auf der Suche zu sein", das sich oft in einer Art Unruhe ausdrückt, die man auch umschreiben könnte als ein Gefühl von „Hunger" oder „Verlangen" oder „Unerfüllt-Sein" im Bereich dieses Planeten. Man spürt eine Art Sehnsucht und weiß nicht, wonach. Man kann es nicht beschreiben, es ist diffus und vage und eigentlich kann man niemandem begreiflich machen, worum es geht. Selbst wenn man alles hat, was das Herz begehrt, kann dieses Gefühl bestehen bleiben. Es hat also nichts mit den äußeren Umständen oder mit dem, was man im Leben erreicht hat, zu tun.

Ein unaspektierter Mond kann zum Beispiel eine tiefe Sehnsucht nach Geborgenheit in sich tragen und ein starkes Bedürfnis nach Wärme. Selbst wenn er Wärme bekommt, spürt er sie nicht (und das geschieht völlig unbeabsichtigt), weil das nagende Gefühl in ihm einfach stärker ist.

Das folgende Beispiel einer unaspektierten Venus kann dies vielleicht verdeutlichen: Vor einigen Jahren kam ein Ehepaar zur mir, das an einer astrologischen Analyse der Beziehung interessiert war. Die beiden waren seit fast 30 Jahren miteinander verheiratet und die Frau befand sich in einer Krise. Sie wusste nicht mehr, ob sie ihren Mann noch liebte oder ob sie ihn überhaupt jemals geliebt hatte. Sie erzählte auch, dass sie gar nicht wisse, was Liebe eigentlich sei. Ihr Mann nahm das aber nicht persönlich. Sein Kommentar war einfach und aufrichtig: „Wir haben es all die Jahre gut miteinander gehabt, und ich weiß einfach, dass sie mich liebt und ich liebe sie. Es muss etwas anderes mit ihr los sein, darum sitzen wir jetzt hier." Seine Frau hatte sich wirklich in die Idee verrannt, dass sie nicht wisse, was Liebe ist und deshalb auch nicht sagen könne, ob sie ihren Mann liebe.
Ihre Venus bildete keinen einzigen Aspekt! Nachdem ich ihr erklärt hatte, was ein unaspektierter Planet im Allgemeinen bedeutet, und wie sich eine unaspektierte Venus im Besonderen auswirkt, konnte sie plötzlich umdenken. Sie verstand, dass das unerfüllte und suchende Gefühl in ihr selbst war und mit ihrer Ehe nichts zu tun hatte. „Wenn ich so zurückblicke", überlegte sie, „haben wir es all die Jahre wirklich gut miteinander gehabt und ich will meinen Mann gar nicht missen." Nach einer kleinen Pause meinte sie: „Vielleicht ist dies doch Liebe und vermutlich sollte ich mich nicht mehr so stark damit beschäftigen und einfach akzeptieren, dass ich diese Seite in mir einfach nicht ganz fassen und benennen kann."
Das ist ein gutes Beispiel dafür, wie man mit einem unaspektierten Planeten Gefahr läuft, seine Lebenssituation falsch einzuschätzen, weil man durch das „Suchen" ins Grübeln gerät. Dieses Suchen wirkt sich häufig aber noch anders aus, nämlich in der Vorstellung, dass man „noch nicht angekommen ist" oder dass man bestimmte Dinge einfach nicht kann. Bei einer unaspektierten Venus kann sich das in einem Gefühl äußern, nicht liebenswert zu sein, oder dass man eben für die Liebe nicht geboren sei oder man glaubt, aufgrund seines Äußeren und/oder seiner Gefühle minderwertig zu sein. All das stimmt durchgängig nicht mit der tatsächlichen Situation und den eigenen Talenten und Begabungen überein, obwohl auch hier wieder gilt, dass man das anfänglich nicht erfassen kann. Es geht darum, langsam begreifen zu lernen, dass man auch mit einer unaspektierten Venus sehr liebevoll sein kann, sehr gut vermitteln und ein feines Gespür für Harmonie haben kann! In einem unaspektierten Planeten liegt ein großes verborgenes Talent, das auf seine Entdeckung wartet.

Alles oder Nichts

Weil ein unaspektierter Planet nicht im Kontakt zu anderen Planeten steht, können seine Energien in alle Richtungen fließen, allerdings geschieht das nicht immer koordiniert. Planeten beeinflussen durch ihre Aspekte die Energie anderer Planeten, leiten sie um, kanalisieren oder stimulieren sie. Mit Aspekten haben wir aber immer eine Situation, bei der die Planeten miteinander rechnen müssen. Das ist bei einem unaspektierten Planeten nicht der Fall, er kann sich in einem Augenblick sehr extrem äußern und im anderen scheint er völlig verschwunden zu sein - das andere Extrem.

Wann ist die Energie eines unaspektierten Planeten nicht greifbar? Meistens dann, wenn sie dringend nötig ist! Will man die Energie beanspruchen, muss man sie „einschalten". Dabei kann es passieren, dass man einen unaspektierten Planeten gerade in einer kritischen Situation nicht aktivieren kann. Ausgerechnet, wenn man etwas Bestimmtes muss oder soll, scheint er verschwunden, um kurz darauf wieder zum Vorschein zu kommen, und zwar dann, wenn sich die Sache bereits erledigt hat. Ein Mann mit einem unaspektierten Mars kann beispielsweise ein sehr guter Sportler sein und eine Menge Wettkämpfe gewinnen - solange alles spielerisch verläuft und er nicht unter Druck gesetzt wird. Aber sobald jedermann von ihm einen Sieg erwartet, und er sich gezwungen sieht, seinen Mars „einzuschalten", kann Mars plötzlich nicht mehr greifbar sein, so dass dem Sportler nicht die nötige Energie zur Verfügung steht, den Wettkampf zu bestreiten. Ein unaspektierter Planet reagiert allergisch auf Zwang! Und genau in dem Augenblick, in dem die Zeitungen schreiben, wie verrückt es doch ist, dass dieser Sportler alle unwichtigen Wettkämpfe glanzvoll gewinnt, bei einem großen Turnier jedoch auf unverständliche Weise den Anforderungen nicht gerecht wird, bekommt er beim nächsten großen Turnier einen enormen Energieschub und übertrifft sich selbst. Hier zeigt Mars sich dann plötzlich von der genau entgegengesetzten Seite. Unaspektierte Planeten zeichnen sich durch eine Alles-oder-Nichts-Reaktion aus. Die „Nichts-Reaktion" tritt genau dann auf, wenn eigentlich etwas passieren müsste, während die „Alles-Reaktion" in dem Moment in Kraft tritt, wenn es auch etwas weniger hätte sein können.

Allerdings muss das nicht ein Leben lang so bleiben; es ist möglich, damit zurechtzukommen. Ein unaspektierter Planet erweist sich nämlich oft als eine Gabe. Wenn man lernt, dieses Gefühl der Unruhe in einem anderen Licht zu sehen, kann man diesen Planeten durchaus auch nutzen lernen.

Ein weiteres Beispiel: Eine Klientin mit einer unaspektierten Sonne war in einem mittelgroßen Betrieb angestellt, in dem während einer wirtschaftlich schwierigen Periode innerhalb kurzer Zeit alles schiefging. Sie erzählte mir, dass sie unter starken Minderwertigkeitsgefühlen leide und sich am liebsten etwas im Hintergrund halten würde. Es war ihr unbegreiflich, dass einige ihrer Kollegen sie als dominant beschrieben und außerdem betonten, dass sie immer fühlbar präsent sei oder die gesamte Aufmerksamkeit auf sich ziehen würde. Sie selbst war ganz anderer Meinung. Während der Beratung spürte allerdings auch ich, dass diese Frau „etwas" an sich hatte, das mir das Gefühl gab, sie sei dominant. Sie war bei mir, weil sie unter großen Ängsten litt. Man hatte ihr in ihrem Betrieb eine führende Position angeboten und sie wusste nicht, wie sie mit diesem Angebot umgehen sollte. Sie war davon überzeugt, dass sie niemals in der Lage wäre, eine leitende Position bekleiden zu können und dass das Angebot auf einem schrecklichen Versehen beruhen müsse. Hier haben wir es: eine unaspektierte Sonne, die zum Beispiel die Fähigkeit verleihen kann, eine leitende Position auszuüben! Das konnte meine Klientin natürlich nicht so sehen. Ich stellte ihr die Frage, ob sie in der Vergangenheit nicht schon ein oder mehrere Male bewiesen habe, dass sie schnell und adäquat handeln könne und fähig sei, Entscheidungen zu treffen. Natürlich war dem so! Während der Betrieb allmählich „den Bach runter" ging, hatte sie spontan und sehr direkt eine Reihe von Entscheidungen getroffen und Kollegen angemessene Anweisungen geben können. Sie hatte andere dazu angespornt, zuzupacken, anstatt die Dinge ihren Lauf nehmen zu lassen und einfach abzuwarten. Mit ihrem Engagement hatte sie bewiesen, dass sie über organisatorische und leitende Qualitäten verfügte. Als sie mir das erzählte, klang es so, als würde sie über jemand anderen reden. Das machte ich ihr deutlich und auch, dass sie all das selbst geschafft hatte, und dass sie selbst diejenige war, die so erfolgreich gehandelt hatte. Ihre ausweichende Antwort war: „Ja, aber das war doch reiner Zufall…". Mir schien, als hätte sie keinen Zugang dazu, dass sie selbst es war, die in dieser Zeit eine wert- und kraftvolle Hilfe für den Betrieb gewesen war. Niemand hatte sie zum Handeln aufgefordert, sie reagierte und handelte einfach ganz spontan. Jetzt war der Zeitpunkt gekommen, ihre Sonne in Anspruch zu nehmen – die aber schien gerade „untergegangen" zu sein.

Wenn einem so etwas mit einem unaspektierten Planeten passiert, ist es am besten, sich einfach zu entspannen und sich klarzumachen, dass diese Unsicherheit und auch die Verleugnung einfach nur Kennzeichen der Wirkungsweise eines unaspektierten Planeten sind, was aber in keinem Fall bedeutet, dass man nichts kann! Es ist wichtig, sich davon nicht abschrecken zu lassen; man sollte vielmehr akzeptieren, dass man durch eine Phase der Unsicherheit gehen muss. Ist das geschafft, scheint es

besser zu klappen. Auf die Energie eines unaspektierten Planeten vertrauen zu lernen, ist ein ganz wichtiger Schritt.
Es hat einige Zeit gekostet, dieser Frau deutlich zu machen, dass sie gerade durch ihre unaspektierte Sonne so qualifiziert ist, ihre Qualitäten auf den entsprechenden Gebieten aber einfach verkennt. Letztlich konnte sie bestätigen, dass sie dem Betrieb enorm geholfen hatte. Mit zitternden Knien nahm sie die leitende Position an, die sie hervorragend meistert. Sie hat gelernt, sich zu entspannen und ihre Unruhe und Unsicherheit zu akzeptieren.

Ambivalenz

Trotz der oben beschriebenen Probleme kann man von klein auf auch viel Freude auf dem Gebiet eines unaspektierten Planeten haben. Denken wir noch einmal an den Jungen mit seinen Stiften. Er fand das großartig, und er war sehr glücklich, wenn er damit beschäftigt war. Ein Kind geht von Natur aus in seinem Spielen auf, und das ist bei einem Kind mit einen unaspektierten Planeten nicht anders. Die Folge ist, dass in einer entspannten Situation mit dem unaspektierten Planeten ein Gefühl von Glück, Lust und Freude entsteht, was dem Kind ganz selbstverständlich ein gutes Gefühl gibt. Auch wenn man älter ist, bleibt diese Möglichkeit erhalten. Bedingung ist aber immer, dass es keinen Druck gibt, keine Verpflichtungen, keine Bedingungen, sondern nur ein selbstverständliches Fließen der Energie in einer entspannten Atmosphäre. Dann erkennt man, dass ein solcher Planet ganz „er selbst" wird, und sich auf seine ganz eigene Weise ausdrücken kann. Das ist ein herrliches Gefühl! Der Junge mit dem unaspektierten Mars hatte beispielsweise einen Riesenspaß an dem Lärm, den er veranstaltete. Und die Ehefrau, die glaubte, nicht zu wissen, was Liebe ist, hat in ihrem Leben ihre Venus auf genau die richtige Art zum Ausdruck gebracht. Ansonsten wäre es ihr niemals gelungen, über 30 Jahre lang eine gute Ehe zu führen. Und nicht zuletzt die Frau, die in eine Führungsposition aufstieg, konnte sich nach einigem Nachdenken daran erinnern, dass sie sich sehr wohl gefühlt hatte, als sie so aktiv die Probleme in der Firma in die Hand nahm. Jeder, der einen unaspektierten Planeten hat, hat die Chance, auch dessen äußerst positive Auswirkungen zu erfahren. Mir selbst fällt immer wieder auf, dass die Kennzeichen solcher Planeten sehr deutlich zu erkennen sind und auch klar zum Ausdruck kommen, was damit zu erklären ist, dass sie keinerlei Beeinflussung durch andere Planeten ausgesetzt sind. Das einzige, was sie färbt, ist der Hintergrund des Zeichens, in dem sie stehen. Sie können deshalb ganz klar „sie selbst" sein.

Man erlebt glückliche und schöne Augenblicke mit seinen unaspektierten Planeten. Deshalb ist es auch so schwierig zu begreifen, und es erscheint einem so ungereimt, dass man mit der gleichen Energie plötzlich den eigenen Weg verliert, nichts mehr herausbringt, unsicher wird und mit einem Mangel an Selbstvertrauen konfrontiert wird. Manchmal können solche schwierigen Erfahrungen die positiven verdrängen; man identifiziert sich dann mehr mit den nicht vorhersehbar wiederkehrenden schwierigen Auswirkungen und vergisst, dass zwischendurch auch immer wieder so viel Schönes mit diesem Planeten erlebt werden kann.

Diejenigen, die beginnen zu begreifen, was da eigentlich los ist, bemerken noch eine weitere Ambivalenz. Sie beginnen, einige Reaktionen, Einstellungen, Erwartungen und Handlungen, die mit dem unaspektierten Planeten zusammenhängen, an sich selbst zu erkennen, andere Teilbereiche bleiben allerdings im Dunkeln. Es ist so, als ob man sich einen unaspektierten Planeten Stück für Stück und in kleinen Schritten erobern muss. Und jedesmal neigt man wieder dazu, sich vollständig mit diesem neuen Anteil zu identifizieren, wodurch man das, was noch zu „erobern" ist, völlig aus den Augen verliert.

Einerseits glaubt man, Einsicht in diese Energie gewonnen zu haben, während die gleiche Energie auf anderen Gebieten immer noch zu einer Alles-oder-Nichts-Haltung führen kann, die mit Suchen oder Unsicherheit gepaart sein kann. Das ist natürlich sehr schwer miteinander zu vereinbaren und wird schon allein dadurch zu einer Quelle von Unsicherheit. Lassen Sie sich aber nicht entmutigen; es wäre gut, sich bewusst zu machen, dass gerade die Erkenntnis, dass der Preis für ein Talent in der Unsicherheit liegt, bedeutet, dass man schon auf dem Weg ist, den unaspektierten Planeten in den Griff zu bekommen.

Sich mit der Energie verbinden

Alle vorgenannten Beispiele zeigen als zentrales Thema, dass man mit einem unaspektierten Planeten lernen muss, sich mit dieser Energie zu verbinden, das heißt, die Energie in Bezug auf sich selbst zu erkennen. Das ist sehr wesentlich. Solange wir das nicht tun, und auch unser Verhalten nicht erkennen, werden wir durch unser Unbewusstes mit dieser Thematik konfrontiert, und das bedeutet, dass wir ihr sowohl in der Projektion auf andere, als auch in Umständen oder Ereignissen in unserem Leben begegnen. Das ist mir in meiner Arbeit mit meinen Klienten sehr deutlich vor Augen geführt worden, wie das folgende Beispiel zeigt.

Mars wird von jeher mit allem in Verbindung gebracht, was scharf ist. Auch Wespen ordnet man Mars zu. Ich habe in meiner Praxis mehrere Klienten mit einem unaspektierten Mars erlebt, die alle auf die eine oder andere Weise ein Problem mit Wespen hatten. Einige von ihnen hatten sogar ein Wespennest im Haus. Bei einem Klienten befand sich ein solches Nest auf dem Speicher; er entdeckte es, als er einem befremdlich klingenden, leisen Summen auf die Spur kommen wollte. Das Nest musste durch einen Kammerjäger der Gemeinde entfernt werden – es war das größte Wespennest, das jemals in Holland in einem Wohnhaus gefunden wurde!

Mit unaspektierten Planeten dauert es länger, bis man erkennt, was man will und was man tut. Das schafft vor allem in pädagogischer Hinsicht Probleme. So kann ein Kind mit einem unaspektierten Jupiter dazu neigen, in allem maßlos zu übertreiben. Gibt man ihm etwas Süsses, wird es meistens mehr davon haben wollen, fast so, als habe es Angst, nicht genug zu bekommen. Fragt man dieses Kind, warum es ständig mehr haben will, wird ihm keine Antwort einfallen. Von Habsucht oder dem Gefühl, zu kurz gekommen zu sein, kann hier aber keine Rede sein. Der unaspektierte Jupiter scheint einfach nur alles vermehren zu wollen, also auch die Menge an Süßigkeiten, die er bekommt.

Für Eltern ist es schwer zu verstehen, was sich hier wirklich abspielt. Das Einzige, was sie sehen, ist, dass das Kind unersättlich ist. Wenn man nicht weiß, was unaspektierte Planeten sind oder tun, liegt für die Eltern die Schlussfolgerung auf der Hand, dass ihr Kind habgierig ist und nur an sich selbst denkt. Die Eltern werden also gegen dieses unangemessene Verhalten vorgehen. Wenn ihre Ermahnungen dann scheinbar nichts bewirken, und das Kind nichts an seinem Verhalten ändert, sind die Eltern wohl kaum davon zu überzeugen, dass das Kind nicht absichtlich ungehorsam ist. Es ist doch augenscheinlich mehr als deutlich, was da passiert! Das Kind wird aber mehr und mehr unter Druck gesetzt und in Probleme verwickelt, die es nicht versteht, weil es einfach nicht begreift, worum es eigentlich geht. Das ist nicht nur sehr verwirrend für das Kind, auch andere schädliche Folgen sind möglich.

Stellen Sie sich einmal die Erlebniswelt dieses Kindes vor. Es erkennt nicht, was es da macht und kann daher auch die Zurechtweisungen nicht verstehen. Es fühlt sich ganz einfach unverstanden. Wird es bestraft, weil es „nicht hören will", fühlt es sich zurückgewiesen und missachtet, was mit hoher Wahrscheinlichkeit eine enorme innere Unsicherheit in ihm auslöst. Viele Schwierigkeiten, die wir als Erwachsene mit unaspektierten Planeten haben, liegen ursprünglich nicht am Planeten selbst, sondern entwickeln sich aus dem, was wir im Zusammenhang mit diesen Themen erlebt haben, als wir jung waren. Man kann den Eltern wirklich nicht die Schuld für alles geben, was schiefgegangen ist. Sie haben vermutlich aufrichtig versucht, das Kind so zu erziehen, dass es sich später ohne Probleme in der Gesellschaft zurechtfindet. Bei anderen Kindern gelingt das „Zurechtbiegen" oft sehr gut, bei dem Kind mit dem unaspektierten Planeten allerdings nicht oder in viel geringerem Maße. Durch dieses „Zurechtbiegen" gerät das Kind in tiefe Verzweiflung, weil es einfach nicht begreifen kann, was passiert, während die Eltern genauso verzweifelt sind, weil sie mit ihrem Kind nicht klarkommen. Die Einsicht in unaspektierte Planeten kann helfen, aus diesem Dilemma auszusteigen.

Allerdings schafft die Einsicht in die unaspektierten Planeten unserer Kinder auch neue Probleme. Wenn man weiß, wie sich der unaspektierte Planet des Kindes auswirken kann, neigt man dazu, extreme Verhaltensweisen viel mehr zu tolerieren. Man begreift die Zusammenhänge und will seinem Kind vor allem Sicherheit und Geborgenheit geben. Besonders dann, wenn man versteht, dass diese verrückte Widersprüchlichkeit im Zusammenhang mit einem unaspektierten Planeten steht, der einerseits viel Spaß und Freude bereitet und im Gegensatz dazu häufig Unsicherheit auslöst. Man versucht, dem Kind ein Gefühl von Sicherheit zu vermitteln und es auf dem Gebiet des unaspektierten Planeten anzuregen. Was ist die Folge? Das Kind wird (ungewollt und unbewusst) diesen Planeten extrem stark zum Ausdruck bringen, was ziemlich anstrengend wird. So geraten die Eltern in ein neues Dilemma. Ein Kind mit einer unaspektierten Sonne tritt dann vielleicht so dominant auf, dass den Erwachsenen nicht mehr viel Raum bleibt. Gleichzeitig fühlt es sich oft unsicher und hat sein eigenes Verhalten nicht im Griff. Schenkt man als Elternteil diesem Kind besondere Aufmerksamkeit und versucht, ihm Selbstvertrauen zu geben, verhält es sich unbewusst noch dominanter und wird alle Aufmerksamkeit auf sich ziehen. Dieses Verhalten kann leicht auf Kosten anderer Kinder gehen, oder zu anderen schwierigen Situationen führen. Zum Beispiel bei dem Geburtstag eines Elternteils, an dem viele Erwachsene zu Besuch sind und das Kind die gesamte Situation zu dominieren scheint. Das wird nicht ohne Kommentare der restlichen Familie abgehen. Folglich erlebt das Kind einen Widerspruch: Verständnis von Seiten der Eltern und Zurückweisung von den anderen Familienmitgliedern. Gerade für diese Art Erfahrungen ist ein unaspektierter Planet sehr sensibel. Versucht man aber auf solch einem Geburtstagsfest, das Kind etwas zu zügeln, kann es passieren, dass es nicht versteht, was man eigentlich von ihm erwartet. Es wird sich einfach unverstanden fühlen, auch von seinen Eltern. Hier zeichnet sich also ein Dilemma in der Erziehung ab!

Unaspektierte Planeten erfordern Geduld und Verständnis von Seiten der Eltern. Sie werden dem Kind immer wieder erklären müssen, wie es sich verhält. Dabei kann ein Videorecorder ein fabelhaftes Hilfsmittel sein! Wenn das Kind dann etwas älter geworden ist und sich diese Aufnahmen anschaut, kann es selbst objektiv beurteilen, wie es sich damals verhalten hat. Ich habe verschiedentlich erlebt, dass Kinder auf diese Art und Weise allmählich verstanden, was damals los war. Man sollte aber nicht absichtlich schwierige Situationen filmen, weil das nur zusätzliche Spannungen hervorruft. Erklärungen und Gespräche über das Geschehene werden einem Kind mit einem oder mehreren unaspektierten Planeten im Lauf der Jahre helfen, wirklich voranzukommen. In der Zwischenzeit wird es sich aber oftmals hin- und hergerissen fühlen – egal was die Eltern auch tun oder wie gut sie es meinen - daran ist nichts zu ändern. Es hat also gar keinen Sinn, sich schuldig zu fühlen. Man muss sich darüber im Klaren sein, dass ein Kind, das viele besondere Begabungen hat, mit Geduld begleitet werden muss, damit eine sichere Grundlage geschaffen werden kann, auf der sich seine Talente entwickeln können. Je mehr man dem Kind hilft, sich mit diesem „ungezügelten" Teil in sich selbst zu verbinden, desto eher wird es seine angeborenen Talente auf eine bewusste Weise entwickeln können.

Synastrie

Es kann durchaus möglich sein, dass Ihr Kind einen unaspektierten Planeten hat, der aber nicht auf so problematische Weise wie oben beschrieben zutage tritt.

Ein Mensch ist nicht nur ein Einzelwesen, sondern auch Teil einer Familie und einer Gemeinschaft. Unser eigenes Geburtshoroskop hat seine eigene Dynamik und eigene Verhaltensmuster, aber unsere Planeten werden auch durch Aspekte, die zwischen Planeten in den Horoskopen anderer Menschen und unserem eigenen Horoskop entstehen, beeinflusst! Hat ein Kind einen unaspektierten Planeten, der von den Planeten der Eltern aspektiert wird, kann sich dessen Energie durch die Eltern äußern. Dieser Elternteil wird dann unbewusst sehr wichtig für das Kind, besonders, wenn es sich um einen harmonischen Aspekt handelt. Auf jeden Fall fühlt sich das Kind in der Umgebung dieses Elternteils entspannter und sicherer, ohne zu wissen, warum, und auch, ohne dass es dafür einen erkennbaren äußeren Grund gäbe. Es ist, als ob dieser Elternteil einen „direkten Draht" zu diesem Kind hat.

Für das Kind wird es dann in dem Sinne leichter, dass der betreffende Elternteil in der Lage ist, dem Kind zu helfen, es anzuleiten und ihm Einsichten in bestimmte Situationen zu vermitteln. Das Kind kann lernen, sich selbst mit den Augen dieses Elternteils zu sehen. Es ist klar, dass dies auch Risiken birgt. Wenn dieser Elternteil aufgrund eigener Probleme ein verzerrtes Bild von sich hat, wird er auch seinem Kind dieses verzerrte Bild eingeben, so dass das Kind schließlich vor zwei Problemen

steht: mit dem unaspektierten Planeten konfrontiert zu sein und dem Ringen, mit diesem verzerrten Bild zurechtzukommen. Ein anderes Risiko besteht in der deutlichen Abhängigkeit des Kindes von diesem Elternteil, was Probleme in der Familie auslösen könnte. Wenn dieser Elternteil dann noch vorwiegend „durch und für die Kinder“ lebt, und die Kinder eine Art Rechtfertigung und Ausfüllung seiner Existenz bedeuten, kann er sich durch die enge Verbindung mit dem Kind sehr geschmeichelt fühlen, womit dem Kind allerdings nicht wirklich geholfen ist. Der Elternteil begreift dann nicht, was wirklich geschieht.
Ein Kind kann durch diese Verbindung relativ wenig Probleme mit dem unaspektierten Planeten haben - bis es eigene Wege geht. Denn solange ein Kind regelmäßig zu Hause und der Elternteil physisch anwesend ist, bleibt der Aspekt zwischen den Horoskopen von Eltern und Kindern aktiv. Wohnt das Kind aber nicht mehr bei den Eltern, schwächt sich der Einfluss dieses Aspekts ab. Im Erwachsenenleben wird es dann plötzlich und heftig mit seinem unaspektierten Planeten konfrontiert: mit der Unsicherheit, den Widersprüchen, der Alles-oder-Nichts-Haltung und dem Mangel, dies alles zu begreifen. Ein solches Kind scheint sich dann plötzlich sehr zu verändern. Ja, es zeigt Seiten von sich, die bis dahin verborgen waren und von denen niemand etwas ahnte. Eigentlich kommt jetzt etwas zum Vorschein, das sich schon viel früher hätte äußern müssen! Die Eltern beklagen sich dann möglicherweise, dass ihr Kind so verändert sei und sie doch ihr Bestes getan hätten und nun so etwas!! Die Umgebung reagiert auf eine solche Veränderung oft mit Unverständnis, vor allem, wenn das Kind sehr stark durch den Elternteil gelebt hat, der seinem unaspektierten Planeten ein Schlupfloch bot. In so einem Fall kann sich das Kind beispielsweise für ein Studium entscheiden, das den Erwartungen der Eltern entspricht, um später, wenn es alleine lebt, genau mit diesem Studium Schwierigkeiten zu haben. Dann ist ein Richtungswechsel zu einer völlig anderen Lebensgestaltung möglich.

Natürlich muss es nicht so problematisch verlaufen, wie ich das hier beschrieben habe. Vieles hängt davon ab, inwieweit das Kind inzwischen gelernt hat, Vertrauen zu sich selbst zu entwickeln und wieviel Verständnis die Eltern aufbringen können. Wenn ein Kind Aspekte mit Planeten im Horoskop eines Elternteils bildet, ist es von größter Wichtigkeit, dass die Eltern das Kind respektieren und begleiten. Sie müssen allerdings auch gut auf sich selbst achten und sich fragen, warum sie bestimmte Dinge von ihrem Kind erwarten oder verlangen. Dann kann das Kind schon in seiner Jugend Erfahrungen mit den Auswirkungen eines unaspektierten Planeten sammeln und wird später nicht von dessen Auswirkungen überfallen oder überrascht werden.

Wenn ein Kind mit einem unaspektierten Planeten ein ausgefallenes Hobby hat, läßt sich das in neun von zehn Fällen auf die Inhalte dieses Planeten zurückführen. Die Eltern könnten das Kind in diesem Hobby fördern und vielleicht sogar selbst dabei mitmachen, um das Erleben des Kindes zu teilen (wobei es hier keineswegs um einen Wettstreit oder Autoritätsgehabe geht!) Es ist durchaus möglich, dass dieses Hobby unmerklich eine gute Vorbereitung auf den späteren Beruf des Kindes ist und ihm einen Vorsprung vor anderen ermöglicht. Fördern die Eltern dieses Hobby, geraten sie oft in ein anderes Dilemma, sie haben zwar viel Freude, indem sie das Kind anregen, müssen aber feststellen, dass das Kind durch die Ausrichtung des unaspektierten Planeten nicht mehr viel Interesse an Hausaufgaben oder anderen Dingen zeigt. Wenn solche Kinder das Klassenziel nicht erreichen, hat das überhaupt nichts mit mangelnder Intelligenz zu tun, sondern mit ihrer Ausrichtung auf bestimmte andere Dinge – und dazu gehören eben leider keine Hausaufgaben.

Wenn es um Aspekte mit Horoskopen anderer Leute geht, kann auch ein Bruder oder eine Schwester oder ein Lehrer eine besondere Rolle spielen, wenn einer ihrer Planeten eine harmonische Verbindung mit dem unaspektierten Planeten des Kindes eingeht. Im Gegenzug wird ein unaspektierter Planet empfindsamer auf Spannungen reagieren, wenn Planeten aus dem Horoskop eines anderen einen Spannungsaspekt dazu bilden. So wird ein Saturn-Quadrat von einem Elternteil zum unaspektierten Planeten des Kindes dieses Kind hochempfindlich für die hemmende und strukturierende Seite dieses Elternteils sein lassen - wesentlich empfindlicher jedenfalls als andere Kinder in der Familie.

Kurzum: bei der Art und Weise, wie ein unaspektierter Planet sich bei einem Kind entwickelt, spielen die Aspekte, die dieser Planet mit anderen Horoskopen bildet, eine gravierende Rolle. Darum ist es auch sehr wichtig, herauszufinden, wie die betreffenden Personen mit diesem Planeten (also mit diesem Teil ihrer Psyche) umgehen.

Trägt der betreffende Elternteil, um beim Beispiel von Saturn zu bleiben, keine Eigenverantwortung und gibt stattdessen immer allem und jedem die Schuld an Dingen, die schiefgehen, hat Saturn nicht viel Rückgrat. Dieser Elternteil wird dem Kind einen nörgelnden, einengenden, misstrauischen und vielleicht sogar ängstlichen Saturn einflößen. Hat der Elternteil aber ein ausgewogenes Bewusstsein über die Gesetze von Ursache und Wirkung und ist bereit, Verantwortung für sein eigenes Handeln zu übernehmen, gewinnt das Kind durch diesen Saturn Struktur, Kraft, Klarheit und Bescheidenheit. An sich gilt das für jede Synastrie, allerdings im Besonderen für Aspekte einer Person zum unaspektierten Planeten eines anderen.

Duett

Im musikalischen Sinn sind an einem Duett zwei Teilnehmer beteiligt, die zusammen Musik machen. Auch in der Astrologie kennen wir ein sogenanntes Duett: zwei Planeten, die zusammen „tanzen", nur und ausschließlich miteinander, unabhängig von anderen Planeten. Dies ist der Fall, wenn zwei Planeten Aspekte miteinander bilden und keiner von beiden im Hauptaspekt zu einem anderen Planeten steht. Nun ist es durchaus möglich, dass einer der beiden oder auch beide einen Aspekt zum MC oder zum Aszendenten bilden. Wie wir gesehen haben, spielt das bei der Beurteilung unaspektierter Planeten keine große Rolle. Wir haben es jetzt mit zwei Planeten zu tun, die nur aufeinander bezogen sind und mit dem restlichen Horoskop nicht verbunden sind. Das nennen wir ein Duett, eigentlich ist dies also ein „unaspektierter Aspekt". Die Praxis lehrt uns, dass beide Planeten sich verhalten, als wären sie unaspektiert. Deshalb tragen sie die Kennzeichen von unaspektierten Planeten und sie beeinflussen sich auch gegenseitig.
Ein Duett kann mit jeder Aspektform verbunden sein, also spielt es keine Rolle, ob es sich um ein Trigon, ein Quadrat oder eine Konjunktion handelt, um nur einige zu nennen. Es geht darum, dass beide Planeten keine Aspekte mit anderen Planeten bilden.

Rezeption

Wenn ein unaspektierter Planet mit einem anderen Planeten „auf Empfang" steht, wird der unaspektierte Planet aus seiner Isolation befreit. In der Praxis kann man beobachten, dass die charakteristischen Ausdrucksformen dann nur noch in abgeschwächter Form sichtbar werden. Sie machen sich zwar noch bemerkbar, sind allerdings im Vergleich zu einem tatsächlich unaspektierten Planeten kaum erwähnenswert. Der „Empfangspartner" ist sehr wichtig, denn er beeinflusst das Funktionieren eines unaspektierten Planeten in hohem Maße. Es ist daher sehr bedeutsam, mit welchem Planeten eine „Rezeption" gebildet wird. Nehmen wir als Beispiel einen unaspektierten Mond in Wassermann (Herrscher Uranus) und Uranus in Krebs (Herrscher Mond). Uranus ist dann der „Empfangspartner" und wird den Mond zum größten Teil „erlösen". Der Mond bekommt dadurch aber einen uranischen Anstrich, was ungefähr so wirkt wie ein Aspekt zwischen Mond und Uranus, das ist allerdings nicht immer der Fall. Aber sobald diese Person auf dem Gebiet des Mondes aktiv wird, findet eine Vermischung mit den freiheitsliebenden, ursprünglichen und unruhigen Seiten von Uranus statt.
Nimmt man einen unaspektierten Mond in Steinbock und Saturn in Krebs, ist Saturn der „Erlöser". Die Äußerungsformen des Mondes werden von Saturn gefärbt,

so dass die Mondbedürfnisse dieser Person eine Färbung von Schlichtheit und Ernst, womöglich verbunden mit einer gewissen Gehemmtheit, erhalten.
Natürlich spielt auch der Zeichenhintergrund des Mondes eine Rolle. Ein Mond in Wassermann drückt sich nämlich anders aus als ein Mond in Steinbock. Aber das Spritzige und auch Unbeständige von Uranus ist bei der Mond-Uranus-Rezeption gut zu erkennen, nämlich durch Kennzeichen, die mehr zu Uranus als zu Wassermann gehören.
Bei unaspektierten Planeten ist es deshalb wichtig, auf „Rezeptionen“ zu achten, die deren Auswirkungen beträchtlich entschärfen.
Auch wenn ein unaspektierter Planet sich wie ein „unabhängiger“ Teil verhält, ist das kein Hinweis auf psychische Probleme wie beispielsweise Schizophrenie oder eine multiple Persönlichkeit. Damit hat das überhaupt nichts zu tun! Die praktische Erfahrung zeigt, dass man im Laufe seines Lebens lernen kann, sehr gut mit unaspektierten Planeten umzugehen; man kann lernen, mit ihnen zu arbeiten, seine Talente zu entwickeln und man kann sogar berühmt werden. Denn nicht selten ist es ein unaspektierter Planet, der den Menschen zu großen Leistungen anspornt.

3. Kapitel
Familien- und Generationsproblematik

Yodfiguren und unaspektierte Planeten tauchen nicht zufällig in einem Geburtshoroskop auf. Sie scheinen eine wichtige Rolle zu spielen, was die Art und Weise betrifft, wie Familienthemen über mehrere Generationen Gestalt annehmen und sich auswirken. Wie durch Zufall stieß ich auf eine Reihe bemerkenswerter Phänomene, und zwar durch die Erforschung von Familien über mehrere Generationen hinweg (eine Art astrologischer Genealogie) und durch Gespräche mit Menschen mit unaspektierten Planeten oder Yodfiguren im Horoskop.
Von diesen Menschen bekam ich sehr oft zu hören, dass sie das Gefühl hatten, Fragen beantworten zu müssen, die nicht aus ihnen selbst kamen. Einige von ihnen wiesen direkt auf Familienprobleme hin. Auch Menschen mit unaspektierten Planeten sprachen über derartige Probleme. Vor allem Menschen in der zweiten Lebenshälfte, die ihr Leben etwas gelassener betrachten konnten, hatten ähnliche Einsichten. Ich muss zugeben, dass die meisten Männer und Frauen mit diesen Horoskopfaktoren sich nicht mit solchen Fragen auseinandersetzten, sondern tief in die Schwierigkeiten einer Yodfigur oder eines unaspektierten Planeten verstrickt waren. Ich behielt aber auch deren Aussagen und Hinweise im Hinterkopf, die sich dann ganz unerwartet bei meiner Erforschung von Generationsphänomenen bestätigten.

Bei meinen Untersuchungen stieß ich auf eine Familie, in der Uranus eine dominante Rolle spielte. Beim Großvater stand er am MC und bei der Großmutter am Aszendenten. Auch bei der Tochter befand sich Uranus an prominenter Stelle, nämlich im 1. Haus im Aspekt zur Sonne. Diese Tochter heiratete einen Mann mit Uranus am Aszendenten. Die beiden bekamen nun eine Tochter mit einem unaspektierten Uranus. Ich war fasziniert und fragte sie, wie sie in ihrer Jugend den Uranus ihrer Eltern und Großeltern erlebt habe. Zu meinem Erstaunen lautete ihre Anwort: „Gar nicht“. Ihre Eltern hatten ein Leben gelebt, dass ihre Tochter als normal und bürgerlich beschrieb, auch ihre Großeltern lebten so, wie es damals eben üblich war. Also kein aktiver Uranus, sondern einer, der sich hinter den Erwartungen und Mustern der Zeit, in der diese Menschen lebten, versteckte. Weder die Eltern noch die Großeltern hatten Hobbys, die irgendwie auf Uranus hingewiesen hätten; jedenfalls konnte sich die Enkelin an nichts Derartiges erinnern. Es ist daher sehr wahrscheinlich, dass die Eltern und auch die Großeltern den uranischen Teil in sich auf die eine oder andere Art verdrängt hatten, obwohl er so dominant in ihren Horoskopen stand. Das ist aber weiter nicht erstaunlich, da die Gesellschaft zu Beginn des 20. Jahrhunderts wesentlich strukturierter war als heute. Es gab ganz klare Vorschriften, was sich gehörte und was nicht, außerdem war die soziale Kontrolle wesentlich stärker. Ein Abweichen von der Norm konnte damals problematische Folgen haben – nicht zu vergleichen mit heute.

Uranus muss sich nicht unbedingt als „Querkopf" oder „Provokation" äußern, man kann ihm auch in einem Beruf Raum geben (beispielsweise als Pilot, Elektrotechniker oder Ingenieur, oder auch als Astrologe oder Akupunkteur). Auch in einem Hobby (zum Beispiel Modelleisenbahn oder Computer) kann er zum Ausdruck gebracht werden. Zu Beginn des 20. Jahrhunderts war das aber gar nicht so einfach und es kostete eine Menge Kraft, ein Studium zu finanzieren, um Ingenieur zu werden oder das Geld für ein teures technisches Hobby aufzutreiben, um nur ein Beispiel zu nennen. War man in ärmlichen Verhältnissen aufgewachsen, gab es einfach kein Geld für solcherlei Dinge; die Erfüllung solcher Ambitionen konnte man schlicht vergessen, und damit natürlich auch die Aktivitäten, die zu diesem Planeten gehören. Als Frau hatte man damals sowieso kaum entsprechende Möglichkeiten.

Verdrängte Inhalte arbeiten aber unbewusst weiter und suchen sich irgendein Schlupfloch. Bei Uranus kann sich das in Form von Spannungen äußern, einem unbewusst irrationalen Verhalten, Irritationen und Handlungen, die auf möglichst wenig Bindung und enorm viel Freiheit ausgerichtet sind, ohne dass man das selbst bemerkt. Hat man bestimmte Themen verdrängt, vermittelt man seinen Kindern eine Art Doppelbotschaft: Das, was man sagt, stimmt nicht immer mit dem überein, was man tut, wodurch das Kind in Schwierigkeiten geraten kann. Sollte auch das Kind diese Inhalte verdrängen, setzt es das Muster der Eltern fort. So kann es passieren, dass ein dominanter Planet in den Horoskopen von Familienmitgliedern in den darauffolgenden Generationen qua Auswirkung unsichtbar oder unbewusst bleibt. In den Familien, bei denen ich über mehrere Generationen hinweg ein und demselben Thema begegnete, das stagniert und unterdrückt geblieben war, kam früher oder später ein Kind zur Welt, bei dem ausgerechnet dieses Thema in Form eines unaspektierten Planeten oder einer Yodfigur im Horoskop auftauchte. Es sieht so aus, als wäre das Kind „beauftragt", die Probleme der vorhergehenden Generationen aufzugreifen und eine eigene Lösung zu finden, ob es das nun will oder nicht. Ein über mehrere Generationen „nicht gelebtes" Thema kann sich daher in Form eines unaspektierten Planeten oder einer Yodfigur manifestieren. Aber auch Themen, die über mehrere Generationen hinweg auftauchen, aber nicht gelöst werden oder keine passende Ausdrucksform gefunden haben, können sich bei späteren Generationen als unaspektierte Planeten oder Yodfiguren zeigen. Auch sehr im Ungleichgewicht befindliche oder extreme Ausdrucksformen bestimmter Themen, die über mehrere Generationen hinweg wirksam waren, scheinen zu einem Yod oder unaspektierten Planeten zu führen. Deshalb kam ich zu der Einsicht dass, wenn eine bestimmte Energie in einer Familie vorhanden ist und nach einer Form sucht, sich zu manifestieren, dies nicht auf ein Familienmitglied oder eine Generation beschränkt bleibt, sondern als Thema in einer der nachfolgenden Generationen wieder auftaucht. Die Bearbeitung dieses Themas kann so zwingend werden, dass die Nachkommen dann oft Partner heiraten, bei denen sich genau dieses Thema als äußerst wichtig erweist. Es ist fast so, als wolle das Schicksal sagen: „Es gibt kein Entrinnen, Du musst Dich diesem Thema, das Du jetzt auf jede nur erdenkliche Art zu spüren bekommst, stellen und daran arbeiten. Ansonsten wird es Dir immer wieder begegnen." Da, wo sich das besagte Thema im Ungleichgewicht befindet oder erst gar nicht zum Ausdruck kommt, baut sich eine Spannung in Form von Yodfiguren oder unaspektierten Planeten auf.

Wenn man sich intensiv mit Familienmustern und der astrologischen Erforschung verschiedener Generationen befasst, wird man damit konfrontiert, dass man sich und seine Geschichte nicht unabhängig von seinem Familienhintergrund betrachten kann. Man erkennt, dass bestimmte Themen und Muster in den Horoskopen unserer Vorfahren wiederzufinden sind, und auch, wie das eigene Horoskop vielleicht dem der Großmutter oder dem es Urgroßvaters ähnelt. Aufgrund der gängigen westlichen Sichtweise betrachten wir uns immer mehr als getrennte Einzelwesen mit einer eigenen Identität und Individualität. Wir haben vergessen, dass wir durch zahllose unsichtbare Fäden mit der Vergangenheit und unseren Vorfahren verwoben sind. Unser Leben zeigt Muster auf, die auch in deren Horoskopen zu finden sind. Vielleicht müssen wir uns sogar Fragen stellen und Anworten finden, mit denen sich schon unsere Großeltern beschäftigt haben. Handelt es sich um äußerst zwingende Fragen oder sehr dominante Muster, können sich unaspektierte Planeten oder Yodfiguren bilden.

In den vorangegangenen Kapiteln haben wir gesehen, dass sowohl ein Yod als auch ein unaspektierter Planet (und natürlich auch ein Duett) schwierige Horoskopfaktoren darstellen. Sie gehen mit sehr viel Unsicherheit einher und sind anfänglich nicht zu erfassen. Außerdem absorbiert sowohl ein Yod als auch ein unaspektierter Planet eine Menge Energie und fordert ständige Aufmerksamkeit. Im Licht von Familienthemen scheint es so, als ob im Ungleichgewicht befindliche Ausdrucksformen oder Probleme, die über mehrere Generationen hinweg nicht gelöst wurden, sich nun in einem oder mehreren Kindern als ein alles durchdringendes Problem manifestieren, dem nicht zu entkommen ist. Durch die Energie, die diese Horoskopfaktoren absorbieren, kann das zur Lösung anstehende Problem nicht mehr verdrängt werden. Es ist immer gegenwärtig, verlangt laut und deutlich, fast fieberhaft nach einer Antwort. Weil es sich vor allem um nicht gelöste oder im Ungleichgewicht befindliche Familienthemen handelt, hat das Kind gewöhnlich nichts Greifbares, an dem es sich orientieren könnte. Doch selbst, wenn es diese Möglichkeit hätte, könnte es sich nicht darin spiegeln, weil die Triebfeder einer Yodfigur und eines unaspektierten Planeten darauf fixiert ist, eine völlig eigene, ganz individuelle Antwort zu finden. Es geht darum, ausschließlich der ganz eigenen Richtung zu folgen, die oft in erheblichem Maße von den Mustern der Herkunftsfamilie abweicht. Ich habe oft erlebt, dass das Leben der Menschen mit Yodfiguren und unaspektierten Planeten in der zweiten Lebenshälfte ganz anders verlief als in der ersten.

Was bedeutet es, ein Kind mit einer Yodfigur und einem unaspektierten Planeten zu sein?

In vielen Fällen fand ich Yodfiguren und unaspektierte Planeten bei Kindern, deren Eltern, Großeltern, Onkel und Tanten in alten Mustern und Auffassungen gefangen waren, und die sich der Stimme in ihrem Inneren nicht bewusst waren (oder nicht bewusst werden wollten). Ich habe auch Yodfiguren und unaspektierte Planeten bei Kindern gefunden, deren Eltern dabei waren, eine völlig neue Richtung einzuschlagen, um eine Ausdrucksmöglichkeit für die in ihnen lebendigen Themen zu finden. Einige hatten es sogar schon geschafft, für sich selbst zu einer neuen, dynamischen und befriedigenderen Lebensform zu finden. Trotzdem bekamen sie noch ein oder gar mehrere Kinder mit einem Yod, einem Duett oder einem unaspektierten Planeten im Horoskop. Das mag unlogisch klingen, hängt aber vom jeweiligen Standpunkt ab, den man vertritt.

Denkt man in Begriffen von „Schuld“ und „Ursache“, neigt man allzu schnell dazu, den Eltern vorzuwerfen, ihre Probleme nicht selbst gelöst zu haben und ihren Kindern nun ein Yod oder einen unaspektierten Planeten „anzuhängen“. Das würde aber bedeuten, dass Yodfiguren und unaspektierte Planeten zu vermeiden sind und es nährt die Illusion, dass man selbst immer die völlige Kontrolle hat, wenn man nur „den Regeln des Lebens folgt“. So funktioniert das allerdings nicht, man muss sich vielmehr im Klaren darüber sein, dass es beim Auftauchen einer Yodfigur oder eines unaspektierten Planeten nicht um die Frage von Schuld oder darum geht, ob andere oder man selbst alles richtig gemacht haben. Sehen Sie sich einmal die vielfältigen

Möglichkeiten an, die in einem Horoskop stecken. Sollte man wirklich in der Lage sein, sie alle im Laufe eines Lebens zu verwirklichen? Manchmal habe ich das Gefühl, ich bräuchte mindestens sieben Leben, um all das zu tun, was in meinem Horoskop angelegt ist! Außerdem gibt es in jedem Horoskop bestimmte Facetten, die sich in der Kultur, in die man hineingeboren ist, oder unter bestimmten Lebensumständen gar nicht entwickeln können. Was macht man mit Mars-Uranus-Pluto-Aspekten, wenn man in einem Land geboren wird, in dem das Kollektiv einen sehr hohen Stellenwert einnimmt und Individualität unerwünscht ist? Was macht man mit all seinen Wachstumschancen, wenn man in einem Land aufwächst, in dem ein Diktator das Zepter schwingt und die Möglichkeiten des Einzelnen begrenzt sind, oder in dem religiöser Fanatismus die Oberhand gewonnen hat und zahllose einschneidende Begrenzungen das Leben bestimmen? Und was ist mit der so sehr auf Freiheit bezogenen westlichen Welt, in der sich der Leistungsdruck und die Alltagshetze eher negativ auf bestimmte Horoskopfaktoren auswirken? Folglich wird es immer einen bestimmten Teil im Horoskops geben, der nicht oder kaum zum Ausdruck gebracht werden kann, teils aufgrund der Lebenssituation, in die man hineingeboren ist, teils aufgrund der Arbeitssituation und nicht zuletzt aufgrund eigener Entscheidungen.

Bei der Erforschung von Familienmustern ist mir in Bezug auf Yodfiguren und unaspektierte Planeten noch etwas aufgefallen: Wenn sie erst einmal in einer Familie aufgetaucht sind, sind sie für gewöhnlich über mehrere Generationen hinweg in den Horoskopen zu finden, unabhängig davon, ob es einigen Familienmitgliedern inzwischen gelungen ist, sich diesen Themen zu stellen und sie zu lösen. Wenn im Lebensmuster mehrerer Generationen einmal eine Art „Knotenpunkt" entsteht, der sich in Yodfiguren und unaspektierten Planeten zeigt, drücken sie sich auf jeden Fall auch aus, selbst wenn inzwischen schon Bewegung in das Thema gekommen ist.

Mir ist schon oft aufgefallen, dass ein Thema eine Generation überschlägt, um dann in Form einer Yodfigur oder eines unaspektierten Planeten aufzutauchen. Es kommt zum Beispiel vor, dass ein Thema in den Horoskopen der Eltern nicht deutlich betont ist (bei anderen Familienmitgliedern aber unverkennbar vorhanden ist), während es plötzlich bei einem oder mehreren Kindern sehr stark in den Vordergrund tritt. Durcheinander und Erziehungsprobleme sind die Folge!

Wenn Eltern oder Großeltern schon damit beschäftigt waren oder sind, diesen Themen eine eigene, individuelle Gestalt zu geben und sie lebendig zu machen, können sie ihren Kindern und Enkelkindern mit Yodfiguren und unaspektierten Planeten eine große Hilfe sein. Das zu tun, ermöglicht ihnen, ein ganz besonderes und tiefes Band zu ihren Nachkömmlingen zu knüpfen, und sie helfen dabei, das zu fördern, was Yodfiguren und unaspektierte Planeten eigentlich ausmacht: immense Talente, die gelebt werden wollen! Ich kann mich des Eindrucks nicht erwehren, dass die Verdrängung durch frühere Generationen eine Art Energiestau verursacht, der als eine gewaltige Kraft und ein enorm großes Talent im Leben des Menschen mit einem Yod oder einem unaspektierten Planeten zum Ausdruck kommen kann. So schwierig und konfrontierend Yodfiguren und unaspektierte Planeten auch sind, so groß ist auch deren konstruktive und positive Seite. Positiv betrachtet, können wir davon ausgehen, dass ein Yod oder ein unaspektierter Planet im Horoskop eines Kindes ein großes Talent bereithält, welches durch das Kind und/oder die kommenden Generationen zur Entwicklung gebracht werden kann. Diese Kinder können sogar mit ihrem Talent berühmt werden!

Natürlich kommen viele Kinder mit einem unaspektierten Planeten oder einem Yod in Familien zur Welt, in denen die Eltern wenig Einsicht in die tieferen Familienmuster haben. Oft leben die Eltern (wenn auch nicht zwangsläufig durch äußere Umstände bedingt) etwas, das nicht zu ihnen passt, oder sie haben dem inneren Antrieb, den jeder Mensch besitzt, um sich entwickeln zu können, kein Gehör geschenkt. Jung nannte diese Triebfeder und diesen Prozess Individuation. Eine solche Familie kann als völlig normal erscheinen, und sich dessen, was sich da Bahn brechen will, nicht bewusst sein.

Wird dann ein Kind mit einem Yod oder einem unaspektierten Planeten geboren, bringt es von früh an auf die eine oder andere Weise das verschwiegene oder verdrängte oder im Ungleichgewicht befindliche Thema mehrerer Generationen zum Ausdruck. Haben auch die Eltern dieses Thema verdrängt oder ist es emotional besetzt, werden sie eine Menge Schwierigkeiten mit dem Kind haben. Dieses Kind tut aber nichts weniger, als der Schattenseite der Eltern einen Platz einzuräumen. Da es um ein Familienthema geht, ist die Wahrscheinlichkeit groß, dass das Yod oder der unaspektierte Planet des Kindes auch den Schatten der Großeltern oder den von Onkeln und Tanten in sich trägt und zum Ausdruck bringt.

Ein Yod-Kind oder ein Kind mit einem unaspektierten Planeten kann einfach nicht das unkomplizierte Leben der Eltern leben und so tun, als ob nichts wäre. Das reicht einfach nicht aus, um seine innere Unruhe aufzulösen. Das Kind geht auf die Suche, es weiß aber nicht, wonach. Seine Unruhe, sein Suchen, seine Unsicherheit und die damit einhergehenden Übertreibungen können als äußerst störend empfunden werden, und das ausgerechnet von den Familienmitgliedern, die die gleichen Probleme haben, diese aber verdrängen mussten.

Wie fühlt man sich als Erwachsener, wenn man zähneknirschend gelernt hat, unangenehme Gefühle zu verdrängen oder bestimmte Charaktereigenschaften einfach zu verleugnen (obwohl sie sich in gewisser Weise äußern)? Man reagiert sehr verletzlich auf Demaskierungen und auf Konfrontationen mit den eigenen Schwächen. Hat man dann in irgendeiner Form mit einem Kind zu tun, sei es in der eigenen Familie oder in der Verwandtschaft, dass einem unbewusst, aber unmissverständlich, die eigenen Schwachpunkte spiegelt, wird man eine Menge Schwierigkeiten mit diesem Kind haben. Es scheint, als spiele es eine unterminierende Rolle. Wahrscheinlich werden eine Reihe von Erwachsenen dieses Kind ablehnen und es nicht mögen, über es herziehen, und es zum schwarzen Schaf der Familie abstempeln. Das geschieht übrigens nicht absichtlich, sondern ist eine Folge der tiefen Angst und der Projektionen, die mit dem Schatten im Unbewussten zusammenhängen.

Möglich ist aber auch, dass einige Familienmitglieder begreifen, worum es eigentlich geht. Noch häufiger kommt es vor, dass sie das Kind bei etwas beobachten, was sie selbst gern getan hätten, sich aber nie getraut haben. Das Kind lebt dann die ungestillte Sehnsucht dieses Erwachsenen aus, was Negativität und Eifersucht zur Folge haben kann. Eine andere Möglichkeit ist, dass sie verrückt nach dem Kind sind, es auf Händen tragen und in den Himmel heben. Dann wird überall erzählt: „Wartet nur ab, er oder sie ist etwas ganz Besonderes und wird es noch sehr weit im Leben bringen." Davon sind sie auch völlig überzeugt, und sie könnten sogar Recht behalten.

Auch wenn ein solches Verhalten für das Kind ein Ansporn zu sein scheint, kann genau das Gegenteil passieren, wenn die idealisierende Person ein Elternteil ist, für den das Kind etwas sehr Wichtiges symbolisiert. Da er sich dessen aber nicht oder nur teilweise bewusst ist, entsteht eine mächtige Projektion auf das Kind. Dieser Elternteil sieht das Kind nicht so, wie es ist, sondern idealisiert es. Handelt es sich um positive Projektionen, werden die dunkleren Seiten des Kindes nicht gesehen. Ich habe Fälle erlebt, wo ein solches Kind diese Seiten fast ungehindert ausleben konnte, ohne dass der besagte Elternteil einen Blick dafür gehabt hätte. Manchmal interpretierte dieser Elternteil das Verhalten des Kindes so, dass das bejubelte Bild des Kindes aufrechterhalten blieb. Für eine ausgewogene Erziehung eines Kindes sind solche Projektionen ausgesprochen schädlich. Andere Familienmitgliedern sehen das Kind in einem klareren Licht, einschließlich derjenigen Verhaltensweisen, die entschieden zu weit gehen. Es ist aber unmöglich, den betreffenden Elternteil darauf aufmerksam zu machen. Diese Idealisierung führt leicht zu Zwistigkeiten in der Familie, da das Kind mit einem Yod oder einem unaspektierten Planeten von einem

Elternteil besonderen Schutz erfährt und eventuell sogar vorgezogen wird. So etwas habe ich nicht nur einmal erlebt. Das bringt natürlich Probleme mit den anderen Kindern mit sich, die ihren Frust an dem bevorzugten Kind abreagieren werden. Die daraus entstehenden Schwierigkeiten können zu enorm großen Spannungen innerhalb der gesamten Familie führen, die sogar in eine Scheidung münden können. Die Kinder sind natürlich in keiner Weise dafür verantwortlich, aber die Projektionen des Elternteils auf das Kind können doch als Katalysator in einer Krise wirken.
Für das Kind mit dem Yod oder dem unaspektierten Planeten wird es dadurch aber auch nicht leichter. Das Kind erlebt nämlich die Art und Weise, wie die Menschen ihm begegnen, auf es reagieren oder über es sprechen, als sehr widersprüchlich. Mal wird es zurückgewiesen und als schwarzes Schaf behandelt, um dann wieder in den Himmel gehoben und als etwas ganz Besonderes angesehen zu werden. Kein Wunder also, dass Yodfiguren und unaspektierte Planeten oft mit Identitätsproblemen einhergehen; wie soll man auch mit solchen Erfahrungen ein ganzheitliches Bild von sich selbst entwickeln können. Daher ist nicht so sehr das Yod oder der unaspektierte Planet Schuld daran, wenn Identitätsprobleme entstehen, es sind vielmehr die Erfahrungen, die wir mit den Menschen machen, die in eine Familienproblematik verwickelt sind, aus der gewöhnlich eine Reihe Probleme entstehen. In einigen Fällen bekommen Kinder, die in solche Schwierigkeiten verstrickt waren, noch ein zusätzliches Problem: ein nagendes Schuldgefühl. Das hängt damit zusammen, dass die nicht zu vereinbarenden Meinungen der einzelnen Familienmitglieder über dieses Kind oftmals noch andere Unstimmigkeiten auf den Plan rufen, wodurch Verdrängungen, Ängste und Probleme unaufhaltsam ans Licht drängen. Ein jüngeres Kind mit einem Yod oder einem unaspektierten Planeten wird wahrscheinlich gar nicht begreifen, was los ist. Es bemerkt vielleicht nur, dass, wenn sich die Gespräche der Familie um es selbst drehen, eine Art Streit oder Uneinigkeit entsteht, möglicherweise bis hin zu einem handfesten Familienkrach. Dass ein solcher Eklat nicht seine Schuld ist, kann es in seinem jungen Leben weder überblicken noch verstehen. Es begreift noch nicht, dass es vom Schicksal zufällig in diese Welt gesetzt wurde und eine Reihe Eigenschaften mitbekommen hat, die den anderen Familienmitgliedern als Spiegel dienen sollen. Dieses Kind hört nur, dass von ihm gesprochen wird und spürt die damit im Zusammenhang stehenden Spannungen.

Wenn man bestimmte Themen verdrängt hat und ihnen dann in der Außenwelt begegnet, reagiert man mit Sicherheit sehr emotionell. Auch das ist ein untrüglicher Hinweis auf den Schatten. Schuftet und arbeitet man beispielsweise den ganzen Tag über, ohne sich je eine Pause zu gönnen, wird man alles, was mit Ruhe und Entspannung zu tun hat, ins Unbewusste verbannen. Man ärgert sich dann vielleicht über die Leute, die es sich auch einmal gut gehen lassen und es genießen zu entspannen. Allzu leicht verurteilt man diese Leute dann als faul und verantwortungslos. Man erkennt einfach nicht, dass man sich nur deshalb so sehr aufregt, weil man diesen Teil von sich selbst verdrängt hat und ihm jetzt in der Außenwelt begegnen muss – die Person, die es sich auch einmal gut gehen lässt, hält einem lediglich den Spiegel vor. Man kann sagen, dass die Intensität der Gefühle verrät, wie stark die Verdrängung ist. Wenn man ein größeres Problem hat oder etwas Mächtiges verdrängt, wird die Projektion stärker und die Emotionen werden heftiger. Bringt man diesen psychischen Mechanismus nun mit Kindern, die ein Yod oder einen unaspektierten Planeten im Horoskop haben, in Verbindung, so wird deutlich, dass diejenigen Familienmitglieder, die am stärksten verdrängt haben, am heftigsten auf dieses Kind reagieren. Die Macht der Gefühle ist enorm, was auch der Grund dafür ist, dass ständig und immer wieder darüber gesprochen wird, allerdings in einem äußerst wütenden Tonfall. Das Kind wird also immer wieder die gleichen Dinge zu hören bekommen. Dinge, die nur scheinbar etwas mit ihm zu tun haben, und im Wesentlichen das Problem des Erwachsenen sind. Die endlosen Tiraden negativer Bemerkungen und Ermahnungen bezieht das Kind auf sich und entwickelt Schuldgefühle, die Versagensängste und Minderwertigkeitsgefühle nach sich ziehen, worunter es heftig leiden wird. Eigentlich schreit der Erwachsene sich selber wach, denn je öfter er so emotional reagiert, um so schneller müsste er sich darüber klar werden können, dass er selbst und nicht das Kind ein Problem hat.

Noch ein letzter schwieriger Punkt, dem ich verschiedene Male bei Menschen mit einem Yod oder einem unaspektierten Planeten begegnet bin, ist, dass ein Elternteil das Kind anfänglich auf Händen trug, um es dann aus völlig nichtigen Gründen fallen zu lassen. Das passiert Eltern, die sich ihrer selbst nicht bewusst sind, und deren emotionale Entwicklung auf irgendeine Art und Weise problematisch verläuft. Ein passendes Beispiel hierfür ist eine junge Frau, die als Kind von ihrer Mutter regelrecht vergöttert wurde. Als die junge Frau in die Pubertät kam und einmal eine Bemerkung über die Mutter fallen ließ, die sie genau an ihrer schwächsten Stelle erwischte, veränderte die Mutter ihre Einstellung völlig und ihre Tochter war von einem auf den anderen Tag für sie erledigt. Die Haltung der Mutter war unmissverständlich; die Tochter existierte nicht mehr für sie. Wenn ein Elternteil so stark projiziert und sich dessen überhaupt nicht bewusst ist, reagiert er oder sie hoch empfindlich, wenn sein Komplex berührt wird. Diese Menschen können ausgesprochen animalisch reagieren, das heißt, ihre Reaktion steht in keinem Verhältnis zu dem, was

gesagt oder getan wurde. So lange aber etwas unbewusst bleibt, kann man einfach nicht darüber sprechen, dafür bekommt dann die Außenwelt die Schuld zugewiesen, was immer wieder das Risiko mit sich bringt, eine empfindliche Stelle zu berühren, mit allen dazugehörigen Folgen.
Die oben beschriebene Verhaltensänderung eines emotional nicht erwachsenen oder unbewussten Elternteils kann auch andere Ursachen haben. Die Geburt eines Kindes kann beispielsweise schon Grund genug sein. Plötzlich richtet sich alle Aufmerksamkeit auf das Neugeborene und das ältere Kind spielt keine Rolle mehr. Folgende psychische Dynamik ist hier zu beobachten:

Wenn wir von einem Baby träumen, symbolisiert dieses kleine Kind in den weitaus meisten Fällen, dass in uns eine Gabe, ein Talent, ein Potential, oder eine neue Lebenseinstellung schlummert, die geboren werden will. Anders ausgedrückt: in uns gibt es einen wichtigen Teil, der bewusst werden will und nach Entwicklung ruft. Spüren wir diesen Teil in uns auf, können wir eine schnelle psychologische Wachstumsphase erleben. Steht ein solcher Durchbruch an, der aber nicht zugelassen wird, fühlt man sich beim Anblick eines lebenden Babys plötzlich sehr ergriffen. Dieses Baby wird dann zum Symbol und man erlebt in der Projektion die ganze Spannung der eigenen unbewussten Sehnsucht. Wenn ein Elternteil sein eigenes Potential sehr stark verdrängt hat, und ein neues Kind in die Familie geboren wird, kann dieses Kind einen symbolischen Stellenwert erlangen, der alles andere in den Schatten stellt. Die anderen Kinder zählen dann nicht mehr. Besonders ein Kind mit einem Yod oder mit unaspektierten Planeten wird dann emotional die Rechnung für das nicht erwachsene Verhalten dieses Elternteils präsentiert bekommen.

Erfreulicherweise gibt es auch Eltern, die begreifen, was passiert und eventuell aufkommende Spannungen in der Familie so zu kanalisieren wissen, dass sie ihr Kind schützen können. Es ist wichtig zu verstehen, dass ein bestimmtes Muster, das schon über mehrere Generationen besteht, auch über mehrere Generationen weiterarbeiten muss. Dabei kann man einem Kind helfen und es unterstützen; allerdings ist das, wie wir im Kapitel über unaspektierte Planeten gesehen haben, eine harte Nuss.
Verständnis zu entwickeln für das, was mit dem Kind passiert, es begleiten und es spüren lassen, dass man es versteht, sind wichtige Voraussetzungen, um ihm die Möglichkeit zu geben, auf positive Weise mit einem Yod oder einem unaspektierten Planeten umzugehen. Das ist ganz bestimmt nicht einfach, weil das Kind mit einem Yod oder einem unaspektierten Planeten auch in einer warmen und verständnisvollen Umgebung die typischen Fehler machen muss, beispielsweise über die Stränge

schlagen, oder kein Wort mehr herausbringen können, und so weiter. Es wird sich immer wieder zeigen, dass das Kind sehr vieles kann, aber auf die eine oder andere Weise ein Eigenleben führt, zu dem man keinen oder nur wenig Zugang bekommt. Auch sein Verhalten wird sich nicht so gut mit der Wirklichkeit des Alltags in Einklang bringen lassen. Es könnte zum Beispiel darum gehen, dass es außerhalb der Mahlzeiten etwas essen will oder es schätzt den Umfang der Hausaufgaben immer wieder falsch ein oder es erfüllt Verpflichtungen nicht zum richtigen Zeitpunkt. Das Kind hat ein feines Gespür dafür, dass immer, wenn es etwas gut gemacht hat und es eigentlich ein Lob verdient hätte, es gleichzeitig etwas anstellt, das ihm anstelle einer Belohnung einen Tadel einbringt, oder es passiert etwas ohne seine Schuld, und das Lob bleibt aus. Es ist fast so, als würde sich immer genau dann etwas zusammenbrauen, wenn das Kind Wertschätzung erfahren könnte. Es ist wichtig, dass Eltern das im Blick behalten, und in einer solchen Situation ihrem Kind erklären können, was da geschieht, damit es sich nicht zu sehr zurückgewiesen fühlt.

Noch ein weiterer Punkt, den Eltern bei ihrem Kind mit einem Yod oder einem unaspektierten Planeten beachten sollten, ist, ob das Kind unbemerkt mit der Entwicklung eines Talents oder einer Begabung beschäftigt ist (das kann es selbst nämlich nicht beurteilen). Möglicherweise ist dieses Talent vordergründig nicht als solches zu erkennen, sondern wird als hinderlich oder gar nutzlos abgetan. Mit einem unaspektierten Neptun beispielsweise kann ein Kind endlos lange in den Tag hinein träumen, und wenig später stellt sich dann heraus, dass es eine große dichterische Begabung hat... durch das Träumen konnte es mit seiner natürlichen schöpferischen Kraft in Kontakt treten.

Die Eltern eines Yod-Kindes oder eines Kindes mit einem unaspektierten Planeten werden mit der Notwendigkeit konfrontiert, auch immer wieder ihren eigenen Kurs korrigieren zu müssen, nicht nur in Bezug auf das Kind, sondern auch in Bezug auf sich selbst. Immer wieder werden sie auf sich selbst zurückgeworfen. Wenn diese Eltern auf die inneren Botschaften hören, werden sie ein immenses seelisches Wachstum erleben.

Man kann einem solchen Kind auf vielerlei Art helfen. Es braucht nur Sicherheit und Geborgenheit, damit es suchen und Verschiedenes ausprobieren kann. Natürlich müssen auch gleichzeitig die nötigen Grenzen gesetzt werden. Helfen Sie dem Kind, Kontakt mit den schwierigen Themen in sich selbst aufzunehmen, vor allem in einem späteren Stadium, wenn es mit der Kommunikation besser klappt. Nehmen Sie es nicht persönlich, wenn das Kind sich immer irgendwie „anders“ fühlt, ob zu Hause oder in der Schule. Das gehört einfach dazu.

Wenn ein Kind Liebe und Geborgenheit erlebt, ist es viel besser dafür ausgerüstet, mit den Unsicherheiten dieser Themen umzugehen. Dann werden die Dinge sichtbar, die mit dem Yod oder einem unaspektierten Planeten zu tun haben. Sie selbst werden es mit Sicherheit sehr genießen, dass sich schon so früh ganz besondere Wege abzeichnen, die das Kind einschlagen will und auch soll. Ein Kind mit einem unaspektierten Mond kann beispielsweise schon in ganz jungen Jahren, wenn die Eltern ihm helfen und Anregungen geben, große Freude im Umgang mit Nahrungsmitteln und am Kochen zeigen, nicht nur weil es gut schmeckt, sondern auch der Gemütlichkeit wegen. Dieses Kind kann sich mit so einer Beschäftigung wirklich sehr glücklich fühlen. Im späteren Leben entwickelt sich vielleicht daraus das Talent, andere Menschen versorgen und ernähren zu können, nicht nur im herkömmlichen Sinn, sondern auch in Form von geistiger Nahrung, die anderen Menschen liebevoll zum Geschenk gemacht werden kann.
Oder nehmen wir ein Kind mit Uranus in einer Yodfigur, das in jungen Jahren nichts lieber tut, als mit irgendwelchen Apparaturen zu spielen und an Knöpfen zu drehen, und später entdeckt, wie spannend Computer sind. Hier schlummerte ein Talent, das dieses Kind auf spielerische Weise und mit viel Freude entwickeln konnte. Als Erwachsener startet dieses Kind eine Blitzkarriere im Computerwesen.
Das Kind, das mit einem Yod oder einem unaspektierten Planeten geboren wird, steht an einem Scheideweg, wobei es um die Familienproblematik von mehreren Generationen geht. Dieses Kind wird die Erfahrung machen, sich sehr oft gerade an dem Ort zu befinden, wo es um Veränderungen, neue Wege, Neuorientierung und Entscheidungen geht, auch innerhalb der Gesellschaft.

4. Kapitel
Wie wirken sich Yodfiguren und unaspektierte Planeten aus?

Obwohl Yodfiguren und auch unaspektierte Planeten Wendepunkte in der Familiendynamik markieren und beide die Themen widerspiegeln, die schon mehrere Generationen lang bestehen und zum Ausdruck kommen wollen, gibt es doch einen beträchtlichen Unterschied in der Art und Weise, wie ein Yod und ein unaspektierter Planet wirken. Diese beiden Horoskopfaktoren teilen zwar einige Basismerkmale miteinander, sind aber trotzdem sehr unterschiedlich.

Der Unterschied zwischen Yodfiguren und unaspektierten Planeten

Ein unaspektierter Planet wird nicht durch andere Planeten beeinflusst, daher ist er klar und eindeutig und sehr gut zu erkennen und zu beschreiben. Auch wenn dessen Manifestation im Außen für uns selbst nicht so recht ersichtlich ist, spürt die Umgebung seine Auswirkungen doch sehr deutlich. Die Bereiche des unaspektierten Planeten sind abgegrenzt und wie wir bereits feststellen konnten, besitzen diese eine starke Anziehungskraft für uns. Man fühlt sich magisch von ihnen angezogen und kann auf Grund dessen große Leistungen vollbringen. Ohne es selbst zu bemerken, konzentriert man sich sehr stark auf diesen unaspektierten Planeten, wozu eine Menge Energie aufgewendet wird. Und das trotz der Unsicherheit, Zweifel und Versagensängste, die man in diesem Bereich erlebt. Der Planet selbst bleibt klar, deutlich und immer er selbst.

Diese Klarheit und Deutlichkeit fehlen bei einem Yod. Hier haben wir nämlich drei Planeten oder mehr (oder MC oder Aszendent und zwei Planeten), die einander aspektieren und beeinflussen. Wie wir im 1. Kapitel bereits sahen, geht diese Beeinflussung von so unterschiedlichen Hintergründen aus, dass Spannungen und Unklarheiten auftreten. Wenn der eine Planet mit seinem entsprechenden Hintergrund (Element, Kreuz und Polarität) aktiv ist, mischt sich gleich ein zweiter ein, der einen völlig anderen Hintergrund hat. Planet Nummer 1 verliert dann einen Teil seiner Energie, um Nummer 2 die Stirn bieten zu können, und als wäre das noch nicht genug, kommt noch ein dritter Planet hinzu, der Nummer 1 und Nummer 2 beeinflussen will. Das Ergebnis ist ein Gewirr von Emotionen und Gefühlen, Hin-und-

Hergerissen-Sein, Unruhe und ein ohnmächtiges Unzulänglichkeitsgefühl. Man weiß überhaupt nicht, was eigentlich los ist oder worin die Ursache dieser Verwirrung besteht oder was man daran ändern kann. Es ist so, als ob eine Art diffuser Kettenreaktion entsteht, sobald einer der Yod-Teilnehmer aktiv wird. Deshalb kann hier nicht die Rede von einer Richtung oder Eindeutigkeit sein, noch weniger von einer Konzentration. Es zeichnet sich anfänglich auch kein Bereich ab, von dem man angezogen wird, wie das bei einem unaspektierten Planeten der Fall ist. Das Leben verläuft viel stärker in einer Art Zickzackkurs, und die Wahrscheinlichkeit ist groß, dass man zunächst eine Reihe von Dingen tut, die sich stark voneinander unterscheiden, bevor man zu dem Punkt kommt, wo plötzlich alle Drähte zusammenlaufen. Im Nachhinein wird deutlich, dass man von allen Erfahrungen, die man gemacht hat, auch profitiert, was aber immer erst im späteren Leben der Fall sein wird. Nur wenn Yod-Kinder in einer sicheren Umgebung aufwachsen konnten, kann sich wesentlich früher, bereits in der Jugend, eine Art Zielrichtung, bis hin zu einem Gefühl von Bestimmung entwickeln; aber selbst dann ist der Weg chaotischer und schwieriger als mit einem unaspektierten Planeten.

Unaspektierte Planeten und Yodfiguren haben eine Reihe gemeinsamer Ausdrucksformen, aber auch einige, die sich anders manifestieren. Wir sehen uns zunächst die Übereinstimmungen an und werden später die Unterschiede in der Deutung unter die Lupe nehmen. In späteren Kapiteln werde ich einige Beispiele erläutern.

1. *Die Ausdrucksformen von Yodfiguren und unaspektierten Planeten hat man selbst nicht wirklich im Blick.*

Bei der Erklärung der Hintergründe der Yodfigur und der Auswirkungen von unaspektierten Planeten konnten wir bereits feststellen, dass ein Hauptmerkmal ist, dass man mit diesen Seiten in sich selbst nicht wirklich in Kontakt ist. Bei einem unaspektierten Planeten hat man überhaupt keinen Durchblick, und man muss einige Rückschläge einstecken, bevor man seine Themen und sich selbst kennenlernt. Der fehlende Blick für ein Yod ist die Folge der konstanten Verwirrung, die zwischen den beteiligten Planeten ausgelöst wird, wodurch für einen selbst die Wünsche, Sehnsüchte, Triebfedern und Handlungen in diesen Bereichen sehr lange unklar und unsicher bleiben. Auch hier gilt, dass man sie kennenlernen kann, wenn man wirklich hinschaut, aber auch das ist mit vielen Rückschlägen verbunden und wesentlich schwieriger in den Griff zu bekommen als bei unaspektierten Planeten. Wenn man ein Yod im Horoskop hat, muss man bedenken, dass drei Planeten, also fast ein Drittel der Planeten daran beteiligt sind. Das bedeutet, dass ungefähr ein Drittel des gesamten seelischen Haushalts in die Verwirrungen verwickelt ist, und das ist eine ganze Menge. Aus diesem Grund sind Yodfiguren in Bezug auf Unklarheit und Unkenntlichkeit ein größeres Problem für den Betroffenen als unaspektierte Planeten.

2. *Man ruft bestimmte Reaktionen hervor, die man selbst nicht begreift.*

Wenn Planeten ganz „normal" arbeiten (auch wenn man das selbst nicht erkennt oder wahrnimmt), handelt man von deren Grundlage aus. Man zeigt Wünsche und Bedürfnisse und tut Dinge, die einen nicht stagnieren lassen. Bei einem unaspektierten Planeten besteht die starke Tendenz zur Übertreibung, was man selbst aber überhaupt nicht so sieht. Die Umgebung jedoch erkennt, was vor sich geht und reagiert auch darauf. Zum Beispiel wird jemand mit einem unaspektierten Mond ein großes Bedürfnis nach Wärme und Umsorgt-Werden haben, jedoch von sich selbst glauben, dass er sich kaum jemals trauen wird, darum zu bitten. Diese Person spürt nur eine tiefe unstillbare Sehnsucht. Manche Menschen in seiner Umgebung könnten unter diesem "stillen Bitten", leiden, was auf die eine oder andere Weise als „saugend" erfahren wird. Die Mutter eines Jungen mit einem unaspektierten Mond gab ihm dem Spitznamen "Saugnäpfchen"! Das ist eine der möglichen Ausdrucksformen eines unaspektierten Mondes, und es zeigt sich deutlich, dass die Reaktionen der Menschen, die darunter leiden, nicht mit ihren eigenen Gefühlen und der Bewältigung der Situation übereinstimmen. Wenn man hört "klammere doch nicht so" oder „du engst mich ein" oder "du verlangst immer soviel von mir", ist der unaspektierte Mond ganz ehrlich, wenn er sagt, dass er das nicht versteht, überhaupt nicht will und in keiner Weise beabsichtige. Seinem Gefühl nach übertreibt der andere, in den Augen des anderen ist aber er derjenige, der übertreibt. In diesem Fall gerät man sehr schnell in eine Alles-oder-Nichts-Haltung. Eigentlich haben beide recht, natürlich abhängig vom jeweiligen Standpunkt.

Auch bei Yodfiguren kann es solche Übertreibungen geben, obwohl hier noch ein anderer Faktor eine Rolle spielt. Eltern haben es sehr schwer, einen wirklichen Zugriff auf ein Kind mit einer Yodfigur zu bekommen. Es ist fast so, als würde ihnen ein Wesensanteil des Kindes entgleiten, und sie haben das Gefühl, dass es kaum möglich ist, ihrem Kind nahe zu kommen. Um es noch klarer auszudrücken, haben diese Eltern das Gefühl, ihr Kind gar nicht richtig zu kennen. Dem Kind ergeht es allerdings genauso, was sich darin äußert, dass es sich seiner selbst überhaupt nicht sicher ist und möglicherweise auch das Gefühl hat, an sich selbst zu scheitern. Ein solches Kind weiß nicht, was es will und woran es eigentlich scheitert. Das ist auch der Grund, weshalb es auf sehr undeutliche Weise um Hilfe bittet. Selbst in Situationen, in denen eigentlich alles gut läuft, kann sich dieses Problem zeigen, weil das Kind sehr oft spürt, dass es in seiner Umgebung oft Unverständnis und Verwirrung auslöst. Es wird zu hören bekommen, es solle "nicht jammern" und nicht so übertreiben und endlich damit aufhören, es sich selbst so schwer zu machen – es wird so getan, als ob es das alles bewusst täte! Die Unsicherheit dieses Kindes konfrontiert die Menschen in seiner Umgebung mit deren eigenen verdrängten Gefühlen von Unsicherheit, was natürlich abwehrende oder schwierige Reaktionen hervorrufen kann. Außerdem neigt das Yod-Kind dazu, auf eine nicht einfach zu beschreibende Weise einem einmal eingeschlagenen Weg zu folgen, ohne dass es genau weiß, dass es das tut. Die Folge ist, dass die Eltern und andere Bezugspersonen glauben, das Kind sei eigensinnig und wolle einfach nicht hören. In Wirklichkeit ist dem aber nicht so, trotzdem erweckt es diesen Eindruck. Die Reaktionen der Erwachsenen fallen dann auch dementsprechend aus, was das Kind natürlich nicht begreifen kann.

Ob es nun um Yodfiguren oder unaspektierte Planeten geht, in beiden Fällen sitzt man zwischen zwei Stühlen. Was man von innen heraus fühlt, scheint im Gegensatz zu den Reaktionen zu stehen, die man im Außen erfährt. Für ein gesundes Selbstvertrauen ist das ganz sicher nicht förderlich, erschwert aber den Aufbau einer ausgewogenen Identität. Dann neigt man dazu, sich selbst und auch der Umgebung nicht mehr zu vertrauen. Wenn sich dieses Misstrauen festsetzt, hat man eigentlich keinen Halt mehr.

Für Eltern ist es von größter Wichtigkeit, zuzuhören, wenn ein Kind mit einem Yod oder einem unaspektierten Planeten etwas über sich selbst erzählt, denn das, was es von sich preisgibt, ist vollkommen ernst gemeint. Diesem Kind muss man Raum geben zu erzählen, wie es sich fühlt. Auf gar keinen Fall sollte man es wegen der Tatsache angreifen, dass sein Verhalten nicht mit dem übereinstimmt, was es über sich selbst denkt und erzählt. Diesem Kind kann man ganz behutsam helfen, indem man ihm vorsichtig verdeutlicht, dass es sich anders gibt, als es zu fühlen scheint, allerdings ohne ihm Schuldgefühle oder Minderwertigkeitsgefühle einzuflößen. Es braucht Zeit und kann manchmal Jahre dauern, bis die Botschaft wirklich verstanden wird. Trotzdem ist es ganz wichtig, Kindern (und auch Erwachsenen), bei denen es eher wahrscheinlich ist, dass sie widersprüchliche Reaktionen hervorrufen, ein Gefühl von Sicherheit, Verständnis und bedingungsloser Akzeptanz zu vermitteln.

Selbst als Erwachsener kann man noch einen Widerspruch zwischen den Gefühlen und äußeren Reaktionen erleben, obwohl das mit der Zeit allmählich nachlassen wird, wenn der Betroffene die unbewusste Problematik deutlicher erkennen und sie akzeptieren und integrieren kann.

3. *Man manövriert sich in unbegreifliche* Situationen.

Wenn es einen Konflikt zwischen "innen" und "außen" gibt, geht man damit auch das Risiko ein, in Situationen zu geraten, die man überhaupt nicht gewollt hat. Entweder verlaufen die Dinge völlig anders als erwartet, oder sie ziehen Folgen nach sich, die nicht absehbar waren. Es wäre viel zu einfach, hier von eigenem Verschulden zu sprechen. Mit Yodfiguren und unaspektierten Planeten hat man viel mehr Zeit nötig als andere Menschen, um bestimmte Eigenschaften von sich selbst zu begreifen und im richtigen Zusammenhang zu beurteilen. In der Zwischenzeit geht das Leben weiter und man tut Dinge, mit denen man sich alle möglichen Schwierigkeiten einhandelt.

Was ich sehr häufig erlebt habe, ist, dass man sich in einen Partner verliebt, der völlig anders zu sein scheint, als man auch nur im entferntesten ahnen konnte. Oder man lernt jemanden kennen, der einen in eine Welt mitnimmt, die als sehr problematisch erlebt wird. Vor allem die Außenplaneten (Uranus, Neptun und Pluto) können zu einer solchen Geschichte noch das ihre beitragen. Eine meiner Klientinnen mit einem Yod zwischen Venus, Neptun und Pluto wurde durch das nicht vorhersehbare Verhalten ihres Mannes fortwährend in Unruhe versetzt; sie wurde aber nicht nur psychisch an den Rand der Verzweiflung gebracht. Ihr Mann schleppte sie buchstäblich durch die ganze Welt und sorgte dafür, dass sie nirgends Wurzeln finden konnte und auf die Art auf ihn angewiesen blieb. Sie befand sich in der langwierigen Pattsituation, die so lange Zeit bestehen blieb, weil die Unsicherheit, die die Frau im Hinblick auf sich selbst fühlte, von ihrem Mann schamlos ausgenutzt wurde. Er wollte sie für sich alleine haben. Sie selbst hat das lange Zeit nicht sehen können, und erst nach vielen Jahren voller Stress und immer häufiger auftretenden Krankheiten spürte sie, was vor sich ging. Oder nehmen wir eine Frau mit einem Yod zwischen Saturn, Uranus und Neptun. Sie war auf der Suche nach einem stabilen Partner, von dem sie sich Rückhalt erhoffte. Saturn in ihrem Yod sorgte dafür, dass sie sich auch in einen so starken Mann verliebte. Später erwies er sich als jemand, der zur Unterwelt gehörte. Jahrelang schwebte ein Damoklesschwert über ihrer Familie, weil die Feinde ihres Mannes versuchten, sich an ihren Kindern zu rächen.

Das sind zwei Beispiele von Situationen, die sich niemand wünscht, die aber auf die eine oder andere Weise durch ein Yod oder einen unaspektierten Planeten ausgelöst werden können; bei einem Yod ist diese Gefahr übrigens etwas stärker als bei einem unaspektierten Planeten. Solche Situationen können mit einem Gefühl der Entwurzelung einhergehen und werfen einen in jeder Hinsicht auf sich selbst zurück. Es sieht so aus, als ob man, wenn Yodfiguren und unaspektierte Planeten im Leben eine Rolle spielen, in vielerlei Hinsicht noch einmal ganz von vorne beginnen muss, so, als müsste man zunächst ein großes Feuer hinter sich anzünden, bevor man in seinem Leben weiter kommt. Diesem Feuer überantwortet man nicht nur Dinge von sich selbst, sondern auch eine Menge Altes und Inhalte, die mit früheren Generationen im Zusammenhang stehen. Ob einem ein wirklich guter Start ins Leben gelingt, hängt stark davon ab, in welchem Maße man Verständnis und Sicherheit erlebt hat und in wie weit man in der Lage ist, sich selbst und seine Projektionen zu erkennen. Obwohl ich ziemlich schwierige und oft auch sehr extreme Situationen bei Yodfiguren und unaspektierten Planeten erlebt habe, möchte ich doch betonen, dass man trotzdem ein normales und gutes Leben führen kann. Das Risiko der einen oder anderen Pattsituation ist aber größer als 'normal'.

4. *Man wird mit Dingen konfrontiert, die anscheinend nichts mit einem selbst zu tun haben. Diese Ereignisse scheinen von außen auf einen zuzukommen, sind aber immer mit persönlichen Folgen verbunden.*

Dieser Punkt hängt mit dem oben beschriebenen zusammen. Das, was einem widerfährt scheint im Außen, praktisch aus dem Nichts heraus, auf einen zuzukommen. Man hat zwar das Gefühl, nichts damit zu tun zu haben, wird aber unweigerlich darin verwickelt. Das geschah beispielsweise der Frau, die einen Mann heiratete, der anfänglich sehr lieb mit ihr war, sie dann aber mit seiner kriminellen Umgebung konfrontierte. Diese Geschichte schien also völlig im Außen stattzufinden. Sie konnte überhaupt keinen Zusammenhang mit ihrem bis dahin gelebten Leben sehen, steckte aber plötzlich bis über beide Ohren in Problemen. Obwohl sie sich nie mit solchen Dingen beschäftigte und auch sonst nichts damit zu tun hatte, wurde sie ständig mit gefährlichen Geschichten konfrontiert.

Psychologisch könnte man sagen, dass sie sich in einen Mann verliebte, der all das in sich trug. Die Tatsache, dass sie das nicht hatte sehen können, ist die Widerspiegelung eines inneren Problems. Obwohl auch hier sicher ein Körnchen Wahrheit zu finden ist, dürfen wir nicht vergessen, dass das Yod oder der unaspektierte Planet ein Familienthema ist. Die Frau ist Trägerin einer angestauten psychischen Energie, die sich gewöhnlich auf diese schwierige Art und Weise äußert. Daher kann man die chaotische Situation, in der sie steckt, nicht nur ihr anlasten, weil sie mit einer weit größeren Palette zusammenhängt, was die folgenden Punkte uns verdeutlichen:

5. *Das, was einem begegnet, geht oft mit Erschrecken, einem Schock, Unsicherheit oder einem anderen Problem einher. Man hat das Gefühl, keinen Einfluss darauf nehmen zu können, es überfällt einen einfach.*

Das obige Beispiel ist sehr deutlich; es muss noch hinzugefügt werden, dass man in den meisten Fällen einen Schock zu verarbeiten hat - oder man wird mit etwas konfrontiert, das einem einen gehörigen Schrecken einjagt oder durch das man völlig unter Spannung gerät. Natürlich stellt man sich dann die Frage, warum einem so etwas passieren muss. Das hat überhaupt nichts damit zu tun, dass man eventuell zu dumm wäre, auf eigenen Füßen zu stehen oder keine Verantwortung für sein Leben zu übernehmen. Das alles hängt vielmehr mit der Kompliziertheit der Situationen zusammen, aus denen man eben nicht im Handumdrehen herauskommt. Oft wird man mit einem Ereignis konfrontiert, das einem mit einem Schlag einen Strich durch sämtliche Rechnungen macht, und auf Grund dessen man einfach nicht weiter kommen kann.

Mit einer Yodfigur oder einem unaspektierten Planeten erfährt das Leben plötzlich und unerwartet durch ein bestimmtes Ereignis eine einschneidende Wende. Das können die unterschiedlichsten Ereignisse sein, die aber oft ausgesprochen konfrontierend sind, wie in dem Fall einer sehr begabten Ballettschülerin mit Venus und Pluto im Yod. Sie hatte eine sehr starke Ausdruckskraft und war fast mit der Ballettakademie fertig, als sie bereits eine Zusage für eine Stelle in der Tasche hatte. Dann erlitt sie einen Unfall und brach sich das Rückgrat; sie konnte nie wieder tanzen. Ihr ganzes Leben hatte sich nur um das Ballett gedreht, wobei ihre Eltern sie immer inspiriert und unterstützt hatten. Das Familienmuster ihrer Vorfahren wies eine Menge Beziehungsprobleme auf, von denen einige ziemlich auf die Spitze getrieben wurden, auch in den vorherigen Generationen. Viele Familienmitglieder aus verschiedenen Generationen waren künstlerisch sehr begabt gewesen, aber aufgrund der strengen Moralvorstellungen, dass Kunst nichts für eine „anständige“ Frau sei, wurde diese Begabung verworfen, so dass die nachfolgenden Frauen sich mit “Mutterschaft und Haushalt” begnügen mussten. Bei dieser jungen Frau spiegeln Venus und Pluto im Yod all diese Themen wieder, sowohl die Kunst als auch die Beziehungsprobleme. Und da stand sie nun, als begnadete Tänzerin mit einer großen künstlerischen Ausdruckskraft und einer vielversprechenden Zukunft. Mit einem Schlag brach ihre ganze Welt in sich zusammen. Ein Jahr lang fühlte sie sich völlig verzweifelt, dann aber fand sie die Kraft, aus diesem Tief herauszukommen. Sie begann, Psychologie zu studieren (ein Pluto-Thema) und spürte, dass ihr das immer besser gefiel. Inzwischen ist sie an dem Punkt angelangt, an dem sie sagt, mit dieser neuen Richtung in ihrem Leben glücklicher zu sein als vorher. Sie liebt das Ballett immer noch, hat aber das Gefühl, mehr im Gleichgewicht mit sich selbst zu sein. Mit dem Ballett, so erzählte sie, konnte sie nie ganz sie selbst sein - sie durfte kaum etwas essen, weil sie ständig auf ihre Figur achten musste. Außerdem passen zu einer großen Ballettkarriere weder Mann noch Kinder, man ist also eigentlich ziemlich einsam. Sie hat einen lieben Freund gefunden und ist fest entschlossen, etwas aus dieser Beziehung zu machen; und sie möchte auch gerne Kinder bekommen. Durch ihr Psychologiestudium konnte sie Facetten von sich kennenlernen, von denen sie vorher nicht einmal etwas geahnt hatte. Zur Zeit beschäftigt sie sich mit Therapieformen, die mit Spiel, Musik und Kunst zu tun haben. Also eine andere Variante des Venus-Pluto-Themas. Was anfänglich wie der vollständige Zusammenbruch ihres Lebens aussah, erwies sich im Nachhinein als der rigorose Beginn einer ganz neuen und sehr glücklichen Lebensphase. Diese Art von Lebensveränderungen habe ich sehr oft beobachtet. Das Problem besteht darin, dass man mit einem Yod oder einem unaspektierten Planeten im Schmerz und dem anfänglichen Schock steckenbleiben kann, und in Selbstmitleid versinkt. Wenn das geschieht, erkennt man nicht, was sich da entfalten möchte. Natürlich gibt es auch Beispiele dafür, dass kein neuer Weg eingeschlagen wurde. Soweit ich es aber erlebt habe, ist auf die eine oder andere Art und Weise immer ein neuer Anfang möglich, was man allerdings erst nach einiger Zeit wahrnimmt, und das auch nur, wenn man das erkennen will.

6. *Man hat oft das Gefühl, in einer Pattsituation zu stecken und empfindet ein Gefühl von Ungerechtigkeit.*

So wie die Ballettänzerin im oben aufgeführten Beispiel, der dieses schreckliche Unglück widerfuhr, werden viele Menschen nach einem schlimmen Ereignis das Gefühl haben, in eine Pattsituation geraten zu sein, was oft mit einem Gefühl von Ungerechtigkeit einhergeht. Wenn so etwas Heftiges und Problematisches passiert, während man eigentlich sein Bestes gibt und ehrlich durchs Leben geht, ist das äußerst schwer zu verschmerzen. Man erlebt Gefühle von Verzweiflung und fragt sich immer wieder "Warum ausgerechnet ich? Was habe ich bloß falsch gemacht, dass ich so etwas mitmachen muss? Das habe ich nun wirklich nicht verdient!" und so weiter. Auf all das kann niemand eine Antwort geben, aber es ist ganz einfach schrecklich. Genau dieses Gefühl, dass bei Yodfiguren und unaspektierten Planeten auftritt, birgt die Gefahr, darin stecken zu bleiben und sich durch alles und jeden zurückgewiesen zu fühlen.

7. Wenn in unserer Umgebung etwas schiefgehen muss", geschieht das uns selbst oder in unserer unmittelbaren Nähe, ohne dass man auch nur irgend etwas daran ändern kann. Man erlebt in seinem Leben oft Ausnahmesituationen, in denen man mit negativen Folgen konfrontiert wird, ohne dass man irgendwen dafür verantwortlich machen könnte.

Menschen mit einem Yod oder einem unaspektierten Planeten stehen oft an einem Scheideweg. Das bezieht sich nicht nur auf deren Ursprungsfamilie, sondern macht sich beruflich oder in ihrem sozialen Leben bemerkbar. Sehr oft kann man beobachten, dass jemand mit einem Yod oder einem unaspektierten Planeten in seinem Leben gerade an dem Ort oder Platz steht, an dem es um Veränderung oder Reorganisation geht. Ob und wie diese Veränderung umgesetzt wird, steht erst an zweiter Stelle. Es geht eigentlich darum, dass Menschen mit einem Yod oder einem unaspektierten Planeten da auf der Bühne erscheinen, wo ein wichtiges Thema auftaucht oder bewerkstelligt werden muss. Prinzessin Diana kam mit ihren Yodfiguren in die englische Königsfamilie und läutete eine Periode ein, die für dieses Fürstenhaus sehr bestimmend war. Immer deutlicher zeigte sich der Abstand, den das Königshaus zum Volk hatte, und besonders nach Dianas Tod forderte das Volk eine Veränderung. Wie immer man auch über sie oder die Windsors denken mag, ist es doch eine Tatsache, dass durch alle Turbulenzen um Diana die Rolle der Monarchie und ihr Funktionieren erneut in Frage gestellt wurde. Ob es nun zu einer neuen Form kommt, kann man niemals aus einer Yodfigur ableiten. Königin Elisabeth hat allerdings eine unaspektierte Sonne. Früher oder später wird sie mit den Themen Ehre, Ansehen und auch mit dem Funktionieren des Königtums konfrontiert werden. Das Schicksal bescherte ihr Diana als Schwiegertochter und das Rad der Geschichte begann sich zu drehen.

Das ganze Geschehen erweckt zu Beginn den Eindruck, als wäre alles schiefgegangen, sowohl für Elisabeth als auch für Diana. Das muss aber aus einem anderen Blickwinkel betrachtet werden. Die Tatsache, dass Menschen und Ereignisse zu einem ganz bestimmten Zeitpunkt dort zusammentreffen, wo etwas in die Brüche geht, hat zur Folge, dass man gerade durch die Stagnation oder die Häufung von Problemen reinen Tisch machen und vorankommen kann. Wenn man allerdings mitten in diesen Turbulenzen steckt, kann man das nur schwer fassen und verstehen. Solch wichtige Wendepunkte zeigen sich auch in ganz anderen Lebensbereichen, die in ihrer Auswirkung gravierend sind. Beispielsweise wurde vor kurzem ein Medikament patentiert und auf den Markt gebracht, worüber jeder sehr froh war. In einer Arztpraxis (der Arzt hat ein Yod und zwei unaspektierte Planeten) erfuhr ein Patient nach Verabreichung dieses Mittels jedoch keine Genesung, sondern eher eine Verschlechterung seiner Beschwerden. Obwohl man sich genau an die Vorschriften gehalten und alle Nebenwirkungen in Betracht gezogen hatte, war die Behandlung auf unbegreifliche Weise missglückt. Bei einer späteren Untersuchung wurde festgestellt, dass dieses Medikament in besonderen Ausnahmefällen seltene körperliche Reaktionen hervorruft – was natürlich niemals eintritt – und ausgerechnet in der Praxis dieses Arztes passiert das. Dieses Vorkommnis was von gravierender Bedeutung, da es zur weiteren Erforschung dieses Mittels beitrug, indem an neueren Erkenntnissen gearbeitet wurde, wann und wem man dieses Mittel verschreiben kann und wem nicht. Die Herstellerfirma reagierte allerdings weniger freundlich, weil diese Geschichte ihren Umsatz hätte schmälern können. Anstatt konstruktiv damit umzugehen, reagierte der Hersteller seinen Unwillen an dem Arzt ab, den nun wirklich keine Schuld traf und außerdem überhaupt nichts an der ganzen Sache hätte ändern können. - Er hatte lediglich ein Yod und zwei unaspektierte Planeten in seinem Horoskop. – Auch dieser Arzt ist dauernd in Gefahr, Dinge zu erleben, die Ausnahmen von der Regel darstellen oder, wie oben beschrieben, mit Geschichten konfrontiert zu werden, die „laut Statistik“ niemals vorkommen. Kein Wunder, wenn auch Sie sich seufzend fragen: „Warum passiert nun ausgerechnet mir das wieder?“

8. Oft *muss man eine unmögliche* Entscheidung *treffen oder zwischen zwei* „Übeln“ *wählen*.

Vor allem, wenn ein Yod oder ein unaspektierter Planet durch einen Transit oder eine Progression aktiviert wird (oder wenn sich in der Progression oder bei Transiten zeitweise ein Yod bildet) können sich Situationen ergeben, in denen man nicht weiterkommt und eine Entscheidung ansteht, die man aber nicht treffen kann. Wie man die Dinge auch dreht und wendet, es scheint immer eine Entscheidung zwischen zwei Übeln zu sein. Keine dieser Optionen ist das, was man will, und jede Entscheidung ist mit vielen Beschwernissen und „wenn‘s und aber‘s“ verbunden. Man hat das Gefühl, mit dem Rücken zur Wand zu stehen und sich nicht von der Stelle rühren zu können. Oft ergibt sich die Auflösung der Probleme von selbst, wenn die Progression oder der Transit vorbei ist, was sich allerdings während dieser Pattstellung in keiner Weise abzeichnet. Selbst die Frage, ob man sich jetzt nun entscheiden oder allem seinen Lauf lassen muss, erweist sich als Problem. Kurzum: Yodfiguren und unaspektierte Planeten bringen einen, oft auch mehrmals, im Leben in eine „unmögliche Situation“. Das kann in den verschiedensten Bereichen passieren, die aber auf jeden Fall mit den Themen der Yodfigur oder des unaspektierten Planeten verbunden sind.

Ein Beispiel zeigt uns das Horoskop des ehemaligen niederländischen Verteidigungsminister Joris Voorhoeve. Bei ihm finden wir ein Duett zwischen Sonne und Mars. Die Sonne steht am Anfang des Zeichens Steinbock, Mars am Anfang von Löwe.

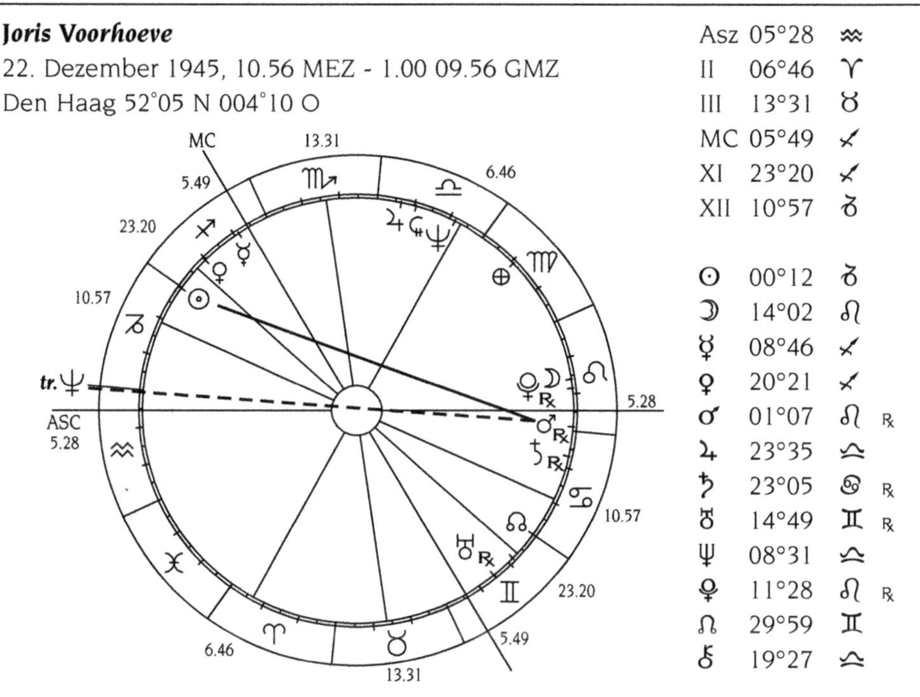

Sonne und Mars bilden ein Quinkunx und stehen in keinem Hauptaspekt zu anderen Planeten. Bei einem Duett verhält sich jeder der beiden Planeten wie ein unaspektierter Planet. Voorhoeve war, mit seiner unaspektierten Duett-Sonne, Parteivorsitzender der VVD und, mit seinem unaspektierten Duett-Mars, Verteidigungsminister! Während er Vorsitzender der VVD war, befand sich die Partei in einer schwierigen Periode; als er Verteidigungsminister war, wurde er mit Srebrenica konfrontiert, eine der traumatischsten Erfahrungen für dieses Ministerium seit dem 2. Weltkrieg. Für keine dieser beiden Geschichten war Voorhoeve verantwortlich. Beleuchtet man Yodfiguren und unaspektierten Planeten, kann man die ganze Sache von einer höheren Warte aus betrachten. Gerät eine Organisation oder Institution in eine schwierige Phase, steht an einem Wendepunkt oder muss völlig den Kurs ändern, ist die

Wahrscheinlichkeit groß, dass eine Führungsperson mit einem Yod oder einem unaspektierten Planeten auf der Bildfläche erscheint. Diese Person steht immer außerhalb des Prozesses, in dem sich die Institution befindet. Das ist so zu verstehen, dass dieser Typus selbst vollkommen unbestechlich und absolut integer sein kann, während er in der Zeit einer leitenden Tätigkeit mit allerlei „Schmuddeligem" zu tun bekommt: mit Intrigen, Unklarheiten, Beschuldigungen und anderen leidigen Dingen, die oftmals für eine Institution mit einer Zeit von Ungereimtheiten und Chaos einhergehen. Oder er macht plötzlich eine tiefgreifende Krise durch und muss alle Kräfte mobilisieren, um diese zu bewältigen. In einer solchen Krise steht er buchstäblich mit dem Rücken zur Wand. Dieser Mensch wird sich vermutlich mehrmals in einer Situation wiederfinden, in der er zwischen verschiedenen Alternativen, die alle gleichermaßen unerwünscht sind, wählen muss; also immer zwischen mehreren Übeln.

Für Voorhoeve war das in jeder Hinsicht Srebrenica. Sein unaspektierter Mars „zog" ihn ins Verteidigungsministerium. Er wurde gebeten, dieses Ministeramt anzunehmen, und er stimmte zu, natürlich ohne etwas von dem kommenden Unheil zu ahnen. Das ist das „klassische" Muster: eine äußere Situation, die unmittelbar im Zusammenhang mit einem unaspektierten Planeten oder einem Yod steht (Mars und Verteidigung sind ein Bild wie aus dem Lehrbuch). In solchen Krisenzeiten gerät man in Pattsituationen, die zu einem Yod oder einem unaspektierten Planeten gehören. Natürlich geschieht das nicht ununterbrochen, mit einem unaspektierten Mars kann man auch sehr schöne Dinge erleben. Aber Pattsituationen und unmögliche Entscheidungssituationen liegen bei einem Yod oder einem unaspektierten Planeten nun einmal ständig auf der Lauer. Und wie war das bei Voorhoeve? Eine nur mangelhaft mit Waffen ausgestattete Gruppe niederländischer Soldaten sah sich schwierigen Umständen ausgeliefert, ohne wirkliche Handlungsvollmacht zu besitzen. Sie wurde nach monatelangem Überlebenskampf mit einem Überfall der Serben konfrontiert, ohne dass ihnen geholfen wurde. Das allein ist schon eine Krisensituation. Diese Einheit musste sich wirklich abrackern, um den Serben die Stirn zu bieten, obwohl sie kein Benzin hatten und sich außerdem monatelang nur von Notrationen ernährt hatten, wie einzelne ehemalige niederländische Soldaten in Radiosendungen verlauten ließen. Die Ausgangssituation der holländischen Soldaten war also an sich schon eine Pattsituation.

Eine andere schwierige Seite von Yodfiguren und unaspektierten Planeten ist das Gefühl von Ungerechtigkeit. Das gilt sowohl für die Situation, in die man hineingerät, als auch für das, was da geschieht; so etwas hat man nun wirklich nicht verdient und man ist schon gar nicht verantwortlich dafür. Das betrifft alles, was sich im Umfeld abspielt, vor allem die falsche Darstellung von Fakten, Beschuldigungen und dergleichen mehr. Man läuft Gefahr, für etwas schuldig gesprochen zu werden, das man nicht getan hat und bekommt eine Menge Lügen zu hören. Um es kurz zu fassen, es besteht das Risiko, dass man den Schwarzen Peter zugespielt bekommt, besonders dann, wenn der unaspektierte Planet, das Duett oder das Yod durch Progressionen oder im Transit aktiviert wird. Bei Voorhoeve geschah das im Sommer 1998, als Neptun am Anfang von Wassermann stationär wurde, und eine Opposition zum unaspektierten Mars bildete. (Der transistierende Pluto wurde übrigens auch noch einmal stationär, auf dem MC von Voorhoeve, wodurch die Gefahr, den Schwarzen Peter zugeschoben zu bekommen, besonders groß war). Und plötzlich stand Srebrenica wieder im Rampenlicht und damit auch Voorhoeves Rolle als Minister. Holbrooke, der amerikanische Unterhändler, hatte ein Buch geschrieben, in dem die Niederlande sehr schlecht abschnitten, und worin nach Meinung von Eingeweihten die Tatsachen völlig verfälscht dargestellt wurden. Voorhoeve schrieb dazu einen sehr eindringlichen Brief an Holbrooke. Das Buch aber ist auf dem Markt und macht Geschichte. Ein Täuschungsmanöver von Neptun also. Schon bei seinem Amtsantritt musste der neue Verteidigungsminister sich mit den Gerüchten und Geschichten über Srebrenica auseinandersetzen. Ein ehemaliger General äußerte Beschuldigungen, dass Voorhoeve bewusst mit der Wahrheit hinterm Berg gehalten habe. Voorhoeve reagierte bestürzt und fassungslos. Mit einem Neptun-Mars-Konflikt ist es tatsächlich denkbar (obwohl dem nicht so sein muss, gehört es doch zu den Möglichkeiten), dass Täuschung und Verrat oder zurückgehaltene Informationen durch seinen ehemaligen Mitarbeiterstab im Ministerium (Neptun) aufgedeckt wurden oder zumindest eine Rolle gespielt haben. Das sind Dinge, die er nicht verändern konnte; ein Minister ist von seinen Mitarbeitern abhängig. Trotzdem machte man ihn dafür verantwortlich. Das ist eine typische Pattsituation, in der Handeln oder Entscheiden ein großes Problem darstellen. Für einen Außenstehenden ist es sehr schwierig, eine solche Situation zu beurteilen, weil unklar ist, was sich hinter den Kulissen abspielt. Wenn man aber weiß, wie sich unaspektierte Planeten und Yodfiguren auswirken können, wird deutlich, dass das, was Voorhoeve erlebte, ein klassisches Lehrbeispiel ist. Das sollte bei der Beurteilung solcher Situationen zur Vorsicht mahnen. Mit Yodfiguren und unaspektierten Planeten sind Fehler, sogar gravierender Natur, möglich. Aus astrologischer Sicht lässt sich nicht klären, ob Voorhoeve Fehler unterlaufen sind. Mit diesem Beispiel will ich lediglich aufzeigen, dass ein integerer, aufrechter Mensch mit klaren Fähigkeiten durch ein Duett im Horoskop (wie es hier der Fall ist) in einen Alptraum verwickelt werden kann und obendrein noch zur Rechenschaft gezogen wird. Diese Geschichte fand aber völlig außerhalb von ihm selbst statt und ließ ihm nur eine Entscheidung zwischen zwei „Übeln".

9. *Die Qualität des Lebens wird von einer „ewigen Suche" bestimmt.*

Was ich immer wieder betone, wenn ich meinen Klienten und Studenten Yodfiguren und unaspektierte Planeten erkläre, ist, dass hier das Leben von Beginn an die Überschrift „Suchen" trägt. So verrückt es auch klingen mag, es geht eigentlich nicht darum, definitive Antworten zu finden – selbst wenn es sie gibt. Hat man nämlich eine Antwort auf eine Frage erhalten, sucht man trotzdem weiter. Es ist, als ob einen nichts wirklich zufriedenstellen kann, und man ständig das Gefühl hat, dass da doch noch mehr sein müsse: „Ist das wirklich alles?". Diese Fragen haben nichts mit Unzufriedenheit zu tun, es gibt aber immer diese Stimme im Hintergrund, die einem auf jede nur erdenkliche Weise dazwischenredet. Selbst wenn man den Traumjob seines Lebens bekommt, denkt man vielleicht: „Das ist nur vorübergehend oder für kurze Zeit, das kann doch wohl nicht alles gewesen sein, oder?" So, als ob irgendwo noch wichtige Erfahrungen auf einen warten, Erfahrungen, von denen man fürchtet, man könnte sie verpassen. Auf der anderen Seite ist einem völlig schleierhaft, wonach man sucht und was man eigentlich finden will. Da ist einfach nur ständig dieses unbestimmbare Gefühl...

Auch Beziehungen können sich dadurch schwierig gestalten, obwohl dieses Gefühl - zumindest in den meisten Fällen - überhaupt nichts mit der Beziehung an sich zu tun hat, sondern zu den Grundmerkmalen einer Yodfigur oder eines unaspektierten Planeten gehört. Deshalb wäre es hilfreich, sich klarzumachen, dass es einen nicht weiterbringt, sich auf ein „Finden" zu fixieren, sondern dass es besser ist, Freude daran zu haben, unterwegs zu sein. Den Suchprozess zu genießen, anstatt sich auf das Ankommen zu konzentrieren, ist im Umgang mit diesem unbestimmten Gefühl ein riesiger Schritt nach vorn. Es ist eigentlich egal, was man findet und wie wichtig es auch sein mag, dieses Gefühl „Ist das jetzt wirklich alles?" bleibt vorherrschend. So geht es immer weiter; selbst auf dem Sterbebett kann man sich diese Frage noch stellen.

Wird das nicht erkannt, leidet man ständig an Unzufriedenheit und Unruhe. Man verliert womöglich den Humor, was eine negative Einstellung zum Leben fördert. Dann heißt es nur noch: „Es taugt ja doch alles nichts" und „Das geht ja doch wieder schief". Es ist sehr wichtig, dass man nicht in einen solchen Teufelskreis gerät, denn das sind die Fallen, in die Yodfiguren und unaspektierte Planeten uns locken.

Anderseits hat das Suchen auch eine sehr positive Seite. Wer gelernt hat, gut damit umzugehen und sich nicht von dem immer wieder auftauchenden nagenden Gefühl beeinflussen lässt, wird niemals im Leben in Trägheit geraten. Selbst wenn diese Menschen älter werden, verfallen sie weniger leicht in Lethargie, weil ihr Verstand in Bewegung und auf der Suche nach etwas bleibt, das nicht benannt werden kann. Es ist ein Geschenk, bis ins hohe Alter geistig beweglich zu bleiben und auf dem Themenhintergrund der betroffenen Planeten tiefe Weisheit zu erlangen. Darin liegt ein Reichtum, an dem auch andere Menschen teilhaben können.

Geben Sie sich keine Mühe, beschreiben zu wollen, was Sie eigentlich suchen, denn es wird Ihnen nicht gelingen. Wenn man Sie danach fragt, wäre eine passende Anwort, dass Sie einfach Freude daran haben, mit so vielen Dingen beschäftigt zu sein. Helfen Sie Kindern mit Yodfiguren und unaspektierten Planeten dabei, vor allem Freude am Suchen und Entdecken zu entwickeln, damit geben Sie ihnen eine Menge. Wundern Sie sich aber nicht, dass Sie auch hier Extremen begegnen können. Viele Kinder mit Yodfiguren und unaspektierten Planeten könnten zum Beispiel mehrmals ihre Studienrichtung ändern, bevor sie ihren Weg gefunden haben. Es gibt auch Kinder, die plötzlich von innen heraus wissen, welche Richtung sie in ihrem Leben einschlagen müssen. Das Suchen hört damit aber keineswegs auf; innerhalb des Themas, wofür ein Kind sich so brennend interessiert, wird es neue Richtungen finden, wodurch es sich auf spielerische Weise sehr viele Kenntnisse aneignet. So könnte ein Kind mit einem unaspektierten Uranus oder Uranus in einer Yodfigur plötzlich entdecken, dass Computer seine Welt sind. Steht ihm dann ein Computer zur Verfügung, wird es sich auf die Suche machen, angefangen von der Technik bis hin zur Nutzung, vom Spielen bis hin zum Programmieren – eine beträchtliche Telefonrechnung ist oft die Folge, die mit dem Suchen nach Informationen auf Internet zu erklären ist. Dieses Suchen ist nicht zum Stillstand zu bringen. Fragt man aber: „Wonach suchst Du eigentlich?“, kann darauf nur schwerlich eine Antwort gegeben werden. „Auf dem Internet zu surfen“ passt hervorragend zu diesem suchenden Typus. Aber auch hier kann man in einem bestimmten Verhalten steckenbleiben, was sich dann gegen einen selbst richtet.

Durch dieses Suchen ist jemand mit einem Yod in der Lage, auch in schwierigen Zeiten zu überleben. Die Sicherheit einer problemlos funktionierenden Gesellschaft und Wirtschaft erfährt er sowieso nicht, weil er innerlich dafür kein Handwerkszeug zur Verfügung hat. Am besten fühlt er sich in Zeiten der Veränderung und an Wendepunkten im Leben – und genau dabei können Yodfiguren und unaspektierte Planeten eine große und auch kreative Rolle spielen.

Leider arbeiten die gängigen Schulsysteme und Studienfinanzierungen nicht so, dass sie Kindern mit unaspektierten Planeten und Yodfiguren helfen könnten. Allzu strenge Bedingungen und der Mangel an Raum für die innere Suche machen es diesen Studenten sehr schwer. Sie können hervorragend lernen, aber ihre innere Verfassung kann mit festumrissenen Mustern nichts anfangen, wie der folgende Punkt deutlich macht.

10. Man wird oftmals feststellen, dass sich das eigene Leben viel weniger planen lässt als man das bei anderen Menschen sieht, und dass Yodfiguren und unaspektierte Planeten sich nicht steuern lassen.

Die Tatsache, dass Menschen mit einem Yod oder einem unaspektierten Planeten ihr Leben nur schwer planen können, ist fast eine logische Folge der anfänglichen Unklarheit, dem Mangel an Zugang zu den Themen, der Unsicherheit und der Konfrontation mit allerlei unerwarteten Situationen. Natürlich kann man auch Pläne schmieden und die wichtigsten werden sich bestimmt auch verwirklichen lassen. Oft muss man aber damit rechnen, dass es nicht so läuft, wie man erwartet oder es sich gewünscht hat. Das kann mit Rückschlägen oder plötzlichen Situationsveränderungen (oder Veränderungen in einem selbst) im Zusammenhang stehen. Es muss aber längst nicht immer etwas Schlimmes passieren. Yodfiguren und unaspektierte Planeten haben die Tendenz, uns zu unserer Bestimmung zu führen, allerdings auf Umwegen, die kaum nachvollziehbar sind. Auf jeden Fall passieren einem Dinge, die man sich selbst nie hätte vorstellen können, ob es sich nun um sehr schmerzliche Erfahrungen handelt oder um fröhliche, verrückte Geschichten, die einem viel Spaß machen.

Es passiert häufig, dass man sich etwas Bestimmtes vornimmt und plötzlich kommt alles Mögliche dazwischen, sogar bei der Planung für einen einzigen Tag. Das hat nichts mit Verweigerung zu tun und auch nichts damit, dass man nichts zu Stande bringt. Was Yodfiguren und unaspektierte Planeten vor allem brauchen, ist Zeit und Raum. Erteilt man Personen mit diesen Horoskopfaktoren einen Auftrag, der innerhalb einer Stunde erledigt sein muss, besteht die Möglichkeit, dass dieser Druck das genaue Gegenteil bewirkt. Das Yod wird von heftigen Zweifeln geplagt, und die unaspektierten Planeten, die für den Auftrag zuständig sind, scheinen sich genau in diesem Moment völlig der Situation zu entziehen. Setzen Sie sich daher mit Ihren Plänen niemals unter Druck und hetzen Sie nicht. Eine hervorragende Hilfe wäre es, wenn Sie beispielsweise eine Liste mit Zielvorstellungen und Aufgaben anfertigen, und sich dann eine Frist setzen, daran zu arbeiten. Es ist besser, sich fünf Aufgaben aufzuschreiben, die bis zum Ende der Woche erledigt sein müssen, als sich jeden Tag nur eine bestimmte Aufgabe vorzunehmen. Das würde den Druck für den Rest der Woche nur erhöhen, worunter auch die Arbeit leidet. Indem man großzügig plant, gibt man den unaspektierten Planeten die Möglichkeit, sich einzuschalten, wenn ihre Zeit gekommen ist – die Arbeit macht dann viel mehr Spaß! Setzen Sie Menschen mit Yodfiguren und unaspektierten Planeten daher niemals unter Druck! Gerade unaspektierte Planeten werden es damit sehr schwer haben. Sie funktionieren dann nicht mehr reibungslos, brechen zusammen oder stehen unter zu viel Stress. Das wäre jammerschade, denn derselbe unaspektierte Planet ist eine Gabe; allerdings möchte er zu seiner ihm eigenen Zeit eingesetzt werden - dann ist er in Hochform!

Zu viel Druck kann von daher das genaue Gegenteil erzeugen. Yodfiguren und unaspektierte Planeten zwingen zu wollen, sich auf der Stelle zu entscheiden, wäre ebenso falsch. Der Stress, der hierdurch entsteht, kann die Unsicherheitsgefühle noch verstärken, die übrigens immer eine Rolle spielen. Durch die oben beschriebenen Situationen entstehen zwangsläufig Gefühle von Unsicherheit und Richtungslosigkeit, die mühsam bekämpft werden müssen. Jeder Druck, der zur Folge hat, dass diese Planeten nicht mehr funktionieren, verstärkt die Unsicherheit und kann sogar Gefühle von Ohnmacht und Unfähigkeit auslösen, obwohl dafür eigentlich kein Grund besteht. Da Yodfiguren und unaspektierte Planeten so empfindlich auf Druck reagieren, zwingen sie einen dazu, die Dinge ruhig und entspannt anzugehen und mehr im Hier und Jetzt zu sein - da Pläne ja doch immer wieder angepasst werden müssen. Das ist eine Tendenz, die unserer westlichen Kultur, in der Schnelligkeit, Hast, Zeitbeherrschung, Zielvorstellungen und Effizienz an erster Stelle stehen, nun gar nicht entspricht, besonders, wenn man Schritt halten will. Menschen mit Yodfiguren und unaspektierten Planeten sind hiervon sozusagen die Schatten. Nicht, dass sie nicht mithalten wollten, darum geht es nicht. Aber sie sind anders und besitzen nicht dieses spritzige Handwerkszeug, das unsere Gesellschaft am Laufen hält, oder besser gesagt, vielleicht sogar zum Durchdrehen bringt. Yodfiguren und unaspektierte Planeten sollten eigentlich als Schlüssel für eine andere Art des Seins dienen, wo Glück auch ohne Hetzen und Jagen möglich ist. Vielleicht wieder ein Wendepunkt im Leben?

11. *Und manchmal: völlig unerwartete Wendungen zum Guten oder gar höchste Glückserfahrungen.*

In diesem Kapitel sind vor allem die Probleme und Schwierigkeiten von Yodfiguren und unaspektierten Planeten in den Vordergrund getreten. Darum kommen wir lei-

der nicht herum. Allerdings haben sie auch anderes zu bieten, abhängig davon, wie man damit umzugehen lernt. Mir ist aufgefallen, dass oft an einem wichtigen Wendepunkt oder bei einem wichtigen Schritt im Leben eines Menschen eine Yodfigur oder ein unaspektierter Planet im Geburtshoroskop durch eine Progression oder einen Transit aktiviert wurde. So, als ob mit dem Finger auf etwas hingewiesen würde. Nun wird das Yod auch als „Fingerzeig Gottes“ beschrieben und es kann eine ganz besondere Erfahrung mit sich bringen, die noch lange in der eigenen Seele weiterarbeitet.
Als Jupiter in die Fische lief und in meinem Horoskop ein exaktes Yod zwischen meiner Saturn-Neptun-Konjunktion und meinem Radix-Pluto bildete, bekam ich in Atlanta den „Regulus-Award for Education“, eine Auszeichnung, mit der ich, obwohl ich dafür nominiert war, überhaupt nicht gerechnet hatte. Überflüssig zu sagen, wie sehr ich mich geehrt fühlte.

12. *Außergewöhnliche Erfahrungen.*
Wenn in einem Horoskop ein unaspektierter Planet oder eine Yodfigur zeitweise durch eine Progression oder einen Transit aktiviert wird, oder wenn eine zeitlich befristete Yodfigur entsteht, sollte man vor allem auf subtile Dinge achten. Vorahnungen, Träume, kleine Signale und dergleichen mehr kommen bei diesen Aktivierungen häufiger vor und können Durchbrüche anzeigen, die man nicht für möglich gehalten hätte. So ist es zum Beispiel denkbar, dass man sich einerseits in der äußeren Welt in einer Art Pattstellung befindet, während sich andererseits im Traumleben ein völlig neuer Weg zeigt oder neue Einsichten als erste vorsichtige Zeichen eines Wendepunktes aufkeimen. Hören Sie darauf, arbeiten Sie damit, denn das kann der Beginn einer neuen Lebensphase sein. Ich habe Menschen mit einem Yod erlebt, an dem Pluto und Neptun beteiligt waren. Als diese Yodfiguren aktiviert wurden, entwickelten sie plötzlich Talente im Magnetisieren, in alternativer Heilkunde, im Auralesen und so weiter. Vor allem im Bereich der „unsichtbaren Welt“ zeigten sich diese Gaben, um es einmal weit zu formulieren. Vor dieser Zeit hatten diese Menschen keine Ahnung von solchen Dingen, manch einer hatte sich auch noch nie mit so etwas beschäftigt. Auf sehr unterschiedliche Weise wurden sie mit diesen Dingen konfrontiert. Beispielsweise hatten sie während einer Krankheit übersinnliche Wahrnehmungen, oder ihnen wurde in Träumen etwas offenbart; einige machten auch außerkörperliche Erfahrungen und so weiter.

Solche Erlebnisse mit Yodfiguren und unaspektierten Planeten können im positiven Sinn sehr außergewöhnlich sein. Das einzige Risiko besteht darin, dass man davon in einem Maß überwältigt wird, dass man zu „Höhenflügen" neigt. Man kann die Realität völlig aus den Augen verlieren, so wie ich es leider einige Male habe erleben müssen. Zum Beispiel bei einer lieben und warmherzigen Frau, die jahrelang glücklich verheiratet war und gemeinsam mit ihrem Mann ein Geschäft aufgebaut hatte. Bei ihr fand eine Serie von Progressionen und Transite von Pluto und Neptun statt, die Yodfiguren in ihrem Horoskop bildeten. Plötzlich brach bei ihr die Gabe durch, Menschen durch Magnetisieren heilen zu können, außerdem zeigten sich Erscheinungen von automatischem Schreiben. Eine vollkommen neue Welt tat sich vor ihr auf; sie wollte unbedingt mit dieser heilenden Arbeit weitermachen. Da sich noch eine Reihe anderer Yodfiguren bildeten und sich das Thema in den darauffolgenden Jahren weiter ausdehnen würde, warnte ich sie davor, nicht zu große Sprünge zu machen und vor allem mit beiden Beinen fest auf dem Boden zu bleiben. Ich hatte nämlich schon häufiger sehr gutmütige Hausfrauen erlebt, die ständig nur für andere da waren und Teile von sich selbst aufgegeben hatten, und dann von einem Tag auf den anderen ihre Koffer packten und verschwanden oder aber in extreme Einstellungen und Verhaltensweisen verfielen. Bei überwältigenden Erfahrungen mit Yodfiguren verliert man leicht die Orientierung und bricht dann viel zu schnell die Brücken hinter sich ab. Auf meine Warnung reagierte sie warm und herzlich, und sie versicherte mir, dass sie bestimmt nicht vorhätte, verrückte Dinge zu tun. Sie wollte die Realität nicht aus den Augen verlieren, auch wenn ihre Entwicklung sehr schwierig sei. Sie betonte noch, sie habe ja schließlich einen guten Schutzengel.

Einige Monate später sprach ich mit ihrem Mann. Er erzählte mir, dass seine Frau ihm ein paar Wochen nach unserem Gespräch mitgeteilt habe, dass sie das Haus für ihre Heiltätigkeit benötige und er besser ausziehen solle. Ihre neue Berufung ließe keinen Raum mehr für ihn zu. Er hatte das Gefühl, „einfach vor die Tür gesetzt zu werden". „Ich kenne meine Frau nicht mehr wieder", sagte er, „sie ist völlig verändert". Ich selbst habe mit der Frau nicht mehr gesprochen und kann daher ihre Sicht der Dinge nicht wiedergeben. Es ist aber nicht so abwegig, dass sie von einer Idee oder einem Ideal so sehr besessen war, dass sie einen Fluchtweg aus der alten Situation finden musste. Wenn so ein Mensch der Realität den Rücken kehrt, fühlt er sich auch tatsächlich für eine gewisse Zeit sehr glücklich mit dieser Wahl.

Folgt man einem solchen Weg aber blind, gerät man in äußerst unrealistische Geschichten, die von einer gesunden Selbstentwicklung wegführen, und genau das ist eine Gefahr bei Yodfiguren und unaspektierten Planeten. Die Wege von Yodfiguren und unaspektierten Planeten sind allerdings unergründlich, daher ist es genauso gut möglich, dass eine solche Flucht aus der Realität eine Kursänderung im Leben und in einem selbst einleitet, und man im Lauf der Zeit wach wird und besser weiß, was man kann und will und wie man die Dinge handhaben kann. Allerdings sind dann oft eine Menge Scherben wegzuräumen…

13. *Man fühlt sich anders als andere Menschen, hat aber auch die Chance, einen einmaligen Lebensweg zu gehen.*

Menschen mit Yodfiguren und unaspektierten Planeten erleben oft, dass ihre zweite Lebenshälfte vollkommen anders verläuft als die erste. Die meisten erfahren auf die eine oder andere Weise eine Wende in ihrem Leben, die äußerst wichtig für sie ist. In vielen Fällen spiegelt sich das im Beruf wieder, in anderen Fällen äußert sich dies in ihrer Lebenshaltung - in (mehr oder weniger gesellschaftlichen) Ansichten und philosophischen oder religiösen Anschauungen. Diese neuen Möglichkeiten konnte man in jüngeren Jahren natürlich noch nicht wahrnehmen. Anfänglich findet man diese Richtungsänderungen vielleicht noch nicht einmal gut oder lehnt sie sogar ab. Aber im Nachhinein wird man den feinen roten Faden erkennen, der sich durch das eigene Leben zog und einen genau zu dem Punkt führte, an dem man nun steht.

Ich habe zahllose Beispiele erlebt, angefangen von der Steuerberaterin, die sich von Auralesen begeistern ließ, bis hin zum Dissidenten Vaclav Havel, der Präsident wurde (siehe weiter unten).

Der einzigartige, eigene Lebensweg unterscheidet sich nicht selten völlig von dem der restlichen Familie – dem sogenannten Familienmuster also. Manchmal stimmt das eigene Leben auch nicht mehr mit den gängigen Mustern in der Gesellschaft oder Kultur überein, in der man lebt. Mit Yodfiguren und unaspektierten Planeten verfügt man offensichtlich über ein großes, kreatives Potential, mit dem man sich selbst sehr nahekommen und etwas Einmaliges zum Ausdruck bringen kann.

Menschen mit Yodfiguren und unaspektierten Planeten stehen dem allerdings oft ungläubig gegenüber. Ich bekomme immer wieder zu hören, dass sie sich ihrer Talente nicht bewusst sind und nicht so recht daran glauben, überhaupt eine Gabe zu besitzen. Die Reaktionen fallen dann oft so aus: „Na ja, ich war schon immer eine Ausnahme, warum also nicht auch jetzt.“. Die etwas distanzierte und manchmal sogar negative Einstellung hängt mit dem Gefühl der Unsicherheit zusammen, anders zu sein als andere Leute.

Viele Menschen mit einem Yod oder einem unaspektierten Planeten haben beispielsweise von Kindheit an das Gefühl, nicht dazuzugehören, in die falsche Familie hineingeboren zu sein, was manchmal nur andeutungsweise, oft aber auch sehr

extrem empfunden wird. Dieses „Anderssein“ können sie nicht genau definieren, es ist eher ein vages, unterschwelliges Gefühl.
Bringen diese Menschen dann später den Mut auf, ihrem „Anderssein“ eine Form im eigenen Leben einzuräumen, riskieren sie, auch weiterhin in der Vorstellung hängenzubleiben, immer noch nicht dazuzugehören. Das hat gefühlsmäßig zur Folge, dass auch die neue Lebensrichtung nicht eigentlich die ihre ist, obwohl sie offenbar Talent dafür besitzen. Die fehlende Verbundenheit mit den Themen von Yodfiguren oder unaspektierten Planeten rächt sich hier. So weit muss es aber nicht kommen. Ich habe auch bei sehr vielen Menschen miterlebt, dass sie nach einer inneren oder äußeren Gratwanderung in ihrem Leben das Gefühl des Suchens und der Unsicherheit sehr genossen und gelernt haben, gut damit umzugehen. Ein Gefühl, das sogar zum Motor für ihre Entwicklung wurde! Das Horoskop von Jung ist hierfür ein passendes Beispiel (siehe Kapitel 14).

Beispiel: Vaclav Havel

Havel hat einen unaspektierten Merkur im 8. Haus, und Merkur ist gleichzeitig Herrscher seines 8. Hauses. Daher werden sich die folgenden Themen vermutlich in Form einer Alles-oder-Nichts-Haltung oder als „schwarz oder weiß“ darstellen, gleichzeitig aber auch in reiner Form als Talent in den Vordergrund treten, das allerdings aufgrund dieser nicht erklärbaren Unsicherheit nur verschleiert wahrzunehmen ist:

Merkur: Kommunikation, Analyse, Schreiben, Denken und Reden.
Herrscher von 8: Macht, das Verborgene, Widerstand, Tiefe, Menschenkenntnis, Leben und Tod; um nur einige der vielen Themen zu benennen.
Auch Pluto ist im Horoskop von Havel unaspektiert, was den unaspektierten Herrscher seines 8. Hauses noch betont.
Havel wurde als Schriftsteller (unaspektierter Merkur als Talent) und als Dissident (Herrscher von 8 und Pluto unaspektiert) bekannt. Er hat sich jahrelang dem strengen kommunistischen Regime in der ehemaligen Tschechoslowakei widersetzt und ließ sich trotz zahlloser Arreste, Gefängnisstrafen, Hausarreste und anderer Maßnahmen, die ihn unter strenger Aufsicht halten sollten, nicht unterkriegen. Man muss bedenken, dass ein unaspektierter Herrscher von 8 und auch ein unaspektierter Pluto eine unwahrscheinlich große Kampf- und Spannkraft besitzen, wenn sie sich einmal mit etwas identifizieren. Im Westen wurde Havel als Vorreiter der Dissidentenströmung in seinem Land angesehen. Selbst wenn es schon andere wichtige Dissidenten gab, gerät jemand mit einem Yod oder einem unaspektierten Planeten mehr ins Blickfeld als andere.

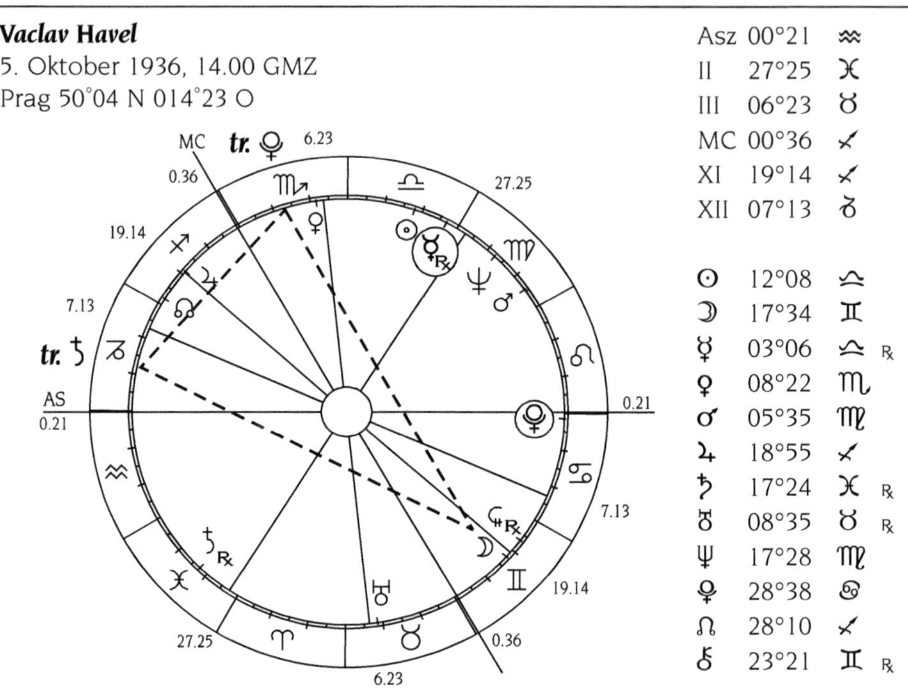

Was mir auch immer wieder im Zusammenhang mit Yodfiguren und unaspektierten Planeten auffällt, ist, dass man unbewusst oft schon mit zukünftigen Aktivitäten beschäftigt ist, ohne sich dessen bewusst zu sein oder so etwas überhaupt bewusst zu wollen. So war es auch bei Havel. Durch seine unaufhörliche Kritik an der kommunistischen Regierung und seine entschlossene Haltung in seiner Rolle als Dissident gab es für das gesamte Volk nur einen einzigen Mann, der das Land nach dem Umsturz regieren konnte, und das war Havel. Und das, obwohl er stets bekräftigt hatte, nie und nimmer eine Regierungsfunktion bekleiden zu wollen. Das war eine schreckliche Vorstellung für ihn. Durch seine jahrelangen Aktivitäten hatten die Menschen aber sehr viel Vertrauen zu ihm gewonnen und er konnte auch beweisen, dass er über ausgewogene organisatorische und verwaltungstechnische Fähigkeiten verfügte, die mit einer menschlichen Haltung verbunden waren. All das hatte er über Jahre hinweg sorgfältig aufgebaut, ohne es selbst zu wissen. Bei der sogenannten „sanften Revolution" (der Umsturz verlief ohne Blutvergießen) wurde Havel mit einem in ihm schlummernden Talent konfrontiert, dessen er sich selbst noch nicht bewusst war, das er aber in den vorherigen Jahren trotzdem zum Ausdruck gebracht hatte.

Bei seinem Amtsantritt als erster Präsident der Tschechoslowakei nach dem Sturz des kommunistischen Regimes, sehen wir in seinem Geburtshoroskop, dass Pluto im Transit in Skorpion ein exaktes Quinkunx zu seinem Mond in Zwillinge bildete, während Saturn in Steinbock auf ein Quinkunx mit seinem Mond zusteuerte. Das Sextil zwischen Pluto und Saturn am Himmel bildete also zum Zeitpunkt seines Amtsantritts ein Yod zu seinem Radix-Mond. Pluto kann als unaspektierter Planet bei einem zeitlich begrenzten Transit die Dinge schnell ins Rollen bringen!

Havel hat die Präsidentschaft nicht wirklich mit ganzem Herzen angetreten. Er erkannte aber, dass er tatsächlich der Einzige war, der durch das in ihn gesetzte Vertrauen des Volkes dem Land wieder auf die Füße helfen konnte, obwohl er im Grunde genommen keine Lust dazu verspürte.

Eine innere Pattsituation und eine Wahl zwischen zwei Übeln: Wenn er die Präsidentschaft nicht angenommen hätte, würde er das Vertrauen der Menschen verlieren, im Wissen darum, dass sein Land in Schwierigkeiten geraten könnte. Obwohl er auf keinen Fall Präsident werden wollte, hatte ihn sein Unbewusstes in den vorangegangenen Jahren durch die Aktivitäten seines unaspektierten Merkurs/Herrscher 8 und des unaspektierten Pluto unaufhaltsam in diese Richtung getrieben. Das Yod ist klar und deutlich: sein Mond ist Herrscher des sechsten Hauses, das unter anderem das Haus der Arbeit und Dienstbarkeit ist. Von Havel wurde also Arbeit (6. Haus) und Dienstbarkeit (6. Haus) auf der Regierungsebene (Saturn) in Verbindung mit Macht (Pluto) gefordert.
Das Yod verpasste ihm dieses Amt, aber Havel wusste, wie schwierig es werden würde. Nicht nur aufgrund seines Widerwillens, sondern auch, weil er sich sehr deutlich der Schwierigkeiten bewusst war, die auf ihn zukommen würden – zum Beispiel die Sache mit der Slowakei, die eine Trennung anstrebte.
Die einzige Möglichkeit, einer solchen Yod-Situation die Stirn zu bieten, ist, sich den gesellschaftlichen Erfolg nicht zu Kopf steigen zu lassen. Man sollte sich auf gar keinen Fall selbst idealisieren oder zu fordernd auftreten, sondern bescheiden und ruhig bleiben. Es ist sehr wichtig, kreativ mit dem umzugehen, was einem begegnet. Havel nahm tatsächlich auf eine ruhige, ehrliche und bescheidene Art und Weise seine neue Lebensaufgabe in Angriff.

Kapitel 5
Die Vorgehensweise bei der Deutung von Yodfiguren

Nachdem wir im 4. Kapitel die allgemeinen Kennzeichen von Yodfiguren und unaspektierten Planeten kennengelernt haben, können wir jetzt zur Deutung übergehen. Was „tut“ ein unaspektierter Planet, und was kann man über die Yod-Planeten aussagen?

Es besteht ein gravierender Unterschied in der Arbeitsweise, wie wir einen unaspektierten Planeten und ein Yod deuten. So leicht man einen unaspektierten Planeten beschreiben und deuten kann, so schwierig und kompliziert ist das bei einem Yod. Wir haben es nämlich nicht nur mit den unterschiedlich arbeitenden Planeten zu tun, sondern auch mit der Tatsache, dass jeder dieser Planeten auch noch Herrscher eines Hauses ist; Venus und Merkur herrschen sogar über mehrere Häuser. Befindet sich der Herrscher eines Hauses in einer Yodfigur, spielen auch die Themen dieses Hauses eine wichtige Rolle. Wenn sowohl Merkur als auch Venus an einem Yod beteiligt sind, ist es möglich, dass das halbe Horoskop in die Dynamik des Yod verwickelt ist. Das Bild, das sich dann zeigt, ist fast nicht mehr zu entwirren; das eine arbeitet gegen das andere und eines widerspricht dem anderen. Und doch geht es um ein verborgenes Talent, das sich Bahn brechen will. Die Vorstellungen über eine Yodfigur befinden sich im Widerspruch zu jeder Deutlichkeit und Systematik, und selbst darüber zu reden und zu schreiben ist wesentlich schwieriger als man sich wünscht!

Will man einem Klienten sein Yod im Horoskop erklären und ihm vermitteln, wie es funktioniert und was alles mit hinein spielt, ist der beste Weg, mit den allgemeinen Hintergründen und Tendenzen, wie wir sie in Kapitel 4 besprochen haben, zu beginnen. Selbst wenn man nicht genau weiß, wie man das Yod nun spezifischer deuten kann, werden in der Praxis die allgemeinen Zusammenhänge bereits sehr deutlich zu erkennen sein und allein schon dadurch die Akzeptanz fördern. Wir werden später noch sehen, wie man am besten mit einem Yod umgehen kann. Da die Gefühle, die ein Yod im Leben eines Betroffenen auslösen, oft so vorherrschend sind, ist es wichtig, gleich zu Anfang darüber zu sprechen; das bietet auch für die Deutung weitere Anknüpfungspunkte.

Die Planeten, die am Yod beteiligt sind, dienen als guter Ausgangspunkt für den Aufbau der Deutung einer Yodfigur. Meine Erfahrung ist, dass die persönlichen Planeten (Sonne bis einschließlich Mars) im Allgemeinen spürbarer zu sein scheinen als die äußeren Planeten. Das hängt vor allem mit der Tatsache zusammen, dass die persönlichen Planeten normalerweise sichtbarer sind, da sie im alltäglichen Leben eine deutlichere Rolle spielen. Obwohl die langsam laufenden Planeten in ihrer Wirkung wesentlich schwieriger auszumachen sind, spielen sie bei einem Yod eine ebenso wichtige Rolle wie die persönlichen Planeten.

Da in einem Yod die beteiligten Planeten konstant aufeinander einwirken und es sich gegenseitig schwer machen, sollte man bei deren Besprechung immer wieder darauf hinweisen, dass die Deutung durch die anderen beteiligten Planeten beeinflusst oder sogar unterminiert werden kann. Sobald man mit den Themen des einen Planeten beschäftigt ist, mischt sich ein anderer Yod-Teilnehmer ein und versucht mit Emotionen und Unruhe, das Ruder an sich zu reißen. Man befindet sich in einem Wechselbad der Gefühle und fühlt sich zwischen verschiedenen Aktivitäten hin- und hergerissen. Wenn sich dann die Wogen glätten, mischt sich Planet Nr. 3 ein, und das Dilemma ist komplett. Bei einem Yod ist es einfach nicht möglich, die Wünsche, Sehnsüchte und Aktivitäten eines Planeten separat zu betrachten oder klar abzugrenzen (wie das bei den üblichen Hauptaspekten und Aspektkonfigurationen möglich ist). Es scheint, als liege eine Art Schleier über den Themen der beteiligten Planeten. Versucht man dann einen Yod-Planeten „einzuschalten", bekommt man leicht das Gefühl, etwas Verbotenes zu tun. Sei es, weil einem die eigenen Gefühle einen Streich spielen, oder Unruhe und Emotionen sich ausbreiten, sei es, weil schwierige Ereignisse oder Entwicklungen von außen auf einen einwirken. Es ist so, als ob man immer wieder beweisen muss, dass das, was man auf dem Gebiet der beteiligten Planeten erreicht oder erkämpft hat, auch wirklich wahr ist.

All das ist Grund genug dafür, dass keiner der Yod-Teilnehmer in seiner Eigenart klar zu beschreiben ist. Sie gleiten einem immer wieder wie ein Stück Seife aus der Hand. Das ist natürlich unangenehm, da man seinen Klienten gerne Klarheit und Sicherheit geben möchte, aber wie es scheint, wird selbst die Deutung und Veranschaulichung vom Yod selbst beeinflusst. Das heißt, dass ich mir im Folgenden immer eine Hintertür offen halten werde und auch auf andere Faktoren hinweise. Ich werde das Eine oder Andere so ausführlich wie möglich mit Anekdoten illustrieren und die Deutung vor allem anhand von Beispielen erarbeiten. Nachfolgend nun eine Reihe von Deutungsschritten, deren Reihenfolge natürlich jedem selbst überlassen bleibt.

1. *Nehmen Sie sich jeden Yod-Planeten einzeln vor, und erklären Sie, dass jeder eine Energie verkörpert, die mit Unruhe und Suchen gepaart ist.*

Diese Phase der Deutung ähnelt der von unaspektierten Planeten (siehe Kapitel 6), bei denen dieser Deutungsschritt ebenfalls angewandt wird. Man beschreibt die Grundbedeutung der betreffenden Planeten und erklärt sie als latent wirkende Kraft, die von Unruhe, Unsicherheit und Suchen überschattet wird. Das gilt für alle Planeten, sowohl für die persönlichen als auch für die kollektiven. Wenn wir uns zum Beispiel den Mond anschauen, erklären wir, was er im Allgemeinen bedeutet, wie also seine allgemeine Dynamik ist. Damit es nicht zu verwirrend wird, sollte man den Zeichenhintergrund noch außer acht lassen und erst in einem weiteren Schritt als Deutungsfaktor einbeziehen.

Der Mond wird aktiv, wenn wir uns unsicher fühlen. Das Zeichen, in dem er steht, beschreibt, auf welche Art und Weise wir versuchen, uns wieder wohl zu fühlen. Die Aspekte, die der Mond bildet, wirken dabei möglicherweise unterstützend. Der Mond beschreibt auch, wie wir für andere sorgen und auf welche Art wir selbst Fürsorge benötigen und annehmen. Auch über unsere Häuslichkeit und Geselligkeit sagt er etwas aus, und darüber, auf welche Art und Weise wir für eine behagliche Atmosphäre sorgen können. Ist der Mond an einem Yod beteiligt (oder unaspektiert), sind wir in Bezug auf all seine Themen sehr verletzbar und leicht zu verunsichern; wir sind extrem leicht aus dem Gleichgewicht zu bringen. Mit Labilität hat das nichts zu tun, wir zweifeln nur schneller und es fällt uns schwer, wieder zur Ruhe zu kommen. Unser Bedürfnis nach Geselligkeit und Wärme ist sehr stark ausgeprägt, was wir zeitweilig auf übertriebene Weise zum Ausdruck bringen, während wir uns im nächsten Moment in unser Schneckenhaus zurückziehen. Erfahrungen von Zurückweisung hinterlassen tiefe Wunden in unserem Inneren und machen uns wesentlich verletzlicher, als das bei anderen Menschen der Fall ist.

Dieser Mond ist unruhig und auf der Suche. Selbst wenn die ganze Welt ihn mit Liebe und Zuneigung überschütten würde, gäbe es immer noch dieses „aber..", so, als ob es eigentlich gar nicht zu begreifen sei, dass alles gut ist. Auf die eine oder andere Weise spürt man unterschwellig ein Sehnen, weiß aber nicht wonach; eigentlich weiß man überhaupt nicht, was mit einem selbst los ist. Diese Sehnsucht macht sich vor allem in einem nagenden und unruhigen Gefühl bemerkbar, was einen verunsichert, wenn es ums Versorgen und Umsorgen und darum geht, eine harmonische Atmosphäre zu schaffen. Dieses Gefühl meldet sich auch, wenn es um die Erfüllung der Elternrolle geht.

Dazu muss gesagt werden, dass der Mond sich sowohl beim Vater als auch bei der Mutter in der Elternrolle bemerkbar macht. Da er für das Nährende und Versorgende steht, können sowohl Vater als auch Mutter ihm eine Form geben. Der Mond zeigt also bestimmt nicht immer nur die Mutter an. Er beschreibt vor allem die eigene Sensibilität in Bezug auf Häuslichkeit, Umsorgen und Harmonie, was man leicht auf beide Eltern projiziert. Ein Yod-Mond reagiert äußerst sensibel auf häusliche Spannungen, emotionalen Druck und Familienprobleme, die es tatsächlich gegeben haben kann, was aber längst nicht immer der Fall gewesen sein muss! Selbst wenn es keine Schwierigkeiten in der Familie gab, besteht doch eine hohe emotionale Verletzlichkeit für diese Art von Spannungen. Der Mond in einem Yod hat es oft schwer, sich geborgen, verstanden und akzeptiert zu fühlen; Eltern müssen hier sehr achtsam sein, sonst entsteht allzu leicht Bindungsangst. Paradoxerweise geht diese auch häufig mit einem Bindungszwang einher. Beide Extreme können sich im Verhalten dieser Menschen äußern.

Die meisten Erwachsenen mit einem unaspektierten oder an einem Yod beteiligten Mond, die Kinder bekommen, erleben eine Phase, in der sie versuchen herauszufinden, was es eigentlich genau bedeutet, Vater oder Mutter zu sein. Dieses Suchen geht nicht selten mit dem Gefühl einher, nicht gut genug oder dieser Aufgabe nicht gewachsen zu sein. Auf der einen Seite entsteht ein Mangel an Selbstvertrauen und auf der anderen eine Art Faszination für Familie, Heim und Kind; zu all dem fühlt man sich stark hingezogen. Leider ist nicht vorauszusagen, ob ein Gleichgewicht erreicht wird, oder ob man an einem der beiden Pole hängenbleibt. Überwiegt das eine Extrem, tut man alles, um die Gründung einer Familie zu vermeiden, im anderen Fall dreht sich das Leben nur noch um die Kinder.

Die Zweifel, die sich immer wieder melden, drehen sich um Versorgen, Umsorgen, Harmonie, Gemütlichkeit, Häuslichkeit und Wohnen und sorgen in den verrücktesten Augenblicken für Unruhe. Dann fragt man sich, ob man auf dem richtigen Weg ist und ob man das wirklich will oder Ähnliches. Gleichzeitig strahlt man etwas aus, das andere Menschen um Genährtwerden und Geborgenheit bittet – unbeabsichtigt – was diese als recht fordernd erleben können. Dieser Mond birgt aber auch ein Talent, mit dem man etwas Besonderes zum Ausdruck oder zu Stande bringen kann, im Kleinen wie im Großen. Für das seelische Wohlbefinden spielt es keine große Rolle, ob man eine Stütze für Menschen und Kinder in der Nachbarschaft ist, oder ob man auf Regierungsebene große Projekte auf die Beine stellt, um Kindern in der Dritten Welt zu helfen. In beiden Fällen verfügt der Mond über eine immense Kraft.

Auch an die kollektiven Planeten kann man auf diese Weise herangehen, da jeder Planet mit einem eigenen Gebiet verbunden ist und eine eigene Dynamik besitzt. Pluto treibt uns beispielsweise dazu an, das Unterste zuoberst zu kehren, die Dinge intensiv zu erleben und mit allen Sinnen zu durchleben. Er führt uns durch notwendige Transformationsprozesse. Gleichzeitig ist er die Energie, die uns mit unseren dunklen Anteilen und den Schattenseiten des Lebens konfrontiert. Er verkörpert den Drang zu wachsen und in die Tiefe zu gehen, aber auch die Angst vor allem, was damit im Zusammenhang steht.

In einer Yodfigur macht uns diese an sich schon schwer greifbare und nicht steuerbare Energie, die uns sowieso schon innere Unruhe beschert, noch wesentlich unruhiger. Es scheint, als ob es in unserem tiefsten Inneren brodelt und kocht. Nicht selten leidet man mit einem Yod-Pluto, an einer tief verborgenen Wunde, die ständig schmerzt. Man weiß nicht, warum man leidet; es ist einfach so, als ob ein tiefer Schmerz oder Kummer einen gefangen hält, oftmals gepaart mit Gefühlen von Angst. Die Dynamik dieses Pluto will all das vor der Außenwelt so weit wie möglich verbergen, weshalb uns niemand wirklich kennt. Manchmal hat der Schmerz tatsächlich mit Erfahrungen aus der Vergangenheit zu tun, dennoch bekam man diese Art, auf die Welt zu reagieren, mit in die Wiege gelegt. Es muss also nicht wirklich etwas passiert sein, was dieses „verletzte Gefühl" erklären könnte. Die Folge ist aber möglicherweise, dass sich Misstrauen dem Leben gegenüber entwickelt, das auf bestimmte Menschen projiziert wird, manchmal auch auf die Menschheit im Allgemeinen. Die dunkle Seite, mit der Pluto uns konfrontiert, ist nicht nur übermäßig sensibel, sondern scheint uns auch noch Erfahrungen mit Menschen zu bescheren, die nicht vertrauenswürdig oder aber psychisch krank sind.

Das Suchende eines Yod-Planeten macht Pluto hier zur Triebfeder, die sowohl in positiver als auch in negativer Weise in die größtmögliche Tiefe vordringen will. Das Tiefste ist noch nicht tief genug. Im Hintergrund lauert stets die Frage: „Ist das jetzt wirklich alles?". Hier schlummert ein gewaltiges Potential an Erneuerung und Transformation und birgt die große Wahrscheinlichkeit, eine schwere Krise durchlaufen zu müssen. Sollte man ein Ziel nicht erreichen können, wird dieser Pluto dafür sorgen, dass etwas anderes mit verstärkter Kraft angegangen wird. Ein Beispiel ist der Yod-Pluto im Horoskop von Diana, Prinzessin von Wales. Wenn sie schon nicht Königin werden konnte, dann zumindest die *„Queen of hearts"*, die Königin der Herzen des Volkes. Die Krisen in Dianas Leben werden den meisten von uns bekannt sein. Ein anderes Beispiel ist Pluto im Yod von C.G. Jung, der nach einer schweren Krise und großer innerer Verzweiflung der Psychologie beträchtlich mehr Tiefe geben konnte. C.G. Jung blieb bis zu seinem Tod ein Suchender. Er lehnte es energisch ab, von irgendeiner Strömung oder Bewegung vereinnahmt zu werden; selbst „Jungianer" wollte er nicht sein. Er konnte es nicht ertragen, auf irgendeine Weise festgenagelt zu werden. Hätte er sich gebunden, wäre sein Auf-der-Suche-Sein eingeschränkt worden und hätte das Über-Bord-werfen alter Vorstellungen behindert.

In positiver Hinsicht haben die Menschen mit einem Yod-Pluto die Chance, durch den Kontakt mit der Tiefe der Werte, denen sie auf die Spur kamen, wirklich weise zu werden. Auch hier kann das im Großen wie im Kleinen geschehen. Es besteht allerdings auch das Risiko, in immer tiefere Verzweiflung zu geraten. Das Yod selbst sagt nichts darüber aus, in welche Richtung es tendiert; das hängt allein von den Lebensumständen und den getroffenen Entscheidungen ab.

Auf diese Weise kann man alle Planeten einer Yodfigur unter die Lupe nehmen. Der Mond war ein Beispiel für einen persönlichen und Pluto für einen kollektiven Planeten. Der wesentliche Punkt ist, dass man die Grundbedeutung des Planeten beschreibt und diese mit Unruhe, Unsicherheit, Auf-der-Suche-Sein und Kraft kombiniert.

2. Beziehen Sie bei der Deutung den Zeichenhintergrund mit ein, um die Auswirkungen der Planeten genauer zu präzisieren.

Die kollektiven Planeten Uranus, Neptun und Pluto verbleiben so lange in ein und demselben Zeichen, dass sie eher Generationsthemen beschreiben. Deshalb ist es nicht so wichtig, sie vom Zeichenhintergrund her zu erläutern; sie spielen eher eine Rolle im Zeitbild. Jupiter und Saturn sind teils persönliche und teils kollektive Planeten. Selbst wenn sie lange Zeit in einem Zeichen verweilen, laufen sie doch wesentlich schneller als die äußeren Planeten. Jupiter braucht beinahe 12 Jahre für seine Runde durch den Tierkreis, Saturn fast 30 Jahre. Jupiter steht daher durchschnittlich 1 Jahr und Saturn 2,5 Jahre in einem Zeichen, auch wenn sich aufgrund der Rückläufigkeit große Unterschiede ergeben. Den Zeichenhintergrund dieser beiden Planeten müssen wir einbeziehen; es leuchtet ein, dass Saturn, wenn er an einem Yod beteiligt ist, sich in seinem eigenen Zeichen Steinbock viel stärker auswirken wird, als beispielsweise in Widder. Ganz besonders wichtig ist aber, die persönlichen Planeten von ihrem Zeichenhintergrund her zu betrachten. Bei einem Yod ist es schon ein gravierender Unterschied, ob die Sonne in Löwe oder in Krebs steht. Die Sonne in Löwe hat einen größeren Drang, sich zu manifestieren als die Sonne in Krebs, daher wird sie sich auch wesentlich extremer äußern. Der Zeichenhintergrund hilft uns also zu nuancieren.

Stellen Sie sich vor, Merkur ist an einer Yodfigur beteiligt. Alle Themen, die mit Kommunikation zu tun haben, tragen dann die oben beschriebenen Merkmale. Den Begriff Kommunikation müssen wir sehr weit fassen: die Art und Weise, wie man Tatsachen und Wissen organisiert und ordnet, die Art und Weise, wie man spricht, liest, lernt und schreibt, gehören unbedingt dazu. In einem Yod wird Merkur in all diesen Bereichen unsicher und unruhig, und er ist leicht verletzbar.

Steht Merkur in einer Yodfigur in Zwillinge, ist die Wahrscheinlichkeit groß, dass dieser Typus trotzdem redegewandt ist, denn Merkur in Zwillinge hat ein flinkes Mundwerk und eine schnelle Reaktionsfähigkeit. Daran ändert ein Yod an sich wenig, obwohl es vorkommen kann, dass diese Person sich in nicht vorhersehbaren Situationen unsicher fühlt und auf Grund dessen auch Irrtümer passieren. Sich zu irren, ist aber weniger ein Kennzeichen eines Yod-Planeten, sondern kann als Folge der Unruhe und Nervosität auftreten.

Merkur in Krebs hat längst nicht so ein flinkes Mundwerk. Bei diesem Zeichenhintergrund braucht man emotionale Sicherheit und eine geschützte Umgebung, erst dann kann sich dieser Merkur gut zum Ausdruck bringen. Ist diese Atmosphäre nicht gewährleistet, geraten auch die Kontakttalente unter Druck. Das soll nicht bedeuten, dass Merkur in Krebs nichts zu Stande bringt, ganz im Gegenteil. Diese Menschen können begnadete Redner sein! Dafür gibt es jedoch eine wichtige Voraussetzung, nämlich das Gefühl, dazuzugehören. Er braucht eine gute Atmosphäre und das Gefühle „zu Hause" zu sein. Merkur in Krebs ist übrigens sehr gut in der Lage, sich diese Voraussetzungen selbst zu schaffen, um sich wohl fühlen zu können.

Ist Merkur in Krebs nun an einem Yod beteiligt, steht man vor dem Problem, mit dem Yod an sich schon Schwierigkeiten zu haben, sich „zugehörig" zu fühlen. Man empfindet anders als andere Leute und ist sehr verletzbar, wenn es um Harmonie, Geborgenheit und Gemütlichkeit geht. Aber genau das sind die Bedingungen, um sich in Wort und Tat Geltung zu verschaffen. Das heißt, wenn Merkur am Yod beteiligt ist, wird er in Krebs mit anderen Problemen konfrontiert als in Zwillinge! Merkur in Zwillinge wird es leichter haben, weil er nicht auf ein Gefühl von Geborgenheit angewiesen ist; seine Schwierigkeiten spielen sich in einem ganz anderen Bereich ab. Er wird sich vielleicht mit Dingen beschäftigen, die nicht durchführbar sind; dieser Merkur ist oft gerade an den Dingen interessiert, die unüblich sind oder von seiner Umgebung abgelehnt werden. Es geht in diesem Beispiel nicht darum, aufzuzeigen welcher Zeichenhintergrund für Merkur besser geeignet wäre, sondern um zu verdeutlichen, wie ein Planet mit einem bestimmten Zeichenhintergrund wirkt, weil diese Facette bei der Deutung einer Yodfigur eine wichtige Rolle spielt.

3. *Zeigen Sie, dass sich die Planeten in einem Yod konstant wechselseitig beeinflussen und somit für eine Menge Unruhe und Bewegung sorgen.*

Ein praktisches Beispiel: Ein Yod zwischen Sonne, Saturn und Uranus im Horoskop einer Frau, die bereits seit Jahren Astrologie betreibt. Sie erzählt, dass sie lange Zeit gebraucht habe, bis sie ein Gefühl von Identität habe entwickeln können. Durch ihre Ausrichtung auf persönliches Wachstum und psychologische Erkenntnisse gelang es ihr viel besser, zu erkennen, wer sie ist und was sie will (Sonne). Trotzdem wird sie immer wieder von Zweifeln gequält. Ausgerechnet wenn alles gut läuft, taucht aus dem Nichts ein Gefühl von Misstrauen auf (Saturn). Dieses Misstrauen kann sich gegen einen selbst richten oder gegen das Leben im Allgemeinen. Oder plötzliche Ereignisse oder Umstände führen dazu, dass sie wieder an sich selbst zu zweifeln beginnt. Oder wenn sie gerade große Lust hat, sich mit Astrologie zu beschäftigen (Uranus), wird sie durch äußere Umstände mit Pflichten, Einschränkungen, Widerständen und Ähnlichem konfrontiert, oder in ihr selbst kommt eine Art Ablehnung auf, die ihr das Gefühl gibt, erst klären zu müssen, ob sie all ihre anderen Pflichten schon erfüllt hat. Wohl oder übel muss sie ihre Pläne ändern und kann nicht zu sich selbst kommen (Sonne). Es scheint wirklich so, als könne sie ihr Hobby Astrologie nicht problemlos ausüben, vielmehr sieht sie sich mit Tatsachen konfrontiert, die sie zu einer Entscheidung zwingen. Oft muss sie sich für die Dinge „entscheiden", die sie lieber zu einem anderen Zeitpunkt erledigt hätte. Auch das Familienleben mit seinen anfallenden Pflichten scheint ihre Identität und Eigenart leicht untergraben zu können. Und doch hat sie viel Freude an Astrologie und Psychologie und sie weiß auf eine heitere Art diesen Spannungen die Stirn zu bieten. Wie wir anhand dieses Beispiels sehen, ist ihre Sonne (Identität) sehr verletzbar, sobald dieses Thema aktiviert wird. Mit anderen Worten: sobald sie sich für sich selbst entscheidet und zeigen will, wer sie ist, und außerdem das Gefühl hat, dass es ihr gut geht, voller Selbstvertrauen ist und dem Leben vital entgegentritt, kommen die Zweifel von Saturn, als ob er nur darauf gewartet hätte, die Sonne einen „Kopf kleiner" zu machen, sobald sie sich manifestiert. Diese Sonne kann sich nicht äußern, ohne dass Saturn eine unterminierende Aktion startet, indem er Zweifel und Misstrauen sät. Das kann natürlich auch bei einem einfachen Quadrat zwischen Sonne und Saturn passieren, allerdings ist man bei normalen Hauptaspekten in der Lage, viel schneller zu erkennen, was man tut und was eigentlich los ist. Ein Quadrat oder eine Opposition zwischen Sonne und Saturn ist also nicht nur ein schwieriger Aspekt, sondern er kann auch ein gutes „Handwerkszeug" bereitstellen. Bei einem Yod ist das anders. Die Unterminierung geschieht schleichender, eindringlicher, ungreifbarer und ist schwerer abzuschütteln, vor allem in der ersten Lebenshälfte. Es dauert gewöhnlich länger, bis man wirklich lernt, damit umzugehen. Es scheint, als wären die einbezogenen Themen viel dichter miteinander verwoben. Allein über die Sonne zu reden, bringt uns nicht weiter, wir müssen auch die Verletzbarkeit, die Zweifel und das Misstrauen von Saturn einbeziehen. Aber dabei bleibt es nicht, weil auch Uranus noch kräftig mitmischt. Sobald diese Frau sie selbst sein oder sich für sich selbst entscheiden will, tauchen Spannungen, innere Unruhe, Irritationen oder Ähnliches auf. Mir ist oft aufgefallen, dass man bei einem Yod mit Uranus nicht die Ruhe findet, etwas Bestimmtes zu tun. Man will das zwar unbedingt, verliert sich aber mit seiner Energie in hunderttausend Dingen, von denen man sich ablenken lässt. Bevor man sich dessen noch bewusst wird, ist die Zeit, die einem selbst zur Verfügung stand, verflogen; was bleibt, ist ein Gefühl von Unzufriedenheit und innerer Unruhe.

Das Yod beinhaltet daher eine merkwürdige und widersprüchliche Mischung all dieser Faktoren, und anfänglich gelingt es keinem Thema, die erste Geige zu spielen und den notwendigen Raum zu finden. Wie ich schon angedeutet habe, dauert dieser Prozess oft Jahre, weshalb die zweite Lebenshälfte der Menschen mit einem Yod oft angenehmer verläuft als die erste (wenn sie sich ihrer Probleme bewusst sind und sie in Angriff nehmen).

In diesem Beispiel haben wir das Yod vor allem aus der Sicht der Sonne betrachtet. Dieser Tendenz gibt man als Astrologe meisten nach, weil die persönlichen Planeten einen leichten Einstieg in die Deutung erlauben.

Nehmen wir nun Saturn als Ausgangspunkt. Er ist einerseits der Planet der Dauerhaftigkeit, der Pflicht, der Methodik und der Zielstrebigkeit, andererseits steht er für Angst, Misstrauen und Melancholie (ich beschränke mich hier auf einige Stichworte, obwohl er natürlich unendlich nuancierter ist). In dem Augenblick, in dem die Frau pflichtgetreu die Dinge tut, die anstehen (Saturn), kann alles Mögliche dazwischenkommen (Uranus) oder sie empfindet von ihrer Sonnenseite her einen starken Widerstand und hat das Gefühl, überrollt zu werden und keinen Raum mehr für sich selbst zu haben. Die Sonne würde am liebsten ihre eigenen Wege gehen und sich für das entscheiden, was sie schön findet, was das Erfüllen der anstehenden Pflichten nur noch erschwert. Uranus scheint die Sonne darin zu unterstützen, mehr Freiheit und Raum zu finden, aber in dem Moment, in dem er ihr zu diesem Recht verhilft, stellt die Sonne die Frage: „Will ich das wirklich?". In der Zwischenzeit sorgt Saturn wieder für eine Menge Schuldgefühle. Der gesamte Prozess scheint aus einem endlosen Ziehen und Zerren zwischen diesen drei Planeten zu bestehen, bei dem keiner in Ruhe seine Dinge tun kann. Sofort mischen die anderen sich ein und stellen sich auf irgendeine Art quer. Darum ist es so schwierig, einen Planeten in einem Yod zu beschreiben. Ihr Klient wird vermutlich äußern, dass er sich mit all dem nicht identifizieren kann, was auch der Wahrheit entspricht, weil sich durch das Gerangel der drei Planeten kein klares Bild abzeichnen kann. Der Astrologe steht vor dem Problem, dass er den Inhalt beschreiben und deuten will und gleichzeitig darauf hinweisen muss, dass es immer auch anders sein kann.

4. *Erklären* Sie, *wie das* Besprochene *bei jedem der* Planeten *zu* Unsicherheit *führt und wie sich diese* Unsicherheit *äußern kann.*

Wenn es um die Unsicherheit, die diese Planeten mit sich bringen, geht, sollte man diesem Thema gemeinsam mit den Klienten besondere Aufmerksamkeit schenken, das ist ganz wichtig! Wir haben es nämlich mit zwei Quellen von Unsicherheit zu tun. Weil Yodfiguren und unaspektierte Planeten oft mit einer Generationsproblematik verbunden sind, spielen die damit verbundene Unruhe und die unangenehmen Projektionen, die eventuell auftauchen, auch im eigenen Leben eine Rolle. Hinzu kommt noch die Unsicherheit der Planeten im Yod, zwischen denen eine Dynamik herrscht, die es ihnen kaum ermöglicht, sich zu entwickeln. Unaufhörlich müssen sie gegen allerlei Widerstände ankämpfen. Das geschieht im Außen, häufiger geht es aber um innere Konflikte. Das Unverständnis, das sich durch den Hintergrund von drei verschiedenen Elementen, drei verschiedenen Kreuzen und zwei Polaritäten ergibt, akzentuiert das Ganze noch mehr.

Es ist wirklich wichtig, nachdrücklich darauf hinzuweisen, dass diese Unsicherheit eine bestimmte Funktion haben kann. Auf den Gebieten der betroffenen Planeten findet man keine Ruhe, weshalb man vor diesen Themen auch nicht weglaufen kann. Dem Drang, etwas tun und den Dingen eine Form zu geben, kann man nicht entkommen. Es ist ganz einfach nicht möglich, dem Leben „gemächlich" seinen Lauf zu lassen oder ruhig in einer Lebensphase zu verweilen, sondern man fühlt sich getrieben, weiter zu suchen. Dahinter verbirgt sich die Gabe, zu tiefer Weisheit und enormer Kraft gelangen zu können. Wenn es uns gelingt, die Unsicherheit als Preis für dieses Geschenk zu akzeptieren, und wenn wir lernen, dass sie nicht dazu da ist, uns zu unterminieren, sondern dass sie uns hilft, auf der Suche zu bleiben, ist schon Vieles gewonnen. Das betone ich immer wieder, weil das einer der Kernpunkte ist, um mit Yodfiguren und unaspektierten Planeten umzugehen – die Unsicherheit fühlen und als das begreifen, was sie wirklich ist, und wissen, dass man sich an nichts und niemand „schuldig" gemacht hat. Denken Sie um und folgen Sie ihrem eigenen Weg! Wenn man sich immer wieder mit seiner Unsicherheit identifiziert, hat man nichts anderes mehr im Kopf, und flößt sich ständig die (hypnotische) Suggestion ein, nichts auf die Reihe zu bringen. Dabei kann man gerade mit einem Yod oder einem unaspektierten Planeten unglaublich viel zu Stande bringen, und das sogar sehr gut! Nehmen Sie die Grundbedeutung von jedem der drei Planeten, ergänzt durch deren Zeichenhintergrund, und beschreiben Sie all das auf übliche Art, und dann fügen Sie Zweifel, Unsicherheit und Unruhe hinzu. Vergessen Sie auf keinen Fall, auch die positiven Seiten zu erwähnen!

5. Beschreiben Sie, wie jemand in schicksalhafte Situationen verstrickt zu sein scheint.

Yodfiguren haben die Unart, einen in schwierige Situationen und oftmals auch in sehr unangenehme oder unmögliche Lebensumstände hinein zu katapultieren. Schmerzhafte Situationen, in denen man das Gefühl hat, in einer Pattsituation zu stecken, kommen bei Yodfiguren häufig vor. Vielleicht gerät man in irgendeine Geschichte, und fragt sich fassungslos: „Womit habe ich das nur verdient?“. Im vorigen Kapitel habe ich dazu schon einige allgemeine Beispiele aufgeführt; in diesem Kapitel geht es um eine spezifischere Deutung. Diese schmerzhaften und schwierigen Situationen stehen nämlich in einem engen Zusammenhang mit den an der Yodfigur beteiligten Planeten und den Häusern, über die diese Planeten herrschen.

Es ist schwierig, aus dem Yod selbst abzuleiten, welcher der Yod-Planeten am stärksten in den Vordergrund tritt, das heißt, bei welchem Planeten sich die Pattsituation ergeben wird. Obwohl ich häufig die Auffassung gehört habe, dass der Apex-Planet der wichtigste Planet im Yod sei (der Planet an der Spitze; die Basis bildet das Sextil), hat sich das in der Praxis nicht bestätigt. Gerade durch die andauernden Turbulenzen und die wechselseitige Beeinflussung der beteiligten Planeten spielt keiner die Hauptrolle. Nur manchmal lässt sich die Pattsituation oder die schmerzliche Lage deutlich an einem der beteiligten Planeten ausmachen, das kann der Apex-Planet sein, aber auch jeder andere Planet im Yod. Ich habe häufig erlebt, dass auch die anderen Planeten im Yod jemanden an die Wand gespielt haben.

Grundsätzlich können also alle drei eine spezifische Situation symbolisieren; und sollten noch mehr Planeten an einem Yod beteiligt sein, gilt das auch hier. Es ist schwierig, im Voraus zu bestimmen, ob die Probleme hauptsächlich durch einen, zwei oder alle drei beteiligten Planeten heraufbeschworen werden. Da diese Planeten auch als Häuserherrscher fungieren, ist es genauso gut möglich, dass die Krise weniger mit dem Thema des Planeten als vielmehr mit den Themen des Hauses zu tun hat, über das dieser Planet herrscht. Durch das, was viele Menschen mir über ihr Leben und ihre Erfahrungen erzählt haben, konnte ich feststellen, dass sie die persönlichen Planeten in einem Yod viel besser erkennen als die transsaturnalen. Im Folgenden gebe ich einige Beispiele von Erfahrungen wieder, die man mit Yodfiguren erleben kann, wobei ich mich nur auf die beteiligten Planeten konzentriere. In späteren Kapiteln beschreibe ich ausführlichere Beispiele.

Beispiel der Yodfigur Venus-Pluto-Neptun

Ein bekanntes Beispiel für dieses Yod finden wir im Horoskop von Prinz William, dem ältesten Sohn von Prinz Charles und Prinzessin Diana. Venus fungiert als Apex-Planet, und Pluto im Sextil zu Neptun bilden die Basis. Die Jugend von William stand deutlich unter dem Einfluss der Eheprobleme seiner Eltern, die durch die Presse auf eine für ein Kind fast unerträgliche Weise auf die Spitze getrieben wurden; sowohl durch Veröffentlichungen über seine Eltern als auch durch die *Papparazzi* und die Boulevardpresse innerhalb und außerhalb Englands. William kam schon mit einem schwierigen Generationsthema auf die Welt. Seine Venus zeigt eine Menge Beziehungsprobleme auf, die sowohl von väterlicher als auch von mütterlicher Seite in vorangegangenen Generationen eine Rolle gespielt hatten. Hier ist er besonders verletzlich, wenn er mit solcherlei Problemen in seiner unmittelbaren Nähe konfrontiert wird. Zusammen mit seinem jüngeren Bruder war er Zuschauer eines Dramas, das sich immer mehr zuspitzte. Es muss fürchterlich für ihn gewesen sein, aus der Presse über den Inhalt intimer Telefongespräche und abgehörter Streitgespräche zwischen seinen Eltern informiert zu werden. Nach der Scheidung schienen seine Eltern sich besser zu verstehen, aber durch den frühen Tod seiner Mutter blieb sehr vieles unausgesprochen. Die letzte Liebe seiner Mutter brachte ihn erneut in eine Pattsituation. Es ist bekannt, dass William eine Hochzeit zwischen ihr und Dodi ablehnte. Was geht in einem Kind vor, wenn es seine Mutter in einer Beziehung zu einem eher umstrittenen Mann aufblühen sieht, die für alle Beteiligten große Probleme mit sich bringen wird? In Williams Horoskop ist Venus Herrscher von 4, und Pluto Herrscher von 10. Die Achse, die die Eltern symbolisiert, betont die Problematik seiner Jugend noch zusätzlich.

Pluto (im Yod) kann für die Intensität stehen, mit der sich die Dramen in seiner Kindheit abspielten. Auch bei Jung finden wir Pluto in einem Yod (allerdings ohne Neptun und Venus). Jung wurde innerlich mit intensiven Problemen und irrationalen Ängsten konfrontiert. Die Fähigkeit, die menschliche Psyche zu begreifen und zu durchdringen, ist bei einem Yod häufig die Folge einer inneren plutonischen Konfrontation (Jung), manchmal auch gepaart mit intensiven Ereignissen in der Außenwelt (bei William), wobei das Thema Leben und Tod auch eine Rolle spielen kann. Bei William kommt dieses Thema zum Beispiel auch durch den Tod seiner Mutter zum Ausdruck. Bei Jung spielte das Thema von Leben und Tod unter anderem durch seine Faszination für und seine Angst vor Leichen eine wichtige Rolle, die in der Nähe des Rheinfalls von Schaffhausen, in dessen Umgebung er lebte, angespült wurden, und durch dunkle Traumbilder während seiner Kindheit.

Andere schwierige Lebenssituationen, die ich bei einem Yod zwischen Venus, Pluto und Neptun beobachten konnte, stehen auch oft mit dem Thema Liebe und Ehe im Zusammenhang, also einem Venus-Thema.

Einige Beispiele: Eine Frau mit solch einem Yod wurde in eine Familie hineingeboren, die sie selbst als angenehm erlebt hatte. Ihre Großeltern (beiderseits) waren strikt gegen die Heirat ihrer Eltern und verhehlten das auch in Gegenwart ihrer Enkelkinder nicht. Hier lag das Problem also nicht direkt bei den Eltern oder deren Ehe und auch nicht im Hinblick auf die Zuneigung zu den Kindern. Aufgrund der nicht gewünschten Hochzeit der Eltern stand aber die gesamte Familienatmosphäre unter Spannung. Die Großeltern beiderseits schienen ihre eigene Ehe nur der Form halber aufrechtzuerhalten (Geld spielte dabei eine wichtige Rolle), wobei die Eheleute sich, so meine Klientin, eigentlich nicht viel zu sagen hatten. Als sie von Zuhause wegzog und begann, sich selbständig zu entwickeln, verliebte sie sich mehrere Male, bis sie schließlich heiratete. Alle Männer, in die sie sich verliebte, schienen nicht wirklich eine Beziehung leben zu können. Einmal verliebte sie sich in einen sehr vermögenden Mann (bei dem sie sich sehr sicher fühlte), der sie aber heimlich beobachten ließ und sie durch Manipulation und subtiles Hin und Her immer mehr aus dem Gleichgewicht brachte, bis sie nicht mehr wusste, wer und was sie war. Ein anderer Freund schien die Züge eines pathologischen Lügners zu haben. Der Mann, den sie heiratete, versprach anfänglich ihr Traumpartner zu sein, allerdings litt er unter einer multiplen Persönlichkeitsstörung, was sie nicht hatte sehen können, obwohl er ihr ab und zu befremdlich erschien. Ihre Ehe gestaltete sich über viele Jahre hinweg ausgesprochen problematisch, bis sie es nicht mehr aushielt und sie die Scheidung einreichte.

Manipulation (Pluto) oder Unterminierung (Neptun) verbunden mit dem Thema Beziehung ist eine regelmäßig vorkommende Ausdrucksform dieser Yodfigur. Das war ein Beispiel, wo die Erfahrungen von außen auf einen zukommen. Pluto im Yod kann sich aber auch auf das eigene Verhalten auswirken, und bedeuten, dass die Forderungen und Erwartungen, die man an eine Beziehung stellt, viel zu hoch sind, weil man sich ungeschützt und unsicher fühlt. In diesem Fall ist man unbewusst und ungewollt selbst der manipulierende Partner in einer Beziehung, wodurch man sehr leidige Reaktionen hervorrufen kann. Oder man idealisiert alles und jeden, um der Wirklichkeit zu entfliehen, bis man plötzlich wachgerüttelt und mit einem Schlag mit sich selbst konfrontiert wird. Mit solch einem Yod kann man also unbewusst und unbemerkt selbst der Kern der Probleme sein, oder sich auf jemanden einlassen, der äußerst problematische Wesenszüge hat. Wenn man sich das früh genug bewusst macht, kann man mit Sicherheit eine gute, dauerhafte und glückliche Ehe führen, eine Ehe, die sehr außergewöhnlich sein und in der man eine tiefe Verbundenheit und Zweisamkeit erfahren kann. Dem geht aber oft ein wichtiger Verarbeitungsprozess und eine innere Konfrontation voraus.

Venus hat tatsächlich auch oft mit Sicherheit zu tun – nicht zufällig steht Venus im Horoskop eines Landes für Geld oder Aktien! Mit Venus-Yod-Situationen werden wir beispielsweise auch konfrontiert, wenn es um eine Entscheidung geht, die sich um finanzielle Sicherheit dreht. Ich habe öfter Folgendes erlebt: Eine Ehe wird aufgrund finanzieller Sicherheit aufrechterhalten, obwohl sie auf emotionaler Ebene ein Drama ist, oder eine solche Ehe wird beendet, was den einen Partner dazu veranlasst, den anderen finanziell oder emotional völlig fertigzumachen. Ich habe eine Frau mit einem Yod zwischen Venus, Pluto und Neptun erlebt, deren Mann sie ständig belästigte und ihr keinen Augenblick Ruhe gönnte. Das geschah gleich, nachdem sie eine neue Beziehung eingegangen war.

Ein Mann mit dem gleichen Yod erlebte als Kind, dass sein Vater ihn als Alibi für seine außerehelichen Beziehungen benutzte. Er unternahm scheinbar sehr viel mit dem Kind, aber in Wirklichkeit ging er mit ihm zu seiner Geliebten. Das Kind wurde mit leckeren Dingen und einer Menge Spielzeug verwöhnt, nur damit es den Mund hielt. Gleichzeitig wurde es auf subtile, aber unmissverständliche Weise durch Drohungen manipuliert, ja nichts zu verraten. Sein Vater unterhielt nacheinander mehrere Liebschaften, aus denen auch Kinder hervorgegangen waren, und all diese Frauen waren ihm später auf den Fersen und stellten finanzielle Forderungen an ihn. Der Vater sah nur noch einen Ausweg, sich und seine Familie zu retten – nach Australien zu emigrieren. Der Sohn hatte damals gerade mit der Grundschule begonnen und fühlte sich völlig entwurzelt. In Australien fand der Vater dann nicht gleich eine feste Anstellung, was bedeutete, dass die Familie manchmal nur für ein Jahr oder kürzer an einem Ort wohnte, bis sie wieder umziehen musste. Zeitweise ging es der Familie ganz gut, dann folgten wiederum magere, eher ärmliche Monate. Letztendlich ist die Familie nach Holland zurückgekehrt, konnte dort aber nicht mehr richtig Fuß fassen. Meinem Klienten fiel es sehr schwer, ein Gefühl von Verbundenheit aufzubauen, weil er von tiefen Ängsten beherrscht wurde, dass irgendwann doch alles wieder zusammenbrechen würde. Und ausgerechnet er erlebte, dass das erste Mädchen, in das er sich in Holland verliebte, mit seiner Familie ins Ausland zog, weil ihr Vater aus beruflichen Gründen versetzt worden war. Er sagte wörtlich: „Warum musste das ausgerechnet mir passieren?". Bei diesem jungen Mann ist Neptun Herrscher des vierten Hauses, weshalb auch Häuslichkeit und häusliche Lebensumstände, Jugend und Eltern eine Rolle spielen – äußerst passend für das, was er durchmachen musste. Auch wenn Venus als weiblicher Planet mit der Mutter in Verbindung gebracht wird (natürlich neben dem Mond), sind seine tatsächlichen Probleme im Yod eindeutig auf den Vater zurückzuführen. Daher ist es schwer zu bestimmen, welcher Elternteil nun welche Probleme verursacht. Oft gibt es auch eine Reihe seelischer Probleme, die im Außen nicht sichtbar sind, trotzdem aber sehr bestimmend sind, wie das folgende Beispiel zeigt.

Eine Frau mit Mond, Venus und Pluto im Yod, wuchs in einer Familie auf, in der überwiegend eine gedrückte Stimmung herrschte. Die Mutter litt an Depressionen, was für jedes Kind emotional belastend ist. Auch die Beziehung zwischen den Eltern war alles andere als gut. Die ganze Familiensituation war äußerst schwierig, und laut Aussagen dieser Frau lauerte unter der Oberfläche eine ständige Bedrohung. Auch wenn Mond und Pluto deutlich auf die Depressionen der Mutter hinweisen, schien sich doch noch einiges mehr abzuspielen. Als die Frau älter wurde, erkannte sie, dass die Depressionen ihrer Mutter zum größten Teil mit dem Verhalten ihres Vaters zusammenhingen. Sie begriff immer mehr, wie er auf doppelbödige Art kein gutes Haar an ihr gelassen hatte. Machte er ihr zum Beispiel ein Kompliment für irgendetwas, relativierte oder entkräftete er das im Nachhinein oder versetzte ihr einen Seitenhieb, indem er verlauten ließ, dass man eine depressive Frau eben ab und zu ein wenig aufmuntern müsse. Aber auch andere unterminierende Verhaltensweisen ihres Vaters wurden anfangs von ihr selbst und ihren Geschwistern nicht gesehen. Die Komplimente wurden als echt empfunden und sie zweifelte nicht daran, dass der Vater gut für die Mutter sei. Erst ganz allmählich entdeckte sie die unterschwellige Spannung zwischen ihren Eltern. Ihr wurde die morbide Einstellung ihres Vaters deutlich und auch, dass er seine Frau so „klein“ hielt und als Patientin behandelte, damit Außenstehende in ihm den guten Ehemann sahen, der eine „kranke“ Frau nicht im Stich ließ, sondern stattdessen treu ergeben für sie sorgte. All das wurde dieser Frau während ihrer Realschulzeit bewusst, aber sie konnte mit niemandem darüber sprechen. Es kam ihr so vor, als würde sie sich all das nur einbilden, und sie fühlte sich völlig isoliert. Erst nach Jahren stellte sich heraus, dass sie sich nicht getäuscht hatte; das geschah nach einem Bruch mit einigen Familienangehörigen.

In diesem Beispiel sehen wir, dass der Mond im Yod anfangs auf die Mutter hinzudeuten scheint, die tiefere Ursache jedoch beim Vater zu finden ist. Eigentlich geht es um beide, da weder Mutter noch Vater emotional erwachsen genug waren, dieses Muster zu durchbrechen. Die Tochter mit dem Yod wusste Bescheid, die Wände schienen es ihr zuzuflüstern und sie saß in der Klemme, weil sie als Einzige die Wahr-

heit durchschaute. Aber als Kind, das noch bei den Eltern wohnt, zur Schule geht und noch minderjährig ist, wusste sie weder ein noch aus.
Ich habe zahlreiche Geschichten dieser Art gehört, auch sehr dramatische: von Eltern, die sich einfach auf und davon machten, von Misshandlungen, schlimmen Krankheiten und Ähnlichem. Es waren so viele, dass ich in den ersten Jahren meiner Forschungen ein äußerst negatives Bild von der Yodfigur bekam. Das änderte sich, als mir mehrere Menschen mit einem Yod begegnet waren, die einen Weg gefunden hatten, damit umzugehen, und die einen glücklichen Eindruck machten. Ich werde in einem der folgenden Kapitel beschreiben, wie man mit einem Yod umgehen kann. Bis jetzt lag der Schwerpunkt mehr auf den unangenehmen Erfahrungen und dem Gefühl: „Warum gerade ich?".

6. *Erzählen Sie anhand von Beispielen, wie jemand in missliche Situationen geraten kann oder wie ein Yod zu Missverständnissen beiträgt.*
Mit einer Yodfigur gerät man oft in Situationen, bei denen Veränderungen im Kleinen oder im Großen anstehen. Es wird ein Punkt erreicht, an dem etwas verändert werden muss: ein „Wendepunkt" im Leben. Auch hier sind es wieder die Planeten der Yodfigur, die sowohl in ihrer Bedeutung als Planet als auch in ihrer Funktion als Häuserherrscher anzeigen, worum es geht. Hier das Beispiel einer Frau, mit Merkur, Mond und Neptun im Yod. Sie erzählte mir, dass sie in ihrer Jugend oftmals in Probleme mit Lehrern verwickelt war. Merkur wirkt sich im weitesten Sinne auch im Schulunterricht aus. Ist er an einem Yod beteiligt, sind Probleme im Bereich des Lernens möglich, aber nicht die Regel. Die Schwierigkeiten ergeben sich oft auch mit einem Lehrer. Ich habe mehrere Kinder mit Merkur im Yod (oder einem unaspektierten Merkur) erlebt, die einmal oder mehrmals die Schule wechseln mussten. Immer dann, wenn sie begannen sich wohl zu fühlen, wurde eine gute und vertrauenswürdige Lehrkraft krank, mit deren Vertretung aber dann die Probleme ihren Lauf nahmen. Häufig ist mir aufgefallen (oft auch, wenn Neptun am Yod beteiligt ist), dass ein Kind dem Dozenten arglos eine Frage stellt, auf die es aber keine Anwort bekommt. Oder der Dozent redet um die Dinge herum, weil er nichts über das Thema weiß oder nicht genügend informiert ist, und ausgerechnet das Yod-Kind kennt zufällig die richtige Antwort. Dieses Kind gerät also in ein Dilemma. Wenn es sagt, was es weiß, steht der Dozent als Dummkopf da und ist blamiert; hält es den Mund, wird die Wahrheit völlig verdreht. Diese Art moralisches Dilemma gehört zu Yodfiguren dazu und stellt ein Kind vor große Probleme. Mit Merkur im Yod hängt das oft mit Tatsachen, Wissen, Lehrstoff und Gesprächen zusammen. Die Frau, um die es in unserem Beispiel geht (Merkur, Mond und Neptun im Yod), hat beides

erlebt. Mehrere Male hatte sie Lehrer bei falschen Informationen „ertappt“ und das auch zu erkennen gegeben - mit dem Ergebnis, dass sie zum „Sündenbock“ abgestempelt wurde. Auch mehrere unangenehme Lehrerwechsel musste sie erleben. Außerdem sah sie bereits als Kind Dinge, die die meisten Menschen nicht sehen: die Aura der Menschen - eine farbige, weich fließende Energie, mit sich bewegenden Formationen. Wenn sie darauf reagiert, passiert es ihr auch heute noch oft, dass sie allerlei negative Reaktionen auslöst. Sie erkennt bereits Veränderungen in der Aura, bevor die Betreffenden selbst ihre Emotionen, Stimmungen und Probleme erkannt hätten. Mit anderen Worten: sie sieht an den sich bildenden Formationen in der Aura und der Art wie diese sich bewegen, was passieren wird. Manchmal kann sie auch die Gedankengänge anderer Menschen verfolgen. Als Kind reagierte sie oft auf diese Phänomene, die als blühende Phantasie abgetan wurden. Außerdem sei sie „ungezogen“ und es sei unerhört, solche Dinge über Erwachsene zu sagen. So lernte sie, nicht nur ihrer Gabe, im Kontakt mit der unsichtbaren Welt zu sein, zu misstrauen (später auch der Gabe zu „sehen“, die damit zusammenhängt), sie verlor auch jedes Vertrauen in ihre Sichtweise der alltäglichen Wirklichkeit und ihre Fähigkeit, sie zum Ausdruck zu bringen. Sie wusste nicht mehr, wo etwas anfing und wo es aufhörte, was Wirklichkeit war und was nicht. Es hat sehr lange gedauert, bis sie diese Probleme etwas entwirren konnte.

Neptun schenkt ihr die Gabe, die Dinge hinter den Dingen wahrzunehmen. Er verbindet sich aber sofort mit Merkur, wenn sie mit Lernen, Lesen oder Denken beschäftigt ist. Weil diese Verbindung in einem Yod stattfindet, verwischt sich alles und wird schleierhaft, was man als schwierig, chaotisch und „fremd“ empfinden kann („normal“ betrachtet). Das muss aber nicht bedeuten, dass man die Dinge falsch sieht oder im Unrecht ist! Mit einem Yod scheint man einen Riecher dafür zu haben, genau in der falschen Situation etwas von sich selbst zum Ausdruck bringen zu wollen. Die Frau in unserem Beispiel wird vermutlich spüren können (Neptun), was ein anderer Mensch braucht oder was mit ihm los ist, um dann etwas für ihn zu tun, für ihn sorgen zu können (Mond). Versucht sie dann ihr Wissen in Worte zu fassen (Merkur), bleibt sie eher vage oder wird plötzlich unsicher, oder sie beginnt für etwas zu „sorgen“, ohne das irgendwie erklärt zu haben, oder sie fühlt sich möglicherweise plötzlich emotional sehr unsicher. Das Rad beginnt sich zu drehen und es fällt ihr schwer, das, was sie auf einer anderen Ebene wahrnimmt, zum Ausdruck zu bringen. Wenn einem das als Kind passiert, bekommt man natürlich sehr leicht Minderwertigkeitskomplexe. Oft sehe ich aber, dass die Kommunikationsfähigkeit von Kindern (und Erwachsenen) mit Merkur und Neptun im Yod zunimmt, wenn sie ein Hobby im Bereich der Musik und Kunst entwickeln, dabei habe ich erlebt, dass es mit Musik am besten funktioniert. Ein solches Hobby scheint auf die eine oder andere Weise die innere Spannung aufzulösen. Eine immense Inspiration kann dann zum Durchbruch kommen, die sich beispielsweise in der Art ausdrücken kann, in der ein Musikstück interpretiert wird. Mit Merkur im Yod wird man zwar die technische Seite nicht perfekt beherrschen, was aber durch den besonderen Ausdruck und die Kraft, die in der Interpretation liegt, wieder wett gemacht werden kann. Egal, ob es um professionelle Musik geht oder um ein Hobby, das einfach Spaß macht. Bei Yodfiguren erleben wir häufiger, dass es zu Missverständnissen kommt, oder man wird als „außerhalb der Norm" eingestuft, oder man weiß als Einziger die wahre Antwort; und genau diese Wahrheit bringt einen in eine Pattsituation. Oft taucht ein Yod da auf, wo Schattenarbeit geleistet werden muss, aber nicht unbedingt immer von demjenigen mit einem Yod im Horoskop. Der Mensch mit einem Yod taucht nicht selten gerade da auf, wo jemand mit seinem eigenen Schattenthema konfrontiert wird.

7. *Beschreiben Sie die Risiken, die Yod-Planeten mit sich bringen.*
Aus den oben stehenden Ausführungen ergibt sich die Schlussfolgerung, dass jeder Planet in einem Yod ein gewisses Risiko beinhaltet: Unsicherheit, Unklarheit, Unverständnis, falsche Projektionen, Pattsituationen und nicht zuletzt schreckliche Ereignisse. Das Ausmaß eines solchen Risikos ist wirklich nicht zu benennen. Allerdings weise ich nachdrücklich darauf hin, dass ich bei den vielen Fällen, die ich untersucht habe, oft bemerkt habe, dass man nicht behaupten kann, dass ein Yod-Träger in irgendeiner Form schuld wäre an dem, was ihm widerfährt. Dass es bei einem Yod um „Strafe für begangene Sünden" geht, müssen wir rigoros verneinen; solche Bemerkungen schaffen mehr Leid als Gutes zu bewirken.

Ich kenne beispielsweise eine Frau, bei der der Mond auch am Yod beteiligt ist. Sie kam als Kind im zweiten Weltkrieg in ein Konzentrationslager und verlor dort ihre Mutter. Nach dem Krieg reichte man sie von einer Gastfamilie zur nächsten. Sie hatte große emotionale Probleme – kein Wunder! Sie wünschte sich sehnlichst Kinder, denen sie die Entwicklungschancen im Leben geben wollte, die sie selbst hatte entbehren müssen. Mit dem Mann, den sie heiratete, war sie sehr glücklich. Ihr erstes Kind, eine Tochter, kam mit einem Down-Syndrom zur Welt. Die Behinderung wurde durch schwere motorische Störungen noch verschlimmert; das Kind schlug ständig um sich, wälzte sich unruhig im Bett hin und her und schrie Tag und Nacht. Die Mutter sorgte rund um die Uhr für ihr Kind, bis es mit 19 Jahren eines natürlichen Todes starb.

Ich habe noch mehr Fälle miterlebt, wo der Mond in einer Yodfigur mit einem Kind zu tun hatte, das sehr viel Fürsorge beanspruchte, oder wo ein Kind sonstwie Schwierigkeiten hatte. Auch hier waren die Probleme längst nicht immer durch häusliche Umstände zu begründen, ganz im Gegenteil. So etwas passierte oft gerade den Eltern, die bewusst und engagiert mit ihren Kindern umgingen.
Zur Beruhigung muss ich sagen, dass es viele Menschen gibt, die diese Probleme mit einem Yod-Mond nicht erleben und bei denen sich das Yod auf eine andere Weise äußert. Daher kann man nicht ohne weiteres behaupten, dass der Mond in einem Yod Probleme zwischen Eltern und Kindern auslöst. Die Möglichkeit ist hier aber stärker gegeben als sonst.

8. Das MC *oder der Aszendent mit zwei* Planeten: *ein Yod und ein* Duett.
Wenn zwei Planeten ein Sextil miteinander bilden, und keiner von beiden einen Aspekt zu einem anderen Planeten bildet, handelt es sich eigentlich um ein Duett. Wenn diese beiden Planeten nun jeweils entweder ein Quinkunx zum MC oder zum Aszendenten bilden, haben wir sowohl ein Yod (zwei Quinkunxe mit einem Sextil an der Basis) als auch ein Duett (das „unaspektierte" Sextil). Das Kriterium für Unaspektiertheit ist ja die Abwesenheit von Aspekten zwischen Planeten; MC und Aszendent sind aber keine Planeten. Das Gleiche gilt natürlich für ein Quinkunx, bei dem beide Planeten keine Aspekte zu anderen Planeten bilden, der eine aber ein Sextil und der andere ein Quinkunx mit MC oder Aszendent bildet. Auch dann haben wir es mit einem Duett und einem Yod gleichzeitig zu tun. Die Deutung bleibt die einer Yodfigur, aber aufgrund der Spannung sind die Auswirkungen zwischen einem Yod und einem Duett anzusiedeln. Es gibt ja keinen dritten ***Planeten***, der die Unruhe verstärkt. Die Tatsache, dass MC oder Aszendent beteiligt ist, bedeutet vor allem, dass wir Spannungen erleben, wenn wir eine bestimmte Haltung der Außenwelt gegenüber finden müssen. Aber die konstante Verwicklung von ***drei*** Planeten fehlt. Hier haben wir es nur mit Zweien zu tun, die man besser erkennen und bewältigen kann, selbst wenn wir auch mit den schwierigen Kennzeichen konfrontiert sind, die bei der Deutung unaspektierter Planeten anzusiedeln sind.

9. *Analysieren* Sie *ein mögliches* Talent *der Yodfigur.*
Sowohl der Astrologe als auch der Klient müssen sich mit dem Gedanken aussöhnen, dass man mit einem Yod nicht im Stande ist, die latente und noch schlummernde Gabe der betreffenden Yodfigur deutlich in Worte zu fassen. Man kann sich nämlich leicht die Finger verbrennen, weil sie so vieles beinhaltet und sich anders auswirken kann, als man zunächst annahm. Oft verläuft die zweite Lebenshälfte eines Yod-Typus

vollkommen anders als die erste. Das geschieht nicht aufgrund einer bewussten Entscheidung, sondern entwickelt sich aus der Ballung verschiedener Umstände, in denen allerlei unvorhersehbare Ereignisse für eine Kettenreaktion sorgen, die die zweite Lebenshälfte völlig anderes gestaltet. Dabei ist es sehr gut möglich, dass man in dieser Zeit seinen ganz eigenen Weg findet. Viele Menschen mit einem Yod, die aktiv mit den oben beschriebenen Problemen gerungen und einen Weg gefunden haben, beschreiben, dass sie in sich selbst einen kaum zu erklärenden „ruhenden Pol", inmitten ihres weiterhin turbulenten Lebens gefunden haben. Diese Menschen haben erkannt, dass sie durch ihr Suchen und ihre Unsicherheit in der ersten Lebenshälfte, in der sie die verschiedensten Dinge getan und die unterschiedlichsten Berufe ausgeübt und unterschiedliche Studienrichtungen ausprobiert haben (die sie nicht unbedingt alle zum Abschluss gebracht haben), in der zweiten Lebenshälfte mit Erstaunen feststellten, dass all diese widerwillig begonnenen Aktivitäten in der ersten Lebenshälfte nötig waren, um sie erst jetzt nutzen und integrieren zu können. Sie haben den roten Faden gefunden, der ihnen durch all die Verwirrungen unbewusst den Weg gewiesen hat. Um zu diesem Punkt zu gelangen, muss der Yod-Typus sehr gut aufpassen, nicht auf der negativen Seite der Yodfigur zu landen, wo er in Selbstmitleid und Passivität versinkt. Dann wird es wirklich äußerst schwierig.

Gerade durch den Drang, ständig weiter zu suchen, stachelt ein Yod einen zu unglaublicher Kreativität an. Diese Menschen sind Neuerungen gegenüber sehr aufgeschlossen und können ihrer Zeit in vielerlei Hinsicht weit voraus sein. Wahrscheinlich werden sie immer wieder zu spüren bekommen, dass sie in ihrer Umgebung kaum auf Verständnis stoßen – vor allem in der ersten Lebenshälfte. Aber auch die Umgebung wird sich in der zweiten Lebenshälfte völlig verändern. Ich habe verschiedene Menschen mit Yodfiguren erlebt, die im Verlauf ihres Lebens ihren Freundeskreis radikal hinter sich ließen, den Kontakt zu Familienmitgliedern abbrachen, und letztlich ganz anders geartete Menschen fanden, mit denen sie sich sehr wohl fühlten. In solchen Fällen wird deutlich, dass der Yod-Träger letztlich zu einer Lebensform finden kann, in der er sich verstanden fühlt und seine Qualitäten Beachtung finden. Allerdings hat er auch selbst aktiv daran mitgewirkt, diese Situation zu schaffen. Mit einem Yod bekommt man nichts geschenkt, man ist gezwungen, dem eigenen Leben selbst eine Form zu geben.

Wenn wir uns die Horoskope bekannter Menschen mit einem Yod anschauen, sehen wir, dass die Themen, mit denen sie konfrontiert wurden, immer mit dem Thema ihrer Yodfigur (oder ihres unaspektierten Planeten) im Zusammenhang standen. Jung ist hierfür ein gutes Beispiel. In seinem Horoskop stehen Jupiter, Pluto und Mars im Yod, wobei Jupiter den Arzt (und Religion) und Pluto die Psychologie verkörpert.

Mars kann auf immensen Einsatz und Energie hinweisen. Die enorme Eigenwilligkeit, die ein Yod-Jupiter in Kombination mit Pluto und Mars hervorruft, war ein Problem für ihn. Es war ihm nicht möglich, sich der Lehre eines anderen anzupassen, in seinem Fall der Lehre von Freud. Deshalb hat er seine Aussichten auf einen sicheren Beruf, verbunden mit Ehre und Ansehen, aufgegeben. Im Yod ist Pluto Herrscher von 10 und Mars Mitherrscher von 2; hier sehen wir, wie das Thema der gesellschaftlichen Profilierung (zehntes Haus) als auch der Wunsch nach Sicherheit (zweites Haus) für die Pattsituation der Yodfigur eine Rolle spielen. Einerseits zeigt die Verbindung zwischen den beiden Häuserherrschern an, dass er nach Sicherheit (2) und Karriere (10) auf der Suche war, andererseits werden diese beiden Häuser schon allein durch die Tatsache, dass sie an einem Yod beteiligt sind, ihn mindestens einmal im Leben in eine Pattsituation gebracht haben, wo er sich zwischen sogenannten „Übeln" entscheiden musste. Bei ihm war es Jupiter als Herrscher von 11 (Haus der Freundschaften), durch den die Pattsituation perfekt wurde. Er war befreundet mit Freud (11) und hatte gute Aussichten, dessen designierter Nachfolger zu werden (10), was ihm die gewünschte Sicherheit hätte bieten können (2). Er fand aber keinen Kompromiss zwischen seinen eigenen Überzeugungen auf dem Gebiet der Psychologie (Pluto) und denen Freuds (Jupiter). Jung stand vor der unmöglichen Entscheidung, seinen eigenen Weg zu gehen, mit all den damit verbundenen Unsicherheiten und mit seinem Freund zu brechen, oder seinen Weg mit Freud weiterzugehen und Sicherheit zu genießen, allerdings zu dem Preis, weiterhin von diesem inneren Widerstand gequält zu werden. Obwohl keine dieser beiden Möglichkeiten für Jung erfreulich war, drängte es ihn von innen heraus, sich für seinen eigenen Weg zu entscheiden. Die Krise war unvermeidlich, brachte ihn aber zu sich selber. Er wurde zum Erneuerer und Vorreiter auf dem Gebiet der Tiefenpsychologie. Und wie das bei einem Yod so üblich ist, wurde er mit Themen konfrontiert, mit denen er seiner Zeit voraus war, was bei den Vertretern der „Hauptströmungen" der Psychoanalyse auf wenig Verständnis stieß. Jung entwickelte Gedanken zur Synchronizität, bekannte öffentlich sein Interesse an Astrologie und I Ging und schrieb eine beeindruckende Analyse über „das Buch Hiob", die vielen Kirchendienern einen heftigen Tritt versetzte, übrigens ohne dass dies seine Absicht gewesen wäre. Auch die Alchemie nahm er sehr ernst, die bis dahin von wissenschaftlicher Seite eher als Grundlage der Chemie angesehen worden war. Es war auch deutlich, dass man damals noch längst nicht alles darüber wusste. Das Talent Jung's offenbarte sich gerade deshalb, weil er sich mit diesen Dingen auf andere Art und Weise befasste und sie mit anderen Augen betrachtete. Hätte man versucht, die Gabe Jung's zu seiner Zeit zu umschreiben, wäre man vermutlich nicht auf die Kombination von Alchemie, I Ging, Astrologie und alte chinesische Denkmethoden gekommen, weil über diese Themen kaum etwas bekannt war. Auch heute kann es bei einem Yod vorkommen, dass diese Menschen mit einer Vision, einer Auffassung, einer Einsicht oder einem Thema beschäftigt sind, das wir uns überhaupt nicht vorstellen können, einfach weil es außerhalb unseres Fassungsvermögens liegt. Vor Jahren unterhielt ich mich mit einem Mann, der auch ein Yod in seinem Horoskop hatte. Auch ihm war es möglich, seinen eigenen Weg zu finden. Er eröffnete in Holland eine einmalige Schule, und zwar eine, in der Clowns ausgebildet werden.

Es ist eine ziemlich heikle Angelegenheit, wenn man die Gaben und Talente einer Yodfigur benennen will, weil man einfach nicht darauf kommt, welche Ideen diese Menschen entwickeln können. Das Beste ist also, einfach die Kennzeichen der Yod-Planeten zu beschreiben. Dabei können wir uns auf die Beschreibungen stützen, wie wir sie gewöhnlich in Büchern finden, und erklären, dass die Gaben und Talente im Bereich eines oder mehrerer dieser Planeten und wahrscheinlich auch im Bereich einer einzigartigen Kombination dieser Planeten zu finden ist, wobei auch die Häuser eine Rolle spielen, über die sie herrschen. Angesichts der sehr unterschiedlichen Ausdrucksformen für solcherlei Talente bin ich sehr vorsichtig in dem Versuch geworden, sie konkret zu beschreiben. Ein Yod ist, wie ich bereits erwähnte, wie ein Stück Seife, das einem ständig aus der Hand gleitet. Durch die Beschreibung der Planeten und ihrer Funktion als Häuserherrscher ist es aber möglich, sich ein Bild von den Energien zu verschaffen, die mit den Gaben und Talenten zu tun haben.

10. *Erklären Sie, wie die Häuser, deren Herrscher am Yod beteiligt sind, bei der Auswirkung der Yodfigur eine Rolle spielen.*

Wir sahen bei dem Beispiel von Jung, welche Rolle die Planeten als Häuserherrscher spielen. (Eine ausführliche Darstellung über Häuserherrscher finden Sie in meinem Buch „Häuserherrscher und Häuserbeziehungen".) Wenn der Herrscher oder Mitherrscher (der Herrscher eines eingeschlossenen Zeichens) eines Hauses in einem Yod steht, werden sich die Kennzeichen der Yodfigur auch auf die Angelegenheiten dieses Hauses erstrecken.

Häuser werden im Allgemeinen als „Umstände, Verhältnisse" angesehen, womit ich selbst nur teilweise einverstanden bin. Ein Planet in einem Haus besagt, dass man mit dieser besonderen Energie (Planet) das Bedürfnis hat, sich auf diesem speziellen Gebiet (Haus) zu manifestieren. Häuser haben daher auch mit inneren Bedürfnismustern zu tun, auch wenn diese anders geartet sind als die der Planeten. Ein Haus stellt einen Bereich dar, auf den sich unser Interesse richtet oder womit wir uns befassen wollen, wenn ein Planet hier steht oder wenn der Herrscher dieses Hauses die entsprechenden Aspekte bildet.

Ein Haus, das durch seinen Herrscher an einem Yod beteiligt ist, zeigt das Gebiet an, in dem man einmal oder mehrmals das Gefühl haben wird, mit dem Rücken zur Wand zu stehen, wo man unmögliche Entscheidungen treffen muss, oder in der einen oder anderen Weise mit unbegreiflichen oder offenbar unlösbaren Problemen konfrontiert wird. So wie Jung mit dem Mitherrscher des zweiten Hauses im Yod (und dem Hauptherrscher seines zweiten Hauses in einem Duett) eine Entscheidung treffen musste, bei der buchstäblich seine finanzielle Situation und bildlich betrachtet die Vorstellung, festen Boden unter den Füßen zu haben, auf dem Spiel stand. In der erst in Entstehung begriffenen Psychologie einen eigenen Weg zu gehen und sich damit von den gängigen Strömungen dieser Zeit zu entfernen, war für Jung's Geldbörse eine recht unsichere Angelegenheit. Geraten wir selbst in solche Situationen, stellen auch wir uns Fragen wie: „Wo stehe ich eigentlich?" und: „Wieviel innere Sicherheit und Motivation steht mir wirklich zur Verfügung?"
Ich kenne mittlerweile genügend Beispiele von Menschen, deren Herrscher von 2 an einem Yod beteiligt ist, die in einem bestimmten Moment ihres Lebens von innen heraus oder durch äußere Ereignisse eine drastische Entscheidung treffen mussten, die enorme Auswirkungen auf ihr Einkommen hatte. Zum Beispiel kam eine Frau, deren Herrscher von 2 im Yod stand, an dem auch Pluto beteiligt war, nicht mehr in der Firma zurecht, in der sie angestellt war, was vor allem mit der harten Macho-Atmosphäre dort zu tun hatte. Sie geriet in eine Krise und entschied sich, fristlos zu kündigen und einfach abzuwarten, ob sie mit anderen Tätigkeiten ihr Einkommen sichern könne. Weil sie selbst gekündigt hatte, erhielt sie keine Arbeitslosenunterstützung. Obwohl sie das von vorne herein wusste, war es ihr gefühlsmäßig unerträglich und nicht möglich, Kündigungszeiten einzuhalten oder sich für eine gewisse Zeit mit Krankengeld über Wasser zu halten. Sie spürte auf zwingende Weise, dass sie aus dieser Firma weg musste – und das genau in dem Augenblick, als eine ansehnliche Beförderung für sie vorgesehen war.
Da stand sie nun: an einem Punkt, wo sie eine wesentlich bessere Position mit einem ausgesprochen guten Gehalt und der Bestätigung ihrer Fähigkeiten hätte haben können. Eine Position, auf die manch einer neidisch wäre, zumal sich das in den 80er Jahren abspielte, als die Arbeitslosenquote sehr hoch war. Auf der anderen Seite beherrschte sie aber diese starke innere Unruhe und das Gefühl, nicht mehr in diesem Unternehmen arbeiten zu können. Ihre Freunde rieten ihr, erst einmal Urlaub zu machen und die Beförderung auf jeden Fall anzunehmen. Sie wäre verrückt, sich so eine Chance nur wegen eines „komischen" Gefühls entgehen zu lassen. Als sie in der Firma ihre Kündigung andeutete, wurde ihr sogar von der Direktion Urlaub

angeboten. Sie solle sich erst einmal vom Stress der Arbeit erholen und Ferien machen, damit sie frisch und erholt mit ihrer neuen Aufgabe beginnen könne.

Was ist in solch einem Fall zu tun? Es gibt genügend „gute Gründe“, zu bleiben und nur einen vagen Grund, zu kündigen, eben dieses „Gefühl“, das sie einfach nicht loswerden konnte. Diese Frau fasste plötzlich, in einer Anwandlung von Kraft, den Entschluss, fristlos zu kündigen und ließ einen verärgerten Personalchef und eine ebenso erstaunte Direktion zurück. Da stand sie nun, ohne Einkommen, mit ein wenig gespartem Geld und der großen Frage: „Was jetzt?“. Aber sie wusste, dass es sich gut anfühlte, und sie blieb bei ihrer Entscheidung. Mittlerweile hat sie eine eigene Firma aufgebaut, in der andere Normen und Wertmaßstäben wichtig sind, in der eine Arbeitsatmosphäre herrscht, die ihr sehr gut gefällt. Mit großer Zufriedenheit schaut sie auf diesen entscheidenden Schritt zurück. Es war ein Sprung ins Ungewisse, ins Dunkle, der sich letztendlich als positiver Neuanfang erwies. Sie musste für ihre Entscheidung aber auch zahlen: Freunde, Bekannte und selbst einige Familienmitglieder ließen sie im Stich. Gesellschaftlich war sie einfach uninteressant geworden. Diese Art emotionaler Ereignisse sind mir oft begegnet, wenn Pluto an einem Yod beteiligt war.

Dieser Hergang im Zusammenhang mit dem 2. Haus, ruft Dinge auf den Plan, die bezeichnend für das Haus sind, dessen Herrscher an einem Yod beteiligt ist: zuerst die Pattsituation, die „unmögliche“ Entscheidung, die innere Unruhe und das Dilemma, dass alle Welt einem einreden will, dass man die falsche Entscheidung trifft; dann die Erkenntnis, dass mit dieser „falschen“ Entscheidung letztlich die große Lebenswende stattgefunden hat, um seine wahren Talente und Begabungen entwickeln zu können. Übrigens kann es passieren, dass man in Bezug auf ein bestimmtes Haus mehrmals vor eine Entscheidung gestellt wird, bevor es zu einer Entfaltung kommt. Wie oft das geschieht, kann man leider nicht voraussagen.

Ist der Herrscher von 11 an einem Yod beteiligt, passiert oft Folgendes: eine Pattsituation in Freundschaften, die nicht durch eigenes Verschulden zu Stande kommt, sondern als Folge einer komplexen Situation zu sehen ist, in der die Psyche beider Parteien äußerst stark miteinander verwoben ist. Von Schuld kann hier nicht die Rede sein. In solch einem Fall wird oft ein völlig neuer Freundeskreises aufgebaut, und das nach einem oder mehreren einschneidenden Erlebnissen. Oft geschieht es auch, dass einem jemand aus seinem Freundeskreis sehr viel bedeutet, der aber im Umgang sehr problematisch ist und einem eine Menge zu schaffen macht oder der einen ständig in innere Unruhe versetzt. Mit so einem Menschen kann man durch eine Krise gehen, oder gemeinsam etwas durchmachen müssen, wodurch sich die Freundschaft entweder vertieft oder zu Schwierigkeiten führt. Aber genau dann, wenn man tief in einer Krise steckt und sich von allem und jedem im Stich gelassen fühlt, trifft man einen Menschen, mit dem man eine wirklich aufrichtige Freundschaft aufbauen kann. Oft erweist es sich sogar, dass man diese Person schon seit längerer Zeit kennt, sie aber erst jetzt mit offenen Augen sieht. Auf einmal wird einem klar, wieviel Hilfe und Freundschaft dieser Mensch einem entgegenbringt und wie gern man bereit ist, ihm das Gleiche zu geben. Oft ist so eine Person ein „Einzelgänger", oder jemand, der sich in der Gesellschaft für seinen eigenen Weg entschieden hat. Steht also der Herrscher von 11 in einem Yod, kann es zu einer ernsthaften Krise im Freundeskreis kommen, gepaart mit dem Geschenk einer ganz besonderen Freundschaft, die in einem verrückten Moment oder durch ein merkwürdiges Zusammentreffen von Umständen zu Stande kommt.

Häuser, die durch ihren Häuserherrscher im Yod eine Rolle spielen, sind oft die Bereiche, in denen sich schwierige oder ungewöhnliche Entwicklungen ergeben, die aber immer ein besonderes Potential bergen. In den späteren Kapiteln finden Sie Beispielhoroskope, in denen das noch ausführlich beschrieben wird.

Yodfiguren stellen Wendepunkte im Leben eines Menschen dar. Der Yod-Typus steht im Mittelpunkt von Veränderungsprozessen, im Großen oder im Kleinen, ungeachtet der Form. Yodfiguren können uns, wie wir gesehen haben, sehr verunsichern, was oft der Grund dafür ist, dass wir uns nicht zur Geltung bringen und in Abwehr, Selbstmitleid und Angst steckenbleiben. Dafür gibt es aber überhaupt keinen Grund, weil Yodfiguren uns besonders viel verheißen! Wenn wir die Dynamik erkennen und verstehen, welche Rolle Yodfiguren in einem größeren Zusammenhang spielen, können wir sehr vieles aus unserem Leben machen. Wie man auf eine positive Weise mit Yodfiguren umgehen kann, werden wir im 9. Kapitel sehen.

Kapitel 6

Vorgehensweise bei der Deutung von unaspektierten Planeten und Duetten

Im vorhergehenden Kapitel haben wir gesehen, wie kompliziert die Deutung einer Yodfigur ist. Bei unaspektierten Planeten und Duetten ist die Vorgehensweise etwas einfacher, weil wir weniger „Teilnehmer“ haben und weil die Verschiedenheit von Elementen, Kreuzen und Polaritäten hier keine Rolle spielt. Bei einem unaspektierten Planeten geht es nur um eine einzige Energie, die unbeeinflusst, und teilweise in Extremen zum Ausdruck kommt. Bei einem Duett, also zwei Planeten, die sich ausschließlich gegenseitig aspektieren, von denen also keiner einen Aspekt mit einem dritten Planeten bildet, geht es folglich um zwei Energien. Die Erfahrung lehrt, dass diese unabhängig voneinander wirken können, so als stünden sie völlig alleine da, sich aber auch gemeinsam manifestieren können. In diesem Fall behalten sie die Kennzeichen eines unaspektierten Planeten. Deshalb liegt im Folgenden auch der Nachdruck auf einzeln funktionierenden Planeten. Wo erforderlich, werden zusätzliche Regeln für die Deutung eines Duetts gegeben.

1.*Nehmen Sie die Grundbedeutung des Planeten und betonen Sie die Extreme.*
Jeder Planet hat seine ganz eigene Bedeutung. Als psychische Energie steht er für ein bestimmtes Bedürfnismuster, bestimmte Antriebskräfte, aus denen sich fortgesetzt Handlungen ergeben. Auch als Thema beinhaltet er viele verschiedene Dinge. So steht Merkur für unser Bedürfnis nach Kontakt und Kommunikation sowie für das Signalisieren, Ordnen und Weitergeben von Tatsachen. Merkur befasst sich mit den unterschiedlichsten Dingen und umfasst beispielsweise Themen wie Hände, Lunge, Stifte und Buntstifte, Straßen, Bücher usw.

Ein unaspektierter Planet hat die Neigung, sich in seinem Themenbereich sehr extrem zu manifestieren, wodurch er seine eigene Identität einerseits sehr deutlich zum Ausdruck bringt, sie andererseits aber nicht mehr finden kann. In beiden Fällen hat der Eigentümer des unaspektierten Planeten anfangs keinen Einfluss auf diese Auswirkungen, seine Umgebung spürt sie aber um so mehr. Nehmen Sie daher die ursprüngliche Bedeutung des Planeten, betonen sie deren Ausdruckskraft und die Möglichkeit von Extremen.

Auch Dinge, die mit dem betreffenden Planeten zusammenhängen, können sich sehr heftig oder in Extremen im Leben des Betroffenen zeigen, oder plötzlich zu Problemen führen. Vielleicht erinnern sie sich an mein Beispiel mit dem unaspektierten Mars und dem riesigen Wespennest. Ein unaspektierter Mars bringt aber eventuell auch andere Probleme im Haushalt mit sich, beispielsweise mit Geräten wie Herd und/oder Toaster, die sich überhitzen. Es scheint, als würde man öfter mit solch „scharfen" Dingen konfrontiert. Ich hörte zum Beispiel von einem Jungen mit einem unaspektierten Mars, der den Geruch von Tigerbalsam (ein sehr scharfer, auf der Haut brennender und stark riechender östlicher Balsam) so sehr liebte, dass er sich den ganzen Körper damit einrieb. Die Folgen lassen sich unschwer erraten.

Beschäftigen Sie sich deshalb eingehender mit den Themen, die zu einem unaspektierten Planeten gehören. Trotzdem dürfen Sie sich nicht ins Bockshorn jagen lassen; es muss nicht immer so dramatisch sein. Ein unaspektierter Planet beinhaltet auch ein Talent und kann auf seinem Gebiet äußerst positive Überraschungen mit sich bringen (in einem der folgenden Kapitel erfahren Sie dazu mehr).

2. Erklären Sie, dass der unaspektierte Planet ein Gefühl von „Suchen" und eine unbestimmbare Unruhe, die inhärent ist, auslöst. Dieses „Suchen" geht mit Unsicherheit einher.

Da der unaspektierte Planet keinen Kontakt zu anderen Planeten hat, fühlt man einen inneren Zwang, sich auf die Suche nach solch einer Verbindung zu machen. Das löst ein Gefühl von „Hunger" und „Suchen" im Themenbereich des Planeten aus. Da man die Energie nur vage spürt, anfänglich aber nicht greifen kann, erfährt man Unsicherheit in deren Ausdruck. So hat beispielsweise eine unaspektierte Sonne ein immens starkes Bedürfnis nach Anerkennung und sucht zwanghaft nach der eigenen Identität. „Wer bin ich? Was will ich?" sind die häufigsten Fragen. Erfährt man aber im Außen Bestätigung, kann sie anfänglich kaum verinnerlicht werden. Nicht, dass die Person nicht froh darüber wäre – es ist eher so, dass sie nicht wirklich versteht, was gemeint ist und die Anerkennung nicht gut einzuordnen oder damit nichts anzufangen weiß, die Situation verkennt und Ähnliches mehr. Es ist so ein vages Gefühl, als gäbe es keinen passenden „Aufhänger" für diese Aufmerksamkeit. Die unaspektierte Sonne wird weiterhin nach Identität und Bestätigung suchen, selbst da, wo es nicht erforderlich ist, oder wo sie bereits völlige Akzeptanz gefunden hat. Diese Sonne nimmt eine „fragende" Haltung ein, die von der Umgebung manchmal als lästig empfunden wird, was dem Typus mit der unaspektierten Sonne ein Rätsel ist. Dieser Mensch kann anfangs so viel Aufmerksamkeit beanspruchen, dass er von anderen als dominant eingestuft wird, er selbst fühlt sich aber völlig unsicher. Er „fühlt" seine Sonne ja noch nicht, sondern ist vorsichtig tastend auf der Suche nach ihr.

Auch Themen, die sich um die Sonne drehen, können unerwartete Probleme aufwerfen. Schwierigkeiten mit höhergestellten Personen, also Führungs- und Autoritätskonflikte ergeben sich des öfteren. Hier stehen wir vor einem Paradox, weil die unaspektierte Sonne selbst Autorität beansprucht. Sie fühlt sich aber so unsicher und ist so voller Selbstzweifel, dass sie nicht weiß, wie sie eine solche Aufgabe erfüllen soll. Ergibt sich dann die Chance, sich zu beweisen, neigt sie sehr schnell dazu, sich aus dem Staub zu machen. Die Sonne verkörpert also auch das Thema Autorität, eine Kraft und Begabung (siehe weiter unten), die sie auf diejenigen Menschen projiziert, die eine Autoritätsposition innehaben. Von solchen Personen fühlt sich die unaspektierte Sonne angezogen und gleichzeitig abgestoßen. Es scheint, als ob Autoritätspersonen den Schatten des Typus mit der unaspektierten Sonne verkörpern, hier allerdings die helle Seite: ein noch schlummerndes Talent. Das heißt aber nicht, dass die Projektion des Schattens nicht zu allerlei Schwierigkeiten führen könnte, wenn man zum Beispiel jemanden so sehr idealisiert, dass kein anderer mehr neben diesem Menschen bestehen kann. Projektionen geschehen unbewusst und führen immer zu unausgewogenem Verhalten; Inhalte aus dem Unbewussten können „süß wie Honig" sein oder völlig vernichtend wirken – verbunden mit all den Schwierigkeiten, die solche Sichtweisen mit sich bringen.

3. *Mit unaspektierten Planeten gerät man in schwierige Situationen; man hat das Gefühl, völlig darin verstrickt zu sein und glaubt zuweilen, das Schicksal spiele mit hinein.*

Hier finden wir Ähnlichkeiten mit einem Yod, wo wir es auch mit unangenehmen oder gefühlsmäßig „unmöglichen" Umständen zu tun haben. Bei einem unaspektierten Planeten geht es aber ausschließlich um seine eigene Energie und Bedeutung. Die Situationen, in die wir geraten, hängen oft mit seinem überzogenen Verhalten zusammen oder mit dem Fehlen einer adäquaten Reaktion auf eine Situation, in der diese nicht zugänglich ist. In anderen Fällen können diese Faktoren mehr von außen kommen und uns sozusagen als Grundlage präsentiert werden. Dazu ein Beispiel von einem Klienten mit einem unaspektierten Saturn, von dem erwartet wurde, in die Fußstapfen seines Vaters zu treten und die Leitung des Familienbetriebes zu übernehmen. Die Firma genoss Ansehen und eine lange Tradition. Anfänglich zögerte er und bezweifelte, ob er das wirklich will. Besonders die Einschränkungen und die hohe Verantwortung, die mit der Leitung der Direktion verbunden waren, schienen ihm bedrohlich – ein typisches Thema von Saturn. Er litt unter enormen Zweifeln und fühlte sich ganz elend. Letztlich entschied er sich aus rationalen Erwägungen heraus, den Betrieb seines Vaters fortzuführen und wurde Mitglied der Direktion. Seine

Motive entsprangen seinem Sicherheitsdenken: ein gutgehender Betrieb mit einer klaren Struktur. Ihm war bewußt, dass er mit der Fortführung der Firma in jedem Fall einen sicheren Arbeitsplatz und ein gutes Einkommen haben würde, ohne allzu große Risiken eingehen zu müssen. Auch der Tradition fühlte er sich verpflichtet, die es ihm verbot, einen so altbewährten Betrieb einfach aus der Hand zugeben. Wir erkennen hier also eine Reihe von Saturn-Themen, angefangen von Einschränkungen und Verantwortlichkeit bis hin zu Sicherheit und Tradition. Er hat sich über Jahre hinweg auf eine Art und Weise in den Familienbetrieb eingearbeitet, die Außenstehende als fast übertrieben gewissenhaft und pflichtbewusst beurteilten (die extreme Seite von Saturn). Aber genau deshalb war er so früh in der Lage, die Rolle seines Vaters zu übernehmen, auch wenn sich der Vater nicht völlig aus dem Betrieb zurückziehen, sondern noch einige Jahre mit seinem Sohn zusammenarbeiten wollte.

Nachdem der Sohn sich entschieden hatte, die Firma weiterzuführen, engagierte er sich mit Leib und Seele für deren Belange. Alles ging gut, bis er sich verliebte. Das Mädchen sprudelte über vor Energie und war äußerst dynamisch. Sie liebte es, aktiv Sport zu betreiben und strahlte eine moderne und freie Einstellung dem Leben gegenüber aus, keine Rede also von der „klassischen“ Frau, die den Eltern für ihren Sohn vorschwebte. Dieses Mädchen kam als Ehefrau für ihren Sohn überhaupt nicht in Frage, sie wurde völlig abgelehnt. Vom Gesetz her war der junge Mann zwar nicht auf die Zustimmung seiner Eltern angewiesen, aber sie stellten ihn vor die Wahl: sollte er sich für eine Ehe mit diesem Mädchen entscheiden, würde er aus dem Familienbetrieb verbannt.

Hier haben wir die Pattsituation, in der dieser junge Mann jetzt steckt: eine Entscheidung, die ausgesprochen schwierig ist. Er liebt das Mädchen hingebungsvoll, aber mit genauso viel Hingabe und Pflichttreue hat er in den letzten Jahren all seine Kraft für die Weiterführung der Firma eingesetzt. Er sieht sich ganz klar mit einer Entscheidung zwischen zwei Übeln konfrontiert, und keine erscheint ihm verlockend. Er fragt sich immer wieder, wie so viele andere Menschen mit einem unaspektierten Planeten oder einem Yod, warum ausgerechnet ihm so etwas passieren muss.

Ich habe übrigens diverse Fälle erlebt, bei denen sich das Dilemma wieder auflöste, aber ebenso viele, wo eine schmerzhafte Wunde zurückblieb. Zum Beispiel bei einer Klientin mit einem Duett zwischen Saturn und Venus (ihre Sonne ist an einem Yod beteiligt). Beide Planeten tragen also die Kennzeichen von Unaspektiertheit und können getrennt oder gemeinsam in eine Pattsituation geraten. Im vorhergehenden Beispiel war der Druck durch die Eltern das Hintergrundproblem von Saturn. Der Frau in dem jetzt genannten Beispiel passierte etwas Ähnliches. Sie verliebte sich in einen Mann, den sie als begeisterungsfähig, frei und offen, sehr warmherzig und liebevoll beschrieb. Ein Mann, der außerdem kein Blatt vor den Mund nahm und sie auf die Dominanz ihrer Mutter aufmerksam machte. Diese Mutter lehnte den Mann als „unpassend" für ihre Tochter ab. Als er zum Militärdienst eingezogen wurde und im Briefkontakt mit ihrer Tochter stand, unterschlug die Mutter ihr konsequent alle seine Briefe. Die Tochter erhielt also anscheinend keine Antwort auf ihre Zeilen an ihn. Viele Briefe der Tochter haben auch den Soldaten nie erreicht, weil die Mutter sich anbot, sie zum Briefkasten zu bringen, sie aber einfach verschwinden ließ. Nach einiger Zeit wurde es still und der Briefwechsel wurde von beiden Seiten eingestellt. Die Tochter hat fürchterlich gelitten und nie aufgehört, sich nach diesem Mann zu verzehren. Sie heiratete einen anderen, mit dem sie an sich eine sehr gute Ehe führte. Und doch hat sie ihren Mann immer als zweite Wahl empfunden. Ihr Herz gehörte dem anderen.

Kürzlich erzählte man mir noch so eine Geschichte. Es ging um eine Frau mit einem Venus-Saturn-Duett und der Sonne in einem Yod, die genau das Gleiche erlebte! Auch diese Frau sehnte sich immer noch nach ihrer großen Liebe. Erst als sie ihrer hochbetagten Mutter beim Umzug half, fand sie einen Stapel unterschlagener Briefe von ihrem ehemaligen Freund, aus denen hervorging, wie sehr er sie liebte. Sofort hat sie sich auf die Suche nach ihm gemacht, aber er war mittlerweile verstorben. Seine Familie erzählte ihr, dass er nie geheiratet habe, weil er sie, seine Geliebte, nicht habe vergessen können.
Das sind tragische Situationen, in denen die Betroffenen das Gefühl haben, dass das Leben sie härter straft, als sie es verdienen. Selbst wenn ich auch hier betonen möchte, dass nicht jeder mit einem Duett so etwas erlebt, höre ich solche Geschichten doch sehr häufig von Menschen mit Yodfiguren, unaspektierten Planeten und Duetten.

Ein anderes Beispiel, wie man mit einem Venus-Saturn-Duett in eine missliche Lage verstrickt werden kann, ist Monika Lewinsky. Da ihr dieser Teil ihres Wesens unbewusst war, brachte sie einen Präsidentenstuhl ins Wanken und war an einer Situation beteiligt, die sogar Einfluss auf die Börse hatte. Die Unsicherheit über das Schicksal des Präsidenten ließ die Kurse in den Keller fallen!

4. *Unaspektierte Planeten haben enorm viel Kraft und bergen unmissverständliche Talente.*

Gerade durch das Suchen nach dem Inhalt eines unaspektierten Planeten beschäftigt man sich intensiv mit diesen Themen und entwickelt unbemerkt genau die Talente, die er beschreibt. Von einem unaspektierten Planeten kann also eine große

Kraft ausgehen, die ausgesprochen positiv ist. Das bleibt aber nur den Menschen vorbehalten, die schon ein gutes Stück an ihrer Entwicklung gearbeitet und gelernt haben, sich selbst zu akzeptieren, oder die Wege gefunden haben, die Äußerungsformen des unaspektierten Planeten in ihr Leben zu integrieren. Dann erkennt man, dass ein unaspektierter Planet oft den richtigen Beruf anzeigt oder eine große Rolle im Berufsleben spielt oder ein äußerst wichtiges Interessengebiet oder Hobby darstellt. Der Drang, diesen Planeten auszuleben und ihm eine Form zu geben, bleibt aber immer bestehen, genau wie das „Suchen“ im Hintergrund präsent bleibt, obwohl es nicht mehr als so übermächtig empfunden wird.

Das Gleiche gilt für die Unsicherheit, die man als gegeben akzeptieren und gleichzeitig wissen kann, dass sie nichts darüber aussagt, ob man etwas kann oder nicht. Auf diese Weise kann man die Unsicherheit von dem trennen lernen, was man mit der Energie des Planeten unternehmen will. Die Folge ist, dass Menschen, die einen Reifeprozess durchlaufen haben, besonders glücklich mit ihrem unaspektierten Planeten werden können.

Es geschieht aber noch weit mehr! Der betreffende Planet wird sich nicht nur auf äußerst positive Weise äußern, er kann auch unverfälscht er selbst bleiben, weil er von anderen Planeten unbeeinflusst bleibt. Das gleiche können wir bei einem Duett beobachten; die beiden Planeten beeinflussen sich nämlich längst nicht immer gegenseitig.

Die Kraft eines unaspektierten Planeten bleibt rein und klar, sie ist also gut zu beschreiben. Dringen wir zum Kern der Bedeutung dieses Planeten vor, finden wir das besondere Talent, und hier liegt eine geballte Kraft. Die Energie kann auf allerlei zum Planeten gehörenden Bereichen zum Ausdruck kommen und zu Wachstum und Entwicklung führen. Sogar reich und berühmt kann man damit werden! Jimmy Carter hat einen unaspektierten Saturn. Er ist mit Erdnüssen (die im Erdboden wachsen) reich geworden – ein Thema von Saturn. Beethoven wurde durch die Grandiosität seiner Kompositionen berühmt. Er ließ einmal verlauten, dass er, selbst wenn er noch mehr Orchester zur Verfügung gehabt hätte, nicht all das hätte ausdrücken können, was er wollte. Beethoven hatte einen unaspektierten Jupiter.

Ich habe verschiedene Menschen kennengelernt, sowohl Männer als auch Frauen, die gelernt haben, mit ihrer unaspektierten Sonne umzugehen. Trotzdem behielten sie dieses unterschwellige Gefühl, dass das Leben, das sie führten, nicht alles sein könne, was es tatsächlich zu bieten hätte. Sie wussten aber, dass dieses Gefühl nichts mit ihrer aktuellen Situation zu tun hatte. Ein Klient beschrieb das folgendermaßen:

„Etwas in mir ist eine Art Landstreicher, der überall und nirgends Zuhause ist, der immer auf der Suche ist, aber nicht weiß, was er sucht. Ich lasse ihn einfach laufen und

werde schon sehen, wo er landet. Inzwischen lebe ich so normal wie möglich im Hier und Jetzt. Doch habe ich immer das Gefühl, dass mich der Landstreicher irgendwann auf einen neuen Weg führen wird....“

Das ist eine fabelhafte Beschreibung für eine unaspektierte Sonne; dieser Mann hat eine vernünftige Einstellung finden können. Er lebt sein Leben im Hier und Jetzt, hält sich aber eine Hintertür offen für den Fall, dass ihm eine neue Herausforderung begegnet. Mit einem unaspektierten Planeten geschieht das recht häufig!

Die Menschen, die lernen konnten, mit der Unruhe, der Unsicherheit und dem Suchen ihrer unaspektierten Sonne gut umzugehen, fanden echte Freude am Leben und waren in der Lage, es voll zu genießen. Die regelmäßig wiederkehrende Unsicherheit und Unruhe warf sie nicht mehr aus der Bahn. Einige von ihnen bekleiden Führungspositionen und tragen eine Menge Verantwortung, die sie hervorragend meistern. Diese Menschen erfahren viel Wertschätzung in ihrem Leben und beweisen ständig aufs Neue, dass sie die Gabe besitzen, in den schwierigsten Situationen geschickt und gekonnt die Führung zu übernehmen. Man spürt die Kraft ihrer Persönlichkeit, mit der sie unweigerlich die Aufmerksamkeit auf sich ziehen. Sie strahlen Dominanz und Zentriertheit aus (eine wichtige Seite der Sonne), die ihnen in manch einer Arbeitssituationen weiterhilft. Allerdings handelt ihnen dieselbe Ausstrahlung auch regelmäßig Probleme in persönlichen Beziehungen ein, angefangen von partnerschaftlichen über freundschaftliche bis hin zu familiären Bindungen. Unbeabsichtigt und völlig arglos sind diese Menschen immer deutlich präsent, was nicht jeder schätzt. Vermutlich war das bereits in der Kindheit ein Problem. Bei Menschen mit einer unaspektierten Sonne (und einem unaspektierten Mond) habe ich Extreme erlebt. Entweder war die Beziehung zu den Eltern oder zu einem Elternteil sehr gut, vielleicht sogar in so übertriebenen Maße, das eine starke wechselseitige Identifikation bestand, oder die Beziehung zu den Eltern oder einem Elternteil gestaltete sich als äußerst problematisch. Auch hier erweist es sich wieder als schwierig, die Sonne dem Vater und den Mond der Mutter zuzuordnen. Ich habe einige Kinder mit einem unaspektierten Mond erlebt, die eine psychologisch ungesunde Beziehung zur Mutter hatten, in der die Rollen vertauscht waren und das Kind die Fürsorge für die Mutter übernahm. Oder ein Junge, der schon in jungen Jahren die Rolle des Ehepartners spielte, übrigens ohne den sexuellen Part. Er legte ein ausgeprägt fürsorgliches Verhalten seiner Mutter gegenüber an den Tag und übernahm eine Menge Verantwortung. In diesen Fällen bezogen die Kinder deutlich Position gegen den Vater.

Genauso oft habe ich Fälle erlebt, in denen die unaspektierte Sonne eine zwanghafte Mutterbindung anzeigte oder wo ein unaspektierter Mond die Mutter völlig ablehnte und sich für den Vater entschied. Aufgrund dieser Erfahrungen spreche ich lieber über das *Thema* Eltern statt einen speziellen Elternteil zu benennen.

Ich habe erlebt, dass Menschen mit einer unaspektierten Sonne oder einem unaspektierten Mond diese Erfahrungen aus der Vergangenheit verarbeiten und integrieren konnten. Die Bereiche des unaspektierten Planeten stellten später kein Problem mehr dar; diese Menschen kamen hervorragend damit zurecht. Hierzu das Beispiel eines Klienten mit einer unaspektierten Sonne. Seine Jugendzeit erlebt er als äußerst einschränkend. Seine Mutter war eine sehr fordernde Frau und sein Vater, der oft auch abwesend war, war übermäßig streng mit ihm. Im Erwachsenenleben kümmerte mein Klient sich dann um das Schicksal vernachlässigter Jugendlicher in sozialen Randgebieten und organisierte in seiner Freizeit, völlig auf sich selbst gestellt, Sportwettkämpfe und andere Aktivitäten für die Nachbarskinder. Auf diese Weise konnte er seine Talente auf vergnügliche und verantwortungsvolle Weise zum Ausdruck bringen. Seine Motivation befindet sich in völliger Übereinstimmung mit dem Thema seiner Sonne. Ihre Kraft setzte er dafür ein, den Kindern mehr Selbstvertrauen zu schenken! Die Kinder lieben ihn sehr!

Ein anderes Beispiel ist eine Frau mit einem unaspektierten Mond, die in finanzieller Hinsicht zur Unterschicht gehörte. Sie ist verrückt nach Kindern und tut einfach alles für sie, nicht nur für ihre eigenen, sondern auch für die Kinder anderer Leute. Mit den geringsten Mitteln zaubert sie die schönsten Feste. Sie hilft tatkräftig in der Schule und fungiert als „Vorlesemutter". Außerdem organisiert sie Klassenfahrten, Schulfeste und kreative Veranstaltungen. All das genießt sie in vollen Zügen und nutzt gleichzeitig ihr enormes Talent, sich in die Welt der Kinder hineinzuversetzen und kreativ damit umzugehen.

5. *Unaspektierte* Planeten *sind auch* Häuser*herrscher*.

Die Häuser, über die ein unaspektierter Planet herrscht, werden in seine Dynamik einbezogen. Die Themen, die sie widerspiegeln, haben daher auch mit dem Ausdruck von Alles oder Nichts zu tun, mit Risiken und Herausforderungen, mit Unverständnis, schicksalhaften Verstrickungen, und nicht zuletzt halten sie große Begabungen mit einer enorm großen Ausdruckskraft bereit.

Oft hat man in den Bereichen des Hauses, in dem ein unaspektierter Herrscher steht, einerseits das Gefühl, von dessen Themen und Aktivitäten angezogen zu werden, andererseits hat man das Gefühl, sie nicht packen zu können, zumindest nicht in den Momenten, in denen man das will.

Ein Klient mit einem unaspektierten Herrscher des 8. Hauses beschrieb seine Gefühle folgendermaßen:
„Ich spüre meine Probleme durchaus, aber wenn ich mich ihnen nähern will und glaube, jetzt sei der Moment gekommen, sie greifen zu können, ist es so, als würde ich von einer unsichtbaren Gummiwand zurückgeworfen. Nähere ich mich ihnen aber in Erwartung der Mauer, kann es passieren, dass sie gar nicht da ist. Dann stürze ich innerhalb kürzester Zeit in die Tiefe, manchmal in eine Depression und hänge dann plötzlich mitten in meinen Problemen."

Ich habe noch eine Reihe anderer Menschen in ähnlicher Weise über den unaspektierten Herrscher ihres 8. Hauses reden hören. Immer wieder schienen sie unterschwellig zu spüren, dass das eine oder andere schieflief, aber sie konnten dem nicht wirklich auf die Spur kommen. Spürten sie aber in einem Moment, worum es ging, gerieten sie sofort in eine Art Krise, so, als ob sie plötzlich mit all dem überschüttet würden. Das konnte sich in Form von aufwühlenden Emotionen oder heftigen inneren Gefühlszuständen äußern, aber auch in Form einer schnellen Abfolge schwieriger Situationen in der Außenwelt, mit denen sie unvermeidlich konfrontiert wurden. Ein Herrscher von 8, der unaspektiert ist oder in einem Duett steht, ist durchaus in der Lage, solche Probleme zu verarbeiten und aufzulösen, allerdings in einem unvorhersehbaren Rhythmus. Auch wenn Menschen mit einem unaspektierten Herrscher von 8 in Therapie gehen, gestaltet sich der Fortschritt eher unberechenbar. Manchmal sieht es so aus, als mache er drei Schritte nach vorne und gleich wieder zwei zurück, dann wieder drei nach vorne – eine Art „Zickzackmuster" also. Wenn man solch einen Prozess über längere Zeit beobachtet, erkennt man, dass ein Mensch, der scheinbar über einen längeren Zeitraum stagnierte, plötzlich einen großen Sprung nach vorn macht, und letztendlich wieder genauso auf die Beine kommt wie andere Menschen auch.
Sollte man mit sich selbst auf dem Gebiet des unaspektierten Herrschers eines Hauses ein Versteckspiel treiben, wird man sich unwillkürlich auf verrückteste Weise in allerlei unmögliche Situationen hineinmanövrieren, bei denen einem oft die Außenwelt als Spiegelbild des eigenen Inneren dient, und das nicht selten in starker Vergrößerung - also viel extremer als notwendig. Um bei dem Beispiel des unaspektierten Herrschers von 8 zu bleiben: Das Bedürfnis nach Aufmerksamkeit und Macht wird stärker, als einem guttut, unser manipulatives Verhalten nimmt zu, was man aber selbst nicht erkennt und gleichzeitig ist man einem größeren Risiko ausgesetzt, von anderen manipuliert und in eine Machtproblematik verstrickt zu werden. Auch die Wahrscheinlichkeit, dass man in einem bestimmten Lebensbereich in

eine Art Doppelrolle gerät, wird größer, was natürlich mit den entsprechenden Emotionen gepaart ist. Es scheint so, als sei man sich dessen bewusst, aber das eigene Verhalten vermischt sich mit unbewussten Impulsen, wovon jemand, der einen manipulieren will, Gebrauch machen kann. Auch hier ist Monika Lewinsky ein passendes Beispiel. Ihre Duett-Venus ist auch Herrscher ihres 8. Hauses, und wir konnten den Presseberichten entnehmen, wie sehr sie zur Schachfigur in einem wesentlich größeren Machtspiel wurde (siehe Kapitel 12).

Bei Monica Lewinsky ist die ganze Sache völlig außer Kontrolle geraten. Varianten ihrer Probleme können sich in kleinerem Maßstab auch im Alltag von Menschen zeigen, die die Problematik eines unaspektierten Herrschers des 8. Hauses zwar verdrängen, aber unbewusst ausleben.

Was wir uns bei Yodfiguren und unaspektierten Planeten immer deutlich vor Augen führen müssen, ist, dass sowohl die Thematik des Planeten selbst als auch die Thematik des Planeten als Häuserherrscher mit Fragen zu tun haben kann, die schon seit mehreren Generationen eine Rolle spielen. Wenn wir zum Beispiel sehen, wie sehr sich Menschen mit einem unaspektierten Häuserherrscher unbewusst in „Teufels Küche" bringen, dürfen wir nicht automatisch davon ausgehen, dass es ihre Schuld oder ihre Entscheidung oder ihre eigene Unbewusstheit ist. Selbst wenn diese Faktoren eine Rolle spielen können und man ausgesprochen positive Erfahrungen in den Bereichen von Planeten und Häuserherrschern von Yodfiguren oder von unaspektierten Planeten, die auch Häuserherrscher sind, machen kann, scheint es auch so zu sein, dass der Träger eines solchen Themas der Welt zeigt, welches Generationsproblem hier sichtbar wird und bearbeitet werden will. Hier spielt eine Dynamik mit, die mehr umfasst als das, was ausschließlich zu diesem Typus gehört. Deshalb werde ich nun einen umfassenden Hintergrund aufzeigen, auf dem wir die Themen von Yodfiguren und unaspektierten Planeten betrachten können, und ich werde beschreiben, wie wir am besten mit dieser Dynamik umgehen können.

Kapitel 7
Der Schatten und das Böse

In den vorangegangenen Kapiteln haben wir mehrfach sehen können, dass Yodfiguren und unaspektierte Planeten vor allem dann vorkommen, wenn es in einer Familie über mehrere Generationen hinweg ein bestimmtes Problem gibt, das verleugnet wird oder ungelöst bleibt. Oder es geht um ein bestimmtes Thema, das verdrängt wird. Aus Jungscher Sicht haben wir es hier mit einem *Familienschatten* zu tun, der auch dafür verantwortlich ist, dass ein Kind mit einem Yod oder einem unaspektierten Planeten viel stärkeren Projektionen vonseiten bestimmter Familienmitglieder ausgesetzt ist, als das normalerweise der Fall ist. Das hängt damit zusammen, dass dieses Kind schon allein durch seine Anwesenheit diesen Familienmitgliedern als Spiegel dient und ihnen ihre nicht gelebten, aber dennoch aktiven unbewussten Muster reflektiert. Um zu verstehen, welchen Einfluss diese Familiendynamik auf das Kind mit einem Yod oder einem unaspektierten Planeten hat, werden wir zunächst den Mechanismus des Schattens unter die Lupe nehmen.

Der Schatten

Obwohl wir Worten wie „Ego", „Bewusstsein" und ähnlichen Begriffen in der Literatur sehr häufig begegnen, wird längst nicht immer dasselbe darunter verstanden. Ausgangspunkt meiner Ausführungen ist die Bedeutung der Begriffe, wie sie in der Psychologie von Carl Gustav Jung benutzt werden. Jung unterschied in unserer Psyche das *Bewusste* und das *Unbewusste*. Das Unbewusste unterteilte er nochmals in das persönliche und das kollektive Unbewusste. Das persönliche Unbewusste gehört also unserer eigenen Psyche an, während wir das kollektive Unbewusste mit allen anderen Menschen teilen. Das Unbewusste enthält den Kern unseres Wesens, den Jung das *Selbst* nannte. Das Selbst beschrieb er sowohl als Zentrum, als auch als Hülle der Psyche. Damit meinte er, dass wir ein Wissen in uns tragen, das unendlich viel mehr enthält als das, was wir mit unserem Bewusstsein erfassen können. Aus diesem tiefen Wissen über uns selbst heraus entwickeln sich Impulse. Aus unserem Selbst scheint eine unverkennbar antreibende Kraft zu strömen, die uns dazu bringt, uns selbst zu verwirklichen und das zu werden, was wir innerlich sind. Diesen Prozess der (Selbst-) Verwirklichung nennt Jung den *Individuationsprozess.*

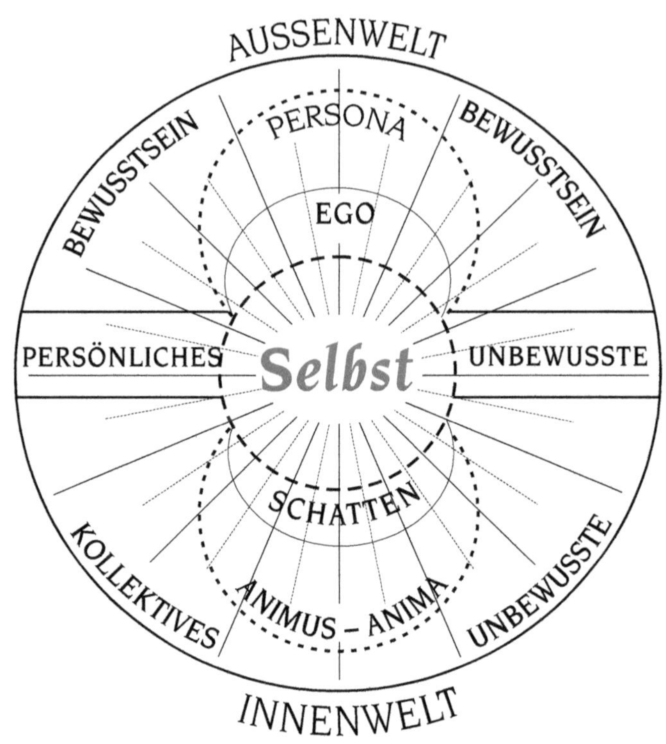

die Psyche

Zeichnung nach Jolande Jacobi

Dieser Prozess wird bereits bei der Geburt in Gang gesetzt. Das Bewusstsein ist zu dieser Zeit kaum entwickelt, vieles befindet sich noch in einem latenten Zustand. So wie der Kern unserer gesamten Psyche das Selbst ist, bildet das Ego das Zentrum unseres Bewusstseins. Wir werden mit einem Ego geboren, das sich noch vollständig entwickeln und entfalten muss oder, wie Neumann sagt: „Das Selbst wird geboren, das Ego wird gemacht." Es bildet sich im Lauf der Jahre einerseits auf der Grundlage unserer Anlagen und andererseits aufgrund unserer Erfahrungen und Entscheidungen. Dem Ego wohnt eine besonders wichtige Funktion inne, man könnte es eigentlich als „zentrale Melde- und Organisationsstation" des Bewusstseins bezeichnen. Alles, was sich in unserem Bewusstseinsfeld abspielt, wird durch die Brille des Ego gesehen und bewertet; auf Grund dessen treffen wir dann unsere Entscheidungen. So wie die Fluglotsen den ein- und ausgehenden Flugverkehr unter Kontrolle halten, steuern und bei auftauchenden Problemen Entscheidungen treffen, arbeitet auch unser Ego. Es reagiert auf alle Impulse von innen (also aus dem Unbewussten) und ebenso auf alle Impulse, Anforderungen und Situationen, mit denen wir in der Außenwelt konfrontiert werden. Das Ego muss also fortwährend Entscheidungen treffen, in jeder Minute aufs Neue. In den meisten Fällen tun wir das weitgehend automatisch. Teilweise werden unsere Entscheidungen durch das beeinflusst, was in unserem kulturellen Muster angelegt und erlernt wurde.

Versuchen Sie einmal, einen Tag lang bei allem, was sie tun, innezuhalten. Sie müssen sich tatsächlich für die Dinge, die Sie tun, sehr oft erst einmal entscheiden. Gleichzeitig bedeutet das, genauso viele Entscheidungen zu treffen, *andere* Dinge nicht zu tun! Das, wogegen wir uns entscheiden, bekommt einen Platz in unserem persönlichen Unbewussten. Wenn wir immer wieder einseitige Entscheidungen treffen und ständig ähnliche Handlungen verdrängen, bauen wir um dieses Thema eine enorme Spannung im Unbewussten auf, die sich früher oder später Bahn brechen wird.

In unserer westlichen Kultur mit ihrem verstärkten Nachdruck auf Leistung und Erfolg begreifen wir beispielsweise schon sehr früh, dass wir bestimmte Dinge ganz einfach tun, lernen und können müssen. Auf der faulen Haut zu liegen und zu träumen wird sehr häufig als schlecht oder unerwünscht bewertet, weil man damit ja „nichts erreicht". Das Kind lernt schon früh, welche Werte belohnt und welche abgelehnt werden. Hält es sich daran, trifft es ganz selbstverständlich die Entscheidungen, die belohnt werden, was konsequenterweise andere Entscheidungen ausschließen muss. Im Erwachsenenleben setzt sich dieses Muster dann automatisch fort.

Stellen Sie sich einmal vor, Sie hätten gelernt, dass man zu arbeiten hat und dass Faulenzen ganz einfach schlecht ist. Als Erwachsener werden Sie dann unbewusst dazu neigen, selbst in entspannten Situationen noch nach irgend etwas zu suchen, das Sie tun können, weil Sie Stillsitzen und Nichtstun ablehnen. Jedesmal, wenn Sie sich dafür „entscheiden", etwas zu tun, treffen Sie gleichzeitig die Entscheidung, auszuruhen und einmal faulenzen zu wollen, zu verdrängen. Geschieht das über einen längeren Zeitraum, wird das Verdrängte so mächtig, dass es Ihnen irgendwann zu schaffen macht. Die Symptome sind schon früh zu erkennen, unter anderem in Träumen und in Ihren Projektionen.

Es ist bekannt, dass wir alles, was wir verdrängt haben, auf eine verzerrte Weise in der Umgebung „sehen". Wenn man also den Wunsch nach Ruhe und „einfach nur sein zu können" konsequent verdrängt hat, wird man sich immer wieder über Menschen ärgern, die sich diese Ruhe und Muße gönnen. Dann neigt man dazu, diese Menschen als faul oder unverantwortlich zu bewerten und ist davon überzeugt, dass sie ihre Pflichten vernachlässigen, und anderes mehr. Sollte Ihr Kind zeitweise einen verträumten Eindruck auf Sie machen, werden Sie sich vermutlich eine entsprechende

Bemerkung kaum verkneifen können. Dabei bemerken Sie aber nicht, dass Sie Ihrem Kind aufgrund Ihrer eigenen verdrängten Anteile damit auf die Füße treten. Kurzum: man ärgert sich in seinem Umfeld genau über die Dinge, die man in sich selbst verleugnet hat und sieht sie nicht aus der richtigen Perspektive. Diesen Prozess nennen wir Projektion. Fällt eine solche Projektion sehr stark aus, neigt man dazu, sich mit diesem Thema in der Außenwelt zu beschäftigen, oft sogar auf eine nicht besonders nette Art und Weise. Eine Projektion hat Zwangscharakter und läßt kaum Raum für Humor, weil man seiner Verdrängung Auge in Auge gegenübersteht. Das nennen wir die Konfrontation mit dem Schatten.

Wir unterscheiden zwei Formen des Schattens: den persönlichen und den kollektiven. In jeder Kultur bestehen bestimmte Werte und Glaubensmuster, die allgemein gültig sind. Das bedeutet, dass andere Werte, Haltungen und Auffassungen als unerwünscht oder unberechtigt abgewehrt werden – sie gehören zum Schatten einer Kultur. Im persönlichen Leben ist das nicht anders. Die Entscheidungen, die das Ego trifft – ob nun durchdacht oder nicht – bestimmen daher gleichzeitig, welche Werte man ablehnt. Das, wogegen wir uns entschieden haben, verschwindet im Unbewussten.

Jeder Mensch hat einen Schatten. Auch der Hippie oder der Alternative, der sich nicht an die gesellschaftlichen Muster anpassen will, hat eine Entscheidung getroffen. Er will die Werte leben, die seine Kultur verdrängt hat. Daher fällt sein Schatten mit den Werten der Kultur, in der er lebt, zusammen. Die Folge ist, dass ein Großteil der Bevölkerung, in der er lebt, ihn ablehnen wird, weil seine Wertvorstellungen dem Schatten des Kollektivs entsprechen. Diese Ablehnung muss man als eine Art „Notwehr" der Seele ansehen, weil es um eine Konfrontation mit den eigenen Verdrängungen und dem eigenen Schatten geht. Da schaut man lieber erst gar nicht hin und lehnt stattdessen in der Außenwelt die Person ab, die uns die Kennzeichen des eigenen Schattens vor Augen führt.

Es ist also möglich, seinen eigenen Schatten kennenlernen. Man braucht sich nur in seiner Umgebung umzuschauen und sich einzugestehen, wen und was man nicht leiden mag. Obwohl das kein besonders erheiterndes Spiel ist, lernt man zu erkennen, welche Züge im eigenen Unbewussten schlummern, die so störend wirken, dass sie Irritationen verursachen, wenn sie sich vor unseren Augen in der Außenwelt manifestieren. Heißt das nun, dass man genau so ist wie derjenige, den man nicht ausstehen kann? Keineswegs, so darf man das nicht sehen. Ärgert man sich beispielsweise über einen Dieb, heißt das nicht, dass man unbewusst selbst einer ist. Trotzdem hat man

Probleme, sich einzugestehen, dass es auch im eigenen Leben Situationen geben kann, in denen man über die Stränge schlägt. Man will lieber nicht an die Tatsache erinnert werden, dass man als Kind heimlich Süßigkeiten oder das Spielzeug eines Geschwisters stibitzt hat. Vielleicht will man auch nicht wahrhaben, dass man „vergessen" hat, in einem Laden das zu viel erhaltene Wechselgeld zurückzugeben. Niemand hat eine völlig reine Weste. Der Ärger über den Dieb da draußen ist lediglich eine Aufforderung, sich klar zu machen, dass man selbst auch nicht immer alles so genau nimmt. Für die meisten Menschen geht es hierbei um Kleinigkeiten. Es bedeutet also nicht, dass man es ebenso schlimm treibt wie der Dieb, über den man sich so aufregt. Dieser Ärger beschreibt ein Gefühl, das zu uns selbst gehört und lediglich projiziert wird. Diese Projektion will nichts anderes sagen als: „Da gibt es noch etwas in Deinem Unbewussten, das Du Dir anschauen musst" oder anders gesagt: „etwas, das sich mit Deiner inneren „Melde- und Organisationsstation" - mit Deinem Ego - verbinden muss".

So paradox es auch klingen mag, ein Ego, das die „dunklen Seiten" anerkennt und weiß, wozu man alles im Stande sein kann, ist stärker und besser ausgerüstet als eines, das in dem falschen Glauben lebt, makellos zu sein. So wie die Fluglotsen besser eingreifen und Unfällen vorbeugen können, wenn sie die Grenzen des Systems und andere Störfaktoren kennen, verhält es sich auch mit unserem Ego. In dem Maße, wie wir uns unseres Schattens bewusst sind, sind wir auch besser im Stande, Entscheidungen zu treffen, die tatsächlich unsere eigenen Entscheidungen sind. Dadurch werden wir weniger emotionell reagieren und harmonischer leben können.

Unser Schatten kann auch eine sehr helle Seite verkörpern. Wenn bestimmte Gaben und Talente in einem schlummern, die man noch nicht entwickelt hat, gehören auch sie zum Schatten des persönlichen Unbewussten. Viele Menschen, die unter einem Mangel an Selbstvertrauen leiden, tragen in sich den Schatten einer inneren Kraft! Auch diese wird nach außen projiziert und geht mit bestimmten Gefühlen einher. Dieser Schatten äußert sich, indem man jemanden anhimmelt oder verehrt, der Stärke oder Selbstvertrauen ausstrahlt. Dabei ist man nicht wirklich im Stande zu erkennen, dass der andere auch nur ein Mensch mit Zweifeln ist. Man selbst hält ihn für einen Guru, einen Führer, ein Ideal, das einem unerreichbar erscheint. Nichts ist weniger wahr als diese Illusion. Die Tatsache, dass einen dieser Mensch so fasziniert, ist geradezu ein Fingerzeig dafür, dass in einem selbst eine ähnliche Kraft schlummert, die zu gerne „erwachen" und eine Verbindung mit dem Ego aufnehmen möch-

te. Das heißt nicht, dass man genau dasselbe darstellen muss wie diese Person. Sie hält einem nur den Spiegel vor und reflektiert, was auch in uns angelegt ist und auf ganz eigene Art entwickelt werden muss.
Ein Schatten kann daher sowohl dunkel als auch hell sein, er hat aber immer mit einer nicht gelebten Seite in uns zu tun, mit einer Entscheidung, die wir nicht getroffen haben, mit Talenten und Gaben, die wir zwar nicht entwickelt haben, die aber zu uns gehören, und mit den leidigen Charakterzügen, die wir in uns selbst nicht anerkennen wollen.

Yodfiguren, unaspektierte Planeten und der Schatten

Wenn in einer Familie über mehrere Generationen die gleichen Themen verdrängt oder überkompensiert zum Ausdruck gebracht wurden, und auf Grund dessen ins Ungleichgewicht gerieten, können wir tatsächlich von einem kollektiven Schatten dieser Familie sprechen. Schlagen sich viele Familienmitglieder mit den gleichen Probleme herum und verdrängen dieselben Dinge, werden sie alle negative Gefühle empfinden, wenn sie ihren Verdrängungen in der Projektion begegnen. Und genau hier drückt bei Yodfiguren und unaspektierten Planeten der Schuh. Das Kind, das mit einem Yod oder einem unaspektierten Planeten geboren wurde, bringt das Problem innerhalb der Familie ans Licht, das, was die meisten Familienmitglieder über mehrere Generationen hinweg verdrängen wollten. Ein solches Kind ruft bereits Emotionen und Reaktionen hervor, ohne dass es irgend etwas getan haben muss – das geschieht ganz automatisch!
Solche Reaktionen können äußerst extrem ausfallen. Familienmitglieder, die ihre eigenen Probleme noch kräftig verdrängen, werden das Suchen und Tasten des Kindes, die Unsicherheit, die es im Bereich ihrer verdrängten Wesensanteile auslöst, nicht ertragen, und wehren sich dagegen, mit ihren eigenen Problemen konfrontiert zu werden. Sie brauchen sich dessen nicht einmal bewusst zu sein, weil all das sehr tief verdrängt wurde. Dieses Kind ruft nun nichts als Ärger hervor, es kann in den Augen jener anderen nichts gut genug machen. Ist die Projektion sehr stark (entsprechend der Schwere des Problems dieses Familienmitglieds), wird diesem Kind sehr viel an Negativität unterstellt und es wird mit einer abwehrenden Haltung konfrontiert. Man schiebt ihm möglicherweise die Schuld für etwas zu, womit es nun wirklich nichts zu tun hat. Das betreffende Familienmitglied kann sich ein wenig von seiner inneren Spannung befreien, indem es dem Kind diese Gefühle auflädt. Es ist eben einfacher, anderen die Schuld für seine innere Unruhe zuzuschieben, als in sich selbst danach zu suchen.

Andererseits kann es aber auch Familienmitglieder geben, die sich selbst schon mit diesem Thema beschäftigt haben. Vielleicht hatten sie noch nicht den Mut, Schritte zu unternehmen, um ganz sie selbst zu werden. Grundsätzlich wissen sie aber um das Problem und die inneren Prozesse, selbst wenn man in der Familie darüber nicht sprechen kann. Diese Menschen werden erkennen können, wie sehr das Kind mit einem Yod oder einem unaspektierten Planeten mit besagtem Thema zu kämpfen hat und werden auf eine andere Weise von dem berührt, was das Kind nach außen zeigt. Möglicherweise werden sie das Kind auf Händen tragen und vielleicht sogar anhimmeln oder überbewerten. Der Grund dafür ist, dass dieses Kind das tut, was sie sich selbst „nicht getraut haben". So läuft das Kind mit einem Yod oder einem unaspektierten Planeten Gefahr, von der einen Seite die negative und von der anderen die positive Schattenprojektion zugewiesen zu bekommen. Dazu gehören dann auch die entsprechenden Bewertungen und Haltungen. Das Kind wird spüren, dass es einerseits nichts recht machen kann und heftig zurückgewiesen wird, dass es aber andererseits in den Himmel gehoben und als etwas Besonderes angesehen wird. Das sind nun sicher keine guten Bedingungen, um eine ausgewogene Sichtweise über sich selbst zu entwickeln und ein stabiles Ego aufzubauen. Das ist auch einer der Gründe, warum Yodfiguren und unaspektierte Planeten mit soviel Unsicherheit gepaart sind. In solchen Fällen ist es für das Kind wirklich lebensrettend, wenn die Eltern begreifen, was sich da abspielt, und sich selbst bereits mit der Verarbeitung der Familienproblematik befassen. Wie ich schon oben erwähnt habe, ist es möglich, dass die Eltern mit sich selbst und der Familienproblematik schon ziemlich im Reinen sind und trotzdem ein Kind mit einem Yod oder einem unaspektierten Planeten bekommen. Es geht aber überhaupt nicht um die Frage, ob sie das Problem nicht gut genug gelöst haben; hier sind größere Mächte am Werk. Es sieht so aus, als wäre da eine umfassendere Familiendynamik zugange, die auf eine definitive und unwiderrufliche Veränderung des Musters ausgerichtet ist. Das Kind, das mit einem Yod oder einem unaspektierten Planeten auf die Welt kommt, markiert den Wendepunkt, und es kann dabei eine einzigartige und positive Rolle spielen. Wenn es die Botschaft aber negativ aufgreift, kann es auch psychisch daran zerbrechen.

Wenn Eltern begreifen, was vor sich geht, können sie ihrem Kind durch Verständnis und Hilfe einen sicheren Schutz bieten, wodurch es lernt, mit den extremen Ausdrucksformen der Projektionen umzugehen, denen es begegnet. Dann kann ein solches Kind sicherlich eine glückliche Jugend erleben und sich sicher fühlen. Das ändert aber nichts daran, dass es als persönliches Lebensthema die „Wendepunkt-Vorstellung" in sich trägt. Sein Leben lang wird es immer wieder in Situationen geraten, in denen es mit einer Veränderung oder einen Wendepunkt konfrontiert wird.

Dieser Prozess schlummert allerdings unter der Oberfläche und ist so wenig entwickelt, dass er niemandem bewusst ist. Wenn eine solche Person Mitglied eines Betriebes, einer Gruppe oder einer Familie wird, hat sie teil an einem Prozess, der weit größere Folgen hat, als irgend jemand überblicken könnte. Die aufkommende Unruhe bringt bei den meisten Teilnehmern an diesem Prozess eine Menge Schattenprojektionen ans Licht, sowohl dunkle als auch helle; immer ist das, was sich da abspielt, äußerst kompliziert und schwierig. Da der Schatten allerdings gerade durch diese Projektionen ans Licht kommt, kann er integriert werden, so dass ein positiver Neubeginn möglich wird.
In den meisten Fällen spielen sich solche Prozesse eher im kleinen Rahmen ab, manchmal allerdings auch in einem größeren. Dann trägt derjenige mit einem Yod, einem unaspektierten Planeten oder einem Duett dazu dabei, einen kollektiven Schatten sichtbar zu machen, mit all der Unruhe, die damit einhergeht. Die Verwicklungen in der Affäre zwischen Clinton und Monica Lewinsky dienen uns hier als Lehrbeispiel. Das Venus-Saturn-Duett von Monica Lewinksy wurde zum Mittelpunkt der Entschleierung des Schattens der USA, der im Zusammenhang mit Sexualität steht.

Wie oben beschrieben, hat der Schatten eine persönliche Seite. Er reicht aber noch wesentlich tiefer. Der Schatten ist auch ein Archetypus, das heißt, er verkörpert eine allgemein menschliche Dynamik, eine Urtriebfeder mit enormer Kraft. Jeder Mensch trägt, ungeachtet seines Bewusstseinsstandes, in den Tiefen seines (kollektiven) Unbewussten den Archetypus des Schattens in sich, einfach aufgrund der Tatsache, dass er ein Mensch ist. Auf Grund dessen hat er die Fähigkeit, Böses und all die Dinge zu tun, die er und/oder seine Kultur ablehnt und vermeidet. Das heißt aber nicht, dass er das aktiv betreiben wird! Jung hat immer wieder betont, dass man nur durch die Konfrontation mit dem eigenen Schatten dem Archetyp des Bösen fernbleiben kann. Identifiziert man sich nämlich nur und ausschließlich mit dem „Wahren“ und „Guten“ und hat keinen Blick für die bösen Züge und das Schlechte in sich selbst, ist man sehr empfänglich für Durchbrüche des archetypischen Schattens. Dann sät man in sich selbst und in der Umgebung Böses, und kann selbst unter dem Vorwand des „Guten“ die schrecklichsten Dinge anrichten. Der Schatten wird einen bedrohen und versuchen, einen aus dem Gleichgewicht zu bringen. Davon zeugen auch die zahllosen Geschichten über Heilige; wurden sie nicht immer wieder durch die schrecklichsten Bilder und Visionen gequält und immer wieder verführt? Aufgrund ihres ausgeprägten Strebens nach Reinheit, einer Entscheidung ihres Egos, wurde auch der

Schatten des Makels im Unbewussten aktiviert, womit sie sich dann konfrontiert sahen.
Wenn ein Mensch den Kontakt zu seinem persönlichen Schatten verliert, läuft er eher Gefahr, sich mit einer Ideologie zu identifizieren, die absolute Gültigkeit oder Wahrheit beansprucht. Auch hier zeigt sich ein deutlicher Mangel an Humor; nichts wird relativiert. Es spielt keine Rolle, in welche Richtung diese Ideologie tendiert, sie kann religiöser, politischer oder auch ganz anderer Natur sein. Worum es geht, ist, dass eine Invasion „absoluter“ Kräfte vom Ego Besitz ergreift, wodurch der Mensch seine Menschlichkeit verliert. Er büßt seine Individualität ein und wird zum Sprachrohr einer Idee oder eines Ideals. Er wird immer wieder zu dem Entschluss angetrieben, alles, was sich im Widerspruch zu diesem Ideal befindet, anzugreifen und eventuell aus dem Weg zu räumen. Auf diese Weise verursacht er viel Leiden; aber auch er selbst leidet. Da dieser Mensch aber unbewusst spürt, dass er auf dem falschen Weg ist, gerät er in Unruhe, wird unsicher und ängstlich. Wenn er nicht begreift, womit all das zu tun hat, wird er die Ursache auf die Gegner seines Ideals projizieren und noch strenger werden. Er wird zum Verfechter des „Guten“ und tritt unter diesem Vorwand lautstark auf und verursacht viel Böses. Dieser Prozess kann sich im kleinen Rahmen abspielen, beispielsweise in einer Familie, in der ein Elternteil oder beide der Konfrontation mit dem eigenen Schatten ausweichen und einem absolutistischen Ideal in die Hände fallen und sich selbst, ihren Kindern und ihrer Umgebung jeden Millimeter Freiraum verweigern. Und all das im Namen des Guten! Im größeren Rahmen kann sich so etwas auf dem Niveau einer Nation oder einer religiösen Bewegung abspielen.

Spielen sich solche Prozesse im Großen ab, erleben die Menschen, die sich nicht an die Gegebenheiten anpassen können, all das als sehr schwierig und schmerzhaft – Menschen also, die ihren eigenen Weg suchen und deren Individualität dringend nach einer anderen Ausdrucksform verlangt. Solchen Menschen wird der kollektive Schatten regelrecht auf den Leib geschrieben, sie werden zu Dissidenten einer Nation oder zu Sündern in den Augen einer bestimmten Bewegung.
Natürlich können mehr als genug Menschen ohne ein Yod, Duett oder einen unaspektierten Planeten zum Dissidenten werden und Projektionen einer Nation oder Gruppe abbekommen. Darum geht es im Grunde genommen auch nicht. Was mit Yodfiguren, unaspektierten Planeten und Duetten passiert, wenn sie auf einem solchen Kampfschauplatz erscheinen, ist, dass um ihre Person so viel Wirbel entsteht, ob nun gewollt oder nicht. Sie werden Teil eines gesellschaftlichen Prozesses, der wesent-

lich größer und eingreifender ist, als sie selbst überblicken und erkennen können. Auf die eine oder andere Weise werden sie zum Katalysator. Die Möglichkeit, Geschichte zu machen, ist daher auch größer. Beispiele sind u.a. Khomeini (Yod Merkur-Venus-Uranus, siehe S. 128), Havel (unaspektierter Merkur = Herrscher von 8, und Pluto unaspektiert, siehe Kapitel 4, S. 80), Gandhi (unaspektierter Merkur = Herrscher von 8, siehe S. 129) Alexander Solschenyzin (Duett Merkur-Pluto, unaspektierter Jupiter und Neptun, siehe S. 129). Was auffällt, ist die große Wende, die sie im Laufe ihres Lebens erlebten, beispielsweise den Aufstieg vom Dissidenten zum Präsidenten! Gerade, weil der Mensch mit einem Yod und unaspektierten Planeten einen inneren Zwang verspürt, seinen eigenen Weg zu gehen und selbst Antworten auf tiefgreifende Fragen zu finden, fällt es ihnen sehr schwer, sich an Strömungen und „–ismen“ anzupassen. Das Paradox ist, dass sie bei einer negativen Entwicklung selbst zu einem „–ismus“ werden. Die Bedingung, zum positiven Katalysator zu werden, ist der Mut, bewusst bei der eigenen inneren Stimme zu bleiben. Ansonsten droht man zum Spielball in einem grotesken Spiel zu werden. Dann wird man aufgrund der eigenen Unbewusstheit und seiner eigenen, aber auch der Handlungen anderer, wesentlich schneller zum Opfer; wie wir in den Fällen von Monika Lewinksy und der Ehe von Prinz Charles und Prinzessin Diana sehen konnten.

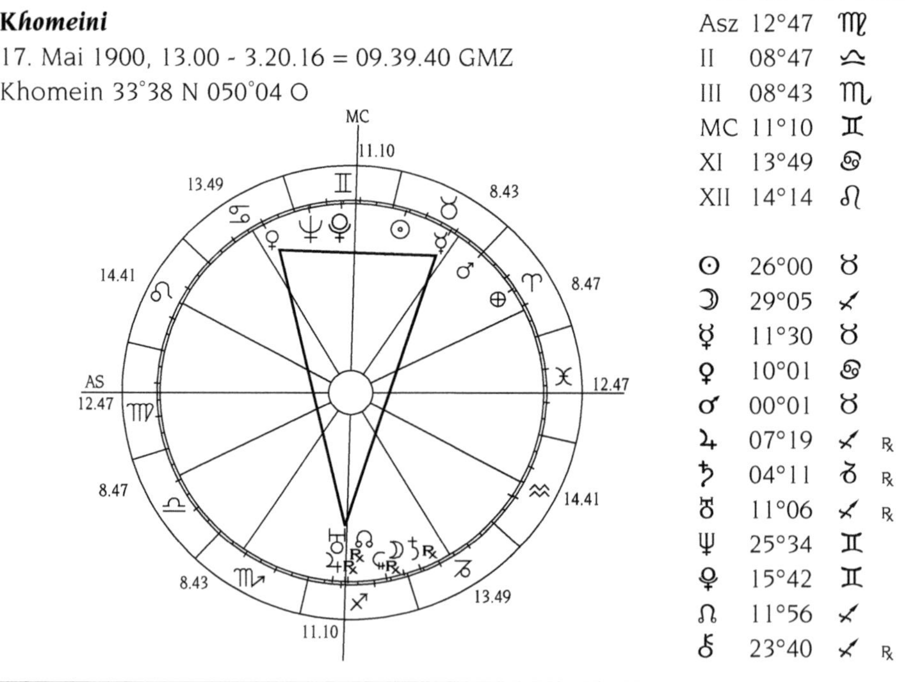

Khomeini

17. Mai 1900, 13.00 - 3.20.16 = 09.39.40 GMZ

Khomein 33°38 N 050°04 O

Asz	12°47	♍	
II	08°47	♎	
III	08°43	♏	
MC	11°10	♊	
XI	13°49	♋	
XII	14°14	♌	
☉	26°00	♉	
☽	29°05	♐	
☿	11°30	♉	
♀	10°01	♋	
♂	00°01	♉	
♃	07°19	♐	℞
♄	04°11	♑	℞
♅	11°06	♐	℞
♆	25°34	♊	
♇	15°42	♊	
☊	11°56	♐	
⚷	23°40	♐	℞

Mahatma Gandhi

2. Oktober 1869, 07.33 - 4.38.24 = 02.54.36 GMZ
Portbandar, India 21°40 N 069°40 O

Asz	01°30	♏
II	00°42	♐
III	20°12	♑
MC	13°09	♌
XI	03°12	♍
XII	25°11	♎
☉	18°31	♎
☽	21°50	♌
☿	03°23	♏
♀	22°43	♏
♂	22°58	♏
♃	13°34	♉ ℞
♄	28°15	♐
♅	24°23	♋
♆	09°06	♈ ℞
♇	05°56	♉ ℞
☊	12°48	♌
⚷	28°57	♈ ℞

Aleksandr Solzjenitsyn

11. Dezember 1918, 08.39 GMZ
Kislovodsk 44°01 N 042°44 O

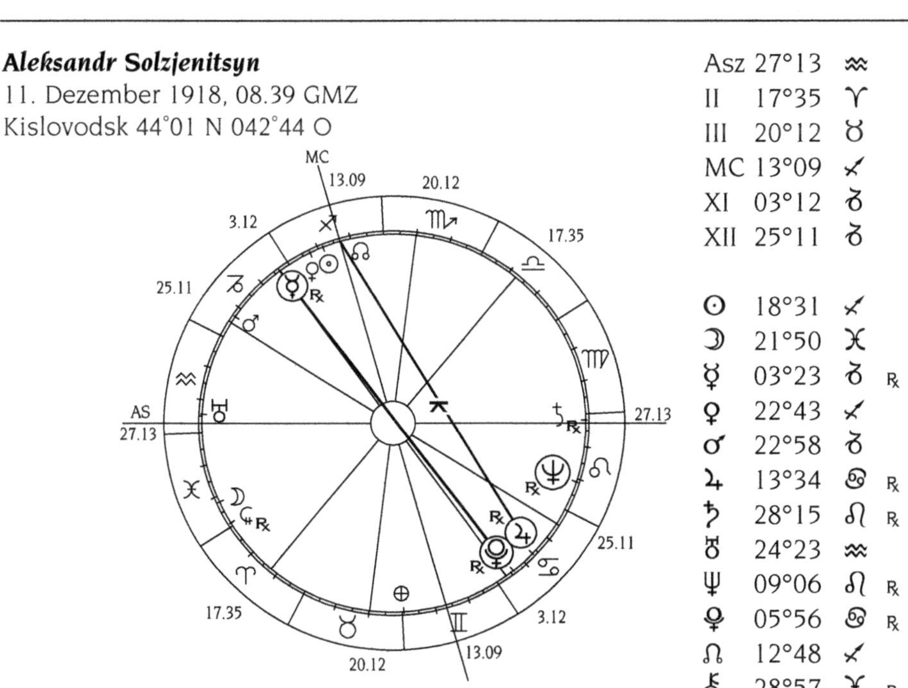

Asz	27°13	♒
II	17°35	♈
III	20°12	♉
MC	13°09	♐
XI	03°12	♑
XII	25°11	♑
☉	18°31	♐
☽	21°50	♓
☿	03°23	♑ ℞
♀	22°43	♐
♂	22°58	♑
♃	13°34	♋ ℞
♄	28°15	♌ ℞
♅	24°23	♒
♆	09°06	♌ ℞
♇	05°56	♋ ℞
☊	12°48	♐
⚷	28°57	♓ ℞

Wenn man es als Träger einer Yodfigur oder eines Duetts mit dem kollektiven Schatten zu tun bekommt, wird man mit Bewertungen konfrontiert, die nicht gerade sanft ausfallen. Wie diese Menschen beurteilt werden und welcher Anti-Propaganda sie ausgesetzt sind, ist oft zu grotesk und übertrieben, um auch nur einigermaßen gerechtfertigt zu sein. Man kann sich also zu Recht fragen, womit man das verdient hat. Es wird einem viel mehr Böses angedichtet als angemessen. Trotzdem muss man lernen, auf die eine oder andere Weise damit umzugehen – dieser Prozess ist einfach Teil des Lebens. Natürlich wirft das philosophische Fragen auf, was Gut und Böse eigentlich ist und warum all das auf diese Weise verläuft.

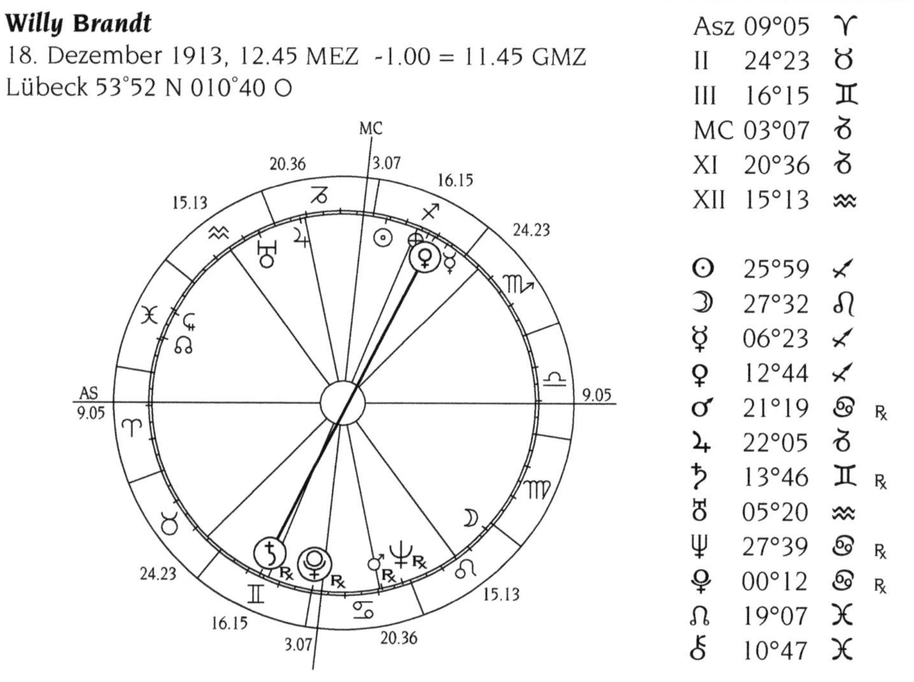

Bei diesen Problemen übersehen wir allzu leicht, dass das Durchbrechen des kollektiven Schattens auch viele positive Seiten in sich birgt. Jede Gesellschaft und jede Kultur hat Merkmale, die entweder als erwünscht oder als unerwünscht erachtet werden. Die unerwünschten Charakterzüge werden daher von den meisten Menschen einer Kultur verdrängt und ins Unbewusste abgeschoben. Jeder Mensch besitzt aber einen eigenen Charakter und somit einen eigenen Schatten. Hätten wir diesen Schatten nicht, würden wir in vollkommener Übereinstimmung mit den Wünschen und

Meinungen der Gesellschaft leben, was auf den Tod unserer Individualität hinausliefe. Die helle und positive Seite des Schattens verhilft uns im Großen und Ganzen dazu, einen Ausweg aus schwierigen Situationen zu finden, in denen wir uns wie Marionetten verhalten. Wir werden nämlich zwangsläufig zu Marionetten, wenn wir nur noch angepasst funktionieren – einmal abgesehen von dem Problem, dass wir von unserer inneren Struktur her nicht wirklich so sind. Es besteht die Gefahr, dass sich Menschen in hohen gesellschaftlichen Positionen befinden, die vollständig der Ideologie dieser Gesellschaft verhaftet sind, sich völlig damit identifizieren und blind gegenüber deren Schattenseiten sind, oder die die fehlerhaften Seiten dieser Ideologie vehement bestreiten. Täten sie das nicht, wären sie ihre Position und ihre Identität los.

Solche Menschen sind nicht mehr in der Lage dazu, moralisch zu handeln. Sie folgen buchstabengetreu dem Gesetz und sind zu unmenschlichen Taten fähig, nur um die Ideologie aufrechterhalten zu können. Sie sind abhängig davon geworden, ihre Person im Außen bestätigt zu wissen, und verkörpern nur noch die Rolle, die sie auf dieser Bühne spielen. Sie haben überhaupt keinen Kontakt mehr zu ihrem Schatten, dem Ort, an dem sich die nicht gelebten Inhalte ihres Selbst befinden. Die Folge ist, dass sie immer mehr mit Invasionen dieser „absoluten Mächte" aus dem Unbewussten zu tun bekommen können. Mit diesen Menschen ist dann kaum noch zu reden und zu diskutieren, und eigentlich auch nicht mehr zu leben. Das Individuelle ihrer Persönlichkeit ist verschwunden.

Ausgerechnet unser Schatten schützt uns vor einem solchen Szenario. Die Funktion des Schattens, wie unbequem er auch sein mag, besteht gerade in der Erhaltung des Lebens, der Erhaltung unserer Individualität. Menschen, die mit ihrem Schatten konfrontiert wurden und ihn integrieren konnten, werden menschlicher und ausgeglichener; sie können angepasster reagieren. Gemeint ist nicht kritiklose Anpassung, sondern eine bewusste Entscheidung - ohne die Dinge zu verdrängen.

Es ist der Schatten, der sich gegen bestimmte Regeln und Gesetze auflehnt und sich gegen Begrenzungen, Normen und Tabus zur Wehr setzt. Deshalb bleibt keine Gesellschaft so, wie sie ist. Wenn bei genügend Individuen Werte an die Oberfläche drängen, die bis dahin zum Schatten dieser Gesellschaft gehörten, muss die Gesellschaft sie anerkennen und sich verändern.

So wie ein Kind Phasen durchläuft, in denen es sich gegen die Eltern abgrenzt, um seine eigene Individualität zu finden, müssen auch Individuen eines größeren Ganzen in einem bestimmten Moment Regeln durchbrechen, damit die Gesellschaft lebendig bleiben kann. Echte Erneuerung und Veränderung erfordert oft das Überschreiten von bis dahin als heilig betrachteten Grenzen. Manchmal müssen Gesetze übertreten werden, um eine Erneuerung zu ermöglichen oder um neuen kreativen Initiativen zur Entwicklung zu verhelfen.

Der Schatten muss uns dann nicht mehr in Situationen bringen, in denen wir fahrlässig handeln oder getadelt werden. Im Gegenteil, die Integration des Schattens kann uns dazu ermutigen, wir selbst zu werden und für das einzutreten, was uns wichtig ist. Das gibt uns die Möglichkeit, auf Signale bestimmter gesellschaftlicher Entwicklungen zu achten, die in die falsche Richtung laufen. Die bewusste Entscheidung, inwieweit man sich darauf einlassen will oder ob es besser ist, Widerstand zu leisten, liegt dann bei einem selbst. Setzt man sich zur Wehr, passt man sich nicht mehr an und wird zum Wegbereiter für etwas völlig Neues in der Gesellschaft, im Großen oder im Kleinen.

Genau hier finden wir oft unaspektierte Planeten und Yodfiguren im Horoskop. Diese Menschen kämpfen in ihrem Selbstfindungsprozess wesentlich mehr mit moralischen und ethischen Problemen als der Durchschnittsmensch. Yodfiguren und unaspektierte Planeten bieten nämlich keine wirkliche Unterstützung an und geben auch keine Antworten auf ein Problem. Sie sind lediglich Bestandteil der Wendepunkt-Situation. Die Handlungen, die man vollbringt – oder bewusst unterläßt – können auf längere Sicht tatsächlich enorme Folgen haben. Der Mensch mit dem Yod oder dem unaspektierten Planeten erhält dafür längst nicht immer ein Dankeschön, er läuft sogar Gefahr, nicht verstanden zu werden. Bei Willy Brandt war das beispielsweise der Fall (er war nach dem Kalten Krieg Bürgermeister von West-Berlin und anschließend Bundeskanzler im ehemaligen West-Deutschland). Letztlich beschloss er, Deutschland zu verlassen und nach Schweden zu flüchten, weil er mit den gesellschaftlichen Entwicklungen im damaligen Hitler-Deutschland nicht mehr einverstanden war. Sein unaspektierter Pluto (Herrscher von 8) machte ihn besonders empfänglich für die unterschwelligen, dunklen Seiten und die Machtproblematik; er geriet innerlich in ein moralisches Dilemma (siehe sein Horoskop S. 130).

Diejenigen, die ihn nicht verstanden, verurteilten ihn und glaubten, er sei vor den Problemen geflüchtet, was aber in einem tieferen Sinn nicht den Tatsachen entsprach. So wie der Held im Märchen das eine Mal kämpfen muss und das andere Mal besser damit beraten ist, zu flüchten, verhält es sich auch bei Yodfiguren und unaspektierten Planeten. Immer wieder ist die Rede davon, mit dem Rücken zur Wand zu stehen und sich nur noch zwischen zwei Übeln entscheiden zu können. Dableiben ist schlecht und zu flüchten scheint auch nicht der richtige Weg zu sein. Was soll man aber in einer Situation tun, aus der es keinen Ausweg gibt? Wie wir gleich sehen werden, ist stillhalten und abwarten tatsächlich das beste Heilmittel.

Nun zurück zu den Prozessen im Kleinen, in denen sich ähnliche Szenen abspielen. Jung betonte, dass es für jeden Menschen von größtem Interesse ist, sich auf eine Weise zu entwickeln, die zu seinem Inneren passt und seinen Gaben und Talenten auch tatsächlich Raum geben kann, ohne sie zu unterdrücken. Selbst wenn diese Anlagen nicht ganz in die Umgebung hineinpassen, in der ein Mensch aufwächst oder in der er als Erwachsener funktionieren muss. Ein künstlerisch begabtes Kind in einer intellektuell geprägten Familie muss alle Möglichkeiten bekommen, seine künstlerischen Fähigkeiten zu entwickeln. Wenn dieses Talent unentwickelt bleibt, beginnt es, aus den dunklen Tiefen des Unbewussten heraus zu rebellieren. Wenn man seine Gaben und Talente im Schatten belässt, werden sie zu bösartigen Keimen, sowohl für einen selbst als auch für die Umgebung. Damit wird deutlich, dass wir da, wo ein bestimmtes Talent oder ein bestimmter Charakterzug mehrere Generationen lang unterdrückt wurde, die entsprechende Negativität erwarten können. Es ist das Kind mit der Yodfigur oder dem unaspektierten Planeten, das tatsächlich unbewusst und ungewollt den Schleier lüftet.

Auch im kleineren Rahmen treffen wir auf moralische Dilemmas, ethische Probleme oder Pattsituationen. Den inneren Drang, den man spürt und die Einsichten, die in einem aufsteigen, scheint oft nicht mit der Moral und der Sichtweise des Kollektivs übereinzustimmen – das geht sehr vielen Menschen so. Es scheint aber, als hätten Yodfiguren und unaspektierte Planeten eine Art Abonnement, die Dinge immer wieder ein bisschen anders zu sehen oder zu fühlen. Man kann in Situationen geraten, in denen man Dinge tun muss, die in der Familie, in der man aufgewachsen ist, als normal gelten oder mit kollektiven Moralvorstellungen übereinstimmen. Nur - für einen selbst stimmt das so nicht, man steht nicht dahinter. Was ist zu tun? Folgt man der Stimme der Allgemeinheit oder der eigenen? Aber hört man tatsächlich die *eigene* Stimme? Und wenn, woher soll man wissen, ob sie auch wirklich Recht hat? Lädt man sich mit seiner abweichenden Haltung nicht alle möglichen Probleme auf? Das sind typische Fragen, die auftauchen, wenn wir uns in einen solchen Konflikt verwickelt haben. Es gibt keinerlei Richtlinien, keine Sicherheit, keinerlei Halt für einen selbst. Wir spüren zwar von innen her sehr deutlich eine andere Sichtweise, fühlen aber ebenso Zweifel, Unruhe oder Unsicherheit. Es ist also ein Konflikt, ein reiner Konflikt über eine moralische und ethische Fragestellung, über die unsere Innen- und Außenwelt so verschieden denken, dass man in eine Pattsituation gerät. Eine klare Antwort ist einfach nicht möglich. Wie aber bereits Jung feststellte, tritt bei Menschen, die lange genug die Qualen ihres Konflikts erlitten haben, auf die eine oder andere Weise eine verborgene Entwicklung zu Tage, die ihnen ausreichend

Sicherheit gibt, auf dem eingeschlagenen Weg weiterzugehen. Dabei nehmen sie auch die Gefahr in Kauf, sich eventuell zu irren. Obwohl es vollständige Sicherheit niemals geben wird, ist es durchaus im Sinne Jung's, wenn man seinem eigenen Verhalten gegenüber kritisch bleibt. Um es mit anderen Worten zu sagen: man sollte sein Bestes tun, aber auch die Möglichkeit eines Irrtums niemals ausschließen. Wichtig ist, dass man mit ganzem Herzen, von innen heraus, das tut, wovon man fühlt, genau das tun zu müssen. Dann können auch besondere und kreative Fähigkeiten zum Durchbruch gelangen.

Wenn wir uns erinnern, wie man dem Bösen im Märchen begegnet, stellen wir fest, dass es immer um ein Paradox geht. Das eine Mal kann das Böse nur bekämpft werden, indem man aktiv dagegen angeht, das andere Mal scheint nur vollkommene Passivität oder Weglaufen möglich zu sein. In meiner Praxis habe ich immer wieder festgestellt, dass es bei „normalen" Konfliktaspekten in der Progression und im Transit eine wirksame Haltung ist, dem Bösen entgegenzutreten und sich mit ihm anzulegen. Bei Yodfiguren und unaspektierten Planeten gilt dies aber keineswegs! Bei beiden, vor allem aber bei Yodfiguren, muss man abwarten. Am vorteilhaftesten ist es, wenn wir das Schicksal einfach über uns ergehen lassen. Scheinbar geht es hier um ein passives Abwarten: Gegenaktionen vermeiden und auch den Streit nicht selbst aktiv beginnen. In unserer heutigen Kultur wird dieses Verhalten häufig falsch interpretiert. Man glaubt, es zeuge von zu wenig Mut oder es wird sogar als feige bezeichnet, und vieles mehr. Solche Bewertungen weisen aber auf ein Unverständnis für die Yod-Situation hin, bei der Handeln die Sache nur verschlimmert und neue Probleme verursacht. In solch einer Situation ist es tatsächlich das Beste, ruhig abzuwarten oder sich zeitweise zurückzuziehen. Mit einem Mangel an Mut hat das nichts zu tun, es ist im Gegenteil eine sehr kluge Haltung.

Es gibt also zwei Möglichkeiten, dem Bösen im Allgemeinen zu begegnen: in „normalen" Situationen aktiv, bei Yodfiguren und unaspektierten Planeten passiv. Märchen bieten uns übereinstimmend eine Haltung an, um aus den Schwierigkeiten herauszukommen: die Hilfe eines Tieres in Anspruch zu nehmen. Diesem Tier darf man niemals etwas Böses antun, sonst bekommt man Schwierigkeiten. In Träumen und Märchen stehen Tiere aus psychologischer Sicht für die Instinktnatur unseres eigenen Wesens. Sie ist ein Teil Natur in uns, eine Verbindung zu unseren Urinstinkten. Die Kraft unserer Instinktnatur kann uns aus unseren Problemen heraushelfen. Leider haben wir uns in unserer Kultur allmählich sehr stark von diesem Stück Natur in uns selbst entfremdet, und das bereits seit vielen Generationen.

Wir haben gesehen, wie Menschen mit Yodfiguren und unaspektierten Planeten in schwierigen Situationen zurechtkommen können. Situationen, in denen sie Auge in Auge mit dem Bösen konfrontiert waren, mit moralischen Dilemmas kämpfen mussten und sich immer wieder die Frage gestellt haben: „Warum muss das ausgerechnet mir passieren?“ Noch schmerzlicher ist so eine Situation, wenn ein Kind mit einem Yod alles Mögliche erleiden muss, beispielsweise eine ernste Erkrankung, oder ein anderes Dilemma, das der logisch denkende Verstand einfach nicht in Übereinstimmung mit dem bringen kann, „was das Kind verdient hat“. Es gibt Menschen, die solch ein Unglück als Strafe für begangene Missetaten in einem früheren Leben ansehen, und es als „eigenes Verschulden“ akzeptieren. Für diejenigen aber, die nicht an Reinkarnation glauben oder auf andere Weise mit diesem Gedanken umgehen, ist das keine Erklärung.

Das Kind scheint von der „Natur“ oder dem Schicksal auserwählt zu sein, die böse Seite des Lebens oder der Natur ans Licht zu bringen, ohne dass es selbst böse sein muss oder wirklich „dunkle“ Charakterzüge in sich trägt. Hier stoßen wir an eine Grenze, hinter der wir keine Fragen mehr stellen können, sondern Auge in Auge Gott gegenüberstehen; dem Leben, der Natur, dem Tao oder wie immer man es nennen will. Wir sind konfrontiert mit dem Allumfassenden, mit Gut und Böse, die zusammengehören wie Tag und Nacht. Für eine Kultur, die den Tod tabuisiert, ist es nahezu unfassbar und widerspricht jedem Gefühl von Gerechtigkeit, wenn ein Kind stirbt. Und doch habe ich eindrucksvolle Fälle von sterbenden Kindern erlebt, die in Träumen oder Zeichnungen, bereits bevor sie krank wurden, eine Reife bewiesen, die sehr ungewöhnlich war. Auch in der Fachliteratur finden wir eine Reihe an Beispielen, dass im Unbewussten dieser Kinder eine frühe Vorbereitung auf das nahende Ende stattfindet, noch bevor jemand auch nur vermuten könnte, was geschehen wird. Ebenso sieht man bei vielen Kindern eine sehr offene Annäherung an den Tod, wie das Buch „Morten 11 jaar“ sehr deutlich zeigt. Es ist so, als ob das Selbst des Kindes um seinen Lebenslauf weiß, und das Kind unbewusst auf den Sterbeprozess vorbereitet, damit es auch wirklich „bereit“ ist und keine Schwierigkeiten damit hat, mit dem nahenden Ende ins Reine zu kommen. Manche Kinder malen Bilder, auf denen sie Menschen mit deformierten Gliedmaßen darstellen, die später eine wichtige Rolle bei ihrer eigenen Krankheit zu spielen scheinen. Diese Bilder malen sie zu einem Zeitpunkt, wo noch alles in Ordnung zu sein scheint. (siehe u.a. Furth, a.a.O.).

Deshalb sind wir gezwungen, mit solchen Situationen anders umzugehen. Offenbar ist hier eine andere Ordnung oder eine andere Macht am Werk, eine Kraft, die unser Bewusstsein übersteigt. Ich denke, es wäre falsch, eine „menschliche Rechtfertigung“ hierfür finden zu wollen. Es ist eine Tatsache, die sich in der Natur widerspiegelt und zum Leben gehört; das müssen wir akzeptieren. Larry Dossey äußert sich in einer Analyse zu der Frage, warum Krankheit auftritt, folgendermaßen: *„Die übliche Antwort der westlichen Religionen lautet, dass Leiden eine Strafe Gottes für begangene Missetaten sind. Als Jesus aber einem Blinden begegnete, verneinte er diese Assoziation zwischen körperlichen Mängeln und Sünde. Er sprach: ‚Weder dieser Mann noch seine Eltern haben gesündigt, aber die Werke Gottes müssen in ihm sichtbar gemacht werden.‘ “*

Trotzdem gibt es zahllose Dinge, die wir nur sehr schwer akzeptieren können, und worüber wir aus dem Blickwinkel der westlichen Welt nicht gut sprechen können. Wie verhält man sich Kindern gegenüber, die misshandelt, mssbraucht oder psychisch abgelehnt werden - oder Kindern gegenüber, deren Beine von billig produzierten und im Boden versteckten Landminen weggerissen wurden? Wie begegnen wir Menschen, die im ehemaligen Jugoslawien auf brutale Weise von Haus und Hof vertrieben, verwundet oder durch einen Anschlag umgekommen sind. Das Böse, das uns hier begegnet, wiegt doch wesentlich schwerer, als das Opfer es „verdient“. Hier werden wir als Mensch mit dem Archetyp des Bösen konfrontiert, das von Menschen vollzogen wird, die vom „Bösen“ besessen sind und es in der Projektion ausleben – dieses Sündhafte im anderen sehen, anstatt es bei sich selbst zu erkennen. Unschuldige werden hier oft zum Bösewicht abgestempelt. Es ist heikel, hier noch ein Urteil über die Opfer zu fällen, oder zu behaupten, all das habe einen Sinn und sie könnten daraus lernen. Oft geht es hierbei um rationale Erklärungen, um das Geschehen erfassen und einordnen zu können. Wir kommen nicht umhin, uns klar zu machen, dass wir dies aus einer Bewusstseinshaltung heraus tun, die eng mit unserer Kultur verwurzelt ist und einfach nicht objektiv sein kann. Da es obendrein schauderhaft ist, Auge in Auge mit diesen abscheulichen Ausdrucksformen des Bösen zu stehen, erwächst das Bedürfnis, es so schnell wie möglich zu kategorisieren und zu benennen. Dabei besteht die Gefahr, dass wir die tatsächliche Tiefe und Intensität dieses Bösen verleugnen oder verdrängen. Indem wir uns aber eine Theorie zurechtlegen, sind wir mehr mit diesem Erklärungsmodell beschäftigt, als mit der Erscheinung selbst.

Solche Diskussionen wecken immer viele Emotionen, weil es um eine Konfrontation mit sich selbst geht und um die Erfahrung, wie man selbst mit diesen bitteren Begebenheiten, von denen man hört oder die einem vielleicht selbst widerfahren, umgeht. An dieser Stelle will ich nur beschreiben, welche Dynamik hier zum Tragen kommt. Man kann keine definitive Antwort auf die Ursachen für das archetypisch

Böse finden. Jede Kultur und jede religiöse Strömung hat dafür ihre eigenen Erklärungen und geht auf ihre eigene Art damit um. Worauf ich hinweisen will, ist, dass diese größere Macht einfach ein Teil des Lebens ist, wie abscheulich sie auch sein mag. Das ist einfach eine Tatsache, die man nicht beschönigen kann. Es steht auch fest, dass jeder Mensch seine eigene Meinung, und damit verbunden, seine eigenen Verdrängungen hat, ob er nun durch Religion und Kultur beeinflusst ist oder nicht. Ich schneide das Thema des Bösen deshalb an, weil ich viele Menschen mit Yodfiguren oder unaspektierten Planeten erlebt habe, die Opfer irgendeines Unheils wurden, das größer war, als sie es auch nur im entferntesten verdient hätten, und die sehr haben kämpfen müssen. Mit Recht kann man solche Geschehnisse als „Hiob-Situation" bezeichnen, wenn man aus einer aufrechten Lebenseinstellung heraus auf eine verrückte, manchmal sogar geradezu irrsinnige Art und Weise vom Schicksal geschlagen wird - unbegreiflich und nicht zu fassen. Trotzdem war es genau das, was diesen Menschen zustieß.
Übrigens möchte ich nachdrücklich darauf hinweisen, dass ganz sicher nicht alle Menschen mit Yodfiguren und unaspektierten Planeten so etwas erleben müssen. Und doch scheint es auf die eine oder andere Weise so, als gerieten sie eher in Situationen, die nicht mehr mit unseren üblichen Auffassungen von Gut und Böse übereinstimmen und die unserem Gerechtigkeitsgefühl völlig zuwiderlaufen. Was diesen Menschen zustößt, ist eine Konkretisierung unserer tiefsten Fragen über das Leben, über Gott und über Gut und Böse. Wenn wir wirklich den Mut haben, uns darauf einzulassen, können diese Fragen uns in unserem tiefsten Wesenskern berühren.
Ich habe auch erlebt, dass solche Erfahrungen, die Menschen mit einem Yod oder unaspektierten Planeten machten, später letztlich in einem anderen Zusammenhang zum Katalysator für neue Entwicklungen in einer Gruppe oder Gesellschaft wurden. Manchmal war die Person selbst Teil dieses Prozesses. In anderen Fällen war das nicht so, trotzdem hat die Situation, in die diese Person geriet, im Nachhinein einen Prozess in Gang gesetzt, der Veränderungen in größerem Maße erst möglich gemacht hat. So, als ob das große Übel, das sich herauskristallisierte und eine ganz bestimmte Person traf, letztlich den Beginn für neue Entwicklungen auslöste. Häufig scheint aber der Inhaber der Yodfigur oder des unaspektierten Planeten die Früchte selbst nicht mehr ernten zu können. Auch hier sieht es so aus, als ob diese Menschen eine Rolle bei einem wichtigen „Wendepunkt" spielen.
Bis heute scheint es mir nicht möglich zu sein, zu erkennen, ob jemand mit einem Yod oder einem unaspektierten Planeten in eine solche Situation geraten wird und wenn doch, weiß ich nicht, wie tiefgehend oder intensiv die Erfahrung sein wird. Was

ich aber weiß, ist, dass die Wahrscheinlichkeit, in solch eine Situation zu geraten, bei Yodfiguren und unaspektierten Planeten größer ist, und dass sie auf die eine oder andere Weise in größerem Maßstab oder in größeren Zusammenhängen einen Wendepunkt markieren. Die Dynamik, die in Gang gesetzt wird, überschreitet deren persönliche Grenzen; die Tragweite der Ereignisse erkennt man erst später.

Kapitel 8

Unaspektierte Planeten und zeitlich begrenzte Yodfiguren bei Progressionen und Transiten

Für Menschen mit einem Yod im Geburtshoroskop wird die Zeit, in der das Yod durch Progressionen oder Transite aktiviert wird, zu einer wichtigen Periode ihres Lebens. Oft sieht man sich zahlreichen Konfrontationen ausgesetzt, wodurch die Thematik der Yodfigur in den Vordergrund tritt. Selbst wenn das Geburtshoroskop kein Yod aufweist, kann sich auf Grund von Progressionen und Transiten zeitweise eines bilden. Dann wird man plötzlich mit einer Dynamik und Problematik konfrontiert, wie man sie nie zuvor erlebt hat, eine Erfahrung, die sehr tiefgreifend sein kann. Das ist mit Sicherheit nicht immer nur negativ. In vielen Fällen geht es um Wendepunkte und Einsichten, mit denen man nicht gerechnet hat, die aber immer schwierig und sehr unsicher sind. In einem späteren Kapitel werden wir uns hierzu einige Beispiele ansehen.

1. *Aktivierung bestehender Yodfiguren.*

Das Yod im Geburtshoroskop beinhaltet eine Reihe von Themen, die gleichzeitig schwierig aufeinander einwirken, aber auch gemeinsam eine Gabe oder ein Talent darstellen. Wenn ein wichtiger Transit, vor allem der langsamen Planeten (ab Saturn) stattfindet, wird sowohl die innere Unruhe der Yodfigur angekurbelt, als auch das Talent aktiviert. Derjenige mit der Yodfigur muss selbst dafür sorgen, dass er sich nicht nur mit der Unruhe der aktivierten Yodfigur identifiziert, sondern auch auf die Signale achtet, die auf seine Gaben oder Talente hinweisen. Oft sind diese Signale nicht unmittelbar und deutlich erkennbar, sie sickern vielmehr während des gesamten Prozesses immer mehr ins Bewusstsein. Wenn ein Jod aktiviert wird, sind Extreme zu erwarten. Einerseits hat man möglicherweise das Gefühl, nicht verstanden zu werden und mit sich nichts anzufangen wissen; „man weiß wirklich nicht mehr weiter". Andererseits können Dinge geschehen, die einen auf den Weg zur Selbstverwirklichung führen, ohne dass man das in diesem Moment erkennen könnte. Hier dienen kleine Dinge als Auslöser, beispielsweise beim Lesen eines Buches, das einem empfohlen wurde. Der Inhalt dieses Buches kann, im Nachhinein betrachtet, dem eigenen Leben eine Wende geben. Solange das Yod aber noch aktiviert wird, erkennt man das nicht.

Ein Beispiel: Bei einem Jungen, der das Gymnasium besuchte, aktivierte Pluto sein Radix-Yod. Der Junge hatte das Gefühl, sich innerlich in einem Vakuum zu befinden. Er wusste überhaupt nicht mehr, was er wollte und verfügte über keinerlei Motivation mehr. Da Pluto aufgrund seiner Rückläufigkeit längere Zeit über bestimmte Grade des Tierkreises hin und wieder zurücklief, hatte der Junge schon das ganze Jahr über mit inneren Spannungen und Unruhe zu kämpfen. Er blieb in der Schule sitzen und es schien, als wäre er nicht in Lage, irgend etwas zu lernen. Der Junge konnte nicht erklären, was los war, er verstand sich selbst nicht mehr. Zu jener Zeit gab es in seinen Lebensumständen keine Anknüpfungspunkte für seine Problematik, auch nicht aus der Sicht des Jungen. Er war verwirrt, ohne erkennbaren Grund offensichtlich in der Klemme zu sitzen. Pluto hat mit Verarbeitung zu tun, und aus Gesprächen mit seinen Eltern wurde deutlich, dass er auf der Grundschule von anderen Kindern gepiesackt worden war. Diese vergangenen Erfahrungen wirkten auf die eine oder andere Weise weiter und wollten verarbeitet werden. Daraufhin entschlossen sich seine Eltern, ihren Jungen in eine spezielle Therapie zu geben, die sich in den darauffolgenden Monaten auch auswirkte. Die Eltern redeten mit dem Jungen und unterhielten sich mit ihm über seine Lebensziele. Hatte er bestimmte Träume, was er einmal werden wollte? Wie sah er diese Dinge überhaupt? Seine Antworten blieben aber vage; er wusste es nicht so recht. Seit geraumer Zeit schon konnte er kein Interesse mehr für seine Hobbys aufbringen und er schien insgesamt demotiviert zu sein. Da er sich in der Vergangenheit für technische Dinge interessiert hatte, fragten ihn seine Eltern, ob ein Computer ihm vielleicht Spaß machen würde. Nicht nur zum Spielen, sondern um wirklich ernsthaft damit umgehen zu lernen. Der Grundgedanke war, dass ein Computer in der heutigen Zeit etwas ist, wovon ein Kind in Zukunft nur profitieren könnte. Dieser Vorschlag gefiel dem Jungen, und der Computer wurde gekauft. Im Nachhinein erwies sich diese Idee als Volltreffer. Es zeigte sich, dass er mit Hilfe der Therapie und der Beschäftigung mit dem Computer nicht nur seine Motivation und seine Lebensfreude zurückgewann, sondern auch, dass er sogar sehr talentiert im Umgang mit Computern war. Für ihn steht seitdem unumstößlich fest, was er einmal werden möchte. Anhand dieses Beispiels erkennen wir deutlich die Zwiespältigkeit, die mit der Aktivierung der Yodfigur einhergeht: schwierige Situationen oder Gefühle gehen mit dem Beginn einer neuen Entwicklung Hand in Hand. Die Entwicklung ist zwar noch nicht zu erkennen, aber sie ist bereits da. So etwas habe ich sehr oft erlebt: Wenn ein Jod bei Progressionen und Transiten Probleme aufwirft, ist die Lösung bereits im Keim vorhanden, wenn auch noch nicht sichtbar. Wenn aber die Wirkung der Progression oder des Transits vorbei ist, entfaltet sich die Lösung, ohne dass etwas Besonderes dafür getan werden müsste. Das einzige, was

erforderlich ist, ist, Augen und Ohren offen zu halten, um die Lösung auch wirklich wahrnehmen zu können. Fixiert man sich nur auf sein "Elend", sieht man den Beginn des Neuen nicht und kann sich folglich auch nicht weiterentwickeln. Gerade weil sich die Lösung von selbst ergibt, ist dies Grund genug, bei Problemen oder Rückschlägen keine starken Maßnahmen zu ergreifen. Das heißt nicht, dass man passiv bleiben und gar nichts mehr tun muss. Bei dem Jungen aus unserem Beispiel sehen wir ja, dass er sich einer Therapie unterzog und einen Computer bekam. Er selbst und seine Eltern haben der Situation „nachgegeben". Die Probleme wurden weder verleugnet, noch wurde nach einem Schuldigen gesucht. Sie versuchten auch nicht, gegen das, was sich ankündigte, zu kämpfen, sondern nutzten das, was sich ihnen als Basis anbot und fanden einen Weg, ohne irgend etwas erzwingen zu wollen. Der Computer wurde nicht angeschafft, um den Jungen in eine zukünftige Richtung zu „zwingen", sondern in der Hoffnung, dass er sich, wenn auch nur zeitweise, überhaupt wieder mit etwas beschäftigte. Es gab also weder große Erwartungen noch den Zwang, das Leben in irgendeine bestimmte Form pressen zu wollen. Es ging darum, etwas abzutasten, zu experimentieren, Dinge auszuprobieren, und sie gaben sich den Raum, abzuwarten, was das Leben noch zu bieten hätte. Genau darum geht es bei aktivierten Yodfiguren: Man kann etwas beginnen, das in diesem Augenblick wichtig erscheint, weiter darf man aber nichts erwarten. Möglicherweise wird das Gewählte zum Hilfsmittel, um aus der aktuellen Situation herauszukommen, das man später aber wieder aufgibt (in einem noch späteren Stadium greift man vielleicht noch einmal darauf zurück, und kann erst dann wirklich davon profitieren!). Manchmal sieht man aber auch bei einem aktivierten Yod, dass die Zukunft unmittelbar Form annimmt – allerdings erst im Nachhinein - während der Aktivierung der Yodfigur ist das noch nicht zu erkennen.
Der beste Weg, mit einem Yod umzugehen, ist, dem, was sich anbietet, nachzugeben, und ohne Zwang und große Erwartungen mit den Grundlagen, die einem zur Verfügung stehen, zu arbeiten. Also: Nicht kämpfen! Keinen Widerstand leisten, sondern versuchen, auf das zu reagieren, was man fühlt und Dinge tun, die sich gut und schön anfühlen. Diese Haltung gilt übrigens auch für zeitlich begrenzte Yodfiguren bei Progressionen und Transiten – ohne Yod im Geburtshoroskop.

Der Planet, der das Yod aktiviert, sagt schon das Nötigste aus. Bei dem Jungen war es Pluto, der im Transit hin- und wieder zurücklief; es ging also um ein Pluto-Thema, das dieser Problematik zu Grunde lag. Der Junge hatte schlimme Erfahrungen zu verarbeiten, was Pluto natürlich bei allen Aspekten mit sich bringt. Daher können sehr viele Kinder, die ihre Erfahrungen nicht so einfach verarbeiten können, zeitweise das Gefühl haben, zwischen zwei Stühlen zu sitzen. Bei einer Yodfigur handelt es sich aber oft um ein kaum greifbares Gefühl; es ist undeutlicher und schwerer zu fassen - das ist die negative Seite. Gleichzeitig besteht bei der Yodfigur eine größere Wahrscheinlichkeit, dass einem etwas über den Weg läuft, das einen Wendepunkt im Leben beschreibt - das ist die positive Seite. Dieser Wendepunkt kann durch eine freudige Erfahrung ausgelöst werden (bei dem Jungen war es das Geschenk eines Computers), aber auch durch ein negatives Ereignis, wodurch man beispielsweise auf unangenehme Weise in Beziehungsprobleme verstrickt wird, aus denen sich plötzlich neue Lebensansichten und eine neue Einstellung zum Leben entwickelt.

2. *Die Bildung von neuen Yodfiguren*.

Jedes Sextil im Horoskop ist ein potentielles Yod! Steht nämlich zeitlich begrenzt ein Planet auf der gegenüberliegenden Seite, bildet er zu den beiden anderen Planeten ein Yod, somit ergibt sich eine zeitlich begrenzte Yodfigur. Der sekundäre Mond und der Transit von Saturn laufen dreimal komplett durch den gesamten Tierkreis und bilden daher dreimal während eines Lebens mit jedem Sextil im Geburtshoroskop ein zeitlich begrenztes Yod – wenn man alt genug wird. Nun dauern Aspekte des sekundären Mondes nicht sehr lange, und auch ein Saturntransit ist, im Vergleich zu den langsam laufenden Planeten oder zu Progressionen, recht schnell wieder vorbei. Trotzdem können sie uns über Monate hinweg eine Yod-Erfahrung bescheren.

Auch aus einem Quinkunx im Geburtshoroskop kann leicht ein Yod werden, wenn ein Planet im Transit oder in der Progression an einer Stelle zu stehen kommt, von der aus er mit dem einen Punkt ein Sextil und mit dem anderen ein Quinkunx bildet. Das kann natürlich auch mit MC und AC in der Progression geschehen.

Ein dritter Punkt, auf den wir achten müssen, sind zeitlich begrenzte Sextile der langsam laufenden Planeten. Im Allgemeinen wird es als positive Tatsache angesehen, dass seit Mitte des 20. Jahrhunderts ein Sextil zwischen Neptun und Pluto am Himmel steht. Für gewöhnlich schauen wir uns aber nicht an, dass dieses „nette Sextil" auf seinem Weg durch den Tierkreis eine Yodfigur nach der anderen bildet. Nehmen wir beispielsweise Neptun in Schütze und Pluto in Waage. Diese beiden Zeichen stehen im Quinkunx zum Zeichen Stier. Wenn sich dieses Sextil allmählich im Tierkreis weiterbewegt, werden alle im Tierkreiszeichen Stier Geborenen nach und nach ein zeitlich begrenztes Quinkunx im Transit von Neptun einerseits und Pluto andererseits auf ihrer Radix-Sonne erleben. Da Merkur immer in der Nähe der Sonne steht, kommt er früher oder später auch noch an die Reihe. Mit anderen Worten, dieses Sextil am Himmel hat nachstehende Folgen:

- *Pluto in Löwe, Neptun in Waage*: alle in Fische Geborenen hatten ein Yod zu verarbeiten.
- *Pluto in Jungfrau, Neptun in Skorpion*: alle in Widder Geborenen hatten ein Yod zu ihrer Sonne.
- *Pluto in Waage, Neptun in Schütze*: alle in Stier Geborenen waren an der Reihe.
- Pluto in Skorpion, Neptun in Steinbock: alle in Zwillinge Geborenen hatten ein Yod.
- *Pluto in Schütze, Neptun in Wassermann*: alle in Krebs Geborenen sind an der Reihe.

Bei diesem letzten Fall geschieht plötzlich etwas anderes: zeitweise bildete Uranus zu Anfang von Wassermann ein Sextil zu Pluto in Schütze, während sich Neptun noch in Steinbock befand. Die Eigenart dieser Yodfigur veränderte sich und brachte eine große Beschleunigung mit sich. Das zeitlich begrenzte Yod, das die Menschen mit der Sonne (oder einem anderen Planeten) in den ersten Graden von Krebs zu verarbeiten hatten, war ein aktiveres, dynamischeres und unruhigeres Yod, als wenn Neptun daran beteiligt gewesen wäre.

Anhand der obigen Liste können wir erkennen, dass es nicht mehr lange dauert, bis der halbe Tierkreis im Lauf der Jahre aufgrund dieses Pluto-Neptun-Sextils ein Yod zu verarbeiten hat. Natürlich nicht nur diejenigen, bei denen die Sonne dort steht, sondern alle, die hier einen Planeten oder Punkt haben.

Das bedeutet, dass jeder Mensch in seinem Leben einige Male eine Yod-Periode erleben wird. Das trifft auf jeden Fall für den sekundären Mond und den Transit von Saturn zu. Wahrscheinlich werden aber auch einer oder mehrere Planeten oder Punkte in zeitlich befristete Yodfiguren einbezogen, beispielsweise durch das Sextil von langsam laufenden Planeten am Himmel.

Ein zeitlich begrenztes Yod scheint in der Praxis oft ebenso viele Turbulenzen und eine genauso starke Dynamik mit sich zu bringen wie das Yod im Geburtshoroskop – plötzlich findet man sich in den schwierigsten und schlimmsten Lebenssituationen wieder. Hat man allerdings kein Yod im Geburtshoroskop, wirkt sich ein zeitlich begrenztes Yod aber doch noch anders aus. Hier ist nämlich nicht die Rede von einem kollektiven Familienschatten und auch das gesamte Familienthema spielt nicht mit hinein. Solche Themen werden sich beim zeitlich befristeten Yod nicht weiter auswirken. Hat jemand ein Yod im Geburtshoroskop, das aktiviert wird, kann die verborgene Familienthematik auch eine Rolle spielen. Bei zeitlich begrenzten Yodfiguren ist das aber nicht der Fall.

Dieser Punkt sollte jedoch näher erläutert werden. Ich erlebe in der Praxis, dass Menschen, bei denen sich eine zeitlich begrenzte Yodfigur im Horoskop bildet, plötzlich

eine Reihe von Schritten unternehmen und ihren Unwillen abreagieren wollen. In dieser Zeit schrieben sie beispielsweise sehr böse Briefe an ihre Familie, woraufhin es zum Bruch mit bestimmten Familienmitgliedern kam. Bei einem zeitlich begrenzten Yod kann also auch ein Stück Familienproblematik und -thematik aufgedeckt werden, selbst wenn man im Geburtshoroskop kein Yod hat. Der Unterschied besteht darin, dass das Radix-Yod eine Familienproblematik beinhaltet, die schon seit mehreren Generationen besteht und sehr alt ist, während das zeitlich begrenzte Yod immer mit dem Ausfechten und Verarbeiten einer „jüngeren" Problematik zu tun hat. Ein „plötzlich" auftauchendes Yod erfordert auch eine etwas andere Deutungsweise, als wir sie bei der Aktivierung einer bestehenden Yodfigur anwenden. Bei einem bestehenden Yod bedeutet die Aktivierung, dass die Dynamik, die grundsätzlich vorhanden ist, nun deutlicher in den Vordergrund tritt, und zwar durch Umstände, die der aktivierende Planet anzeigt, oder durch Aktivitäten oder Situationen, die zu diesem Planeten gehören. Für die Deutung dieser Yodfiguren muss man daher auf die Deutung der Radix-Yodfigur zurückgreifen.
Aber auch bei einem neuen Yod werden wir mit der gleichen Dynamik konfrontiert wie sie bei Yodfiguren in Geburtshoroskopen gegeben ist; beispielsweise mit der Unruhe, die durch die gegenseitige Beeinflussung der drei unterschiedlich wirkenden Planeten entsteht. Die Ruhe ist dahin, es kann sich keine eindeutige Richtung herauskristallisieren und man gerät immer wieder in problematische oder schwierige Situationen. Die typische Unruhe ist hier ebenso gegeben wie bei einem Yod im Geburtshoroskop. Allerdings verschwindet sie völlig, sobald sich das Yod in der Progression oder im Transit auflöst, was sich manchmal wie ein „Erwachen aus einem bösen Traum" anfühlt. Wenn man kein Yod im Geburtshoroskop hat, ist es schwieriger, mit dessen Thematik umzugehen. Die verunsichernden Gefühle, die Unklarheit, das Gefühl, mit dem Rücken zur Wand zu stehen sind einem völlig neu, man hat keine Hilfsmittel hierfür entwickeln können. Menschen, die mit einem Yod geboren wurden, lernen unmerklich durch Gewöhnung und eine andere Lebenseinstellung, mit diesen Energien und dieser Dynamik umzugehen. Erleben diese Menschen ein neues, zeitlich begrenztes Yod, ist auch dieses zwar sehr unangenehm, es löst aber keinen großen Schock mehr aus oder stiftet nicht soviel Verwirrung.

Ein zeitlich begrenztes Yod müssen wir in all seinen Bestandteilen analysieren. Beziehen Sie dabei die Radixpunkte ein, die am Yod beteiligt sind, beispielsweise ein bestehendes Sextil. Um welche Planeten handelt es sich? Wofür stehen sie? Wie sind Sie bisher damit umgegangen? Welche Erfahrungen haben Sie bisher in den Bereichen dieser Planeten gesammelt? Dabei sollten Sie nicht vergessen, dass jeder Planet auch

Herrscher eines Hauses ist. Welche Erfahrungen haben Sie mit den Lebensgebieten der Häuser, von denen die beteiligten Planeten die Herrscher sind? Diese Themen können einzeln, aber auch gemeinsam in ein zeitlich begrenztes, sehr verwirrendes Muster verwoben sein, das Ihr Leben sehr unruhig gestaltet. Der Planet, der das zeitlich begrenzte Yod im Transit oder in der Progression bildet, zeigt an, was die Unruhe auslöst oder „verursacht". Dabei kann es sich um ein psychisches Muster handeln, das zu diesem Planeten gehört, aber auch um eine Person, Situation oder Aktivität, die unter diesen Planeten fällt; oder um einen Umstand, der zu dem entsprechenden Lebensgebiet des Hauses gehört, von dem besagter Planet der Herrscher ist.

Wenn ein Sextil der langsam laufenden Planeten ein Yod bildet, sieht die Sache etwas anders aus. Dann haben wir es mit einer Energie im Geburtshoroskop zu tun, die plötzlich mit zwei verschiedenen Einflüssen konfrontiert wird, die in ein Spannungsverhältnis zu dem Planeten im Geburtshoroskop geraten. Da es sich für gewöhnlich um ein Sextil der langsam laufenden Planeten handelt, kann es um Themen gehen, die eine größere Gruppe oder die gesamte Gesellschaft betreffen, in die man nun selbst, aufgrund seines Planeten, hineingezogen wird. Ich habe mehrfach erlebt, dass die Aktivierung durch solch ein kollektives Sextil die betreffende Person in eine Situation hineinmanövrierte, worüber zu diesem Zeitpunkt innerhalb der Gesellschaft lebhaft diskutiert wurde, oder die bei bestimmten Gruppierungen als brennende Frage im Mittelpunkt stand. Ungewollt und ohne es zu bemerken, wurden diese Menschen Teilhaber eines Prozesses, der sich kollektiv auszuwirken begann.

Das „gestreckte" Yod

Hat man ein ziemlich exaktes Sextil im Horoskop, das sich sehr knapp innerhalb des Orbis befindet, wird der transistierende Planet bei einem zeitlich begrenzten Yod mit beiden Sextil-Partnern nahezu gleichzeitig ein Quinkunx bilden. Stellen Sie sich vor, Sie haben ein Sextil zwischen einem Planeten auf 23°15' Löwe und einem Planeten auf 23°55' Waage. Wenn nun ein Planet auf 23° Fische steht, bildet er gleichzeitig ein Quinkunx zu 23° Waage und 23° Löwe. Der Orbis, innerhalb dessen wir eine tatsächliche Aktivierung feststellen, beträgt 1°.

Es gibt natürlich eine Vielzahl von Sextilen, die nicht so exakt sind wie in diesem Beispiel. Stellen Sie sich nun einmal vor, Sie haben ein Sextil zwischen 20° Löwe und 23° Waage. Wenn dann ein Planet im Transit auf 20° Fische steht, bildet er ein Quinkunx zu dem Punkt in Löwe, aber noch nicht zu dem Punkt in Waage. Der Planet auf 20°

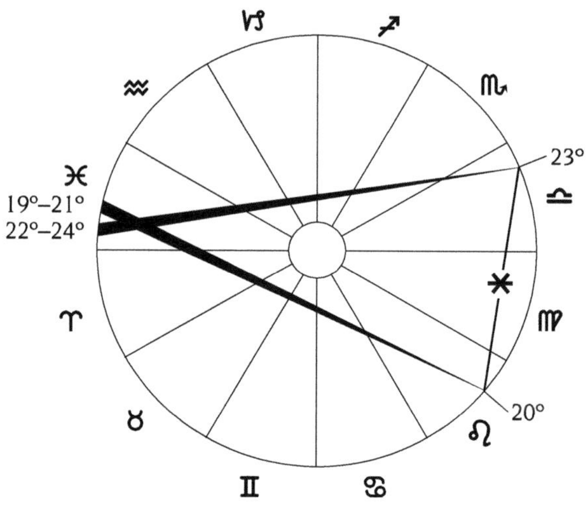

Fische könnte stationär sein und rückläufig werden, und erst später wieder den Punkt in Löwe, und noch später den Punkt in Waage aspektieren. Die Frage ist, ob es sich dann immer noch um ein Yod handelt. Ja, allerdings ist die Wirkung weniger ausdrucksstark. Die Intensität lässt in dem Maße nach, wie die Zeit zwischen der Aspektierung des einen und der Aspektierung des anderen Punktes allmählich verstreicht. Hierbei handelt es sich um ein „geteiltes" oder „gestrecktes" Yod. Die gesamte Periode, also vom Beginn der Aspektierung des einen Punktes bis hin zur Aspektierung des zweiten Punktes, der außerhalb des Orbis liegt, erhält eine Art Yod-Charakter, der natürlich am deutlichsten zu spüren ist, wenn eines der beiden Quinkunxe exakt wird. Wenn langsam laufende Planeten in diesen Transit einbezogen sind, oder langsam laufende sekundär-progressive Planeten, wirkt die Atmosphäre eines Yod noch Jahre später nach, allerdings schlummert sie eher im Hintergrund - wenn es zu dieser Zeit keine Aspekte innerhalb der Orben gibt. Nehmen wir wieder das Beispiel von 20° Löwe und 23° Waage, dann erleben wir eine Aktivierung dieses Yod-Typus, wenn ein Planet zwischen 19° und 21° in Fische angekommen ist (1° vor und 1° hinter dem exakten Punkt von 20° Löwe). Dann wird es etwas ruhiger, bis der Planet auf 22° Fische steht, weil er dann in den Orbis von 1° des Quinkunx mit dem zweiten Planeten gelangt ist. Seine Auswirkung wird spürbar sein, solange er sich zwischen 22° und 24° Fische bewegt (also 1° vor und 1° hinter dem exakten Punkt von 23° Waage).

Es ist möglich, dass dieser Planet, wenn er rückläufig wird, nur einen der beiden Sextil-Planeten aspektiert und nicht mehr beide. Die Praxis zeigt, dass die Yod-Wirkung

erst vorüber ist, wenn sich auch der letzte Aspekt definitiv außerhalb des Orbis befindet, ungeachtet der Frage, ob beide Planeten noch einmal aspektiert werden.
Jedes Mal, wenn sich ein Transit wieder innerhalb des Orbis befindet, wird das Thema der zeitlich begrenzten Yodfigur wieder auftauchen, und oft bringt jede nachfolgende oder wiederkehrende Aspektierung eine Fortsetzung dessen, was bereits aktuell war. Eventuell tut sich hinsichtlich der bereits bekannten Problematik auch ein neues Problem auf, oder die Frage erscheint in einem neuen Licht oder es ergibt sich im Hinblick auf die Thematik eine neue Entwicklung. Wesentlich seltener kommt es vor, dass sich plötzlich etwas ganz anderes ankündigt. In den meisten Fällen dreht es sich um die bereits bekannten Themen, allerdings können sich auch neue Blickwinkel oder andere Probleme in diesem Zusammenhang ergeben.

4. *Mehrere Yodfiguren gleichzeitig in Progression und Transit.*
Gehen wir von einem Sextil zwischen Merkur auf 6° Krebs und Venus auf 6° Jungfrau aus. Steht Uranus dann auf 6° Wassermann, bildet er ein Quinkunx sowohl zu Merkur als auch zu Venus; es entsteht also ein zeitlich befristetes Yod. Befindet sich nun zur gleichen Zeit Pluto auf 6° Schütze, bildet er ein Quinkunx zu Merkur, während Uranus seinerseits ein Quinkunx gebildet hat. Ein zweites Yod also. Hier sprechen wir von einer doppelten Yodfigur, bei der sich beide Yodfiguren eine Achse teilen. Die Yodfiguren sind:

Pluto-Uranus-Merkur und
Uranus-Merkur-Venus.

Wenn ein Punkt der Yodfigur eine Konjunktion bildet, haben wir es also mit zwei Yodfiguren zu tun. Ein Beispiel: Sonne und Merkur in Konjunktion in Krebs bilden ein Sextil zu Venus in Jungfrau. Bildet nun Uranus ein Quinkunx zu dieser Konjunktion einerseits und zu Venus andererseits, haben wir zwei Yodfiguren:

Uranus-Merkur-Venus und
Uranus-Sonne-Venus.

Nehmen wir noch den Plutotransit aus dem vorhergehenden Beispiel hinzu, bilden sich erneut zwei Yodfiguren:

Pluto-Uranus-Merkur und
Pluto-Uranus-Sonne

Wir sehen also, dass sich durch das Sextil zwischen Uranus und Pluto vier verschiedene Yodfiguren bilden, mit dem Sextil zwischen Sonne und Merkur in Krebs und Venus in Jungfrau. Diese vier Yodfiguren können gleichzeitig in Kraft treten, wobei jede ein ganz anderes Thema zum Ausdruck bringen kann.

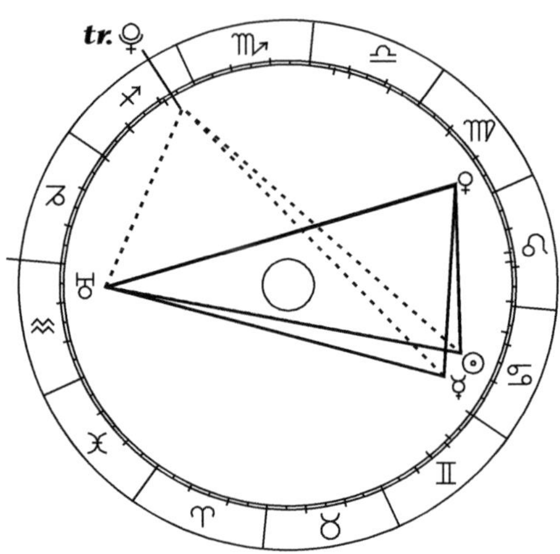

In einem solchen Fall kann also jemand zur gleichen Zeit mit vier verschiedenen schwierigen Situationen konfrontiert werden, allerdings auch ebenso vielen wichtigen Veränderungen entgegensehen!

Unaspektierte Planeten in Transit und Progression

Hat man einen unaspektierten Planeten im Horoskop, wird auch er bei Transiten und Progressionen Aspekte mit anderen Planeten bilden. Handelt es sich um einen schnell laufenden Planeten, beispielsweise um Merkur, dauern die Transite nicht sehr lange, manchmal nur einige Tage. Diese kurze Zeitspanne reicht natürlich nicht aus, um einen größeren Prozess in Gang zu bringen. Merkur in primärer oder sekundärer Progression hat allerdings genügend Zeit, sich auszuwirken, weil Progressionen länger andauern. Ist jedoch ein langsam laufender Planet wie Pluto unaspektiert, bemerkt man sehr wohl die entsprechenden Auswirkungen dieses Transits.

Wie wir sehen konnten, ist eines der wichtigsten Kennzeichen von unaspektierten Planeten, dass wir deren Inhalte noch nicht integriert haben. Jedes Mal, wenn ein zeitlich begrenzter Aspekt im Transit oder in der Progression mit diesem unaspektierten Planeten gebildet oder dieser Planet von einem anderen Planeten aspektiert wird, bedeutet das nichts anderes, als dass ein bestimmter Teil unserer Seele (der Planet, mit dem er einen zeitlich begrenzten Aspekt bildet) plötzlich mit der Energie des unaspektierten Planeten in Berührung kommt. Wir können also plötzlich unseren unaspektierten Planeten kennenlernen und erfahren, wie er sich auswirkt. Das heißt auch, dass wir prinzipiell, je älter wir werden, unseren oder unsere unaspektierten Planeten immer besser kennenlernen und dadurch auch lernen können, immer besser mit ihnen umzugehen. Das braucht Zeit, und doch ist ein kontinuierliches Wachstum in dem Maße gegeben, wie wir diese Planeten erkennen und sie uns vertrauter werden.

Wenn ein zeitlich begrenzter Aspekt gebildet wird, an dem ein unaspektierter Planet beteiligt ist, spüren wir anfänglich auch, dass wir mit den Extremen, die dieser Planet aufzeigen kann, konfrontiert werden können. Ich habe erlebt, dass dabei die verrücktesten Dinge geschehen, bei denen ich den Eindruck gewonnen habe, dass es keinen großen Unterschied macht, ob man es mit einem harmonischen oder disharmonischen zeitlich begrenzten Aspekt zu tun hat. Es scheint, als könnte dieser Planet plötzlich wie ein Teufelchen aus der Kiste springen und für Schrecken, aber auch für schöne Überraschungen sorgen. Ich habe miterlebt, dass Menschen mit harmonischen, zeitlich begrenzten Aspekten zu einem unaspektierten Planeten durch eigenes extremes Verhalten oder durch äußere Umstände in heftige Schwierigkeiten gerieten. Auf der anderen Seite konnten diejenigen mit zeitlich begrenzten disharmonischen Aspekten zu ihrem unaspektierten Planeten oft sehr positive Erfahrungen machen – Erfahrungen, die sie letztlich weiterbrachten. Daher neige ich auch dazu, zu behaupten, dass die Energie eines unaspektierten Planeten stärker ist als die Art des Aspekts, an dem er zeitweise beteiligt ist.

Deshalb ist die Vorhersage zukünftiger Tendenzen im Zusammenhang mit unaspektierten Planeten eine eher unsichere Sache. Natürlich wissen wir, welche Bereiche aktiviert werden, aber das Ergebnis ist ungewiß. Ich habe beispielsweise erlebt, dass Menschen mit einer unaspektierten Venus in der Zeit, als die Sonne in der Sekundärprogression im Aspekt zu ihr stand, geheiratet haben. Aber mit genau demselben Aspekt konnte ich miterleben, dass Ehepaare sich scheiden ließen, ohne dass das restliche Horoskop darauf hinwiesen hätte. Aber eines war ganz sicher: es ging um das Thema Beziehung. Die Unterschiede, die man hier erleben kann, sind allerdings sehr groß.

Seien Sie also vorsichtig, wenn es um eine solche Deutung geht, um so mehr, als sich auch Extreme auf eine Art und Weise zeigen können, die nicht vorhersehbar ist. So habe ich bereits mehrfach erlebt, dass Pluto-Transite – auch die harmonischen! – zu

einer unaspektierten Sonne oder einem unaspektierten Mond mit einer schwerwiegenden Krankheit einhergingen, deren Ursache auf eine fehlerhafte medizinische oder ärztliche Versorgung in der frühen Jugendzeit zurückzuführen war. In anderen Fällen zeigten sich genetische Probleme. Es ergaben sich immer Situationen, für die der Betreffende selbst nicht verantwortlich war, er das Problem nicht kannte und nichts zu dessen Lösung beitragen konnte. Hier geht es darum, die Sache durchzustehen, dem Geschehen nachzugeben und sich zu überlegen, wie man am besten mit dieser Krankheit umgehen kann. Übrigens handelt es sich nur sehr selten um eine verhängnisvolle Erkrankung. Auch hier scheint das Durchleben einer solchen Konfrontation häufig mit einer tiefgreifenden Veränderung der Lebenseinstellung gepaart zu sein, einer, die positiv erlebt wird. Verschiedene Menschen, die so etwas durchgemacht haben, erklärten viele Jahre später, dass sie sich gerade durch diese Konfrontation selbst haben finden können und erkannten, dass sie von jung an eine ihrer kreativsten Seiten unterdrückt oder nicht den Mut hatten, diese Seite zu leben. Es scheint, als sei ihre wahre Sonne erst aufgegangen, nachdem sie mit der Dunkelheit konfrontiert worden waren.
Im Laufe der Jahre, in denen ich selbst mit Yodfiguren und unaspektierten Planeten zu tun bekam, hat sich in mir nach und nach ein Bild entwickelt, wie man am besten mit Yodfiguren und unaspektierten Planeten in Progressionen und Transiten umgehen kann. Damit befasse ich mich im folgenden Kapitel.

Kapitel 9
Wie geht man mit Yodfiguren und unaspektierten Planeten um?

Wenn ein unaspektierter Planet zeitlich befristet ins Spiel kommt, oder eine Yodfigur im Geburtshoroskop einmal aktiviert ist, sei es nun ein im Radix aktiviertes Yod oder ein zeitlich begrenztes Yod in der Progression oder im Transit, geht man am besten folgendermaßen damit um:

1. *Sorgen Sie dafür, dass Sie wirklich den Mut aufbringen, Ihre Gefühle zuzulassen und zu erleben, allerdings ohne sich von ihnen überwältigen zu lassen.*

Unaspektierte Planeten und Yodfiguren gehen mit vielen Emotionen einher. Wie wir in den vorhergehenden Kapiteln gesehen haben, können sie Extreme mit sich bringen - von Euphorie bis hin zu tiefer Traurigkeit, von plötzlichen Einsichten bis hin zu Lethargie. Besonders die leidigen Gefühle, die wir in einer problematischen und schwierigen Situation erleben, wollen wir lieber nicht fühlen. Es ist schon schwierig genug, warum soll man sich noch mehr quälen, warum seinen Schmerz noch einmal so tief durchleben müssen? Bei aktivierten unaspektierten Planeten, besonders bei aktivierten Yodfiguren, neigen wir dazu, den Schmerz nicht mehr fühlen und erleben zu wollen, wir stecken die Gefühle weg oder relativieren sie. Eine Fluchtmöglichkeit besteht beispielsweise darin, das Erlebte in ein theoretisches Konzept zu packen, um es begreifen zu können. Auf diese Weise kann man sich mehr mit der Theorie als dem wirklichen Geschehen befassen.

Es zeigt sich, wie wichtig es ist, im direkten Kontakt zu seinem Gefühl zu stehen und damit auch im direkten Kontakt zu seinen Emotionen. Gerade dann erkennt man einen Mechanismus, mit dem man plötzlich den Schmerz durchbricht und etwas Neues geboren werden kann; so wie die Wehen bei einer Geburt neuem Leben vorausgehen. Wenn man versucht, den Schmerz zu verdrängen oder wegzurationalisieren, besteht die Gefahr, dass das Neue nicht oder verkrüppelt zur Welt kommt.

Es erfordert Mut, in einer Periode, in der man ohnehin mit dem Rücken zur Wand steht, wirklich zuzugeben, dass dem so ist und dass man nicht mehr weiter weiß – und sich auch einzugestehen, dass es in diesem Moment nicht möglich ist, ungeschoren davonzukommen. Die Folgen sind, dass man schnell ängstlich wird, in Panik gerät oder ein Gefühl der Hoffnungslosigkeit erlebt. Haben Sie den Mut, das zu durchleben und vergessen Sie nicht, dass diese Phase vorübergehen wird und Sie zu einem späteren Zeitpunkt aus der Situation herausfinden werden. Wenn Sie sich jetzt zugestehen, Ihre Gefühle zu spüren, verdrängen Sie sie nicht, und das bedeutet, dass die Yodfigur keine Chance erhält, Komplexe in Ihrem Unbewussten auf- oder auszubauen.

2. *Bewahren Sie um jeden Preis Ihre Integrität und haben Sie, trotz aller Zweifel, den Mut, sich bewusst zu bleiben, wer Sie sind.*

Für jemanden mit Yodfiguren und unaspektierten Planeten im Geburtshoroskop scheint dies ein etwas merkwürdiger Rat zu sein. Wie soll man denn wissen, wer man ist und was man will, wenn man so viel mit Yodfiguren oder unaspektierten Planeten zu tun hat? Es scheint nahezu unmöglich zu sein, überhaupt den Mut zu finden, sich klar zu machen, wer man ist. Betrachtet man das Ganze unter einem anderen Blickwinkel, kommt man mit dieser Regel aber durchaus weiter.

Sie haben schon ein ganzes Stück Leben hinter sich gebracht, Sie haben Konflikte erlebt, Entscheidungen getroffen, und Sie wissen, mit welchen Themen Sie im Reinen sind und mit welchen (noch) nicht. Dieses Wissen über sich selbst und diese Erfahrungen mit sich selbst bilden ein Ganzes, das etwas darüber aussagt, wer man in diesem Augenblick ist. Wenn man Kontakt mit seinem Schatten hat, kann man mit Sicherheit erkennen, was einen emotional berührt, was man ablehnt und welche Vorlieben man hegt.

Die Situation, in der man sich mit einem aktivierten unaspektierten Planeten oder einer Yodfigur befindet, bringt das Gefühl mit sich, zwischen mehreren Übeln entscheiden zu müssen. Es sieht so aus, als gäbe es nur verzwickte Entscheidungsmöglichkeiten. Aber darum geht es nicht in erster Linie. Es geht vielmehr darum, dass man sich bewusst macht, welche Kompromisse man eingehen kann und wo die äußerste Grenze liegt. Ein unaspektierter Planet oder ein Yod gerät nun einmal schneller in einen moralischen Konflikt mit den gängigen Werten und hat in Bezug auf bestimmte Situationen andere Vorstellungen als die meisten anderen Menschen. Dessen muss man sich bewusst sein, und es ist wichtig, seinem aufrichtigen und echten Gefühl von innen her treu zu bleiben. Fängt man an, damit zu taktieren, scheint alles noch undurchsichtiger oder problematischer zu werden. Natürlich kann man daran zweifeln, ob das, was man tut oder denkt, auch gut ist. Zweifel und Unsicherheit gehören nun einmal zu Yodfiguren und unaspektierten Planeten dazu! Obwohl man ruhig seine Zweifel haben darf, muss man gleichzeitig dafür sorgen, nicht in ein mentales Gedankenkarussell zu geraten. Bleiben Sie bei dem, was Sie in diesem Moment als gut empfinden. Man kann tatsächlich nur zu diesem wahren inneren Gefühl gelangen, wenn man mit seinen Emotionen in Kontakt bleibt. Das ist ein Grund mehr, sich das, was ich unter Punkt 1 beschrieben habe, zu Herzen zu nehmen.

Bei sich selbst und sich treu zu bleiben, kann durchaus zur Folge haben, dass man sich zeitweise unverstanden und isoliert fühlt. Lassen Sie das einfach zu. Wenn Sie sich an die Märchen erinnern, in denen der Held oder die Heldin für eine bestimmte Zeit ganz allein, ohne Wärme und Kontakt, auf sich selbst zurückgeworfen ist und welch erstaunliche Rettung dann stattfindet, sehen Sie, wie wichtig es war, dass der Held oder die Heldin sich selbst treu geblieben ist.

3. *Achten Sie darauf, dass Sie nichts außerhalb von sich selbst einen übertriebenen (religiösen) Wert beimessen.*

Bleiben Sie mit beiden Beinen fest auf dem Boden. Wenn man durch ein Yod oder einen unaspektierten Planeten in die Klemme oder in eine Pattsituation gerät, ist man empfänglich dafür, in eine andere Wirklichkeit zu flüchten. Oft geschieht diese unbewusste Flucht in einer Weise, in der man die Situation nicht wirklich durchschauen kann. Man ist aber eifrig damit beschäftigt, eine bestimmte Art von Halt zu finden und glaubt, diesen in einem Ideal, einer Religion oder einem „-ismus" zu finden, um nur einige Beispiele zu nennen. Das geschieht vor allem, weil besonders Yodfiguren mit transsaturnalen Planeten uns auch Erlebnisse und Erfahrungen mit einer anderen Wirklichkeit bescheren können. Wilde Träume oder Visionen sind möglich, und plötzlich bemerkt man, dass man magnetisierende oder heilende Kräfte oder Ähnliches mehr besitzt. Es ist, als ob bei aktivierten Yodfiguren und unaspektierten Planeten die Grenze zwischen der Alltagswelt und der unsichtbaren Wirklichkeit durchlässig wird, wodurch man sowohl eindrucksvolle Erfahrungen machen als auch tiefe Gefühle erleben kann. Gleichzeitig entfernt man sich von der Wirklichkeit und „flüchtet" in eine Scheinwelt. In dieser „anderen Wirklichkeit" fühlt man sich besser und ruhiger und kann seinen Problemen ausweichen.

Daher wird man leicht von dieser anderen Wirklichkeit, aber auch von einer bestimmten Gottesvorstellung oder Religion erfasst, wobei es sich sowohl um eine Weltreligion als auch um eine Sekte handeln kann. Manche Menschen gründen sogar selbst eine Sekte! Beispielsweise Jim Jones, der 913 Mitglieder seiner Sektenbewegung „People's Temple" in den Tod jagte und auch selbst diesen Weg wählte. In seinem Horoskop findet sich ein Duett zwischen Merkur und Neptun; er gründete „People's Temple", als der transistierende Pluto in Konjunktion zu seinem Duett-Neptun stationär wurde!

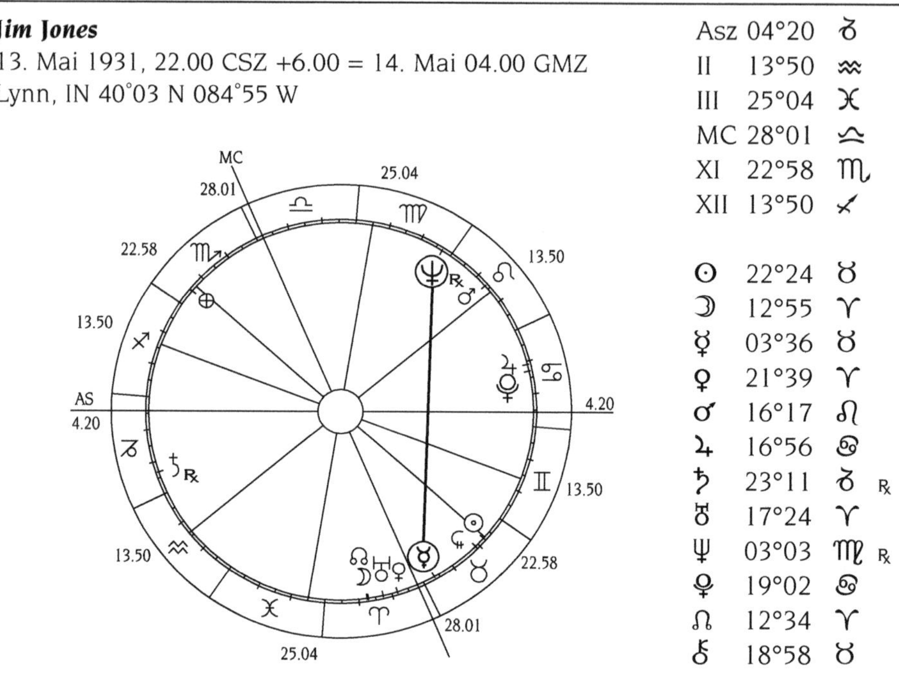

4. *Vermeiden Sie große Sprünge und versuchen Sie, dem roten Faden Ihres Leben zu folgen.*

Wenn Sie in den Bann einer religiösen Idee oder einer Utopie geraten oder sich in Richtung einer anderen Wirklichkeit bewegen, riskieren Sie, Entscheidungen zu treffen, die sehr eingreifend und oft unwiderruflich sind – vielleicht sogar viel zu rigoros. Ich habe oft erlebt, dass Menschen plötzlich von einer Idee oder einem Ideal ergriffen wurden und ihrem Leben eine ganz andere Richtung gaben. In einigen Fällen ließen sie Haus und Hof im Stich, einschließlich ihrer Kinder, und stürzten sich Hals über Kopf in einen Prozess, der in den Augen ihrer Umgebung eine Illusion oder eine sehr unsichere Sache war. Allerdings habe ich auch Menschen erlebt, die nach einem solchen Schritt letztlich gut zurechtkamen. Für die weitaus meisten war dieser Schritt jedoch zu rigoros. Im Nachhinein hatten sie mehr zerstört, als beabsichtigt oder nötig gewesen wäre. Einige Menschen, die sich das vor Augen führen mussten, versuchten ihren Schuldgefühlen zu entfliehen und legten sich eine rationale Haltung zu und betonten beispielsweise, dass es „spirituell gesehen sicher für etwas gut gewesen sei", außerdem „könnten andere Menschen nur davon lernen" und Ähnliches mehr. Auch das ist eine Art, sich von der Wirklichkeit zu entfernen

und sicher keine Einstellung, mit der man den angerichteten Schaden begrenzen oder wiedergutmachen kann.
Die Warnung, keine großen Sprünge zu machen, trifft manchmal auf taube Ohren, ohne dass derjenige, bei dem ein Yod oder ein unaspektierter Planet aktiv ist, bewusst halsstarrig sein will. Die Energie, die entsteht, ist oft so stark, dass man in eine bestimmte Richtung getrieben wird und alles andere einfach nicht mehr zählt und nicht mehr wichtig ist. Das kann Formen annehmen, in denen der Betroffene das Gefühl hat, nicht an der Sache vorbeizukommen, was er für gewöhnlich auch gar nicht will. Die Wahrscheinlichkeit, dass man eine Menge Porzellan zerschlägt, ist also sehr groß. Allerdings besteht auch immer die Möglichkeit, dass dieser „Sprung in die Dunkelheit" letztlich zum Licht führt. Im Vorhinein ist das aber nur sehr schwer abzuschätzen. In den meisten Fällen habe ich erlebt, dass unnötiger Schaden angerichtet wurde und es einiges an Mühe gekostet hat, die Verwüstung „nach dem Sturm" wieder gutzumachen.

5. *Fürchten Sie sich nicht davor, in eine festgefahrene* Situation *zu geraten.*

Bei unaspektierten Planeten, vor allem aber bei Yodfiguren, scheint das Festsitzen in einer bestimmten Situation genau der Schüssel zu sein, um wieder herauszukommen; so paradox das auch klingen mag. Wenn alles hoffnungslos, sinnlos oder aussichtslos erscheint, sollten Sie bedenken, dass sich in Ihrem Inneren etwas entfaltet, das sich später als sehr wertvoll erweist. Gleichzeitig liegen in der Außenwelt bereits die ersten Keime für Veränderung, Bewegung und Auflösung der Situation. Sobald das Yod vorüber ist oder sich der unaspektierte Planet außerhalb des Orbis befindet, sind diese nach und nach zu erkennen oder kommen ans Licht. Sehr häufig bietet sich die Lösung von selbst an; in vielen Fällen sogar, ohne dass wir etwas dafür tun müssen - wir müssen uns aber die Mühe machen, das Aufkeimende auch zu entdecken. Die Auflösung der Situation kündigt sich oft durch kleine Signale, kleinere Ereignisse und das Zusammentreffen von Umständen an. Wenn man sich dessen bewusst wird, kann man dem nachgeben. Unabdingbar ist allerdings, sich in Geduld zu üben, denn eine Yod-Periode kann manchmal Jahre andauern!
Bei einem Problem neigen wir in unserer heutigen Gesellschaft vorwiegend dazu, eine Haltung von „Daran muss etwas getan werden" einzunehmen. Wir müssen lösungsorientiert denken und Probleme bei der Wurzel packen. Das Problem beim Yod und bei unaspektierten Planeten besteht aber gerade darin, dass diese Vorgehensweise nicht funktioniert und die Probleme sich nur noch verschlimmern. Yodfiguren und unaspektierte Planeten brauchen nahezu eine Zeit, in der alles festgefahren ist. Versucht man, diesen Zustand zu beheben oder den Dingen zuvorzukom-

men, wird alles nur noch schlimmer. Hört man aber auf die Botschaft des unaspektierten Planeten und der Yodfigur und sorgt dafür, dass alles seinen Lauf nehmen kann, (ohne mutlos zu werden), wird man in der Außenwelt mit einer ablehnenden Haltung konfrontiert. Man wird beispielsweise darauf hingewiesen, dass man sich nicht „genügend bemüht", „nicht will", „nicht mitarbeitet" oder „faul ist", oder dass man anderen mit seinem Verhalten etwas aufbürdet. Mit all diesen Aussagen findet man sich am besten einfach ab, denn sie verbessern nicht gerade die Stimmung. Was den Vorwurf des „Aufbürdens" betrifft, entwickeln genau die Menschen, die uns so etwas zum Vorwurf machen, oftmals selbst die Neigung, sich in unsere Probleme einzumischen. Sie schlagen uns allerlei Lösungen vor und in einigen Fällen nehmen sie sogar selbst das Heft in die Hand, um unsere Schwierigkeiten zu lösen. Abgesehen davon, ob andere wirklich in der Lage sind, Lösungen anzubieten, ist deren Neigung, sich anderer Leute Probleme aufzuladen eine Form von Projektion und oft die Spiegelung ihres eigenen Schattens. Den Dingen ihren Lauf zu lassen und den Mut zu haben, abzuwarten, ist nicht die stärkste Seite unserer Gesellschaft - sie gehört zum kollektiven Schatten. Deshalb gibt es viele Menschen in unserer Gesellschaft, die nicht damit zurechtkommen, wenn andere in Schwierigkeiten oder in einer Pattsituation stecken und sie den Eindruck haben, dass nichts dagegen unternommen wird.

Diese Menschen, die sich grundsätzlich in anderer Leute Probleme einmischen, können in einer Yod-Periode oder einer Phase, in der ein unaspektierter Planet aktiviert wird, zu einer zusätzlichen Belastung werden. Damit kommen wir automatisch zum folgenden Punkt:

6. *Haben* Sie *den* Mut, *abzuwarten und die* Dinge *einfach geschehen zu lassen*.

Diese Einstellung erweist sich nicht nur als sinnvoll, weil es zu noch mehr Schwierigkeiten führt, wenn man versucht, Widerstand zu leisten oder aktiv zu werden, es gibt auch noch einen anderen Grund dafür. Während der Periode, in der eine Yodfigur oder ein unaspektierter Planet aktiviert wird, erwachen oftmals neue Talente, Möglichkeiten oder neue Bedürfnisse in uns, die uns eine ganz andere Art zu leben und zu arbeiten eröffnen können - wenn sie erst einmal ans Licht gekommen und deutlich zu erkennen sind. In dieser Zeit (die sich über Jahre hinziehen kann), erweist sich das Leben in der Außenwelt immer als schwierig und unklar; Widerstände tun sich auf, die Dinge laufen schief, und man wird mit unmöglichen Entscheidungen konfrontiert - wie wir bereits sehen konnten. All das hängt damit zusammen, dass etwas Neues zum Durchbruch kommen will. Diesen Durchbruch kann man nicht forcieren – er ereignet sich zu seiner eigenen Zeit. Wenn man sich aber, nur um Sicherheit zu finden, für einen längeren Zeitraum auf etwas festlegt, können wir dem Neuen,

das noch in uns schlummert, nicht ausreichend Gehör schenken. Dann kostet es viel mehr Mühe, zu sich selbst zurückzufinden, als wenn man einfach abgewartet hätte. Bedeutet das nun, dass man überhaupt nichts tun kann? Nein, dem ist nicht so. Bleiben Sie offen für das, was sich ankündigt, und achten Sie darauf, dass Sie keinerlei Erwartungen hegen, wie sich die Dinge entwickeln sollten. Es kommt immer anders, als man denkt. Anfänglich ist es schwierig, überhaupt nichts zu erwarten; ständig spuken bestimmte Hoffnungen und Wünsche in unseren Köpfen herum. Trotzdem ist es besser, loszulassen, denn man wird unweigerlich die Erfahrung machen, dass Hoffnungen sich immer wieder zerschlagen, Erwartungen sich nicht erfüllen und Wünsche nicht befriedigt werden, vor allem, wenn es um langfristigere Pläne geht.
Aktivierte Yodfiguren und unaspektierte Planeten zwingen uns einfach, im Hier und Jetzt zu bleiben, wo wir viele sehr schöne Dinge tun können! Und wieder ist es sehr wichtig, bei seinen Gefühlen zu bleiben, ***ganz nah*** bei seinen Gefühlen und sich die Frage zu stellen: „Was möchte ich ***jetzt*** am liebsten tun?". Das reicht, mehr gibt es nicht zu tun. Hoffen Sie also nicht heimlich darauf, dass sich daraus etwas Größeres für die Zukunft entwickelt – lassen Sie alle Erwartungen fallen. Falls irgend möglich, sollten Sie einfach mit dem beginnen, was Sie im Augenblick anspricht. Tun Sie das mit all der Freude, die in Ihnen ist und genießen Sie es. Zwingen Sie sich nicht dazu, etwas „fertig zu bringen" oder „gut zu werden", mit anderen Worten, vermeiden Sie jede Art von Druck. Bleiben Sie beteiligt an dem, was Sie tun - tun Sie es einfach. Vielleicht läuft Ihnen eine neue Idee oder eine neue Aktivität über den Weg. Finden Sie daran Gefallen? Schauen Sie, ob Sie damit etwas anfangen können; vielleicht müssen Sie das, was Sie vorher getan haben, dann liegen lassen. Gehen Sie ruhig zur nächsten Aktivität über, bleiben Sie beteiligt und genießen Sie auch diese neue Beschäftigung. So kann Ihnen alles mögliche auf Ihrem Weg begegnen. Das einzige Kriterium, sich darauf einzulassen, muss sein, dass es Ihnen in diesem Moment, im Hier und Jetzt, Freude macht, genau das zu tun. Jedes andere Motiv wird nicht funktionieren. Letztendlich wird sich, oft erst nach vielen Jahren zeigen, dass man auf die Erfahrungen, die man in dieser Zeit gemacht hat, zurückgreifen kann. Mehr noch – man wird sehr viel davon profitieren können. Allerdings auf eine ganz andere Art und Weise, als man damals hätte vorhersehen können.
Dazu ein Beispiel aus meinem eigenen Leben: Zu der Zeit, als bei mir ein starkes Yod aktiv war, an dem das Sextil von Pluto und Neptun beteiligt war, bekam ich eine Anfrage von einer großen Firma, eine CD-ROM über Tarot zu entwerfen. Der Schwerpunkt sollte auf der Symbolik liegen, einem meiner Lieblingsthemen. Ich wusste, dass alles, was mir in dieser Zeit begegnete, durch das Yod beeinflusst werden und darum ganz anders verlaufen konnte als erhofft oder geplant. Ich besprach die Sache

mit meinem Mann und spürte, dass es mir einfach viel Freude machen würde, mich mit der Symbolik des Tarot zu beschäftigen und sie weiter auszuarbeiten. Und weil ich in diesem Moment so sehr davon angetan war, ging ich auf den Vorschlag ein, wohl wissend, dass auch alles schiefgehen könnte. Daher machte ich mir keinerlei Gedanken über die Form und fragte mich auch nicht, ob die Sache ein Erfolg werden würde. Wenn alles abgeblasen werden würde, hätte ich einfach viel Freude daran gehabt, mich mit der Symbolik zu beschäftigen. Im Nachhinein erwies sich meine Einstellung als richtig. Der Koordinator dieses Planes zeigte sich als machthungriger Mensch, der immer wieder versuchte, zu polarisieren und andere Leute „klein zu machen", um sich selbst als größer darstellen zu können. Das führte auch dazu, dass Zahlungsverpflichtungen nicht eingehalten wurden. Mein Yod bestand aus Neptun, dem Planeten der Symbolik, und Pluto, dem Planeten, der mit Macht zu tun hat. Ich habe keinen Pfennig bekommen, aber auch ich selbst habe so wenig Material wie möglich aus der Hand gegeben; ich war durch die „schwindenden" Möglichkeiten vorgewarnt. Trotzdem habe ich es bis in die Zehenspitzen genossen, die Symbolik auszuarbeiten und ihr auf den Grund zu gehen. Wie von selbst führte das dazu, dass ich ein Buch über Tarot schrieb – was nicht beabsichtigt oder geplant war - und ein Buch über die Tiefensymbolik des Tarots wird sicher noch folgen.

In dieser Situation hatte es überhaupt keinen Sinn, zu drohen oder mich auf eine gerichtliche Auseinandersetzung einzulassen. Dabei wäre nur eine Menge Geld und Energie verschwendet worden, was hätte es also gebracht? Obendrein schien dieser Mann auch andere Leute auf die gleiche Weise zu behandeln wie mich, wobei er sich juristisch stets gut absicherte.

Betrachtet man diese Geschichte unter dem Blickwinkel der üblichen gesellschaftlichen Normen, dann hat dieser Mann einerseits nicht korrekt gehandelt, und andererseits könnte man es als „Dummheit" bezeichnen, „nichts dagegen unternommen zu haben". Hätte nicht eine höhere Instanz eingeschaltet werden können? Während einer Yod-Periode ist so ein Weg allerdings überhaupt nicht sicher, und die Wahrscheinlichkeit sehr groß, Rückschläge einstecken zu müssen. Oder man sieht sich mit der Situation konfrontiert, dass sich alle Firmenmitglieder gegenseitig Rückendeckung geben, erst gar nicht von dem Risiko zu sprechen, in andere, schwierigere Machtprobleme verwickelt zu werden. Dazu hatte ich einfach keine Lust, ich habe mit viel Freude weitergearbeitet. Die Anfrage, die damals an mich herangetragen wurde, betrachte ich als den Beginn einer neuen Aktivität, die schon so lange in mir geschlummert hatte und offensichtlich geboren werden wollte.

Wenn wir diese Facette von aktivierten Yodfiguren und unaspektierten Planeten erkennen, wird uns eine sehr wichtige tiefere Bedeutung klar. Das Einzige, das funk-

tioniert, besteht tatsächlich darin, keinerlei Pläne zu entwickeln und sich keine Hoffnungen zu machen, sondern nur im Hier und Jetzt zu leben. In der unmittelbaren Umgebung und für eine sehr kurze Zeitspanne ist man gezwungen, einen Kurs einzuschlagen, der dem der Gesellschaft völlig zuwiderläuft. Die Gesellschaft verlangt von uns, vorauszuplanen - sowohl unsere Karriere als auch unsere Rente. Wir müssen langfristige Entscheidungen treffen, Zeit, Geld und Energie in langfristigere Angelegenheiten investieren und vor allem schwer arbeiten (beziehungsweise dem Erfolg hinterherjagen). Aktivierte Yodfiguren und unaspektierte Planeten zwingen uns nun, aus diesem Karussell auszusteigen, um plötzlich wieder die Stille des eigenen Inneren zu spüren, die kleinen Dinge im Hier und Jetzt zu genießen, und wieder aufmerksam für die subtile Schönheit der Alltäglichkeit des Augenblicks zu werden. Das klingt fast buddhistisch. Jemand, der mit dieser Dynamik gut umzugehen weiß, kann das Paradox erleben, einerseits Unruhe und Unsicherheit zu erfahren und andererseits einem inneren Frieden in sich selbst näherzukommen.
Mit dieser friedlichen Haltung kann man dennoch Freude und Schmerz fühlen, man läßt sich aber nicht mehr davon mitreißen. Man bleibt bei sich selbst, seinem innersten Wesenskern und kann warten, denn das Leben ist nicht wertlos oder hoffnungslos, sondern einfach anders als gewohnt. Wenn man offen gegenüber dem Geschehen ist und bei sich selbst bleibt, wenn man nichts erwartet und einfach SEIN kann, offenbart sich der neue Weg, der zu einem passt, von ganz alleine.

7. *Vermeiden Sie Ego-Strategien und versuchen Sie, nichts zu erzwingen.*

Wenn man gewohnt ist, aus einer bestimmten Scheinhaltung heraus zu funktionieren, weil man daraus Sicherheit beziehen will, täte man besser daran, jetzt damit aufzuhören. Unechtes Verhalten wird durch aktivierte Yodfiguren und unaspektierte Planeten immer demaskiert. Es funktioniert einfach nicht mehr. Die Demaskierung kann eine Folge von Ereignissen in der Außenwelt sein, sie kann aber auch das Ergebnis von innerer Unruhe und Veränderungen sein. Auch hier gilt wieder, dass man den Mut aufbringen sollte, sich seinen wahren Gefühlen zu stellen. Warten Sie ab und versuchen Sie nicht, zwanghaft eine Rolle zu spielen oder nachträglich alles mögliche durchzusetzen, um zu retten, was noch zu retten ist. Was gilt es letztendlich eigentlich zu retten? Sie sind damit beschäftigt, eine Periode abzuschließen und verstehen noch nicht genau, was wirklich los ist, solange die Transite und Progressionen noch wirksam sind.
Das muss nun wirklich nicht bedeuten, dass Sie sich scheiden lassen sollten, umziehen, die Stelle wechseln oder andere eingreifende Veränderungen in Ihren Leben vornehmen müssen. Natürlich gehört all das zu den Möglichkeiten, sehr häufig sieht

man Yodfiguren und unaspektierte Planeten aber eher mit inneren Entwicklungen und Veränderungen einhergehen (auch wenn sie manchmal durch äußere Ereignisse verursacht werden). Dadurch betrachtet man sich selbst und das Leben aus einem völlig anderen Blickwinkel – wodurch man auch ganz anders mit dem Leben umgeht - auch Ihrer Ehe und Ihrer Arbeit kann das sehr zugute kommen! Welche Turbulenzen Sie auch erleben oder erfahren mögen, bleiben Sie bei Ihrer inneren Wahrheit und haben Sie den Mut, abzuwarten.
Jeder übermäßige Wirbel um sich selbst löst eine gegenteilige Wirkung aus, allerdings ist übermäßige Bescheidenheit ebensowenig angebracht. Es geht eher darum, nicht auf Ehre und Ansehen aus zu sein und nicht zu versuchen, seinen Namen auf die Titelseite der Zeitungen zu bringen. Also nichts forcieren, um bekannt und berühmt zu werden! Das heißt nicht, dass man in einer Periode mit einem aktivierten Yod oder einem aktivierten unaspektierten Planeten nicht auch berühmt werden kann. Möglicherweise begegnen Ihnen plötzlich Menschen, die Sie ins Rampenlicht bringen oder die sich für Sie einsetzen. Solche Chancen kann man getrost wahrnehmen, solange man nicht versucht, mehr herauszuschlagen, oder es so einzurichten, wie man es selbst will oder etwas erzwingen zu wollen. Man muss sich darüber im Klaren bleiben, dass auch jetzt nicht alles so verläuft wie geplant. Die beste Haltung ist, man selbst zu bleiben, ruhig abzuwarten angesichts der Dinge, die kommen werden, einfach das erledigen, was getan werden muss. Auch hier gilt wieder: Bleiben Sie beteiligt und leben Sie im Hier und Jetzt. Versuchen Sie, sich darüber zu freuen, wie Ihnen geholfen wird oder auf welche Art Sie eventuell Ehrerbietung erfahren. Gehen Sie dann so schnell wie möglich voller Freude zur Tagesordnung über - einfach und bescheiden. Das heißt nicht, dass Sie ein Minderwertigkeitsgefühl entwickeln müssen. Ein aktiviertes Yod oder ein aktivierter unaspektierter Planet straft einen ziemlich hart, wenn man in einer solchen Periode zu Überheblichkeit neigt. Das ist der springende Punkt!

Seien Sie sich bei allem, was Ihnen in diesen Zeiten begegnet, bewusst, dass ein Yod oder ein unaspektierter Planet keine Eile hat, eine Lösung ins Spiel zu bringen. Trotzdem kehrt sich bei einem Yod paradoxerweise doch vieles von selbst wieder zum Guten, oft jedoch völlig anders, als wir anfänglich glaubten. Lassen Sie alles seinen Gang nehmen, lassen Sie Ihre Fixierungen los und entspannen Sie sich. Zeiten, in denen Yodfiguren und unaspektierte Planeten eine Rolle spielen, können gerade jetzt Perioden sein, in denen man neben Unruhe, Unsicherheit und Problemen auch eine intensive Tiefe erfahren und sehr glücklich sein kann.

Kapitel 10
Yodfiguren und unaspektierte Planeten in der Beziehungs-Astrologie

Menschen, deren Geburtshoroskop ein Yod oder einen bis mehrere unaspektierte Planeten aufweist, werden sich schon allein durch die Tatsache, ewig Suchende zu sein, nicht so leicht in einem üblichen, seichten Muster zurechtfinden. Da sich das auch auf ihre Beziehungen bezieht, wird es diesen Menschen eher schwerfallen, mit einer sogenannten „Haus-Küche-Kind-Beziehung" zurechtzukommen. Ständig wird die Frage an ihnen nagen: „Ist das jetzt alles?" oder „Hat das Leben mir nicht doch noch mehr zu bieten?" und Ähnliches mehr. Wenn sie nicht verstehen, woher diese Zweifel kommen, riskieren sie, eine gute Beziehung oder eine an sich gute Ehe im Stich zu lassen und nach etwas anderem Ausschau zu halten. Aber wonach suchen diese Menschen? Diese Frage können sie nicht beantworten, trotzdem arbeitet etwas in ihnen und sie „wissen" oder „fühlen", dass da noch mehr sein muss. Dann ist die Gefahr groß, dass sie jemandem in die Arme laufen, der ihnen etwas „Besonderes" vor die Nase hält, das in Wirklichkeit eine Illusion ist. Die Folgen sind schmerzliche Erfahrungen, die Fragen aufwerfen, die für Yodfiguren und unaspektierte Planeten typisch sind, wie etwa: „Warum passiert das ausgerechnet mir?" Es ist dieses Hungergefühl, das diesen Menschen antreibt. Bedeutet das nun auch, dass so jemand keine gute Beziehung leben kann?

Ganz sicher nicht. Ich habe die harmonischsten Beziehungen zwischen Menschen erlebt, bei denen einer oder beide ein Yod, einen oder mehrere unaspektierte Planeten oder ein Duett im Geburtshoroskop hatten. In diesen Beziehungen durchlebten beide Partner eine Art Krise (entweder vor oder während der Beziehung). Beide waren in der Lage, flexibel mit der Tatsache umzugehen, dass keiner von ihnen jemals etwas definitiv planen kann. Ein solches Paar kann ein „normales" Leben führen, und einer oder beide können einen normalen Beruf ausüben und natürlich können sie auch Kinder haben. Trotzdem werden diese beiden immer wieder feststellen, dass, sobald sie bestimmte Pläne schmieden, wieder irgend etwas dazwischenkommt. Das können schlimme, aber auch sehr schöne Ereignisse sein. Das Zentrale ist, dass da etwas zu sein scheint, das das Leben steuert, etwas, das sie beide zwar nicht in den Griff bekommen, womit sie aber lernen können, hervorragend umzugehen. Es ist möglich, sich darauf einzulassen und flexibel zu reagieren. Das Wichtigste ist, dass sie

sich nicht gegenseitig die Schuld an den immer wieder auftauchenden Veränderungen zuschieben, die sie zu einer Kursänderung zwingen.
In diesen Beziehungen haben die Partner gelernt, dass die Unruhe und Unsicherheit, die beide fühlen, nicht die Schuld des anderen ist, sondern zu ihnen selbst gehört. Das bedeutet, dass nicht unnötig viel Energie durch diese „Alles-oder-Nichts"-Streitigkeiten verlorengeht, dass man vielmehr gemeinsam nach Lösungen suchen kann. Dieses Vorgehen schmiedet ein festes Band zwischen den Partnern, vor allem, wenn beide sich gegenseitig anregen und korrigieren dürfen. Die Hilfe des anderen da zu akzeptieren, wo man selbst zu kämpfen hat, kann einer Beziehung eine enorme Tiefe geben.

Im Allgemeinen können wir deshalb davon ausgehen, dass Menschen mit einem Yod oder einem unaspektierten Planeten genauso gut zu einer tiefen und wichtigen Beziehung fähig sind, wie Menschen ohne diese Konstellationen. Nur die Form, die sie der Beziehung innerlich und eventuell auch äußerlich geben, ist anders. Es gibt eine Reihe von Punkten, die man bei der Analyse solch einer Beziehung nicht aus den Augen verlieren darf. Einige davon gelten für Yodfiguren und unaspektierte Planeten, andere wiederum wirken sich vorwiegend nur bei einem der beiden Horoskopfaktoren aus.

1. *Eigene Unsicherheit.*
Jemand, der mit einem Yod, einem Duett oder einem unaspektierten Planeten geboren wurde, weist im Bereich dieser Horoskopfaktoren die Kennzeichen auf, die in den vorangehenden Kapiteln schon ausführlich beschrieben wurden. Zu diesen Merkmalen gehören Unsicherheit und Unruhe. Wir sahen bereits, dass die Ursache hierfür nicht in der Beziehung selbst liegt, sondern zu der in Frage stehenden Person gehören, die selbst damit ins Reine kommen und eine kreative Ausdrucksform dafür finden muss. Der Partner kann ihm aber sehr wohl hilfreich zur Seite stehen. Da ein Yod oder ein unaspektierter Planet sich so dominant in der Persönlichkeit auswirkt, werden sie sich auch im Zusammenleben in einer Beziehung sehr stark äußern, auch wenn weder Venus noch der Herrscher des 7. Hauses mit einbezogen ist. Jemand mit Pluto im Yod wird daher immer wieder irgend etwas herausfordern, selbst wenn er oder sie das eigentlich längst leid ist und so etwas nicht will und auch seine Äußerungen nicht so ernstgemeint sind. Das hat natürlich Folgen für die Beziehung. Der Partner wird deshalb sehr genau erkennen müssen, dass sich sein oder ihr Verhalten nicht speziell gegen ihn richtet, sondern dass es sich um eine Dynamik handelt, die auch im Zusammensein mit anderen auftauchen würde. Dennoch kann diese Dynamik, wenn sie aktiviert wird, immer wieder Zündstoff für ein Feuerwerk liefern oder

Spannungen hervorrufen, wenn Yod-Pluto sich in keiner Weise anpassen will oder nicht nachgeben kann, selbst wenn deutlich ist, dass er völlig falsch liegt. Es ist so, als wäre etwas blockiert und die ganze Unruhe der Yodfigur kommt nach oben. Nach dem Ausbruch braucht es Zeit, alles wieder zu sortieren, um sich zu einem späteren Zeitpunkt relativieren zu können. Falls der Partner dann etwas von sich gibt in der Art: „Das hättest Du auch früher sagen können", tritt die gleiche Dynamik von Unbeugsamkeit wieder auf den Plan. Auch wenn sich die schärferen Seiten im Lauf der Jahre ein wenig abschleifen können, bleibt dieses Thema ein schwieriger Streitpunkt, worunter die Beziehung ernsthaft leiden kann. Hierbei geht es von beiden Seiten nicht um Starrköpfigkeit, sondern vielmehr um die Dynamik der Yodfigur, die der Yod-Eigner selbst oft nicht versteht, und der Partner erst recht nicht! Übrigens tritt bei einem unaspektierten Pluto oder mit Pluto als Teilnehmer eines Duetts das gleiche Problem auf. Im Grunde geht es um eine tief verwurzelte Angst, den Zugriff zum Leben und dem Lauf der Dinge zu verlieren, was manche Menschen mit einer solchen Horoskopverbindung selbst dazu veranlassen kann, wichtige Kontakte und Beziehungen, wenn sie ihm zu nah werden, abzubrechen. So etwas passiert vor allem in Fällen, in denen sich die Person ihrer eigenen inneren Zerrissenheit und ihres Bedürfnisses, um jeden Preis Macht und Kontrolle über die Umgebung aufrechterhalten zu wollen, nicht bewusst werden kann oder will. Derjenige, der sich dessen bewusst werden kann, sieht sich eine gewisse Zeit lang in einem inneren Zwiespalt, er wird mit seiner Angst konfrontiert und muss mit seinem Erleben ins Reine kommen. Obwohl das sicher möglich ist, kostet es eine Menge Anstrengung und die Konfrontation mit sehr tiefen Schichten des eigenen Wesens und mit der Vergangenheit. Nicht jeder ist bereit, diese Konfrontation zu wagen. Wenn man sich ihr aber stellt, sieht man bei dem gleichen Yod-Pluto oder einem unaspektierten Pluto, dass neben dem „ewigen Getriebensein" eine Art Milde und tiefe Einsicht wachsen kann. Dadurch kann der Betroffene die innere Unruhe als eine Art „göttlichen Bemühens" erfahren und erkennen, dass er die Dinge gerade dann unter Kontrolle bekommt, wenn er sich der Konfrontation stellt. Die Folge ist, dass sich seine Zwanghaftigkeit auflöst, weil die ursprüngliche Grundlage seiner Angst und Unsicherheit verschwunden ist.

Jeder Planet, der an einem Yod beteiligt oder unaspektiert ist, wird auf die eine oder andere Weise die Beziehung angreifen können. Das passiert, wenn ein unaspektierter Planet, ohne das dies zu erkennen wäre, auf übertriebene Weise zum Ausdruck kommt, oder durch eine ungewollte Form der Unterminierung aufgrund einer Verunsicherung, wie sie oft bei Yodfiguren vorkommt. Stellen wir uns beispielsweise ein

Spannungsfeld in einer Beziehung vor, das seinen Höhepunkt erreicht und in einen Streit mündet. Gegenseitige Vorwürfe sind dann die Folge. Derjenige mit dem unaspektierten Planeten wird eine Reihe von Dingen nicht einordnen können und auf Grund dessen über den „Lügenberg" sehr böse werden können. Sollte er etwas von Psychologie verstehen, wird er dem anderen vorwerfen „nur noch zu projizieren". Dabei erkennt er nicht, dass sein Gegenüber ihm etwas verdeutlicht, was sehr nutzbringend für ihn sein könnte. Aber auch der andere Partner kann wütend werden und ihm vorwerfen, dass er „nicht bereit sei, sich um sich selbst zu kümmern, und ihm nur die Schuld in die Schuhe schieben wolle". Hier wird deutlich, dass die Streitigkeiten ausarten können und die beiden letztendlich auseinandertreibt.
Nur in einer Beziehung, in der beide Partner den Mut haben, auf den Streit zurückzukommen, im Vertrauen darauf, dass die Liebe zueinander größer ist als der Drang, sich in emotionalen Gewittern zu verletzen, kann ein Gespräch darüber in Gang kommen, wie man das Verhalten des anderen erlebt, wie es aufgenommen und gefühlt wird. Dann können beide auf eine tiefere Weise verstehen, dass hier eine Dynamik am Werk ist, die mit der Beziehung an sich nichts zu tun hat. Diese beiden Partner können sich auch gegenseitig helfen, die Aktivierung und die Folgen dieser Dynamik früher zu erkennen, wodurch sie auch lernen können, damit umzugehen.

Obwohl ein Yod oder ein unaspektierter Planet immer Folgen für eine Beziehung hat, muss sie dadurch nicht zerstört werden. Gegenseitiger Respekt ist die Hauptvoraussetzung dafür, dass wir die positiven Seiten in den Vordergrund stellen und an den schmerzhaften Verletzungen arbeiten können.

2. *Abhängigkeit, vor allem bei unaspektierten Planeten.*

Die Unruhe und Unsicherheit können dazu führen, dass sich jemand mit einem Yod oder einem unaspektierten Planeten vom anderen abhängig macht, um Sicherheit zu finden. Das ist ganz besonders dann der Fall, wenn das Horoskop des anderen auf harmonische oder entspannte Weise zum eigenen Horoskop passt. In diesem Fall erlebt man sein Gegenüber auch tatsächlich als entspannteren Menschen, und empfindet ihn als eine Insel der Sicherheit im Meer der inneren Unruhe. Und genau hier ergeben sich manchmal Schwierigkeiten.
Stellen wir uns folgende Situation vor: Der Partner, der demjenigen mit einem Yod oder einen unaspektierten Planeten Entspannung bietet, erlebt also, dass er oder sie für den anderen sehr wichtig ist, und dieser vielleicht sogar wie zu einem Guru oder einem Ideal zu ihm aufschaut. Obwohl das natürlich sehr schmeichelhaft ist, erlebt er gleichzeitig, dass sein Partner seinen unaspektierten Planeten unbewusst sehr

deutlich in die Beziehung einbringt. Die Folge ist, dass dieser unbeabsichtigt eine Dominanz zur Schau trägt, die dem anderen das Gefühl gibt, beiseite geschoben zu werden. Oder er bekommt das Gefühl, dass, was immer er auch tut, vom Partner mit dem unaspektierten Planeten immer wieder mit „ja – aber…." kommentiert wird. Obwohl das ein sehr eigensinniges Verhalten zu sein scheint, ist es sicher nicht beabsichtigt. Es beschreibt einfach die Situation, in der sich der Partner mit dem unaspektierten Planeten unruhig und unsicher fühlt. Aus dieser Unsicherheit heraus beteuert er dem anderen dann, wie wichtig er für ihn ist, und wie sehr er doch seine Hilfe braucht, nicht ohne ihn leben kann, und so weiter… Gleichzeitig legt er ein Verhalten an den Tag, mit dem er den anderen praktisch negiert, indem er beispielsweise seine Ratschläge nicht befolgt. Hier geschieht das, was bereits weiter oben beschrieben wurde: Das, was man mit einem unaspektierten Planeten fühlt, läßt sich mit dem, was man im Außen zeigt, nicht in Einklang bringen. Das ist schon für einen selbst äußerst schwierig, und für einen Partner kann es noch verwirrender sein.

Bei einem Yod kann man sehr vieles, was ein Partner für einen tut, nur schwer annehmen, obwohl man es wirklich sehr gerne möchte und gern auch die damit verbundene Ruhe genießen würde. Man ist aber ein Meister darin, genau das zu finden, womit man die Äußerungen des anderen, seine Hilfeleistung oder sein Wissen unterminieren, abwerten oder in Zweifel ziehen kann. All das geschieht unabsichtlich, es passiert ganz einfach. Man kann zwar lernen, dieses Verhalten in den Griff zu bekommen, es braucht aber Zeit, eine kreativere Form dafür zu finden. In der Zwischenzeit hat der Partner das Gefühl, mit jemandem zu leben, der sich von ihr oder ihm abhängig macht, aber gleichzeitig auf Distanz bleibt.

Aber es geht noch weiter. Wie fühlt man sich, wenn uns ein Partner wissen läßt, dass er sich mit einem bestimmten Wesensanteil seiner selbst sehr unsicher fühlt, und dann erlebt, dass er genau diesen Wesensanteil sehr dominant nach außen bringt? Dieses Problem zeigt sich vor allem bei unaspektierten Planeten. Um ein Beispiel zu nennen: Ein unaspektierter Merkur kann Schwierigkeiten damit haben, auf Bemerkungen oder in Gesprächen adäquat zu reagieren. Zu anderen Zeiten ist der gleiche Merkur nicht mehr zu bremsen und ergießt sich in einem Redeschwall, bei dem es oft um eine Aneinanderreihung von Nichtigkeiten geht; das ist aber sicher nicht das wichtigste Kennzeichen. Sehr oft geht es bei seinen Ergüssen auch um eine herrliche Abhandlung, oder um die Analyse einer bestimmten Situation oder eines Problems, die Talent beweist. Wenn man nicht erkennt, dass der Partner seine Gegensätzlichkeit selbst nicht so empfindet, weil er einfach nicht weiß, wie ein unaspektierter Planet sich auswirkt und funktioniert, begreift man im ersten Moment nicht, dass er kein Wort mehr herausbringt oder zu stottern anfängt, wenn man ihn um eine Wiederholung seiner brillanten Analyse bittet. Versucht er dann zu erklären, wie unsicher er sich plötzlich fühlt, ist das natürlich kaum zu begreifen; man hat schließlich noch das Bild vor Augen, wie selbstverständlich sicher er eben noch gewirkt hat. Wieder diese enorme Gegensätzlichkeit und Grund für Ärger und Verdruß. Der Partner mit dem unaspektierten Planeten fühlt sich völlig unverstanden, während der andere einerseits das Gefühl hat, einem Spiel ausgeliefert zu sein und andererseits mit dem Herzenserguß seines Partners über dessen Unsicherheit nichts anzufangen weiß. Er kennt ihn doch schließlich von einer ganz anderen Seite. Die Folge ist, dass anstelle einer hilfreichen und verstehenden Reaktion eine gereizte und nervöse Stimmung ausgelöst wird, die dazu beiträgt, dass der andere sich noch mehr in sein Schneckenhaus zurückzieht.

Können Sie sich vorstellen, was es bedeutet, wenn jemand andauernd behauptet, furchtbar unsicher zu sein und trotzdem Talent und Kraft auf diesem Gebiet zur Schau stellt? Und wie oft man auch betonen mag, dass das, was der andere tut, gut ist - er scheint es einfach nicht zur Kenntnis zu nehmen. Das kann einen schon mürbe machen und einen dazu verleiten, ihm alles Mögliche vorzuwerfen, beispielsweise Manipulation oder die fehlende Bereitschaft, zuzuhören, oder dass er sich masochistisch verhält und viele Dinge mehr. Es ist klar, dass dem Partner mit dem unaspektierten Planeten damit nicht geholfen ist, und dass sich Missverständnis für Missverständnis aufbauen kann, ohne einen Hauptschuldigen benennen zu könnten. Hier handelt es sich einfach nur um Unwissenheit über diese spezielle Dynamik eines unaspektierten Planeten.

Wenn die unaspektierten Planeten des Partners Aspekte zu den eigenen Planeten bilden, wird man, ohne dies zu bemerken, oft zum Mittelpunkt seines Lebens. Das geschieht sehr leicht bei einer Konjunktion, einem Sextil oder einem Trigon, grundsätzlich kann aber jeder Aspekt einen Anknüpfungspunkt bieten. Derjenige, dessen unaspektierte Planeten vom Horoskop des Partners aufgefangen werden, erlebt etwas sehr Zwiespältiges: Auf der einen Seite bedeutet der Partner „alles“, auf der anderen Seite schwelt im Unbewussten der Drang, man selbst zu werden und seine Individualität zu entdecken. Der andere wird also gleichzeitig zu einer „Gefahr“. Wenn man sich nämlich zu sehr an ihn bindet, findet man niemals zu sich selbst. Es besteht also das Risiko, dass man dieses innere Problem auf sein Gegenüber projiziert und allerlei Aktionen gegen ihn startet, nur um ihm zu zeigen, dass man nicht an ihn gebunden ist. Oder aber man beschuldigt ihn, sich in unsere Angelegenheiten einzumischen. Der Beschuldigte wird all das nicht begreifen können, denn obwohl er nichts tut, wird

er heftig bombardiert. Dieses Verhalten ist deshalb so paradox, weil man den Partner gleichzeitig nicht loslassen kann. Dann wäre man ja die „Anlaufstelle“ für seine Planeten los! Bei Paaren, bei denen diese Dynamik unbewusst bleibt, spricht man von einer zwanghaften Bindung, aus der er oder sie sich aufs heftigste zu befreien sucht, den Knoten aber nie ganz durchschlagen kann. Fremdgehen kann auch eine Strategie sein, um zu beweisen, wie unabhängig man ist. Aber auch das ist niemals eine echte Lösung und wird nicht als wirklich entspannend und angenehm erlebt, weil es sich im Grunde genommen lediglich um eine Abwehrreaktion handelt.
Ein weiteres Problem bei unaspektierten Planeten entsteht, wenn sie auf angenehme Weise vom Horoskop eines anderen aufgefangen werden. Man kann sich dabei so wohl und entspannt fühlen, dass man glaubt, in den anderen verliebt zu sein. Beginnt man dann eine Beziehung, spielen natürlich auch all die anderen Dinge, die in eine Beziehung ausmachen, mit hinein. Die Folge ist, dass sich alles ganz anders darstellen kann, als man anfänglich glaubte. Das angenehme und entspannte Gefühl, das man in Anwesenheit des anderen erlebt, schafft unmerklich ein Abhängigkeitsgefühl. Weiß man aber, was für ein Prozess sich hier abspielt, kann man den Kontakt mit dem anderen nutzen, um sich selbst näher zu kommen. Dann ergibt sich zwar eine zeitlich begrenzte Abhängigkeit, für die man sich aber bewusst entschieden hat, und die darum nicht zu allerlei sonderbaren Aktionen führt. Man entscheidet sich dann, den anderen als Instrument zu benutzen, um sich selbst besser kennenlernen zu können. In einer guten Beziehung ist es sicher möglich, den anderen an dem Prozess, in dem man sich befindet, teilhaben zu lassen. So können bestimmte Menschen zeitweise eine sehr wichtige Rolle in unserem Leben spielen, ohne dass die Rede von Verliebtheit ist.

3. *Eine andere Art von Abhängigkeit bei Yodfiguren.*

Auch bei Menschen mit Yodfiguren kann diese Abhängigkeit eine Rolle spielen, obwohl sie von anderer Art ist. Wenn das Horoskop des anderen einen harmonischen Aspekt mit einem der Yod-Planeten bildet, aktiviert er eigentlich sofort die Funktion der Yodfigur. Ist dieser harmonische Aspekt ein Sextil, bildet es noch ein zusätzliches Yod in der Synastrie. Stellen Sie sich vor, Sie haben ein Yod in den Zeichen Krebs und Jungfrau (Sextil), die beide im Quinkunx zu einem Planeten in Wassermann stehen. Wenn nun bei jemand anderem ein Planet in Schütze steht, der ein Sextil zu dem Planeten in Wassermann bildet, bildet der gleiche Planet unweigerlich ein Quinkunx zu dem Planeten in Krebs und ein Quadrat zu dem Planeten in Jungfrau. Es entsteht ein neues Yod: Ihr Planet in Wassermann steht im Quinkunx zu Ihrem Planeten in Krebs, und der Planet in Schütze des anderen bildet ein Sextil zu

Ihrem Planeten in Wassermann und ein Quinkunx zu Ihrem Planeten im Krebs (siehe die Zeichnung auf S. 148).
Mit anderen Worten: Die „Anlaufstelle" aktiviert Ihr bestehendes Yod und bildet in der Synastrie ein neues Yod. Der andere kurbelt Ihre innere Unruhe noch weiter an, wodurch sie sich noch erheblich steigern kann. Aber noch etwas anderes geschieht: Der Partner kann gerade durch diesen Prozess zum Instrument werden, Ihnen ein Stück weiterzuhelfen. Anstatt sich weiterhin im Kreis zu drehen, kann man durch die verrückten, unverständlichen und längst nicht immer einfachen Konfrontationen mit seinem Partner auf die eine oder andere Weise an einen Punkt gelangen, an dem man seine Angst und Abwehr durchbrechen kann und sich anders verhält. Das heißt aber nicht, dass zukünftig die kaum zu begreifenden Missverständnisse ausbleiben werden. Ein Yod bleibt nun einmal ein Yod. Trotzdem scheinen die Missverständnisse lösbar zu sein, ohne dass die Beziehung Schaden nimmt.

Hat man also eine Yodfigur im Horoskop, besteht leicht die Möglichkeit, dass andere Personen weitere Yodfiguren dazu bilden. Und hier besteht der große Unterschied zu einem unaspektierten Planeten. Dieser Horoskopfaktor muss längst nicht in jedem Menschen einen Berührungspunkt finden. Es geht ja nur um einen einzigen Punkt. Bei den drei Punkten einer Yodfigur ist die Wahrscheinlichkeit, von anderen aspektiert zu werden, allerdings größer. Wenden wir uns noch einmal dem Beispiel der Krebs-Jungfrau-Wassermann-Yodfigur zu. Jemand anderer braucht nur einen Planeten auf der korrespondierenden Gradzahl in Schütze zu haben und schon entsteht ein neues Yod (wie wir bereits gesehen haben: Schütze-Wassermann-Krebs). Aber auch die korrespondierenden Gradzahlen in Widder können ein neues Yod bilden: Widder-Wassermann-Jungfrau. Möglich ist auch, dass jemand ein Quinkunx in seinem Horoskop hat, das sich an das Yod eines anderen anschließt; beispielsweise ein Quinkunx zwischen Widder und Skorpion. Dieses Quinkunx könnte sich an den Jungfrau-Bereich der Yodfigur eines anderen anschließen, und wieder ein Yod zwischen beiden Partnern bilden. Ein Yod hat also mehrere Berührungsmöglichkeiten und somit auch eine größere Wahrscheinlichkeit, aktiviert zu werden. Obwohl sich dadurch Schwierigkeiten ergeben, geht auch etwas ganz Besonderes vor sich. In diesen Fällen sehe ich mir immer die Synastrie an (dabei wird das Horoskop des einen in das Horoskop des anderen plaziert, um zu sehen, welche Aspekte miteinander gebildet werden, welche Planeten in die gegenseitigen Häuser fallen, usw.).
Bei Menschen, die mehrere Yodfiguren miteinander bilden, ist mir aufgefallen, dass zwischen den beiden ein ganz besonderes Band entstehen kann und dass sie eine wichtige Rolle füreinander spielen; dabei geht es um das Erfüllen einer Art Bestim-

mung. Daran knüpfen sich allerdings auch Bedingungen, wie gegenseitige Offenheit und Respekt füreinander. Es ist, als würden diese Menschen magnetisch zueinander hingezogen, und als *müßten* sie auf die eine oder andere Weise miteinander verbunden sein. Übrigens muss das nicht per se eine Liebesbeziehung sein, auch in einer Freundschaft oder in einer Beziehung zwischen Chef und Arbeitnehmer können sich solche Prozesse abspielen. Bei den genannten Yod-Synastrien habe ich Extreme erlebt. Entweder bahnte sich ein Drama an oder die Missverständnisse häuften sich, wozu das Schicksal noch seinen Beitrag leistete. Entweder geriet alles außer Kontrolle oder aber es kam etwas ganz Besonderes zu Stande.

Das erste Beispiel zeigt, wie einem die Dinge auch ohne Schuld entgleiten können. Es geht um zwei Menschen, die sich irgendwie zueinander hingezogen fühlten, aber nichts mit diesen Gefühlen anzufangen wussten. Sie kommt aus Belgien, er aus den Niederlanden. Die beiden haben sich im Ausland kennengelernt und verabreden, dass er sie in Belgien besuchen wird. Am verabredeten Tag verlässt er sehr früh morgens das Haus; er will auf jeden Fall pünktlich sein und eventuellen Staus zuvorkommen. Viel zu früh kommt er in dem Dorf an, in dem sie wohnt. Da er aber die Straße, die sie ihm genannt hat, nicht finden kann, obwohl er das ganze Dorf und auch die Umgebung durchkämmt hat, beschließt er, zutiefst enttäuscht, wieder nach Hause zu fahren. Er ist davon überzeugt, dass sie sich einen Spaß mit ihm erlaubt hat und nimmt sich vor, nichts mehr von sich hören zu lassen.

Sie hingegen hat aber tatsächlich auf ihn gewartet, leider umsonst. Tief enttäuscht denkt sie, dass er offenbar der Typ Mann ist, der schnell etwas erleben will, aber nicht bereit ist, irgendeine Mühe auf sich zu nehmen.

Jahre später kommt der Mann zufällig dahinter, dass es in Belgien zwei Orte dieses Namens gibt. Er war im falschen Ort gelandet. Er fuhr also noch einmal los, diesmal zum richtigen Ort; sie hatte aber inzwischen einen anderen.

Oder zwei Menschen begegnen einander und verlieben sich auf der Stelle ineinander. Sie tauschen ihre Adressen aus, aber beide verlieren aus unerklärlichen Gründen die ausgetauschten Visitenkarten.

Wenn sich mehrere Yodfiguren in der Synastrie bilden, scheint sich das Leben manchmal rundum ungünstig zu gestalten. Es kann aber auch anders sein. Ich habe sehr oft erlebt, dass Menschen, die mehrere Yodfiguren miteinander teilten, das Gefühl hatten, etwas miteinander „erledigen zu müssen“. Das kann im Bereich der Liebe, der Arbeit, einer Freundschaft, der Forschung oder wo auch immer sein. Auf jeden Fall gibt es etwas, das einen verbindet. Man kann es nicht benennen und keiner der beiden kann erklären, worum es genau geht. Es wäre auch müßig, danach zu fragen. Trotzdem ist diese Verbundenheit eindeutig zu spüren. Wenn sich beide Raum dafür geben, zeichnet sich ein Prozess ab, in dem sie einander sehr viel bedeuten, allerdings auf ganz verschiedene Weise. In solchen Beziehungen ergaben sich immer Momente, in denen einer der beiden eine ausschlaggebende Rolle im Leben des anderen spielte, oder dessen Leben eine wichtige Wende nahm, die zwar für den anderen nicht abzusehen war, aber enorme (nicht selten positive) Folgen für die Zukunft hatte. Aufgrund solcher Ereignisse kann eine tiefe Verbindung entstehen, die zwar niemals zu benennen ist, die sich aber sehr gut anfühlen kann. Eine dauerhafte tiefe Beziehung wird dann ausgerechnet aufgrund der Yodfigur möglich.

Das Horoskop meines Mannes bildet einige Yodfiguren mit meinem Horoskop. Wir beide empfinden, seitdem wir einander kennen, ein nicht genau zu beschreibendes Verbundenheitsgefühl füreinander. Zu Beginn schien es eine Art geschwisterliche Beziehung zu sein. Wir lösten gegenseitig vieles ineinander aus und gingen sehr vertraut und kameradschaftlich miteinander um. Einerseits waren wir erstaunt darüber, dass wir uns so ähnlich und andererseits doch so verschieden waren. Bis dann Venus in wichtigen Progressionen den Funken überspringen ließ. Da begriffen wir, dass wir uns eigentlich schon immer geliebt hatten. Und in unserer Umgebung seufzte man erleichtert: „Habt Ihr es endlich begriffen?“ Eine verrückte Situation also. Wie waren verliebt, ohne es selbst zu erkennen. Wir waren schon lange eine Einheit, ohne uns dessen bewusst zu sein, was natürlich auch zu Missverständnissen hätte führen können. Das Verwirrende und Ungreifbare einer Yodfigur spielt also im Hintergrund immer eine Rolle. Mit den Yodfiguren, die wir gegenseitig in unseren Horoskopen bilden, verläuft unser Zusammenleben nicht gerade ausgesprochen ruhig, was sich aber vor allem auf äußere Belastungen bezieht. Tief innen verspüren wir aber eine Verbundenheit, die wir beide nicht in Worte fassen können. Diese Verbindung ist eindeutig da und sie ist sehr tief.

Ich bin auch anderen Menschen begegnet, bei denen sich ähnliche Entwicklungen zeigten. Wenn Partner in der Synastrie viele Yodfiguren bilden, gibt es auch eine Menge zu bearbeiten, und das mit Sicherheit gemeinsam. Das können zwar auch Schwierigkeiten sein, die man miteinander hat, aber viel häufiger geht es darum, gemeinsam einen Weg zu suchen, um dem Leben selbst eine Form zu geben, unabhängig von den Problemen, mit denen die Ursprungsfamilie über Generationen zu kämpfen hatte. Die gemeinsame Aufgabe besteht darin, sich bei der Suche nach dieser neuen Form gegenseitig zu unterstützen. Es gilt herauszufinden, dass die Antworten von selbst kommen, wenn man die Dinge geschehen lassen kann und wenn man dem nachgibt, was einem auf seinem Weg begegnet.

Hier geht es also um eine andere Art von Abhängigkeit, die natürlich schiefgehen kann, wenn beide auf nicht erwachsene Weise miteinander umgehen. Im positiven Fall bedeutet sie aber, dass beide Partner sie selbst sein können und gleichzeitig erkennen, dass sie nicht ohne einander leben wollen, oft nicht einmal können, unabhängig von allen Höhen und Tiefen.

Oft geraten Menschen, die viele Yodfiguren miteinander bilden, in ihrem Beziehungsleben in schwierige Situationen, die sie sich entweder zusammen schaffen oder in denen sie als Paar landen. Gerade in diesen schwierigen oder unmöglichen Situationen scheint die Beziehung einerseits auf die Probe gestellt zu werden, andererseits entstehen durch diese Situationen Anknüpfungspunkte zur Vertiefung der Beziehung. Nicht selten habe ich erlebt, dass „Yod-Partner" eine Reihe von schwierigen Erfahrungen durchmachen mussten, durch die sie einander auf einer immer tieferen Ebene wiederfinden konnten. Es ist überflüssig zu betonen, dass eine solche Verbindung an einen Punkt gelangt, an dem sie nicht mehr zerbrechen kann. Allerdings habe ich auch „Yod-Partner" erlebt, die sich in ein gemeinsames Drama verstrickt und sich gegenseitig in den Abgrund gezogen haben. Ein Beispiel hierfür ist Linda Tripp, die Freundin von Monica Lewinsky, die Gespräche zwischen sich und Monica auf Kassette aufnahm und wie sich nachträglich zeigte, ziemlich suggestive Fragen stellte, mit denen sie Monica die Antworten fast in den Mund legte. Das alles geschah aus ihrem Hass auf Clinton heraus. Die Folge war eine gewaltige, außer Kontrolle geratene Situation, mit der Monica Lewinsky im Nachhinein todunglücklich war. Tripp bildet mit einer Reihe von Planeten eine Yodfigur zum Saturn-Venus-Duett von Lewinsky (siehe Kapitel 12). Die Yod-Freundschaft zwischen Linda Tripp und Monica Lewinsky wurde zum Alptraum, zunächst für Lewinsky, später auch für Tripp, die von Ankläger Kenneth Starr der vorsätzlichen Manipulation und Verdrehung der Wahrheit beschuldigt wurde. Eine unausgewogene Yod-Freundschaft, die beide in den Abrund stürzte und die eine Menge Tumult verursachte!

Was immer auch geschieht, die Dynamik der Yodfigur bleibt bestehen, sowohl in den Fällen, in denen es schiefgeht (hier ist die Dynamik mehr als deutlich!) als auch in den Fällen, in denen sich die Verbundenheit vertieft und die Sache positiv angegangen wird. In diesem Fall wird aufgrund des Lernprozesses, der sich in der Beziehung abspielt, anders mit dem Yod umgegangen. Eines ist ganz klar: Es wird nicht möglich sein, sich in einer bequemen Beziehung auszuruhen – sie bleibt bis zum letzten Atemzug dynamisch und abwechslungsreich.

4. *Zwang und Druck.*

Yodfiguren und unaspektierte Planeten können nicht gut mit Situationen umgehen, in denen Druck ausgeübt oder etwas erzwungen werden soll. Dann wird es schwierig. Menschen mit Yodfiguren und unaspektierten Planeten geraten oft in Situationen, in denen die Dinge erst in letzter Sekunde geschehen, wodurch sich erst dann die Spannung auflösen kann. In solchen Situationen können sie übrigens auch gute Leistungen erbringen. Was sie überhaupt nicht ertragen können, ist, vom Partner bedrängt oder unter Druck gesetzt zu werden. Sobald man von ihnen verlangt, dieses oder jenes zu tun, wird in demjenigen, der ein Yod oder einen unaspektierten Planeten hat, eine nicht greifbare Unruhe ausgelöst. Das Gleiche gilt für festumrissene Erwartungshaltungen. Hat jemand mit einem Yod oder einem unaspektierten Planeten das Gefühl, man erwarte ein bestimmtes Verhalten von ihm, so erlebt er das sehr schnell als Zwang oder Druck. Dieses Gefühl setzt dann den gesamten Mechanismus von Unbeständigkeit, Unsicherheit und Unruhe in Gang.

Yodfiguren und unaspektierte Planeten funktionieren am besten in entspannten Situationen. Aber erstens sind solche Situationen eher selten und außerdem haben diese Menschen ein Händchen dafür, Spannungen selbst zu inszenieren. Der in unserer Gesellschaft vorherrschende Leistungsdruck verursacht in Menschen mit einem Yod oder unaspektierten Planeten noch zusätzlichen Druck. Wenn sie aber ein Leben führen, das wirklich zu ihnen passt, können sie unglaublich viel Streß ertragen, den sie noch nicht einmal als solchen empfinden. Sie erleben ihn eher als ein Fließen von Kreativität, die nun ein Ventil gefunden hat und sie enorm anregt.

Daher braucht jemand mit unaspektierten Planeten oder einem Yod in einer Beziehung den Raum, um einer Aktivität oder einem Hobby nachzugehen, damit seine Gabe oder sein Talent kanalisiert werden kann. Auf diese Weise wird eine große Menge Energie freigesetzt, die zwar innere Entspannung mit sich bringt, die aber letztendlich auch der Beziehung zugute kommt. Das bedeutet, dass gerade eine Aktivität oder ein Hobby außerhalb der Beziehung uns in die Beziehung zurückbringen kann.

5. *Unaspektierte Planeten im Composit.*

Beim Composit handelt es sich um eine Technik, mit der man aus der Halbsumme zweier gleicher Planeten ein neues Horoskop bildet. Das geschieht, indem man die Mittelpunkte von beiden MCs, von beiden Sonnen, von beiden Monden, etc. ermittelt. Es gibt zwei unterschiedliche Vorgehensweisen. Bei der einen wird als Aszendent der Ort genommen, an dem die Beziehung stattfindet. Man sucht in der Häusertabelle des gefundenen MC beim betreffenden Breitengrad den dazugehörigen Aszendenten. Das ist die weitaus gebräuchlichste Methode. Bei der anderen Vorgehensweise nimmt man den Mittelpunkt der beiden Aszendenten. Unabhängig von der Vorgehensweise können in einem Composit Yodfiguren und unaspektierte Planeten vorkommen.

Ein Composit bezieht sich nicht auf eine Person, sondern beschreibt, wie zwei Menschen zueinander stehen und sich als Paar im Außen zeigen. Ein Composit muss also anders interpretiert werden. Ein Planet in einem Composit sagt nichts über eine eigene psychische Dynamik, sondern etwas über eine Dynamik zwischen zwei Menschen aus.

So wird Merkur in einem Composit etwas über die Art aussagen, wie die beiden miteinander kommunizieren und wie sie als Paar mit anderen in Kontakt treten und Informationen austauschen. Die Gefahr bei einem unaspektierten Merkur ist, dass er für ziemliche Verwirrung in der Kommunikation zwischen den beiden sorgen kann, oft in einer Weise, die man sich kaum vorstellen kann. Nehmen wir das Beispiel eines Ehepaares mit einem unaspektierten Merkur im Composit. Die beiden erleben beispielsweise, dass sie über ein bestimmtes Thema reden, um dann später dahinterzukommen, dass jeder etwas ganz anderes gemeint hat, als der andere glaubte, verstanden zu haben. Das Gespräch muss also wiederholt werden. Oder das Ehepaar, das beschlossen hatte, in einem neu geplanten Wohnviertel ein Haus zu kaufen. Sie hatten die Wahl zwischen mehreren Doppelhaushälften. Da der Ehemann aus beruflichen Gründen unterwegs war und den Besichtigungstermin nicht wahrnehmen konnte, ging seine Frau alleine hin. Sie erhält die Bauzeichnungen und markiert mit roter Umrandung und einer zusätzlichen Erklärung, um welches der beiden Häuser es geht. Außerdem schreibt sie noch einen Kommentar dazu. Diese Unterlagen schickt sie ihrem Mann zu. Zu ihrer Bestürzung muss sie feststellen, dass ihr Mann zu glauben scheint, dass sie dasjenige Haus rot umrandet hat, das gerade nicht das ihre werden soll. Auch aufgrund ihrer Beschreibungen kommt er nicht auf die Idee, dass es sich bei seiner Annahme um ein Versehen handelt. Die Ehefrau klagt darüber, dass das schon die ganzen Ehejahre über so liefe (die beiden sind seit Jahrzehnten verheiratet!), und dass sie immer mal wieder nachprüfen müsse, ob ihr Mann die Dinge auch wirklich verstanden hat.

Eine unaspektierte Sonne in einem Composit kann beispielsweise dazu führen, dass beide Partner sich kein Bild von der Identität der Beziehung verschaffen können, und nicht genau wissen, was sie mit der Beziehung anfangen sollen, und das, obwohl sie sich lieben.

Jeder Planet, der im Composit unaspektiert ist, bedeutet für die Betroffenen anfänglich ein Problem. Es ist, als fordere diese Energie zusätzliches Engagement und zusätzliche Aufmerksamkeit, um funktionieren zu können. Obwohl das kein Dauerzustand sein muss, dauert es gewöhnlich doch eine Reihe von Jahren, bis beide Parteien die Sache durchschauen.

Gewöhnlich passiert sehr viel in der Beziehung, wenn der unaspektierte Planet im Composit zeitweise durch einen Transit aktiviert wird, besonders und mit Sicherheit, wenn es sich um langsam laufende Transite handelt. Wenn die Probleme dieses Themas in der Beziehung noch unbewusst sind, können sich die verrücktesten Verwicklungen ergeben und es scheint, als würde sich das Schicksal mit den beiden Liebenden einen Scherz erlauben. Wenn das Problem aber ins Bewusstsein gelangt, sieht man gerade dadurch, dass ein langsamer Transit die entsprechenden Turbulenzen mit sich bringt, wo der Schuh eigentlich drückt.

Das Composit ist nur eine Interpretationsform der astrologischen Beziehung. Die hier auftauchenden Probleme können beispielsweise in der Synastrie aufgefangen werden.

Ein unaspektierter Planet im Composit ist auch immer ein Hinweis auf einen „Auftrag", mit dem sich beide Partner befassen müssen, um sich gegenseitig weiterzuhelfen. Eine unaspektierte Sonne kann zum Beispiel auf die Notwendigkeit hinweisen, sich mit den Themen Selbstvertrauen, Identität, Raum und Unterstützung, die man sich gegenseitig gibt, auseinanderzusetzen. Der unaspektierte Planet kann sich letztlich zu einem wichtigen positiven Kennzeichen der Beziehung entwickeln, und zwar auf die gleiche Weise, wie ein unaspektierter Planet im Geburtshoroskop eine Gabe darstellt, die darauf wartet, geweckt zu werden.

6. *Yodfiguren im Composit.*

Wie ich schon bei Yodfiguren in der Synastrie betont habe, bedeutet ein Yod in einem Composit auch häufig, dass beide Partner auf die eine oder andere Weise durch das Schicksal zueinander gefunden haben und gemeinsam etwas bearbeiten oder gemeinsam etwas tun müssen. Auch hier gilt, dass das Yod zu einer ganz besonderen Beziehung beitragen kann, die enorme Kraft und Zielgerichtetheit besitzt, wenn beide Partner erwachsen damit umzugehen verstehen. Die Beziehung kann aber auch zum Drama werden, in dem alles schief geht, die Partner alles mögliche aufeinander projizieren und die verrücktesten Dinge anstellen. Mit Yodfiguren im Composit kann entweder alles außer Kontrolle geraten oder es wird möglicherweise eine ganz besondere Beziehung. Es scheint, als gäbe es bei einem Yod im Composit nicht so viele Schattierungen. Prinz Charles und Lady Diana hatten eine Yodfigur in ihrem Composit.

Bei einem Yod im Composit ist es, ebenso wie beim Yod in der Synastrie schwierig zu erklären, was eigentlich in der Beziehung so anziehend wirkt. Da ist zwar „etwas", aber es kann nicht beschrieben werden. Dieses „Etwas" kann allzu leicht als „Berufung oder Auftrag von höherer Stelle" gedeutet werden, gemeinsam etwas Großes zu schaffen. Menschen, die sich auf Derartiges berufen, laufen Gefahr, die tatsächliche Problematik, die unwiderruflich zu einem Yod gehört, zu übertünchen, indem sie ihr eine Art göttlicher Dimension beimessen, was die Gefahr mit sich bringt, den Boden der Realität zu verlassen und „abzuheben". Achten Sie darauf, dieses Besondere, Unaussprechliche nicht als Mission in der Außenwelt aufzufassen. Das Ziel liegt in Ihnen selbst!

Man kann bei der Deutung von Yodfiguren im Composit genauso vorgehen wie beim Geburtshoroskop. Man nimmt die beteiligten Planeten, auch in ihrer Funktion als Häuserherrscher, und deutet sie in ihrer speziellen Yod-Dynamik. Das Einzige, was man sich immer vor Augen halten muss, ist, dass es hier um die Beziehung zwischen zwei Menschen zueinander und dem gemeinsamen Kontakt zur Außenwelt geht. In den Kapiteln mit Beispielen werde ich dies noch aufzeigen und verdeutlichen.
Auf Grund von Transiten können sich auch zeitlich befristete Yodfiguren in einem Composit ergeben. Kennzeichnend hierfür ist oft eine Zeit, in der die Beziehung durch eine unruhige Phase gehen muss, oder in der die beiden mit nahezu unlösbaren Problemen konfrontiert werden oder in der etwas geschieht, dem sie machtlos gegenüberstehen. In einer solchen Periode ist sehr wichtig, dass die beiden als Paar nicht in Verwirrung geraten. Hier sollte man sich die Regeln für den Umgang mit Yodfiguren wieder in Erinnerung rufen. Die Lösung ergibt sich von selbst, man sieht sie nur noch nicht und auch, wie sie aussehen oder was geschehen wird, ist nicht zu erkennen. Unter anderem habe ich erlebt, dass jemand versuchte, die Beziehung durch Manipulation, Klatsch und Intrigen auseinanderzubringen, allerdings auf eine so subtile Weise, dass die Situation völlig chaotisch und unfassbar wurde. In einem anderen Fall geriet die Beziehung durch die Depression eines Partners stark unter Druck; und in einem weiteren hatten beide gegen einen Schicksalsschlag anzukämpfen, den sie als sehr ungerecht empfanden.
Genauso gut ist es aber möglich, dass man das Gefühl hat, dass sich eine Beziehung vollkommen erneuert und man nach einem Tief gemeinsam weiterkommt.

Kapitel 11

Yodfiguren, ein Duett und unaspektierte Planeten: *Charles, Diana und Camilla*

In der astrologischen Literatur wurde viel über das Ereignis geschrieben, das eigentlich zum „Jahrhundertmärchen" hätte werden sollen, sich aber letztlich zu einem Drama entwickelte: Die Beziehung zwischen dem britischen Kronprinzen Charles und Lady Di. In diesem Kapitel werde ich nicht die ganze Beziehung analysieren; das wäre ein Buch für sich. Der Schwerpunkt liegt auf der Yodfigur von Diana, dem Duett von Charles und dem Yod in ihrem Composit. Da Camilla direkt und indirekt eine wichtige Rolle gespielt hat, ist auch ihr Horoskop von Interesse; sie hat einen unaspektierten Planeten.

An **Dianas** Yod sind folgende Planeten beteiligt:
Jupiter in Wassermann, Quinkunx Merkur in Krebs und Pluto in Jungfrau.
Häuserherrscher:
Herrscher von 12 und Herrscher von 1 (Jupiter) im Quinkunx zu Herrscher von 7 und Herrscher von 9 (Merkur) und Herrscher von 11.
Da Herrscher von 1 und Herrscher von 7 am Yod beteiligt sind, ist das Thema Beziehung ein wichtiger Faktor.

Charles hat
ein Duett zwischen Uranus in Zwillinge und Jupiter in Schütze.
Häuserherrscher:
Herrscher von 7 (Uranus) im Duett mit Mitherrscher von 5 (Jupiter).
Mit Herrscher von 7 im Duett ist auch für ihn das Thema Beziehung ein wichtiger Faktor.

Camilla hat
einen unaspektierten Uranus.
Uranus als Herrscher ihres 7. und 8. Hauses (wie bei Charles).

Alle drei haben daher den Herrscher des 7. Hauses in einem Yod, einem Duett oder er ist unaspektiert, was ihnen die Möglichkeit gibt, auf eine ganz eigene, individuelle Weise Wege im Beziehungsleben zu finden, um alte Familienmuster zu durchbrechen. Sollte ihnen das nicht gelingen, können das Yod, das Duett oder der unaspektierte Planet große Probleme im Beziehungsbereich aufwerfen. Die Problematik ist immer sehr kompliziert und kann ein ausgesprochen chaotisches Bild abgeben, wie wir bei dem Wirbel um Charles, Diana und Camilla sehen konnten.

Diana

In dem Buch von Andrew Morton, an dem Diana selbst aktiv mitgearbeitet hat, finden wir eine Reihe von Äußerungen von ihr, die unmittelbar auf ihre Yodfigur hinweisen und erkennen lassen, dass sie sich schon immer irgendwie anders gefühlt hat. Sie wusste zwar nicht warum, hatte aber das Gefühl, etwas an sich zu haben, das sie anders sein ließ. Sie konnte nicht einmal darüber reden, aber in ihren Gedanken war ihr dieses Thema immer gegenwärtig.
In diesem Buch äußert sie an anderer Stelle, dass sie intuitiv wisse, dass ihr Leben in Schlangenlinien verlaufen würde. Ständig fühlte sie sich von anderen abgesondert. Sie wusste, dass sie irgendwo anders hätte hingehen sollen und dass sie sich nicht an

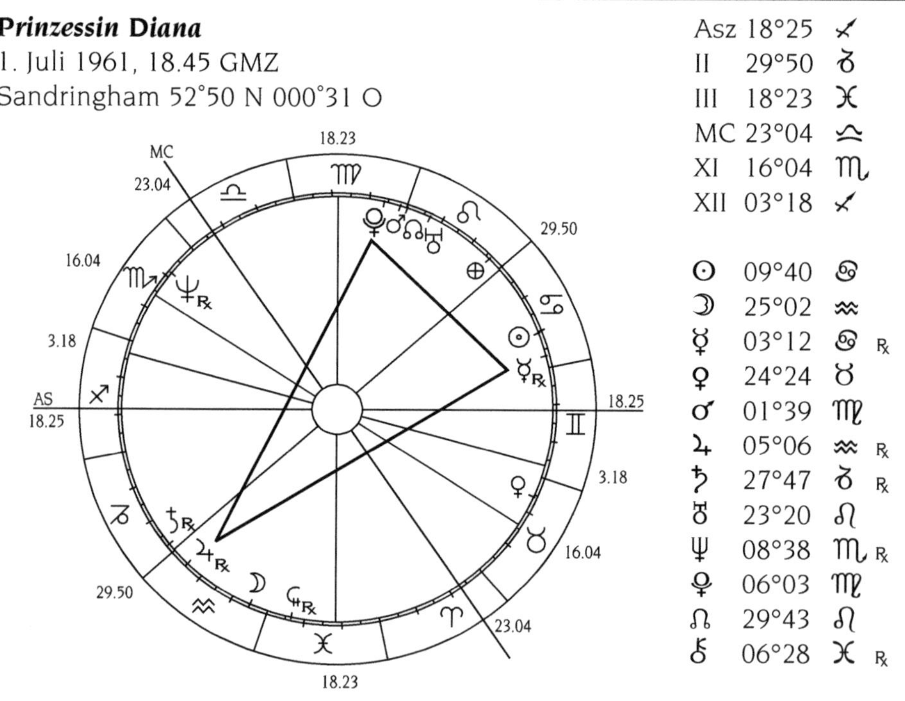

ihrem vorgesehenen Platz befand. Eine Yodfigur läßt sich kaum besser in Worte fassen!
Diana hatte also das Gefühl, etwas an sich zu haben, das das sie aber nicht benennen konnte. Das Yod weist auf ein Familienthema hin, das schon über mehrere Generationen hinweg besteht. Die Teilnehmer an der Yodfigur können uns helfen, dieses Thema zu entwirren. Ein Yod bringt uns mit der Vergangenheit in Kontakt; in Dianas Familie gab und gibt es eine Beziehungsproblematik. Aber noch etwas anderes ist auffällig. Manch einem ist bekannt, dass die Großmutter von Diana den heimlichen Wunsch hegte, Prinzessin von Wales zu werden. Diesen Wunsch teilte sie auch mit der Mutter von Diana. Beiden aber blieb die Erfüllung dieses Traumes verwehrt. Diana, mit ihrem Herrscher von 7 im Yod mit Jupiter und Pluto, wurde nun Prinzessin von Wales und hat den tiefen Wunsch ihrer Mutter und ihrer Großmutter erfüllt, ohne selbst glücklich mit ihrer Wahl geworden zu sein (In der älteren Literatur wird eine Verbindung zwischen dem 7. Haus und Jupiter oft als „über den eigenen Stand heiraten“ interpretiert; und die Kombination mit Pluto zeigt, wieviel Macht und Konfrontation damit einhergeht).

Allerdings wusste sie von Anfang an, dass sie niemals Königin werden würde. Diese Vorahnung hat sie mehrmals im vertrauten Kreis verlauten lassen. Sie „wusste“ aber auch, dass sie diese Episode, als „Königin in spe“ zu gelten, durchleben musste - das spürte sie.

In Dianas Horoskop findet sich auch der Herrscher von 12 in einem Yod mit Pluto und Merkur. Wenn der Herrscher des 12. Hauses eine Rolle spielt, müssen wir unseren Blick auch auf die frühesten Erfahrungen der Person richten. Das Neugeborene ist sehr empfänglich für die häusliche Atmosphäre und besonders offen für das Unbewusste der Eltern - mit all den Verdrängungen, dem Schmerz, dem Unausgesprochenen und den schlummernden oder nicht gelebten Gaben und Talenten. Wenn Pluto beteiligt ist, zeigt sich oft, dass ein Teil der mythischen Phase des Kindes - ungefähr die ersten sieben oder acht Jahre - unter dem Zeichen von Krise steht: Ereignisse zwischen Leben und Tod, Intensität, Machtkonflikte oder unverarbeitete Probleme eines Elternteils.

In Dianas Fall spielte das Thema „Tod“ eine gravierende Rolle. Anderthalb Jahre vor ihrer Geburt war ihr Bruder, der nur zehn Stunden gelebt hatte, gestorben. Er war das dritte Kind und der erste Sohn, der Stammhalter hätte werden können. Die Familie übte enormen Druck auf die Mutter aus und ließ sie sogar ärztlich untersu-

chen, um herauszufinden, „was mit ihr nicht in Ordnung war“, da sie nur Töchter gebar.
Als Diana zur Welt kam, hatte sich die ganze Familie auf einen Sohn fixiert. Sie hatten so fest mit einem Jungen gerechnet, dass ein Mädchenname erst gar nicht ausgesucht worden war. Die atmosphärischen Schwingungen um den toten Bruder sind tief in sie eingedrungen und haben ihr von Kind an Schuldgefühle eingeflößt. Da sie als kleines Mädchen diese Schuldgefühle unmöglich verstehen konnte, schuf sie von sich selbst das Bild, ein schwieriges Kind zu sein. Sie sah sich als Fehlschlag an und glaubte, ihre Eltern enttäuscht zu haben. Erst viel später sollte sie das verstehen und akzeptieren lernen. In ihrer Jugend war sie aber über lange Zeit in die Rolle des häßlichen Entleins geschlüpft.
Der Herrscher von 1 in einer Yodfigur macht es uns nicht einfach, nach außen zu gehen, vor allem wegen der immer wieder auftauchenden Gefühle von Unsicherheit. Eine Verbindung zwischen Pluto und dem Herrscher von 1 wird das um keinen Preis in der Außenwelt zu erkennen geben; auch Saturn im 1. Haus wird lieber die Stirn runzeln. Der Herrscher von 1 im Yod vermittelt uns Unsicherheit über unser Funktionieren und die Rolle, die wir in der Außenwelt spielen, weshalb wir kein Bedürfnis danach verspüren, unser wahres Gesicht zu zeigen. Allerdings erfährt Diana bezüglich ihres Auftretens Unterstützung von ihrem Schütze-Aszendenten; trotzdem wird sie es nicht leicht gehabt haben.
Der Herrscher von 7 im Yod kann ein Hinweis darauf sein, dass in ihrer Ehe ein Muster, das bereits seit mehreren Generation bestand, verarbeitet und aufgelöst werden musste, obwohl noch zahlreiche andere Themenbereiche denkbar sind. Man kann sich beispielsweise in jemanden verlieben, der ein sehr eigenartiges Wesen hat oder in jemanden, bei dem man das am allerwenigsten erwartet hätte. Vielleicht verliebt man sich auch in einen Menschen, durch den man in eine sehr schwierige Situation gerät, weil man vor unmögliche Entscheidungen gestellt wird. Oder man verliebt sich in eine Person, mit der man in einer bestimmten Lebensphase sehr vieles erlebt oder durchgemacht hat. Natürlich kann es sich auch um die große Liebe oder eine sehr gute Ehe handeln – besagte Geschichten müssen nicht immer so extrem ausfallen wie die Krise zwischen Charles und Diana. Fest steht allerdings, dass die Beziehung „anders“ ist oder als „anders“ erlebt wird.
Übrigens war auch Dianas Beziehung zu Dodi von den Kennzeichen einer Yodfigur geprägt. Alles wies darauf hin, dass sie total verliebt in ihn war, was auch aus Telefongesprächen zwischen ihr und mehreren Freundinnen und Vertrauten hervorging. Eine eventuelle Heirat mit Dodi hätte allerdings für helle Aufregung gesorgt.

Diana war die geliebte Prinzessin, und sie wurde vom britischen Volk angebetet. Dass sie es letztlich still ertrug, vom äußerst teilnahmslosen britischen Königshaus derart im Stich gelassen zu werden, brachte ihr nur noch mehr Sympathien ein. Neben der Revolte gegen die *„stiff upper lip"* symbolisierte sie auch die menschliche Seite, die aufopfernde Sorge für Menschen, von der sich das britische Königshaus bisher ferngehalten hatte – dem Interesse an den Armen, Kranken, AIDS-Infizierten und so weiter. Diana war von einem königlichen Glanz umgeben; das Volk sah sie als Heilige und Märtyrerin in einer Person. Hier erkennen wir übrigens auch die besondere Gabe ihrer Yodfigur: Der Herrscher von 12 weist auf die Verbundenheit mit hilfsbedürftigen Menschen hin und auf ihr Verständnis für diejenigen, die als Außenseiter in unserer Gesellschaft leben. Pluto als Verbindungspunkt zum 12. Haus deutet auf eine psychologische Begabung und die Fähigkeit hin, gut mit diesem Talent umgehen zu können. Schon in ihrer Jugend hatte sie ein besonderes Gefühl für hilfsbedürftige Menschen und das wunderbare Talent, natürlich und ungezwungen mit ihnen umzugehen. Auch die Unerschütterlichkeit, mit der sie sich für die verletzten Menschen, die Opfer von Landminen geworden waren, einsetzte, und dass sie sich entschieden gegen alle politischen Mächte durchsetzte, kann in Verbindung mit Pluto und dem Herrscher von 12 im Yod betrachtet werden.
Eine Beziehung und mögliche Heirat der Prinzessin, die dieses Bild in einer vorwiegend anglikanisch-christlichen Nation verkörperte, mit einem Mann islamitischer Herkunft, der obendrein noch in dem Ruf stand, ein verwöhnter und reicher Playboy zu sein, hätte enorme und sicherlich nachteilige Folgen für die kollektive Projektion auf Diana nach sich gezogen. Hinzu kommt, dass auch der älteste Sohn von Diana, Prinz William, der ebenfalls vom britischen Volk sehr verehrt wird, kein Fürsprecher einer Hochzeit zwischen Dodi und Diana war. Das britische Volk zeigte wesentlich mehr Interesse an einem „möglichen" Heiratskandidaten für Diana. Sie musste seit ihrer Scheidung miterleben, wie jeder Mann, mit dem sie freundschaftlichen Kontakt pflegte, dafür „büßen" musste. Diesen Männern saß ständig die Presse im Nacken und ihr Leben wurde in den Zeitungen ausführlich breitgetreten.
Als Charles ein zwar beschauliches, aber öffentliches Fest zu Camillas 50. Geburtstag geben wollte, entschloß sich Diana, in Ferien zu fahren. Sie nahm die Einladung von Mohammed Al-Fayed, dem Eigentümer des Londoner Warenhauses Harrods an und verbrachte bei ihm in Saint Tropez ihren Urlaub. Diese sorglose Zeit hatte Diana offenbar sehr genossen. Die britischen Medien ließen jedoch mit scharfen Worten verlauten, dass sie den Gastgeber der Prinzessin als zweifelhaft und unpassend für Diana erachteten. Sie wurde also bereits heftig angegriffen, bevor Dodi tatsäch-

lich auf der Bildfläche erschienen war. Erst in diesem Urlaub lernte sie Dodi kennen, den Sohn ihres Gastgebers.

Andrew Morton, Dianas Biograf, schrieb über Dodi, dass er für die Außenwelt das Musterbeispiel des frivolen Playboys sei, der oberflächlich durchs Leben tingele, sich Freundschaften und Berühmtheit erkaufe, und sich außerdem von einer monatlichen Zuwendung seines Vaters über angeblich 100.000 Dollar fünf Ferraris zulegte.

Andererseits konnte Diana Dodis Maske durchschauen und erkennen, was sich dahinter verbarg. Die Ähnlichkeiten zwischen Dodi und Charles waren, auf einer tieferen Ebene, sehr auffällig. Beide waren verrückt nach Polo, beide Männer lebten im Schatten eines starken und dominanten Vaters, sie brachten sich beide zum Ausdruck, indem sie sich in gefährlichen Sportarten zu beweisen suchten und beide zeichneten sich durch Unbeständigkeit und eine tiefe Traurigkeit hinter ihrer Fassade aus. Charles litt unter dem Tod seines geliebten Großvaters Lord Mountbatten, Dodi unter dem Tod seiner viel zu früh verstorbenen Mutter.

Es war bekannt, dass Diana sofort Wärme für jemanden empfand, bei dem sie spürte, dass er litt. Brachte dieser Jemand dann auch ihr Wärme entgegen, führte das leicht zu tieferen Gefühlen bei ihr. In ihrem Horoskop sind der Herrscher ~~von~~ 12 und der Herrscher von 7 Teilnehmer in einem Yod, was immer das Risiko birgt, Liebe und Mitgefühl miteinander zu verwechseln.

Der gravierende Unterschied zwischen Charles und Dodi war die überschäumende Warmherzigkeit von Dodi, die Aufmerksamkeit, die er ihr schenkte und die Tatsache, dass er ihr unverblümt zeigte, wie sehr er sie anbetete. Sein Verhalten stand im krassen Gegensatz zu der kühlen und distanzierten Haltung von Charles, der sich außerdem ganz Camilla widmete. Diana ersehnte und hungerte nach Liebe und Wärme. All das konnte Dodi ihr geben.

Wäre Diana bei besagtem Unglück nicht ums Leben gekommen, hätte das Yod in ihrem Geburtshoroskop sie wahrscheinlich in eine schwierige Situation gebracht. Vermutlich hätte sie für Dodi und ihre Verliebtheit den Preis einer völlig veränderten Haltung der Briten ihr gegenüber in Kauf genommen (man braucht sich nur die Angriffe der Presse bezüglich ihrer Urlaubsentscheidung anzuschauen). Allerdings hätte eine Entscheidung für Dodi sie mit dem in Konflikt gebracht, was ihr das Wichtigste auf der Welt war: mit ihren Kindern. Also eine regelrechte Pattsituation für Diana und eine für sie geradezu unmögliche Entscheidung. Daher ist es nicht erstaunlich, dass dieses Yod im Transit von zwei „überrumpelnden" Außenplaneten aktiviert wurde, als sie sich in Dodi verliebte. Uranus lief im Transit über ihren

Uranus-Transit aktiviert das Yod;
Pluto-Tranist bildet ein neues Yod.

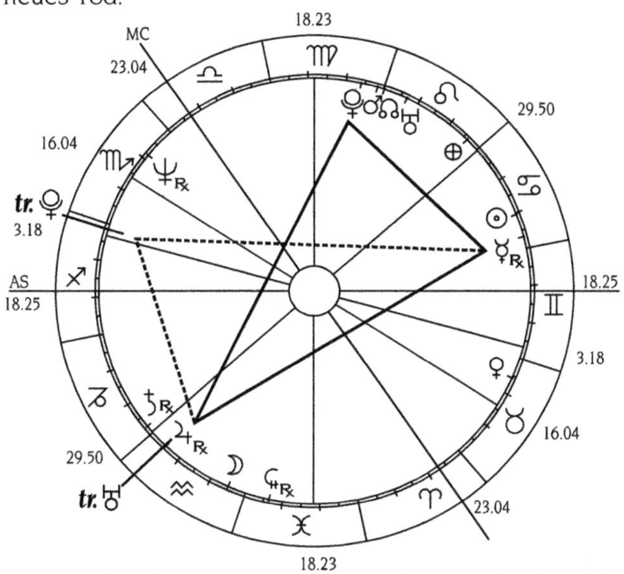

Radix-Jupiter, der Spitze ihrer Yodfigur, und wurde somit aktiviert; Pluto stand auf 2°55‘ Schütze und bildete ein Quinkunx zu Merkur im Radix-Yod und bildete eine neue Yodfigur.

Pluto und Uranus standen im Sextil zueinander. Hier sehen wir wieder, dass ein Sextil am Himmel ein zeitlich befristetes Yod im Geburtshoroskop bilden kann.
Pluto war obendrein auf 2° Schütze stationär, wodurch er dem zeitlich begrenzten Yod noch mehr Nachdruck verlieh.

Wenn Pluto im Transit oder in der Progression ein Thema anrührt, wird oft das Unterste zuoberst gekehrt. Pluto im Transit hat eine umwälzende Auswirkung auf den Planeten, den er aspektiert, sowohl für den Planeten selbst als auch für den Planeten als Häuserherrscher. Verdrängungen, Fehleinschätzungen, nicht erwachsenes Verhalten und unbearbeitete Probleme rund um den Themenbereich dieses Planeten oder dieses Hauses kommen dann auf den Tisch und wollen gelöst werden. Pluto ist allerdings kein Planet, der uns mit Samthandschuhen anfasst. Meistens werden wir in eine Situation verstrickt, die uns mit allen wichtigen Facetten dieses Themas konfrontiert. Dabei können auch Verwicklungen im Zusammenhang mit Macht und Schatten eine Rolle spielen. Pluto rechnet mit allzu naiven und romantischen Vorstellungen ab. Seine Inhalte zwingen uns zu raschem Wachstum und dazu, in den Punkten, die er aspektiert, erwachsen zu werden. Diana hatte mit ihrem 7. Haus noch einiges aufzuarbeiten.

Sie sehnte sich nach Liebe und Wärme und war auf der Suche nach einer Vaterfigur. Diese unbewusste Suche stand sicherlich auch in Zusammenhang mit der distanzierten Erziehung in ihrer Kindheit. Auch wenn sie der Augapfel ihres Vaters war, hatten ihre Eltern doch viel zuviel miteinander aufzuarbeiten. Sie trennten sich, bevor Diana sieben Jahre alt wurde, was sicherlich erschütternd für sie war. Ihren Vater sah sie kaum; gemeinsame Tischzeiten gab es nicht – ihre Mahlzeiten musste sie mit den ständig wechselnden Kindermädchen einnehmen. Diana sehnte sich nach einem Familienleben, - das ist für einen Krebs sehr wichtig - bekam aber stattdessen lediglich Geschenke.

Der Herrscher ihres 4. Hauses, Mars, steht im 8. Haus auf Pluto. Ein doppelter Hinweis auf eine große Sensibilität und Verletzbarkeit im Gefühlsbereich. Kinder mit diesem Aspekt haben oft ein enormes Bedürfnis nach Wärme, Aufmerksamkeit und emotionaler Geborgenheit, das sie aber nur schwer zeigen können. Dieses Verlangen drückt sich oft in einem zwar unbewussten, aber drängenden und fordernden Verhalten aus. Wenn die Eltern verstehen, dass es sich bei diesem Verhalten um ein großes Maß an Unsicherheit handelt, die im Lauf der Jahre allmählich abnehmen kann, wenn sie dem Kind ausreichend Geborgenheit geben – häufig in den unmöglichsten Momenten! – , kann das Kind zu einem emotional stabilen Erwachsenen heranwachsen.

Oftmals werden die Äußerungen und Ängste aber nicht verstanden, und wir erleben, dass sich ein Kind schon sehr früh verschließt. Das geschieht, um die Angst und den Schmerz einer möglichen Zurückweisung nicht (mehr) erleben zu müssen. Diese Kinder versuchen dann oft, sich besonders hervorzutun oder sie legen sich eine Maske gespielter Fröhlichkeit oder Geschäftigkeit zu. Das letzte trifft auf Diana zu; sie war immer sehr beschäftigt. Unter der Oberfläche bleibt aber die starke Angst vor Zurückweisung; selbst die kleinste Ablehnung wird als übermäßig stark empfunden. Wenn dieses Problem nicht erkannt und aufgearbeitet wird, spielt sich unter der Oberfläche immer etwas unbewusst Bittendes und sogar Forderndes ab (die Sehnsucht nach Geborgenheit). Ohne es selbst zu erkennen, kann jemand mit dieser Kombination etwas ausstrahlen, das dem Partner das beunruhigende Gefühl vermittelt, etwas „zu müssen", ohne genau zu wissen, was wirklich von ihm erwartet wird. Obendrein wird er auf die Frage, was denn los sei, zu hören bekommen, dass er doch gar nichts will, denn er ist sich dieser verborgenen Seite in sich selbst gewöhnlich nicht bewusst.

Diana trug diese große Verletzlichkeit in sich, die sie, wie bereits erwähnt, besonders empfindsam für Zurückweisungen und Situationen machte, in denen sie sich nicht geborgen fühlte. Diese Empfindsamkeit kann mit ein Faktor für ihre Bulimie - eine Eßstörung – gewesen sein; möglicherweise hat sie auch fordernder auf Charles gewirkt, als sie selbst erkennen konnte.

Als Pluto im Transit ihren Herrscher von 7 aspektierte, war es Zeit, auch diesem Problem ins Auge zu schauen und es aufzuarbeiten, um so mehr, als Pluto schon früher in einem stationären Transit zu ihrem Herrscher von 12 gestanden hatte: es geht um die Aufarbeitung ihrer frühen Jugend. Der Mangel an Wärme und Geborgenheit und deren Auswirkungen in einer Beziehung war daher ein Thema, das in den Vordergrund geriet, als das Yod aktiviert wurde.

Obwohl Diana, wie gesagt, der Augapfel ihres Vaters war, bekam sie ihn fast nie zu Gesicht. Er und ihre Mutter hatten obendrein so viele Probleme, dass den Kindern kaum Aufmerksamkeit geschenkt und auch wenig für eine häusliche Atmosphäre getan wurde. Die Scheidung ihrer Eltern war für Diana ein harter Schlag. Dieses Erlebnis war auch die Ursache dafür, dass sie sich, trotz aller Schwierigkeiten, anfangs nicht von Charles hatte scheiden lassen wollen. Sie wollte nicht, dass ihren Kinder das Gleiche widerfuhr wie ihr.

Die Sehnsucht nach einem väterlichen Mann, nach Wärme, Geborgenheit und Zärtlichkeit (eine Fortsetzung der Sehnsucht ihrer Jugend) war in den Jahren nach ihrer Scheidung sehr groß. Da sie sich während der kühlen Ehe mit Charles eingesperrt gefühlt hatte, kompensierte sie ihren Mangel auf übertriebene Weise und überschüttete ihre Kinder mit Liebe, Wärme und sehr viel Schutz. Ihren Freunden machte sie die teuersten Geschenke; nicht zu vergessen ihre Arbeit für wohltätige Organisationen. Einer ihrer Freunde äußerte einmal, dass sie, die so viel für andere tat, endlich auch einmal etwas für sich selbst tun müsse. Er sagte: „Sie möchte als Märtyrerin gelobt und bewundert werden, weil sie sich ihrer selbst so extrem unsicher ist". Wenn solche Faktoren eine Rolle spielen, braucht man nur zu warten, bis Pluto auftaucht.

Pluto ist allerdings nicht sanftmütig, ebensowenig wie Hades, der Persephone in die Unterwelt entführte. Persephone hatte nicht darum gebeten, und sah sich mit einem Schlag Auge in Auge mit einer Welt konfrontiert, die sich bis dahin ihrem Blick entzogen hatte. So etwas geschieht auch bei den zeitlich begrenzten Pluto-Aspekten: man kann sich in gänzlich unerwartete Situationen hineinmanövrieren, in denen die unterschiedlichsten Konfrontationen eine Rolle spielen können. Das können Dinge aus der Vergangenheit sein, wie weiter oben beschrieben, aber auch Themen, die uns mit Macht und Manipulation, mit Angst und Kraft konfrontieren.

Bei der Aktivierung dieser Yodfigur wurde Diana mit aller Macht auf die emotionale Problematik zurückgeworfen, die im Zusammenhang mit ihren Anlagen und ihrer Vergangenheit stand. Mit diesem Yod wurde sie möglicherweise auch zum Mittelpunkt eines unerwünschten Machtkonflikts, dessen sie sich in ihrer Verliebtheit nicht einmal bewusst war, der aber, wenn sie nicht verunglückt wäre, in der Zukunft für enorme Komplikationen hätte sorgen können.
Dieser Machtkonflikt hing mit Dodis Vater zusammen. Als Besitzer des angesehenen Warenhauses Harrods und als Multimillionär konnte er es nicht verschmerzen, dass ihm die britische Staatsangehörigkeit verweigert wurde. Er fühlte sich, wie er sich ausdrückte, als Bürger 2. Klasse. Ihm wird nachgesagt, alles dafür getan zu haben, eine wichtige Rolle in den höchsten Kreisen spielen zu können. Die Spencers kannte er bereits seit vielen Jahren; mit Dianas (inzwischen verstorbenem) Vater war er befreundet und Dianas Stiefmutter verschaffte er eine Anstellung bei Harrods. Es war ein offenes Geheimnis, dass er Bestechungsgelder an britische Parlamentarier zahlte.
Die *New York Times* sorgte am 28. August 1997, nur wenige Tage vor Dianas Tod, für einige spektakuläre Enthüllungen. Die Zeitung berichtete, wie Al-Fayed bewusst Rache an den Tories - der konservativen britischen Partei - nahm, indem er den Funktionären Bestechungsgelder zufließen ließ, was er anschließend öffentlich bekanntgab. Außerdem wurde dokumentiert, wie Al-Fayed mit seiner Haltung gegen das Königshaus die Wahlen zu beeinflussen suchte. Allgemein wurde vermutet, dass es auch Al-Fayed zu verdanken war, dass die Konservativen die Wahlen verloren hatten. Al-Fayed wollte Rache für seine „Staatsangehörigkeit 2. Klasse“, und er wollte sich am Königshaus rächen. Dass er Diana auf „seine Seite“ holen konnte, war natürlich ein enormer Triumph. Diana, die Mutter eines zukünftigen Königs! Somit wird auch verständlich, dass Al-Fayed die Freundschaft zwischen Diana und seinem Sohn Dodi befürwortete, und dass er die Aussicht auf eine Verbindung zwischen seiner Familie und den höchsten Rängen der britischen Gesellschaft sehr genossen hat.
Besonders wenn Pluto an einem Yod beteiligt ist, kann man unbemerkt in ein Machtspiel verwickelt werden, das die eigene Position sehr schwierig gestaltet. Man kann das Gefühl haben, dass über den eigenen Kopf hinweg etwas viel Größeres ausgefochten wird. Wie wir aus den allgemeinen Hinweisen über den besten Umgang mit einem Yod ersehen können, ist Stillhalten und Abwarten die einzige Art, eine solche Zeit durchzustehen. Aber versuchen Sie einmal, das zu beherzigen, wenn Sie bis über beide Ohren verliebt sind und endlich das bekommen, wonach sie sich seit ihrer frühesten Jugend gesehnt haben!

Charles

Im Horoskop von Charles gibt es ein Duett zwischen Uranus und Jupiter. Uranus ist der Herrscher seines 7. und Jupiter der Mitherrscher seines 5. Hauses. Wenn das keine Spannung in Ehe (7. Haus) und Romanzen, Affären und mit Geliebten anzeigt! Obwohl hier natürlich noch viele andere Deutungen möglich wären, ist diese Beschreibung klassisch. Außerdem sind solcherlei Spannungen im Leben von Charles deutlich sichtbar.

In psychologischer Hinsicht bringt ein Duett, an dem das 7. und das 5. Haus beteiligt sind, Fragen in den Vordergrund, die etwa folgendermaßen lauten können: „Was will ich eigentlich in meiner Ehe? Welche Rolle spiele ich selbst (5) und welche der Partner (7)? Wie ist es um meine Freiheit bestellt, mich so zu äußern, wie ich das möchte (5) und wie sehr muss ich mich meinem Partner anpassen oder Rücksicht auf ihn nehmen (7)?"

Auch Charles trägt ein psychologisches Erbe aus der Vergangenheit in sich, ein Erbe, bei dem Camilla Parker-Bowles eine große Rolle spielt. Ihre Urgroßmutter, Alice Keppel, war die Mätresse von Edward VII, dem Ururgroßvater von Charles. Camilla (mit Mädchennamen Shand), verheiratet mit Major Parker-Bowles, scheint ziemlich stolz darauf gewesen zu sein, dass sie für Charles die erste Frau war (1971). Charles war sich damals noch nicht bewusst, dass er sich tatsächlich einmal in sie verlieben und sie am liebsten heiraten würde. Das wurde ihm erst klar, als Camilla bereits verheiratet war. Camilla scheint lange auf ihn gewartet zu haben, Charles war aber sehr unsicher und noch sehr kindlich. Er hatte nicht den Mut, sich zu binden und wollte sich wohl eine Hintertür offenhalten. Daraufhin heiratete Camilla einen anderen Mann. Nach dem Tod von Lord Mountbatten nahm sie den Kontakt zu Charles dann wieder auf und war ihm in vielen Dingen behilflich. Außerdem hat sie wohl häufig die Rolle der Gastgeberin übernommen (ihr Mann hatte in dieser Zeit anscheinend eine Affäre mit einer anderen Frau).

Übrigens hält sich hartnäckig das Gerücht, dass Camilla auf einem Fest zu Charles gesagt haben soll: „Dein Ururgroßvater und meine Urgroßmutter hatten ein Verhältnis miteinander. Wann beginnst du eines mit mir?" Danach nahm die Beziehung zwischen Charles und Camilla ihren Lauf; sie wurde nie beendet. Im Nachhinein scheint es sogar, dass selbst die Ehe zwischen Charles und Diana nicht an der Beziehung hätte rütteln können. Eine echte Pattsituation also. Er heiratete eine Frau, von der er wusste, dass er sie niemals so sehr lieben könnte, wie die Frau, mit der er (so jedenfalls Camilla) seine erste sexuelle Erfahrung gemacht hatte, die aber verheiratet ist. Hinzu kommt, das er es sich als Thronfolger nicht erlauben konnte, sich scheiden zu lassen, um mit Camilla zu leben. Außerdem verehrte das britische Volk Diana und sah Camilla als böse Hexe an, die in diesem Märchen nur störte. Wenn das keine Pattsituation ist! Bei der Hochzeit von Charles und Diana heiratete also ein Yod-Herrscher von 7 einen Duett-Herrscher von 7 und im Hintergrund spielte Camillas unaspektierter Herrscher von 7 auch noch eine Rolle.

Ich erlebe grundsätzlich, dass sich ein unaspektierter Herrscher des 7. Hauses oder als Teil eines Duett regelmäßig so auswirkt, dass der Betroffene oft nicht weiß, was es heißt, „wirklich zu lieben“. Oft sucht er eine Antwort auf die Frage, was eine Ehe wirklich bedeutet. Man kann schon jahrelang verheiratet sein, und wird doch immer wieder von Zweifeln geplagt. Obwohl diese Zweifel oft grundlos sind, ist es so, als könnte man an seine Liebesgefühle einfach nicht herankommen. Oder man kann sich nicht vorstellen, von jemandem wirklich geliebt zu werden (die gleichen Auswirkungen können wir bei einer unaspektierten Venus beobachten). Auch Bindungsangst habe ich mehrfach erlebt. In diesen Fällen haben die Betroffenen erst später erkannt, dass sie eine große Liebe einfach verspielt hatten. Charles Leben scheint das zu bestätigen, hinzu kommt noch eine schwierige Beziehung mit der „falschen“ Partnerin. Eine solche Verbindung bewirkt allerdings, dass in einem selbst sehr vieles in Bewegung gerät und man danach auf eine bessere Art und Weise wei-

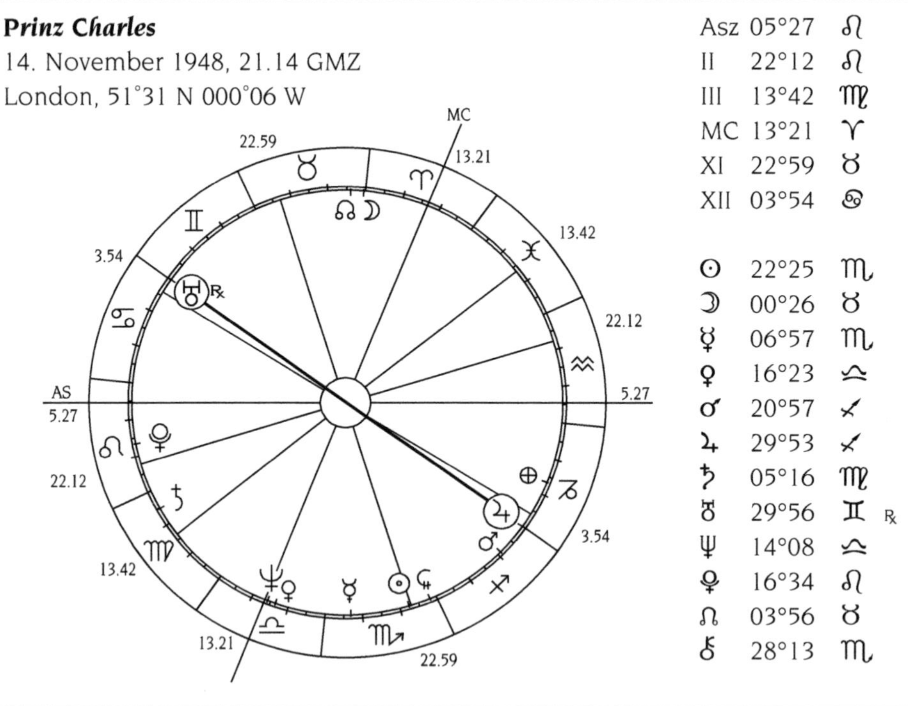

terkommt. Bevor es aber etwas leichter geht, können sich allerlei innere und äußere Verwicklungen ergeben.

Unaspektierte Planeten oder Planeten in einem Duett vertragen keinerlei Druck von außen. Etwas zu „müssen“ oder zu etwas gezwungen zu werden, kann diese Planeten zeitweise völlig blockieren. Unter diesem Blickwinkel war es für Charles sicher kein Vergnügen, über lange Zeit als der begehrteste Junggeselle der Welt zu gelten und, als er älter wurde, dem stetigen Druck seiner Eltern ausgeliefert zu sein, seine königliche Verpflichtung erfüllen und für einen Thronfolger sorgen zu müssen.

Die Geduld seines Vaters Philip war letztlich erschöpft. Charles hat später einmal geäußert, dass er unter dem Druck seines Vaters um Dianas Hand angehalten habe. In der Öffentlichkeit zeigte er sehr deutlich, dass eine Heirat für ihn etwas völlig anderes bedeutete, als verliebt zu sein. Er sagte einmal: „Wenn ich mich entscheiden sollte, mit wem ich 50 Jahre lang zusammenleben will, wäre das wohl die letzte Entscheidung, bei der ich mich von meinem Gefühl statt meinem Verstand leiten lassen würde“. Als er Diana einen Heiratsantrag machte, sagte sie „ja“ und beteuerte im gleichen Atemzug: „Ich liebe dich so sehr, ich liebe dich wirklich sehr.“ Woraufhin Charles antwortete: „Was Liebe auch immer bedeuten mag“, und im gleichen Augenblick seine Mutter anrief, um ihr die Neuigkeit seiner bevorstehenden Heirat mitzuteilen. Dieser eine Satz „Was Liebe auch immer bedeuten mag“ ist typisch für den Herrscher von 7 als Teilhaber eines Duetts.

Trotzdem mochte Charles Diana sehr gern, und er hat sie geliebt, auch wenn das Band zu Camilla bestehen blieb. Im ersten Jahr ihrer Ehe hatten Charles und Diana zwar ihretwegen oft Streit, trotzdem schrieben sie sich rührende Liebesbriefe und erlebten auch schöne Momente miteinander. Allerdings war Charles Diana keine Stütze, als sie aus der normalen bürgerlichen Gesellschaft ins Königshaus überwechselte, in dem jeder Gefühlsausdruck als unpassend erachtet wurde. Das können wir aber nicht dem Duett mit Herrscher von 7 zuschreiben, sondern müssen es als Folge von Charles Erziehung und seinem „Training“ ansehen. Wenn ein festes Zeichen (Skorpion mit Mond in Stier und Aszendent Löwe) einmal einen bestimmten Rhythmus oder einem bestimmten Muster folgt, ist es nicht so einfach, sich daraus zu lösen. In dem Duett ist Uranus nicht nur der Herrscher des 7., sondern auch des 8. Hauses. Das bedeutet, dass auch Charles 8. Haus eine Alles-oder-Nichts-Haltung aufweisen kann, eine Reaktion, die so bezeichnend für unaspektierte Planeten ist.

Praktisch bedeutet ein unaspektierter Herrscher des 8. Hauses - wenn es um Verarbeitung geht -, dass man oftmals lange – manchmal jahrelang – spürt, dass etwas „festsitzt“ oder „mitspielt“, dem man nicht näher kommen kann. Auch wenn man es stets aufs Neue versucht, ist es, als „ob man immer wieder von einer unsichtbaren Gummiwand zurückgeworfen wird", wie der Besitzer eines unaspektierten Herrschers von 8 es so treffend beschrieb. Wenn man dann langsam zu glauben beginnt, dass nichts mehr passiert, sitzt man plötzlich mitten in einem Berg von Problemen. Man kann mit offenen Augen in eine Situation laufen, um plötzlich zu erkennen, dass man auf einmal mit allem Möglichen konfrontiert wird.

Mit einem unaspektierten Herrscher von 8 ist es übrigens durchaus möglich, etwas gut zu verarbeiten, und trotzdem fällt man von einem Extrem ins andere. Man fühlt sich in stärkerem Maße Höhen und Tiefen ausgeliefert, und eine Krise kann sich plötzlich ins Unermessliche ausdehnen. Obwohl das schwierig sein kann, führt es möglicherweise dazu, dass man seine Probleme schneller verarbeitet, und zwar dann, wenn man den Mut hat, offen zu sein, wenn sich die Tür zum Dunklen plötzlich öffnet.

Die von Generation zu Generation übergreifenden Themen, die im Horoskop von Charles zum Ausdruck kommen, beziehen sich auf die Häuser mit folgenden Themen: Beziehungsprobleme (7. Haus), Verdrängungen, Masken und Macht (8. Haus) und auf Fragen hinsichtlich Selbstausdruck und Selbstvertrauen (5. Haus) Mit den Planeten Jupiter und Uranus kommt natürlich auch zum Ausdruck, dass eine enorme Spannung zwischen der Zwanghaftigkeit des täglichen Lebens einerseits und dem Bedürfnis nach individuellem Selbstausdruck und Freiraum der Duett-Planeten andererseits besteht. Übrigens hat Charles einen (Neben-)Herrscher des 5. Hauses im Duett, und seine Mutter, Königin Elizabeth, eine unaspektierte Sonne. Das Thema „Selbstausdruck" und die Frage „Wer bin ich und was will ich?" spielte folglich schon geraume Zeit eine Rolle in der Familie und ist mit dem Risiko einer Alles-oder-Nichts-Haltung verbunden.

Camilla

Das Thema des 7. Hauses kommt bei Charles in zwei Beziehungen zum Ausdruck: in der zu Diana und in der zu Camilla. Beide haben einen Herrscher von 7, der mit Generationsproblemen und -mustern verbunden ist. Auch von Camillas Familie ist bekannt, dass Beziehungsprobleme und Affären deutlich im Vordergrund stehen. Charles hat also wieder eine Beziehung mit jemandem, der Teil einer umfassenderen Familiendynamik ist. Beide bekommen jedoch die Möglichkeit, eine eigene Form für eine Beziehung zu finden und ein eigenes Leben aufzubauen, dessen Beginn allerdings wieder auf typische Weise von Pattsituationen geprägt ist.

Diana war nach St. Tropez gereist, um bei dem Fest, das Charles zum 50. Geburtstag von Camilla geben würde, nicht in England anwesend sein zu müssen. Da Diana sich der Presse gegenüber etwas freundlicher über Camilla geäußert und ihre Beziehung zu Charles sich sehr verbessert hatte, begann das britische Volk, Camilla widerwillig und zögernd mehr zu akzeptieren. Camilla war inzwischen geschieden und lebte in unmittelbarer Nähe von Charles, im Grunde wohnten die beiden aber längst zusammen. Charles ging sehr vorsichtig vor, um Camilla nicht zu schnell in den Vordergrund zu spielen, aber nun schien die Zeit reif für einen weiteren Schritt.

Wie anders dann alles kam! Das Fest fand statt und kurz darauf starb Diana. Ihr Tod brachte vielen Briten Camilla wieder als diejenige in Erinnerung zurück, die das Märchen zerstört hatte.

Camilla
17. Juli 1947, 05.05 GMZ
London, 51°30 N 000°05 W

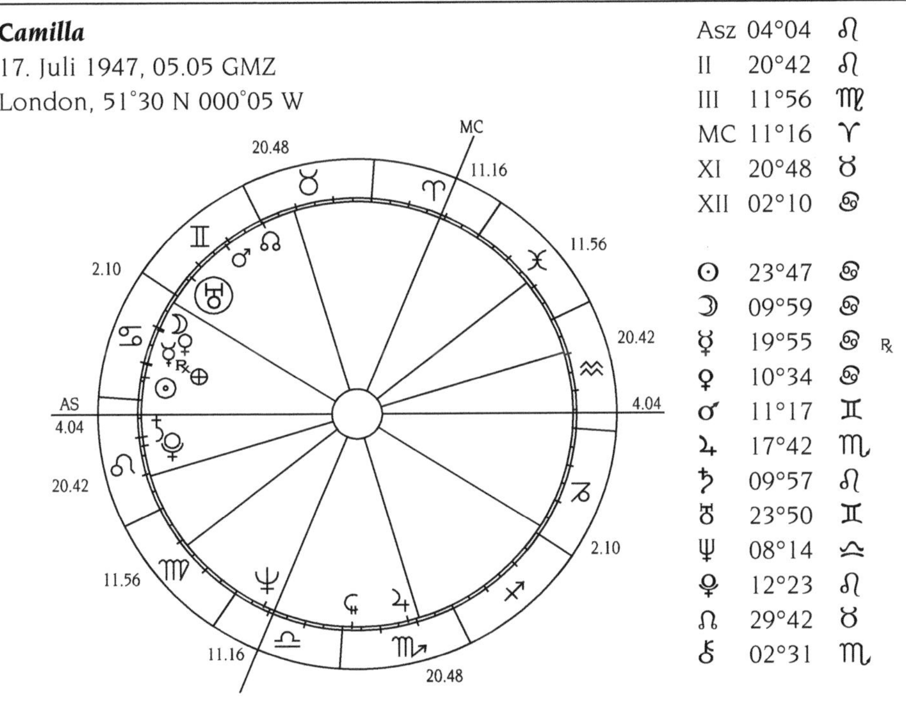

Asz	04°04	♌
II	20°42	♌
III	11°56	♍
MC	11°16	♈
XI	20°48	♉
XII	02°10	♋
☉	23°47	♋
☽	09°59	♋
☿	19°55	♋ R
♀	10°34	♋
♂	11°17	♊
♃	17°42	♏
♄	09°57	♌
♅	23°50	♊
♆	08°14	♎
♇	12°23	♌
☊	29°42	♉
⚷	02°31	♏

Bei Dianas Tod stand Uranus im Transit auf 5° Wassermann, genau auf dem Deszendenten von Charles! Uranus ist Teil seines Geburts-Duetts und kann sich deshalb auf nicht vorhersagbare Weise ausdrücken, und das schon allein aufgrund der Tatsache, dass es sich um Uranus handelt; diese Tendenz wird durch seine Unaspektiertheit noch zusätzlich verstärkt. Dieser Planet spielt nun eine aktuelle Rolle und

greift plötzlich genau in dem Augenblick ein, indem es für Charles etwas leichter zu werden scheint. Das ist kennzeichnend für Uranus, aber auch für einen Planeten, der in einem Duett Aufmerksamkeit für die Muster der Vergangenheit fordert.
Da die Häuserverteilung von Camilla mit der von Charles fast identisch ist, spielt auch bei ihr der Transit von Uranus über den Deszendenten eine Rolle. Sowohl für Charles als auch für Camilla ist Uranus der Herrscher des 7. Hauses. Das bedeutet, dass der Herrscher von 7 ins 7. Haus eintritt, was in beiden eine starke Ausrichtung auf den Aufbau einer Beziehung wecken kann. In der primären Progression lief Camillas Uranus über ihren Aszendenten. Dieser in ihrem Radix unaspektierte Planet berührte die Achse Aszendent-Deszendent exakt in dem Moment, als Diana ums Leben kam. Der unaspektierte Planet trat nach außen, und zwar mit seinen uranischen Qualitäten und denen als Herrscher von 7. Das Paradox des unaspektierten Planeten äußerte sich sehr heftig. Gerade als das britische Volk anfing, Camilla mehr zu akzeptieren, veränderte sich, durch den Tod von Diana, dessen Haltung wieder. Sie musste also von vorne beginnen. Obwohl der Tod von Diana einerseits eine Befreiung für sie darstellte, erlebte sie ihn andererseits aufgrund der negativen Projektionen, die sie zeitweise verarbeiten musste, als enorme Einschränkung.
Uranus war also als unaspektierter Planet sowohl bei Charles als auch bei Camilla aktiv. Zusammenfassend konnte das folgende Äußerungsformen annehmen:

- *Uranus* als plötzliches Ereignis, als Schrecken oder Nervosität; aber auch als Selbstbefreiung und im Außen mehr sich selbst sein können.

- Als *Herrscher von 7* die Möglichkeit einer Beziehung oder Heirat.

- Als *Herrscher von 8* die Möglichkeit einer Konfrontation mit dem Thema Leben und Tod, verbunden mit der Notwendigkeit, Probleme und Konfrontationen mit den Folgen von Verhaltensweisen aus der Vergangenheit aufzuarbeiten.

- Als *unaspektierter Planet* eine Ausdrucksform, die stärker, paradoxer und unvorhersehbarer ausfallen kann.

Wir sehen bei Charles, Diana und Camilla, dass zum Zeitpunkt von Dianas Tod die Planeten im Duett, im Yod und der unaspektierte Planet aktiviert wurden oder selbst eine Rolle spielten: also die Planeten, die eine Schicksalsverbindung zu Vergangenheitsmustern anzeigen.

Das Composit von Charles und Diana

Im Composit von Charles und Diana steht der Mond als Spitze einer Yodfigur im 12. Haus in Fische, die Basis bildet das Sextil zwischen Neptun in Waage und Pluto in Löwe. Der Mond steht noch im Quinkunx zu Mars in Waage, und Mars im Sextil zu Pluto, wir haben es im Composit also mit einem doppelten Yod zu tun:

Mond-Neptun-Pluto
Mond-Mars-Pluto

Außerdem sind zwei Planeten unaspektiert: Venus und Merkur! Mit anderen Worten: sechs der zehn Planeten sind in die Dynamik von Yod-Figuren und unaspektierten Planeten verwickelt.

Mit einer unaspektierten Venus im Composit ist es anfänglich schwer zu verstehen, was man beim anderen eigentlich sucht. Außerdem ist es schwieriger, der Beziehung eine Form zu geben. Das Ausdrücken von Liebesgefühlen fällt nicht gerade leicht, und es können nicht zu beeinflussende Umstände auftreten, die möglicherweise alles verderben und die beiden dazu herausfordern, mehr Findigkeit zu entwickeln, um der

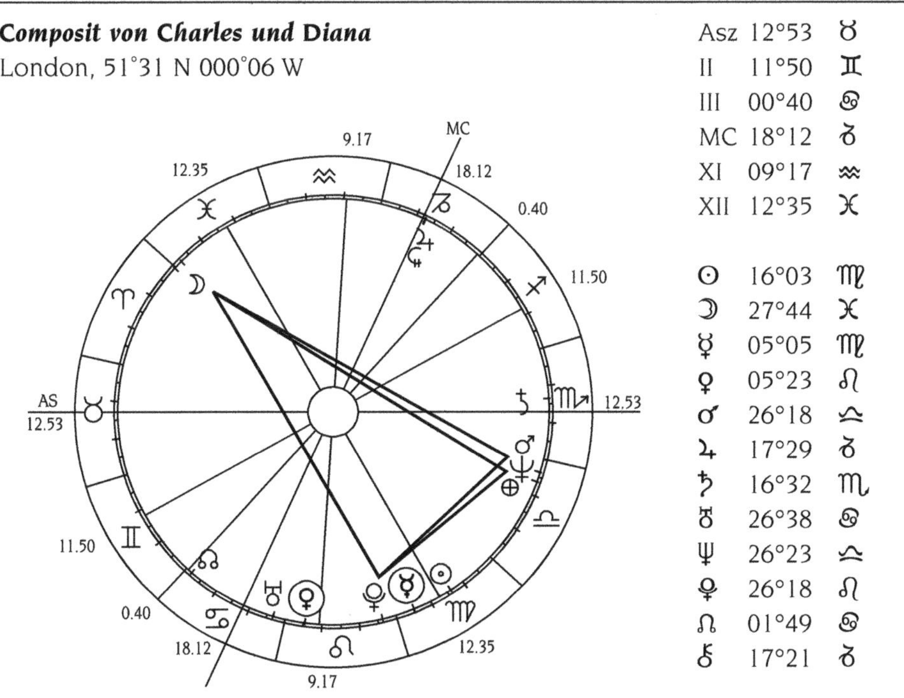

Composit von Charles und Diana
London, 51°31 N 000°06 W

Asz	12°53	♉
II	11°50	♊
III	00°40	♋
MC	18°12	♑
XI	09°17	♒
XII	12°35	♓
☉	16°03	♍
☽	27°44	♓
☿	05°05	♍
♀	05°23	♌
♂	26°18	♎
♃	17°29	♑
♄	16°32	♏
♅	26°38	♋
♆	26°23	♎
♇	26°18	♌
☊	01°49	♋
⚷	17°21	♑

Beziehung trotzdem eine eigene Form geben zu können. Das können wir uns folgendermaßen vorstellen: Man möchte gerne zärtlich miteinander sein, muss aber die Form wahren, weil man sich an ein Protokoll zu halten hat. Oder man steckt mitten in Beziehungsproblemen, muss aber gemeinsam einen offiziellen Auftritt bewerkstelligen, bei dem das Publikum erwartet, dass man freundlich miteinander umgeht.
Ein unaspektierter Merkur im Composit kann Gesprächs- und Kommunikationsprobleme zu Beginn einer Beziehung anzeigen.
Das Yod mit Mond in Fische im 12. Haus ist ein Hinweis auf das Risiko emotionaler Instabilität, wobei starke Projektionen, Gefühle und tiefe Sehnsüchte eine Rolle spielen.
Mars im Yod kann Themen wie Sport und Sexualität mit ins Spiel bringen (Denken wir an Charles ausgedehnte Polospiele, über die Diana so verärgert war und an beider Seitensprünge, die von der Presse an die Öffentlichkeit gebracht wurden).
Obwohl das die schwierigen Seiten sind, haben wir bereits gesehen, dass Yodfiguren und unaspektierte Planeten auch mit Gaben und Talenten zu tun haben. Nun beschreibt ein Composit nicht nur einen Menschen, sondern zwei. Wir müssen also auf eine etwas andere Weise an die Deutung herangehen. Hier geht es darum, was die beiden gemeinsam erreichen können, und das ist eine ganze Menge!
Mit einem Yod, mit Mond in Fische im 12. Haus im Quinkunx zu Neptun, sollten sich beide eigentlich gefunden haben, um allgemein menschliche Werte und Umweltbedingungen in den Vordergrund zu stellen. Umweltprobleme liegen Charles sehr am Herzen, er engagiert sich aktiv für deren Beseitigung. Dianas Herz schlug für die Armen, Kranken und Benachteiligten und für die Menschen in der Dritten Welt. Hätten beide ihre Kräfte gebündelt und auf diese Problematik ausgerichtet, hätten sie ein glorreiches Paar abgegeben, das viel Gutes bewirkt haben könnte.
Die beiden unaspektierten Planeten Venus und Merkur sprechen dafür, dass sie auch ihren Einfluss auf die Welt der Kunst, der Wissenschaft und Bildung des Landes hätten geltend machen können, indem sie sich mit Problemen in diesen Bereichen beschäftigt hätten. Kurz gesagt, es wäre auch sehr viel Gutes möglich gewesen, selbst wenn ein solches Composit anfängliche Probleme aufzeigt und von beiden Partnern eine erwachsene Herangehensweise und eine offene und ehrliche Haltung, sich selbst und dem anderen gegenüber, fordert.

Als das Unglück geschah, war das Yod aktiviert: Neptun stand auf 27° Steinbock und bildete ein Sextil zum Mond an der Spitze. Neptun hatte bereits im Quinkunx zu Pluto gestanden. Also ein „ausgedehntes“ Yod im Transit, das noch vollauf aktiv war.

Uranus stand im Transit in Opposition zu Venus auf 5° Löwe (im Composit). Venus ist der Planet der (ehemaligen) Liebe und Herrscher des 1. Hauses. Mit Bezug auf den Herrscher von 1 bedeutet Uranus im Transit: Die Beziehung könnte als Folge eines plötzlichen oder unerwarteten Ereignisses nach außen hin ein anderes Gesicht bekommen. Uranus bildete im Transit ein Quinkunx zum ebenfalls unaspektierten Merkur im Composit: die plötzliche, schockierende und kaum zu fassende Nachricht vom frühzeitigen Tod Dianas; eine passende Auswirkung also.

Auffällig ist, dass die Beziehung zwischen Charles und Diana besonders intensiv von Yod-Figuren, einem Duett und unaspektierten Planeten geprägt wurde. Das Composit betont einmal mehr die Problematik, die bereits in beiden Horoskopen sichtbar zu erkennen ist und nach Ausdruck verlangte. Es handelte sich also um eine Beziehung, die potentielle Extreme in sich barg. Dass alles dermaßen eskalierte, ist eine Auswirkungsmöglichkeit; genauso gut wäre eine sehr positive Wende möglich gewesen.

Prinz William

Wenn in einer Familie über mehrere Generationen hinweg ein wichtiges Thema eine Rolle spielt, müssen übrigens nicht alle Kinder, die in diese Familie hineingeboren werden, die Problematik in Form einer Yodfigur, eines Duetts oder eines unaspektierten Planeten im Horoskop widerspiegeln. Oft sieht man, dass nur ein Kind in der Familie „das Päckchen zu tragen hat", manchmal sind es zwar mehrere Kinder, aber selten alle. Bei Prinz Harry, dem zweiten Sohn von Diana und Charles, gibt es keinerlei Hinweise, bei Prinz William um so mehr!
In Williams Horoskop findet sich ein Yod zwischen Venus in Stier, Pluto in Waage und Neptun in Schütze. Außerdem hat er einen unaspektierten Saturn.
Das Yod mit Venus scheint mit der Beziehungsproblematik des Fürstenhauses im Allgemeinen und mit der seiner Eltern im Besonderen zu tun zu haben. William wird innerlich spüren, dass er einen ganz eigenen Weg einschlagen muss, obwohl er kein wirklich gutes Vorbild dafür zur Verfügung hat.

Sich allmählich vortastend und suchend wird er dahinterkommen müssen, was wirklich zu ihm passt. Es kann sein, dass sich ein Muster wiederholt, das sich auch in der Vergangenheit bereits gezeigt hat, was aber kein ehernes Gesetz ist. Er muss sicher nicht in eine so dramatische Ehe geraten wie seine Eltern. Eine dieser (sehr) vielen Möglichkeiten bei diesem Yod wäre, dass er aus Liebe zu einer Frau in Erwägung

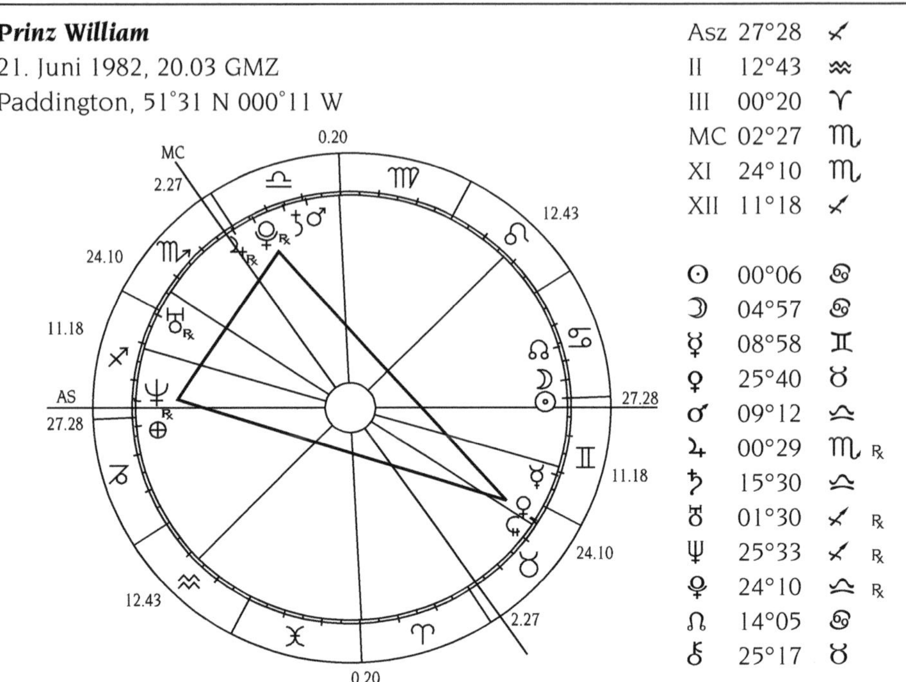

zieht, auf den Thron zu verzichten. Auf jeden Fall wird auch für William die Beziehungsproblematik im Vordergrund stehen. Dabei wird er Intensität und Echtheit in einer Beziehung suchen und brauchen (Venus-Pluto) und sich darum bemühen müssen, Liebe nicht mit Mitgefühl zu verwechseln und nicht zu sehr einer romantischen Vision nachzuhängen (Venus-Neptun). Venus im Stier kann ihm dabei helfen, mit beiden Füßen auf dem Boden zu bleiben.

Venus ist Herrscher von 4 und Pluto Herrscher von 10. Die Achse 4./10. Haus spiegelt die Eltern wieder, sie hat aber auch mit dem Hineinwachsen in eine ausgewogene Haltung in der Gesellschaft (10. Haus) auf der Grundlage von Sicherheit und Geborgenheit (4. Haus) zu tun. William wurde zu einer Zeit geboren, in der sein Zuhause alles andere als stabil war und in der die restliche (königliche) Familie seiner Mutter die so sehnlich erwünschte emotionale Unterstützung vorenthielt. Sein Vater wechselte ihm zwar liebevoll die Windeln, er war aber auch sehr häufig abwesend. Die Ehe seiner Eltern scheiterte schon sehr bald.

Die Achse 4/10 im Yod wirft William völlig auf sich selbst zurück. Er wird sorgfältig herausfinden müssen, was er später im Hinblick auf ein Familienleben erwartet, und wie er sich der Außenwelt als zukünftiger König präsentieren möchte. Eines ist bei einem Yod ganz sicher: Man kann auf die eine oder andere Weise nicht den bereits vorgezeichneten Wegen folgen. Wenn die Sache gutgehen soll, ist man ganz einfach gezwungen, eine eigene Form zu finden. Deshalb ist William zum Fürsten in einer Übergangsperiode, in der sich das britische Fürstenhaus befindet, hervorragend geeignet. Ein weiterer Punkt bei einem Yod ist, dass die zweite Lebenshälfte immer völlig anders aussieht als die erste. Oft bezieht sich das auf das äußere Leben, es kann aber auch mit einer völlig anderen Sichtweise als früher einhergehen. Wenn es um eine große und eingreifende Veränderung geht, könnte William sich möglicherweise auch gegen die Königsherrschaft entscheiden. Genauso besteht die Möglichkeit, dass er seiner Rolle als König auf einzigartige und eigene Art Ausdruck verleiht, unabhängig von bestehenden Vorschriften und Strukturen.

Venus ist auch Herrscher von 9, ein Hinweis auf Studium oder Ausland. Ein Yod mit Herrscher von 9 kann bedeuten, dass sein Leben im Zusammenhang mit dem Ausland eine wichtige Wende erfährt, was auch mit seiner Mutter, die im Ausland zu Tode gekommen ist, (Pluto und Herrscher 9 im Yod) zusammenhängen kann.

Das Haus Windsor befindet sich etwa seit Dianas Eintritt in das Königshaus in einer Formkrise. Obwohl sich diese Krise im Außen noch nicht deutlich abzeichnet, passen die altertümlichen und distanzierten Verhaltensmuster nicht mehr in die heutige Zeit. In der Rede anläßlich ihres 50jährigen Hochzeitstages gab die britische Königin zu erkennen, dass die Reaktionen des britischen Volkes auf Dianas Tod sie nachdenklich gestimmt hätten. Danach wurden einige Förmlichkeiten abgeschafft.

Distanziertheit und Förmlichkeit gehören zu Saturn. In Königin Elizabeths Horoskop finden wir Saturn am MC. Das Bild, das er uns hier vermittelt, hat nur Diana verändern können. Sie wurde vom Volk als „Eine von uns" bezeichnet und als Symbol angesehen. Diana war diejenige, die sich dem Druck von Förmlichkeit und Struktur widersetzen und dem Volk näherkommen konnte.

Der unaspektierte Saturn von William kann in hohem Maße mit dieser Problematik im Zusammenhang stehen. Er hat die unkonventionelle Art seiner Mutter miterlebt, die mit ihren Kindern völlig zwanglos einen Vergnügungspark oder ein Kino aufsuchte. Sie konfrontierte sie mit dem einfachen Leben und auch mit dem Leid anderer Menschen. Sie nahm ihre Kinder mit auf ihren Besuchen in Krankenhäuser oder ähnliche Einrichtungen und zeigte ihnen, dass ein Mitglied des Königshauses dem „einfachen Mann" sehr wohl den Arm um die Schulter legen kann. Auf der anderen Seite ist William nur allzu vertraut mit den strengen Regeln und der Etikette am Hof und weiß um den großen Abstand zwischen Elizabeth II und ihrem Volk. William wird seine eigene Form und Struktur finden müssen. Ihm stehen nur zwei Extreme als Vorbild zur Verfügung, daher muss er seine eigene Haltung finden müs-

sen zwischen dem, was möglich ist, dem, was überwunden werden muss und dem, was er selbst glaubt tun zu müssen.
Saturn ist Nebenherrscher seines ersten Hauses und deutet damit an, dass sich der unaspektierte Saturn sehr stark auf die Art und Weise auswirken wird, in der William nach außen hin auftritt. Sowohl das Yod als auch der unaspektierte Planet prägen ihn als verletzbar, unsicher und empfindlich. Diese Sensibilität teilt er mit seiner Mutter, der er auch vom Charakter her sehr ähnlich ist. Auch andere Horoskopfaktoren verstärken seine Empfindsamkeit: Neptun am Aszendenten und Herrscher von 12 am MC, Herrscher von 12 im Aspekt zu seiner Sonne und zu seinem Mond.

Wenn wir uns nun in groben Zügen ansehen, welcher rote Faden sich durch die Geschichte zieht, erkennen wir die folgenden Komponenten:

***Ausgangssituation*:**

- Im britischen Fürstenhaus ist bereits seit Generationen die Rede von einer Beziehungsproblematik – einigen Aussagen zufolge besteht diese schon seit Heinrich VIII!
- In Dianas Familie spielen ebenfalls seit Generationen Beziehungsprobleme eine Rolle;

In der weiblichen Linie der Familie herrscht seit Generationen der Wunsch vor, Prinzessin von Wales zu werden;
Das britische Königshaus bleibt einer Form verhaftet, die vom Volk als zu distanziert und kaum erreichbar erfahren wird, ein Muster, das der heutigen Zeit nicht mehr gerecht wird.

E*ntwicklung*:

- Offenkundig ist, dass das Leben oder das Schicksal verlangt, dass die obengenannten Muster durchbrochen werden. Die entsprechenden Faktoren zeichnen sich bereits in den Horoskopen ab. Elizabeth wurde mit einer unaspektierten Sonne geboren. Bemerkenswert ist, dass es zum Zeitpunkt ihrer Geburt mehr als unwahrscheinlich war, dass sie Königin werden würde; aufgrund veränderter Umstände wurde sie es dann schließlich doch. In ihrem Horoskop findet sich außerdem ein Quinkunx zwischen Mond (ihrem Herrscher von 7) und Venus. Als Neptun im Transit ein Yod zu diesen beiden Gefühlsinhalten bildete, woran auch der Herrscher ihres 7. Hauses beteiligt war, wurde Prinz Charles geboren. In der Synastrie bildet sein Neptun ein Yod mit dem Mond und der Venus seiner Mutter. Somit kann er ihr sorgfältig aufgebautes Bild von Beziehungen unterminieren, sie im besten Fall aber auch ihren Gefühlen näher bringen.

- Elizabeths Sohn kommt mit einem Duett zwischen Uranus und Jupiter (Freiheit und Raum, also keine Zwangsjacke!) auf die Welt: Herrscher von 7 und Nebenherrscher von 5.
- Dieser Sohn heiratet Diana, deren Herrscher von 7 an einem Yod beteiligt ist.
- Große Turbulenzen sind die Folge. Durch diese Heirat geraten plötzlich die Formkrise und die Beziehungsproblematik des britischen Königshauses in voller Ausdehnung in den Blickpunkt der Öffentlichkeit. Mit anderen Worten: Diana erscheint mit ihrem Yod genau zu dem Zeitpunkt, als ein Wendepunkt im britischen Königshaus ansteht, und sie wird gegen ihren Willen Teil dieses Veränderungsprozesses. Die Sache kommt gerade deshalb ins Rollen, weil Diana einfach so ist, wie sie ist.
- Im Composit von Diana und Charles findet sich ein Yod und unaspektierte Planeten, wodurch die „Wendepunkt-Idee" ihrer Ehe nur noch verstärkt wird.
- Der älteste Sohn von Charles und Diana hat ein Yod, an dem Venus und die Herrscher des 4. und 10. Hauses beteiligt sind und einen unaspektierten Saturn. William wird der gesamten Thematik, die durch die Ehe seiner Eltern aufgebrochen war, die als Thema allerdings schon wesentlich länger gärte, auf seine eigene Weise lösen und in eine Form bringen müssen. Er kann dadurch zum Reformer werden und die Verwirklichung einer Wende zu Stande bringen.

Und, als ob es so hätte sein müssen, werden die Turbulenzen in der Ehe zwischen Diana und Charles durch Camillas Anwesenheit mit verursacht; auch ihr wurde vom Schicksal ein unaspektierter Herrscher von 7 „aufgebürdet".

Diana war also der Faktor, der auf der Bühne erschien, als Umbruch und Veränderung notwendig wurden. Sie war der Mittelpunkt dieses Prozesses, vor allem in Bezug auf das Aufbrechen und Offenbaren von Problemen. Sie erschien mit ihrem Yod an einem Ort und zu einer Zeit, als eine Wendepunkt-Situation anstand.
Menschen mit einem Yod erleben zwar selbst nicht immer die positiven Folgen, aber ausgeschlossen ist das nicht. Diana starb zu früh, als dass sie hätte sehen können, welche Wende ihr Eintreten in die britische Königsfamilie bewirkt hat.

Kapitel 12
Yodfiguren und unaspektierte Planeten in Aktion:
Clinton, Lewinsky, Starr und Tripp

In der Zeit, als dieses Buch (die niederländische Ausgabe!) druckfertig gemacht wurde, drohte Präsident Clinton ein Verfahren wegen Amtsenthebung (impeachment). In den Astrologiezeitschriften wurde ausführlich auf die astrologischen Hintergründe und Zusammenhänge eingegangen. Die Thematik der Yodfiguren und unaspektierten Planeten kam allerdings kaum zum Ausdruck. Deshalb werden wir die ganze Affäre nun speziell von dieser Warte aus beleuchten.

Im Jahr 1998 bekamen wir Kenntnis über die Geburtsurkunden von Monica Lewinsky, Linda Tripp und Kenneth Starr, so dass wir für diese drei über gute Horoskope verfügen. Über Clintons Horoskop besteht Uneinigkeit, darüber aber später mehr.
Wir nehmen die Teilnehmer dieses Spiels nacheinander unter die Lupe und werden uns anschließend ansehen, wie sich ihre Horoskope zueinander verhalten – ein wenig Synastrie also.

Monica Lewinsky

Prolog

Im Frühjahr 1995 erhält Monica Lewinsky einen akademischen Grad in Psychologie am Lewis and Clark College in Portland und beginnt kurz darauf mit einem unbezahlten Praktikum im Weißen Haus. Der Regierungsbeamte, der mit den Zulassungsformalitäten beauftragt war und das Bewerbungsgespräch mit ihr führte, meinte schon kurz danach: „There goes the trouble, or there goes something special" – *„Mit ihr wird es entweder Probleme geben oder es geschieht etwas Außergewöhnliches."* Ganz wohl fühlte er sich nicht dabei, aber da das FBI keine belastenden Fakten im Leben der Lewinsky finden konnte, wurde sie angenommen. Immer wieder rief sie widersprüchliche Reaktionen bei den Leuten hervor, was sich am besten als „das Problem der zwei Monica's" beschreiben läßt. Die einen sagten sie sei fleißig, freundlich, höflich und intelligent, andere beschrieben sie als arrogant, verwöhnt und nicht erwachsen. Sie machte gern sexuell gefärbte Scherze, und sie war für ihre stundenlangen Telefonate bekannt.

Zwei Jahre später wird sie einer Freundin, Linda Tripp, erzählen, dass im November 1995 ihre Beziehung mit Clinton begann, die 18 Monate gedauert habe und dass es um oralen Sex ging. Im Dezember 1995 nahm sie eine andere Stelle im Weißen Haus an: Aus dem unbezahlten Praktikum wurde eine bezahlte Stelle im *Office of Legislative Affairs*. Das war einen Monat nachdem die Affäre begann - laut Monica's Angaben. Im April 1996 wird Monica Lewinsky von Funktionären des Weißen Hauses, die mehrfach zu erkennen gaben, dass ihnen Monica's Haltung Clinton gegenüber nicht behagte, ins Pentagon versetzt; Monica schien besessen von Clinton zu sein. Es ist eine Tatsache, dass sie auch nach ihrer Versetzung regelmäßig im Weißen Haus anwesend war - wie das exakt geführte Besucherbuch beweist. Im Pentagon flirtete sie übrigens mit verschiedenen Funktionären, die alle wesentlich älter waren als sie selbst. Sie äußerte sich sogar freimütig über eine Liebesbeziehung zu einem höhergestellten Funktionär, der Journalisten gegenüber aber nichts von dieser Affäre preisgeben wollte. Trotzdem erinnerte er den Redakteur daran, dass er unverheiratet sei. Mit anderen Worten: er habe durch eine Beziehung zu Monica nicht seine Befugnisse überschritten.
Im Pentagon freundet sie sich mit Linda Tripp an, die 1994 vom Weißen Haus ins Pentagon versetzt worden war, weil sie der Regierung Clinton sehr kritisch gegenüberstand. Die Freundschaft zwischen Lewinsky und Tripp wurde für Clinton zum Verhängnis, denn Tripp spielte die Hauptrolle bei der Offenlegung der Affäre.

Auch ein Journalist der *Washington Post* erkennt bald das Problem der „zwei Monicas". Um sich ein Bild von ihr zu machen, unterhielt er sich mit Leuten, die sie in verschiedenen Lebensphasen gekannt hatten – angefangen von früheren Nachbarn bis hin zu Dozenten, Studenten und Mitarbeitern. Er fasst sein Bild als ein merkwürdiges Zusammentreffen von Macht und Glamour auf der einen Seite und der Fähigkeit zu harter Arbeit und Hilfsbereitschaft auf der anderen Seite zusammen; all das gepaart mit großem Ehrgeiz und mit Naivität.

In ihrem Horoskop nehmen Venus und Saturn eine wichtige Position ein: sie bilden ein Duett, einen „*unaspektierten Aspekt*", Venus und Saturn bilden nur einen Aspekt innerhalb der Zeichengrenzen miteinander, nicht aber zu anderen Planeten. Somit tragen sie beide die Kennzeichen unaspektierter Planeten. In erster Linie geht es um eine „Alles-oder-Nichts-Haltung" und an zweiter Stelle um die Verbindung zu den bereits seit Generationen verdeckt bestehenden Familienproblemen.
Für Monica hängt all das mit Venus-Themen zusammen – Beziehungen, Zuneigung, Schönheit und Ähnliches – und mit Saturn – Stabilität und Struktur, Verantwor-

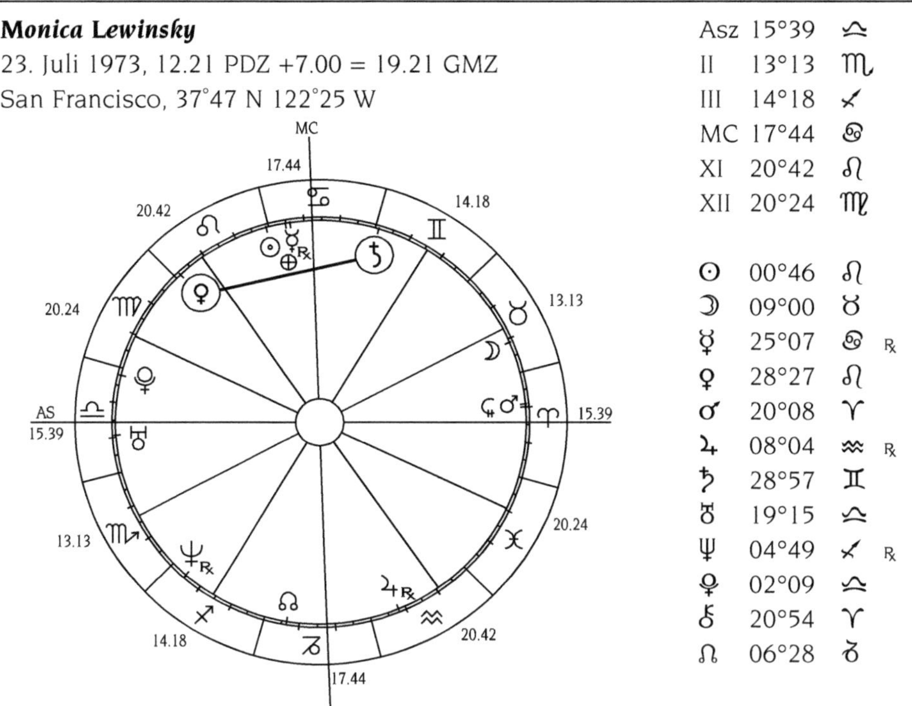

tungsgefühl und Durchsetzungsvermögen. Mit dem Venus-Saturn Kontakt empfindet sie ein starkes Bedürfnis nach Sicherheit und Stabilität in einer Beziehung, das sich in einer ungleichen Verbindung und durch die Neigung, eine Vaterfigur zu finden, ausdrücken kann. Tatsache ist, dass Monica Beziehungen zu Männern anknüpfte, die ein Stück älter waren als sie und die eine hohe Position bekleideten.
Es ist schwierig, nachzuvollziehen, worin in diesem Fall die Familienprobematik besteht. Da ein problematisches Thema verdrängt worden ist, kann sein Inhalt über mehrere Generationen nicht lebendig werden. Es kann erst entdeckt werden, wenn man die Familie gut genug kennt. Das Problemthema kann sich aber auch auf sehr übertriebene Weise äußern, was im Prinzip genauso unausgewogen wirkt wie eine Verdrängung. Allerdings gibt es einige Anknüpfungspunkte:

Monica's Eltern wurden 1987 geschieden. Die Aufzeichnungen über den Lebensstil der Eltern zeugen von einem extravaganten, luxuriösen Lebensstil mit übermäßig teuren Urlauben, exklusiven Autos, einem Haus in Beverly Hills, und so weiter. Dieser übertriebene Hang zum Luxus könnte zum Bild der Duett-Venus in Monica's Horoskop passen. Als noch mehr Fakten über ihr Leben ans Licht kamen, zeigte sich, dass Monica schon in frühester Jugend von ihrer Mutter in eine Art „Venus-Rolle" gedrängt worden war und sie wie ein „Modepüppchen" ausstaffierte. Schon sehr früh lernte sie mit Make-up umzugehen, und sie schien insgesamt eine Rolle als „Prachtstück von Weiblichkeit" spielen zu müssen. Wenn eine Mutter so etwas übertrieben forciert, ist dies ein Ausdruck davon, dass sie ihrer eigenen Venus auf unausgewogene Weise Gestalt verleiht. Monica musste bereits von klein an das liebe Mädchen spielen.

Eine weitere unausgewogene Venus-Ausdrucksform scheint durch die folgenden Tatsachen bestätigt zu werden:

Monica's Mutter, Marcia Lewis, ist Schriftstellerin und veröffentlichte 1996 das Buch *„The private Lives of the Three Tenors: Behind the Scenes with Placido Domingo, Luciano Pavarotti and Jose Carreras."* Während der Öffentlichkeitskampagne für ihr Buch ließ Marcia Lewis mehrmals durchblicken, dass sie eine Beziehung mit Placido Domingo unterhalten habe. „Wie hätte ich denn sonst an all diese Insider-Informationen kommen können?" lautete stets ihre Antwort auf entsprechende Fragen seitens der Journalisten.

Eine Mutter, die eine Affäre mit einem weltberühmten Sänger durchblicken läßt, zu einer Zeit, in der ihre Tochter eine Affäre mit einem noch berühmteren Mann zu haben scheint: dem Präsidenten der Vereinigten Staaten. Was spielt im Zusammenhang mit dem Thema Beziehungen in der Familie Monica's eine wichtige Rolle? Warum zeigen Mutter und Tochter das gleiche Verhalten? Spielt bei der ganzen Sache vielleicht auch mit hinein, sich von der Mutter absetzen oder sie übertrumpfen zu wollen? Das wäre möglich, um so mehr als wir es hier nicht nur mit einer unaspektierten Venus zu tun haben, sondern dass diese Venus auch Herrscher des 8. Hauses ist - dem Haus der Komplexe und Verdrängungen. Ihr unaspektierter Saturn ist Herrscher des 4. Hauses - Heim und Herd, Familie und Vergangenheit, emotionale Geborgenheit.

Es sind also zwei Wasser- oder Gefühlshäuser betroffen. Ein unaspektierter (Duett-)Herrscher des 8. Hauses bringt besondere Probleme mit sich, wenn es um die Verarbeitung von Erfahrungen geht. Wenn man versucht, mit dem Herrscher von 8 Verstecken zu spielen, neigt man dazu, sich in die unmöglichsten Situationen hineinzumanövrieren, in denen man der Außenwelt als Spiegel seines Inneren begegnet. Das Bedürfnis nach Macht und Aufmerksamkeit wird größer, ebenso die manipulativen Fähigkeiten, und die Wahrscheinlichkeit, eine Doppelrolle zu spielen, nimmt zu. Eine Haltung, der man sich zwar bewusst ist, die aber von unbewusstem Verhalten durchsetzt ist.

Wenn der Herrscher des 4. Hauses unaspektiert ist, hat man oft ein großes Bedürfnis nach Geborgenheit, Fürsorge und Pflege, nach Gemütlichkeit und emotionaler Aufmerksamkeit: Man ist auf der Suche nach häuslicher Geborgenheit. Monica war zum Beispiel verrückt danach, für jeden, der Wert darauf legte, Geburtstagsfeste zu organisieren! Im positiven Sinn ist man im Stande, vielen Menschen zu helfen, indem man ihnen Wärme und Fürsorge schenkt (allerdings läuft man Gefahr, zu übertreiben). Im negativen Sinn ist man immer auf der Suche nach jemandem, der Mutter oder Vater für uns spielt, nach jemandem, der einem besondere emotionale Aufmerksamkeit schenkt. Der unaspektierte Saturn kann eventuell auch auf eine Ersatzvater-Figur hinweisen.

Das Duett zwischen Venus und Saturn stand in den Jahren, in denen das Vorspiel all dieser Aufregungen stattfand, durch ein zeitlich begrenztes Yod im Transit ständig im Vordergrund. Es geht auch um ein Sextil, allerdings wirken sich die Planeten in diesem Sextil in viel extremerer Weise aus, außerdem wirken sie noch gegenseitig aufeinander ein. Das Gleiche gilt auch für die Häuserverbindungen, die sie aufzeigen. Ihr Herrscher von 8 (Venus) steht im Aspekt zu Saturn. Diese Verbindung kann einerseits enorm viel Angst vor Intimität und gleichzeitig eine große Sehnsucht nach Intimität in einer stabilen Beziehung mit sich bringen. Extreme Ausdrucksformen habe ich bei Menschen gesehen, die sich ganz von der Sexualität zurückzogen (unter ihnen befanden sich ein Mönch und eine Person, die sich einer kleinen New Age Bewegung angeschlossen hatte, die Sexualität ablehnte). Das andere Extrem erlebt man bei Menschen, die sich ausgesprochen promiskuitiv verhalten. Bei beiden Ausdrucksformen verbirgt sich in der Tiefe der Seele die Angst vor Intimität. Wendet man sich von der Sexualität ab, wird man nicht mehr mit dieser Angst konfrontiert, lebt man sie übertrieben aus, versucht man sich eigentlich nur zu beweisen, dass man Intimität nicht fürchtet; zu einer wirklichen Beziehung kommt es allerdings nicht. Natürlich kann man auch mit diesem Aspekt eine tiefe und intime Verbindung eingehen, das braucht aber Zeit und erfordert, dass man eine Schwelle überschreitet.

Wir stellten bereits fest, dass Saturn Herrscher von 4 und Venus Herrscher von 8 ist. Jede Verbindung zwischen dem 4. und dem 8. Haus bringt eine große emotionale Verletzbarkeit und ein tiefes Bedürfnis nach Aufmerksamkeit, Zärtlichkeit und Geborgenheit mit sich. Es besteht also gleichzeitig ein fast zwanghaftes Bedürfnis und die Angst, es zu äußern. Hat man dann einen Waage-Aszendenten, an dem Uranus in Opposition zu Mars in Widder steht, wirkt man unkonventionell und temperamentvoll und möchte gleichzeitig als nett angesehen werden. Eine hervorragende Horoskopkombination, um seinen emotionalen Hunger und seine Unsicherheit zu verbergen.

In allen Untersuchungen und Beschreibungen, denen ich nachgegangen bin, ist mir nichts begegnet, das auf Aggression, Heftigkeit, Bösartigkeit oder Widerstand, noch auf eine hemmungslose Haltung hinweist. Lewinsky war eine gute Schülerin, arbeitete viel und studierte sehr fleißig. Uranus am Aszendenten in Opposition zu Mars in Widder und Mars in Opposition zum Aszendenten und beide im Quadrat zum MC hätten Monica doch auch andere Charakterzüge mitgeben müssen. Eine Reihe von Vorgesetzten war von ihrem „Schwung" und ihrer „Jugendlichkeit" sehr angetan; das sind jedoch eigentlich die einzigen Eigenschaften, auf die ich gestoßen bin.

Es ist sehr gut möglich, dass ein dominanter Mars in einem Horoskop nicht zum Ausdruck kommt, selbst wenn er beide Ausgänge, also MC und AC aspektiert – was ich schon häufiger erlebt habe. In der Therapie scheint es dann oft um eine tief verborgene Wut zu gehen. Die Energie ist „verstopft" und die Planeten führen ein Eigenleben. Sie wirken zwar immer noch – aber man bemerkt es nicht. Anstatt ein Leben zu führen, das sich durch Erneuerung, Inspiration und Aktivitäten (positive Ausdrucksformen von Mars und Uranus) auszeichnet, manövriert man sich unbewusst in eine Situation hinein, in der man zum Mittelpunkt eines Prozesses von Aggression, Veränderung und möglicher Destruktivität wird (negative Ausdrucksformen der nicht gelebten Planeten). Man wird in diese Prozesse regelrecht hineingezogen.

Monica hat die Sonne im 10. Haus, astrologisch gesehen ein Hinweis auf ihren Ehrgeiz. Sonne in Löwe verstärkt dieses Thema noch. Dass sie ehrgeizig ist, wird tatsächlich von vielen, die sie kannten, bestätigt. Uranus als Herrscher von 5 im 1. Haus verstärkt den Ehrgeiz und das Bedürfnis, auch im persönlichen Lebensbereich im Mittelpunkt zu stehen.

Die Sonne bildet wichtige Aspekte: eine Opposition zu Jupiter, ein Trigon zu Neptun und ein Sextil zu Pluto. Jemand mit einer Sonne-Neptun-Pluto-Verbindung hat immer etwas „Besonderes" an sich. Es ist, als fiele man stärker auf; man kann nichts daran ändern. Mit diesen starken Energien kann man vieles erreichen, sie können sich aber auch ungenutzt verflüchtigen. Ein Kind mit einer Pluto-Sonne-Verbindung strahlt etwas aus, das in etwa besagt: „Ich erziehe mich schon selbst". Autoritäten stellen grundsätzlich eine Art Herausforderung dar, einerseits pfeift man darauf und andererseits möchte man gerne selbst als Autorität angesehen werden.

Mit Neptun kann man besonders einfühlsam und inspiriert sein, gleichzeitig ist es aber schwieriger, sich in seiner eigenen Identität abzugrenzen. Das heißt auch, dass

man Acht geben muss, sich nicht zu schnell von Illusionen und (falschen) äußeren Vorspiegelungen oder von Träumen und Phantasien mitreißen zu lassen. Wenn eine Verbindung zwischen diesen beiden äußeren Planeten und der Sonne besteht, ist man eher auch dynamisch. Sind dann alle Punkte auch noch mit Jupiter verbunden, fällt die Wirkung noch stärker aus. Jupiter als das Prinzip der Expansion neigt dazu, die Entwicklung noch zusätzlich aufzubauschen, zu vergrößern und auszudehnen. Gerät man in einen Skandal, an dem Jupiter beteiligt ist, wird es vermutlich ein Riesenskandal werden!
Monica's Jupiter steht in Opposition zur Sonne, im Sextil zu Neptun und im Trigon zu Pluto, aber auch im Quadrat zum Mond (Herrscher von 10). Mit diesem Jupiter kann sie eine begeisterungsfähige, anregende Persönlichkeit werden, die ein kreatives und dynamisches Leben führt. Ist ihr Leben aber durchsetzt mit Verdrängungen und Problemen, weiß Jupiter auch das zu vergrößern.

Wenden wir uns wieder ihrem Duett zu. Aufgrund dieses Hintergrundes können wir nun besser verstehen, womit die gegensätzlichen Reaktionen auf Monica zu tun haben. Eine extreme Seite der Venus ist nett, angepasst und sozial und wird dafür sorgen, von anderen als „nett“ empfunden zu werden. Die positive Seite ihres unaspektierten Saturns ist Verantwortungsgefühl und motiviert zu fleißigem Arbeiten. Beide Beschreibungen, die auch bestätigt wurden, passen auf Monica. Allerdings haben wir auch das Gegenteil zu hören bekommen: sie sei verwöhnt, erzähle sexuell gefärbte Witze (eine andere Seite von Venus), und sei nicht erwachsen (ein negativer, eskapistischer Saturn).

Sehen wir uns nun den Monat Juni und den Herbst 1995 an.
Pluto im Transit steht auf 28° Skorpion im Quadrat zu Venus und im Quinkunx zu Saturn. Uranus befindet sich in einem Yod zu Venus und Saturn. In dieser Periode aspektieren also zwei „mächtige Kaliber“ im Transit das Duett von Monica.
Uranus ist Herrscher des 5. Hauses, dem Haus, dem üblicherweise alle möglichen Formen von Liebesbeziehungen zugeschrieben werden. Nicht umsonst wird es auch das Haus der Romanzen genannt. Bildet der *Herrscher der Romanzen* ein Yod, neigt man gewiß nicht dazu, sich die sicherste Beziehung auszusuchen. Die Wahrscheinlichkeit, dass es eine Liebesbeziehung wird, die nicht alltäglich ist und die zu Problemen führen kann, ist groß. Wenn man sich übrigens das journalistische Klima in den Vereinigten Staaten seit der Watergate-Affäre ansieht, kann man an zehn Fingern abzählen, dass eine Affäre mit einem amtierenden Präsidenten früher oder später ans Licht kommen wird und von der oft schamlosen Presse, die auf der Jagd nach genüss-

lichen Details jedes Gerücht publiziert, ausgeschlachtet wird – obwohl auch manches wieder zurückgezogen werden muss.
Im Juni bildete Pluto noch einen Aspekt zu Venus, eine Verbindung, die nicht selten mit stürmischer Verliebtheit oder intensiven sexuellen Erfahrungen einhergeht. Übrigens kann sich dieser Aspekt auch gemäßigter auswirken, obwohl auch dann Gefühle oder sexuelle Träume eine Rolle spielen können. Pluto im Transit zu einer unaspektierten Venus kann sich enorm stark auswirken, und da Venus Herrscher von 8 ist, können auch Verdrängungen, gut getarnt, nach oben kommen und dazu führen, dass man Dinge tut, die für innere Konfrontationen und Aufregungen sorgen. Das Quinkunx zu Saturn kann das Problem anzeigen, bei dem Monica eine Grenze hätte ziehen müssen. Das hat sie nicht getan. Das ist allerdings auch schwierig, wenn Handlungen von unsichtbaren Antrieben motiviert werden, die im Zusammenhang mit Komplexen stehen.

Neptun bewegte sich im Juni auf eine Opposition zu Merkur hin. Bei einer zeitlich befristeten Verbindung dieser beiden Planten kann man möglicherweise die Vorgänge in der Umgebung nicht klar erkennen. Man vergisst bestimmte Dinge, hört manches nicht oder versteht es anders, als gemeint – das ist nicht das Gleiche, wie bewusst zu lügen, obwohl auch das vorkommen kann. Es besteht das Risiko, sich Illusionen hinzugeben und sich die Dinge schöner auszumalen, als sie sind. Dieser Aspekt eignet sich sehr gut dazu, mit Musik und Kunst, mit Dichtung, Träumen und Märchen in Kontakt zu kommen oder um beispielsweise Homöopathie oder Mythologie zu studieren. Für eine administrative Laufbahn im Weißen Haus ist dieser Aspekt allerdings nicht ideal. Wovon träumte Monica, als sie eingestellt wurde?
Ein Stück Realitätssinn liefert Saturn, der ein Trigon zu Merkur bildet. Saturn ist aber ein Duett-Planet in ihrem Horoskop und kann sich daher extrem auswirken. Das bedeutet, dass sie mit diesen beiden Transiten zu Merkur sehr unterschiedliche Gesichter von sich zeigen kann: die verträumte und phantasievolle oder die ernsthafte und fleißige Monica.
In der sekundären Progression bildete Merkur exakt am 8. Oktober 1995 ein Trigon zu Neptun. Der gesamte Transit Neptun Opposition Merkur wird hierdurch noch stärker akzentuiert.

In der primären und sekundären Progression gibt es noch einige Aspekte, die es wert sind, genannt zu werden. Monica beginnt ihre Arbeit im Weißen Haus, als ihr MC in der Primärprogression im Quadrat zum Mond steht. Der Mond ist Herrscher von 10. An sich ist das eine passende Verbindung mit dem Herrscher von 10. Der Span-

nungscharakter kann darauf hinweisen, dass zusätzlicher Kraftaufwand erforderlich ist, um voranzukommen. Dieser Aspekt kann bewirken, dass man als Praktikantin beginnt und kurze Zeit später eine bezahlte Stelle angeboten bekommt. Auch Umzüge oder Partnerschaften kommen bei diesem Aspekt häufiger vor. Manchmal bringt das Quadrat MC-Mond auch mit sich, dass wir uns mit der inneren Frage konfrontieren müssen, inwieweit wir uns emotional eigentlich geborgen fühlen, oder es bringt uns in Kontakt mit dem Wunsch nach Familiengründung und Mutterschaft; oder aber wir fühlen den Drang, mit der Vergangenheit ins Reine zu kommen. Da wir keine Informationen über die psychologischen Hintergründe von Monica während dieser Periode besitzen, ist es nicht möglich zu beschreiben, wie intensiv sich dieser Aspekt auswirkte.
Monica erscheint mit dem Yod zwischen Uranus, Venus und Saturn im Weißen Haus. Uranus bewegt sich im November wieder auf dieses Yod zu, in dem Monat also, von dem Monica behauptet, ihre Beziehung mit dem Präsidenten begonnen zu haben. Dann steht Pluto auf 0° Schütze im Trigon zu ihrer Sonne, was eventuell auf einen verborgenen Machtfaktor hinweisen kann.
In der sekundären Progression steht Venus im Sextil zu Merkur, worüber manch einer schmunzeln musste: Merkur ist Herrscher von 12 und Venus im Aspekt zum Herrscher von 12 beschreibt einen Aspekt, bei dem eine mögliche Ausdrucksform eine Liebesaffäre (Venus) ist, die heimlich (12. Haus) stattfindet. Obwohl ich selten erlebt habe, dass sich eine solche Verbindung so auswirkt, gehört sie doch zu den gegebenen Möglichkeiten. Der Aspekt wurde am 21. September exakt und war im November noch voll wirksam.

Die Jahre 1996 und 1997

Im November tritt Venus in der primären Progression ins 12. Haus ein. Wunderbar wäre es gewesen, wenn Monica Lewinsky sich etwas mehr in eine künstlerische Richtung hätte entwickeln können! Venus bildet im August auch noch ein Quinkunx zu Mars, ein Spannungsfeld für Beziehungen und das Thema männlich/weiblich: Venus ist Herrscher von 1 und Mars Herrscher von 7.
Neptun übernimmt im Transit die Rolle von Uranus und ist dabei, ein Yod mit Venus und Saturn zu bilden (April): Nicht mehr Uranus, als Herrscher von 5, sondern Neptun (Traum, Illusion) und Herrscher von 6 in einer ineffektiven Situation bezüglich ihres Funktionierens am Arbeitsplatz.
Im April wird sie ins Pentagon versetzt, Jupiter steht zu diesem Zeitpunkt im Transit auf ihrem IC und in Opposition zum MC: eine gut bezahlte Stellung. Im gleichen

Monat wird auch der Aspekt zwischen Neptun und Merkur in der Primärprogression exakt: ein Quinkunx. Dieser Aspekt wird sich mindestens noch ein Jahr lang weiter auswirken.

Wie wir bereits sehen konnten, waren Merkur und Neptun schon 1995 miteinander verbunden, sowohl im Transit als auch in der Sekundärprogression. Nun kommt noch ein Aspekt in der Primärprogression hinzu, der sich ebenfalls bereits 1995 ankündigte. Die Gefahr, dass hier eine Menge Phantasie, Illusionen und Träume eine Rolle spielen, ist groß und macht es nicht leichter, nachzuvollziehen, was wirklich geschah. Der transistierende Neptun wird rückläufig und steht im Herbst 1996 wieder in Opposition zu Merkur. Monica Lewinsky hat übrigens in einem der heimlich aufgenommenen Gespräche mit ihrer Freundin Tripp selbst geäußert: „Ich habe mein ganzes Leben lang gelogen.“

Danach bildet sich wieder ein Yod mit Neptun auf Venus und Saturn, das sich im Februar, Juli und August, November und Dezember 1997 wiederholt. Herbst 1997 steht also im Zeichen dieser Yodfigur! Venus im 11. Haus kann uns Informationen über Freundschaften liefern. Tripp und Lewinsky haben eine merkwürdige Beziehung zueinander. Die beiden sind gute Freundinnen und Lewinsky telefoniert von sich aus sehr häufig mit Tripp. Beide Frauen wurden aus dem Weißen Haus entfernt: Tripp, weil sie zuviel an Clinton auszusetzen hatte und ihn nicht mochte und Lewinsky, weil sie so verliebt in Clinton war; also genau umgekehrt! Bei Lewinsky wurden aber keinerlei Alarmzeichen ausgelöst. Venus könnte sich auf Tripp beziehen, aber genauso gut Neptun: Neptun ist Herrscher von 6. Da Tripp als Angestellte des Pentagon eine Kollegin von Lewinsky ist, ohne dass sie tatsächlich zusammenarbeiten (das wäre das 7. Haus), fällt Tripp in einem anderen Sinn in Monica's 6. Haus. Wir haben also zwei Planeten, die auf die Rolle von Linda Tripp hinweisen können, und beide sind 1997 an einem ständig wiederkehrenden Yod beteiligt. Die Situation, die sich entwickelte, ist dann tatsächlich so kompliziert, schwierig, unübersichtlich und „schicksalhaft“ wie ein Yod nur sein kann!

Also eine „komplexe“ Beziehung zwischen Tripp und Lewinsky. Die Frau, die in Clinton verliebt ist, wird von der Frau, die Clinton hasst, in eine Falle gelockt, um den Präsidenten an den Pranger zu bringen. Es war der Hass, der Tripp zur Zeitschrift Newsweek treibt. Im Sommer 1997 erscheint in dieser Zeitung ein Artikel, in dem Tripp zu Wort kommt. Sie erzählt, dass sie den Präsidenten verdächtigt, Sex mit einer ehrenamtlichen Mitarbeiterin im Weißen Haus, Kathleen Willey, gehabt zu haben, und zwar im Jahre 1993. Sie behauptet, gesehen zu haben, dass Willey mit völlig demoliertem Make-up und in Unordnung geratener Kleidung aus dem *Oval Office* gekommen sei. Tripp sagte aus, Willey habe ihr persönlich erzählt, Sex mit dem Präsidenten gehabt zu

haben. Diese Enthüllung stellte für Tripp eine große Gefahr dar. Sie stand plötzlich im Mittelpunkt des Interesses und riskierte, entlassen zu werden. Ihre Glaubwürdigkeit wurde von einigen Anwälten in Zweifel gezogen. Tripp reagierte wütend und verletzt. Daraufhin erzählt sie Goldberg, einer Literaturagentin aus New York, die Clinton am liebsten in der Luft zerreißen würde, dass sie noch über einen anderen Fall informiert sei: Monica Lewinsky. Um Michael Isikoff, den Herausgeber von *Newsweek* von diesem zweiten Fall überzeugen zu können, müssen Beweise geliefert werden. Darum rät Goldberg ihr: „Du musst die Geschichte beweisen. Nimm Telefonate auf Band auf." Tripp schneidet also die Telefongespräche mit, ohne Monica Lewinsky, die in ihren langen Telefonaten ein ums andere Detail über die Beziehung mit Clinton ausplaudert, zu informieren. Tripp zeichnet ca. 20 Stunden dieser besagten Telefongespräche auf und erhält von einem Sensationsblatt ein Angebot über zwei Millionen Dollar für deren Veröffentlichung, was aber nicht zum Tragen kommt.
Durch Tripp wird Monica Lewinsky nun zur Schachfigur in einem größeren Spiel, in dem Tripps Geringschätzung für Clinton, Goldbergs Hass auf Clinton und das Interesse der Republikaner, gegen Clinton zu agieren, zusammenfließen. Und das Yod, das sich in Monica Lewinskys Horoskop mit dem Duett zwischen Venus und Saturn bildet, wiederholt sich immer wieder aufs Neue. Alles beginnt, außer Kontrolle zu geraten und die Dinge werden noch komplizierter.

Lewinsky wendet sich im November an Vernon Jordan, einem sehr guten Freund und Mitarbeiter Clintons, und teilt ihm mit, dass sie eine andere Stelle außerhalb des Pentagons haben wolle. Jordan ist sehr einflußreich und empfiehlt sie verschiedenen Firmen, darunter auch Revlon, einer Firma, bei der er Mitglied im Aufsichtsrat ist. Diese Firma macht ihr im Januar 1998 tatsächlich ein Stellenangebot, das sie aber, nachdem die Affäre öffentlich wird, am 21. Januar wieder zurückzieht.
Im Januar 1998 steht Neptun wieder im Yod mit Venus und Saturn; Saturn in Opposition zu ihrem Aszendenten. Eine Wiederholung also. Im März kommt ein stationärer Transit von Pluto im Quinkunx zu ihrem Mond hinzu, der aber schon voll in Wirkung begriffen ist. Keine schönen Aspekte, um mit einer sexuellen Affäre in die Nachrichten zu kommen! Pluto kann die ganze Sache stark aufbauschen und mit Emotionen überschütten. Das Yod spricht mit seiner Unergründlichkeit und dem Risiko, dass alles außer Kontrolle gerät, für sich selbst. Eigentlich wurde Monica von jemandem verraten, mit dem sie sich angefreundet hatte, allerdings verriet sie sich aufgrund ihrer eigenen Geschwätzigkeit, Naivität und Phantastereien auch selbst.
Die Kombination der Aspekte spiegelt sich in einer noch komplizierteren Sache wider. Gegen Clinton läuft immer noch eine Untersuchung wegen unsauberer Geld-

transaktionen, die unter dem Namen „*Whitewater*" bekannt wurden. Der Staatsanwalt Starr beginnt, sich an dieser Sache festzubeißen. Obwohl er neutral sein müsste, wird deutlich, dass er eigentlich zum Anti-Clinton-Lager gehört. Die Sache droht ihm zu entgleiten, was ihn seinen Ruf kosten könnte. Deshalb hat er immer wieder neue Versuche unternommen, die Sache in die Länge zu ziehen. Sein neuestes Argument ist, dass er sämtliche sexuellen Affären des Präsidenten untersuchen müsse, weil möglicherweise auch im Schlafzimmer Informationen über *Whitewater* ausgetauscht worden sind! Diese Argumentation findet Zuspruch.
Gleichzeitig läuft noch eine Anklage von Paula Jones, die Clinton beschuldigt, eine Affäre mit ihr gehabt zu haben. Diese Sache ist bereits seit 1992 im Gang und soll im Mai 1998 endlich gerichtlich verhandelt werden. In diesem Verfahren muss Tripp als Zeugin in der Willey-Affäre auftreten, der Affäre, mit der sie in die Schlagzeilen der *Newsweek* geriet. In Wahrheit übergibt sie die 20 Tonbänder ihrem Rechtsanwalt. Diese Bänder dokumentieren auch Monica's Behauptung, Clinton und Jordan hätten ihr geraten, die sexuelle Beziehung zum Präsidenten abzustreiten. Lewinsky unterschreibt auch tatsächlich in der Sache Paula Jones eine Erklärung, dass sie niemals Sex mit dem Präsidenten gehabt habe. Tripps Anwälte empfehlen ihr, die Bänder an den Prozessbevollmächtigten Clintons weiterzugeben. Das tut sie allerdings nicht, sie überlässt die Aufzeichnungen vielmehr Starr, dem Staatsanwalt im Verfahren gegen Clinton.
Starr wiederum arrangiert im Ritz-Carlton Hotel eine Begegnung zwischen Tripp und Lewinsky, bei der Tripp wieder mit einem versteckten Mikrofon arbeitet und das Gespräch aufzeichnet. Die Bänder sind eine starke Waffe in den Händen von Kenneth Starr. Die Aufzeichnungen bekam er am 12. Januar 1998 und die Begegnung im Hotel fand bereits einen Tag später statt.
Am 16. Januar wurde Lewinsky vom FBI und den Anwälten der Regierung einem 10stündigen Verhör unterzogen. Die Sache ist nun nicht mehr aufzuhalten und die gesamte Presse stürzt sich darauf. Im Februar steht Neptun in Opposition zu Lewinsky's Sonne, das wird aber nicht das letzte Mal sein. Kein guter Aspekt, um in der Öffentlichkeit als glaubwürdig angesehen zu werden.

Uranus lief im Transit mehrmals über Jupiter hin und wieder zurück, und auch Pluto bewegte sich im Sextil dazu hin und wieder zurück, ebenso Neptun. Jupiter ist in Monica's Horoskop Herrscher von 3 – die Presse! Plötzlich in den Nachrichten zu erscheinen (Uranus im Transit zu Herrscher 3) im Zusammenhang mit Geheimnissen und Sexualität (Pluto stationär im Sextil zu Herrscher 3). Es ist wie im Lehrbuch!

Uranus und Pluto im Transit ziehen auch den Mond von Monica Lewinsky in die Konflikte hinein. Uranus im Quadrat, Pluto im Quinkunx. Beim Mond als Herrscher von 10 geht es um ihr Bild in der Außenwelt - um ihre gesellschaftliche Position. Somit besteht die große Wahrscheinlichkeit, dass sich die Affäre schädlich auswirken wird, unabhängig von der Frage, ob sie die Wahrheit sagt oder nicht. Innerlich kann es zu Spannungen und einer Menge Zweifel bezüglich der Frage kommen, wer sie nun wirklich ist. Eine Verbindung zwischen Pluto und dem Herrscher von 10 kann übrigens auch den ersten Schritt anzeigen, sich von alten Projektionen und Mustern der Jugendzeit zu befreien, beispielsweise von der Erwartungshaltung der Mutter, die sie in eine vorgegebene Richtung getrieben hatte.
Und dann steckt sie in einer Affäre, die mit einem Yod beginnt, das ihre Duett-Planeten für sie bereithalten. Sie wird unter dem gleichen Yod mit Neptun im Transit zu ihrem Duett von einer Freundin, durch die heimlich aufgenommenen Telefongespräche, verraten, und ihr Selbstbild erhält durch die oben beschriebenen Transite einen empfindlichen Schlag. Mit den Presse-Aspekten und der aktivierten Yodfigur können aber noch mehr Dinge mitspielen. Zur Zeit der Drucklegung dieses Buches nahm Monica Lewinsky Kontakt mit Andrew Morton auf, dem Biographen von Prinzessin Diana. Sie wird ihm sicherlich ihre Version der Geschichte erzählen wollen.

Linda Tripp

1990 beginnt Linda Tripp unter Präsident Bush im Weißen Haus zu arbeiten, was sie als große Ehre ansah. Sie bleibt zwar, als Clinton Präsident wird, empfindet aber eine stetig wachsende Abneigung ihm gegenüber. An ihrem Arbeitsplatz wurde das nicht offensichtlich, aber außerhalb war es kein Geheimnis, dass sie von ihm und seiner Regierung nichts hielt. Für sie was alles nur stümperhaftes Getue, und sie begann, Clinton abzulehnen. Ihr Widerstand gegen ihn verstärkte sich noch nach dem Selbstmord von Foster, einem Mann, den sie sehr gerne mochte. Foster arbeitete für Clinton und geriet durch die Untersuchungen zur Whitewater-Affäre in ernsthafte Schwierigkeiten. An dem Tag, an dem Foster tot in einem Park aufgefunden wurde, hatte Linda Tripp ihm noch sein Mittagessen ins Büro gebracht. Sie war die Letzte, die ihn lebend gesehen hatte – das war im Juli 1993.
Linda begann sich mehr und mehr mit konservativen Strömungen zu verbinden, die Clinton bekämpfen wollten. Da sie bereits in ihrer Schulzeit altmodische Wertvorstellungen und Normen vertreten hatte, waren ihr „die abtastenden und verstohle-

nen Blicke, mit denen Clinton junge Mitarbeiterinnen bedachte", - so ihre spätere Aussage – immer mehr ein Dorn im Auge.
Als ihr Vorgesetzter von einem einen Mann abgelöst wurde, der seine eigenen Mitarbeiter mitbrachte, hatte Tripp fast nichts mehr zu tun. In dieser Zeit stimmte sie einer Begegnung mit Lucianne Goldberg zu, einer Literaturagentin aus New York, die ein Buch über Foster veröffentlichen wollte und auf der Suche nach Quellen war. Goldberg war als scharfe Kritikerin Clintons bekannt, sie würde keine Mittel scheuen, Clinton anzugreifen. Ein Buch über seine Affären würde ihr ausgesprochen zusagen. Goldberg begann, ihre Rolle im Hintergrund zu spielen.
Im August 1994 wurde Tripp ins Pentagon versetzt und bekam eine Stellung zugewiesen, die sie eigentlich ablehnte. Aber als geschiedene Mutter mit zwei Kindern tat sie alles, um überhaupt arbeiten zu können. Ihren Wechsel empfand sie als Verschlechterung, sie war immer stolz darauf gewesen, im Weißen Haus arbeiten zu dürfen (und das bereits seit 1990 unter Bush).
Im Herbst 1996 freundete sie sich mit Monica Lewinksy an, die, wie wir wissen, auch aus dem Weißen Haus versetzt worden war. Mitarbeitern im Pentagon fiel auf, dass die beiden schon sehr bald eine Menge Neuigkeiten auszutauschen hatten. In diesem Herbst steht Neptun im Transit stationär zu Merkur im Horoskop von Monica – das spricht für Klatsch.

Das Horoskop von Linda Tripp

Die Art und Weise, mit der Linda Tripp zu Werke ging, ist nicht wirklich von edlen Motiven bestimmt. Ihre Abneigung gegen Clinton wurde immer stärker, und sie war nur allzu gerne bereit, eine Rolle dabei zu übernehmen, den Mann, den sie verachtete, zu Fall oder an den Pranger zu bringen. Wenn solche Mechanismen eine Rolle spielen, müssen wir uns im Horoskop immer das 8. Haus ansehen. Dieses Haus ist mit unseren Verdrängungen verbunden, unseren Problemen und den dazugehörigen Emotionen, und es beschreibt unsere Projektionen. Alles, was verdrängt wird, um welche Facette des Horoskops es auch geht, landet letztlich im 8. Haus und wird von dort aus wirksam. Übrigens befinden sich auch unsere verborgenen Gaben und Talente im 8. Haus, solange diese jedoch nicht entdeckt oder entwickelt werden, können sie sich in ausgeprägten Projektionen äußern.
Die Verdrängungen und verborgenen Gaben und Talente des 8. Hauses treten immer dann stark in den Vordergrund, wenn Pluto oder der Herrscher von 8 im Transit oder in der Progression wichtige Aspekte bildet oder wenn Pluto oder der Herrscher von 8 selbst im Transit oder in der Progression berührt wird. Dann ist die

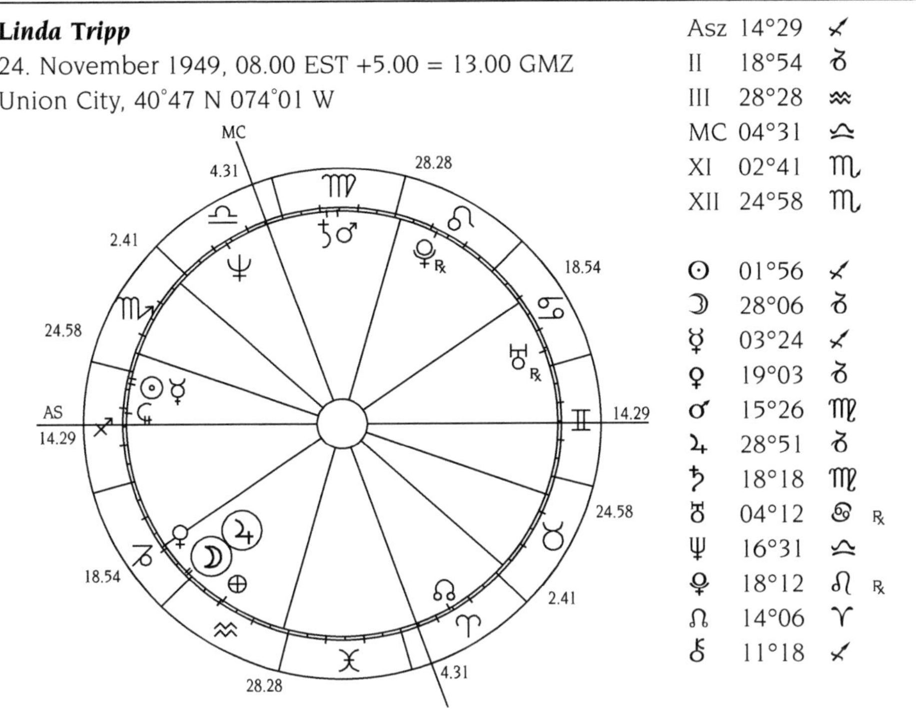

Wahrscheinlichkeit groß, in schwierige, komplizierte und oft auch emotional beladene Situationen zu geraten, die mit den zu demaskierenden und zu entdeckenden unbewussten Inhalten in uns selbst im Zusammenhang stehen. Ich habe sehr oft erlebt, dass man in einer Periode, in der diese Art von Transiten und Progressionen wirksam sind, eine „fatale Entscheidung" trifft oder einem „fatalen Rat" folgt. Mit „fatal" meine ich hier, dass man in diesem Moment überhaupt nicht absehen kann, dass man mit dieser Entscheidung oder mit diesem Rat in Teufels Küche gerät, unabhängig, wie gut die Durchführung der Entscheidung auch vorbereitet sein mag. Es ist so, als ob Pluto oder das 8. Haus in dem Moment dafür sorgen, dass man die wirklichen Folgen seiner Handlungen nicht überblicken kann. Man kann, ohne es zu wollen, Teil eines größeren Problems werden, indem man zu einer Marionette in einem Machtkampf wird. Das Ende vom Lied ist möglicherweise, dass sich alles gegen einen wendet. Tripp dient uns als passendes Lehrbeispiel, wie diese psychische Dynamik wirkt.

Wenn wir uns das 8. Haus ansehen, finden wir Pluto; Pluto ist Herrscher vom 11. und vom 12. Haus. Herrscher des 8. Hauses ist der Mond, der in Konjunktion zu Jupiter

steht. Aber aufgepasst: die Konjunktion von Mond und Jupiter ist ein Duett. Das bedeutet, dass diese beiden dazu neigen, in einer Alles-oder-Nichts-Haltung zu funktionieren und sich stark zu manifestieren, wenn auch sicher nicht greifbar für Tripp. Ein unaspektierter Herrscher von 8 – ist das nicht genauso wie bei Monica Lewinsky, deren Herrscher von 8 ebenfalls in einem Duett steht?
Wenn ein unaspektierter Herrscher oder Duett-Herrscher von 8 in einer negativen Projektionssituation landet, kann diese schnell extremere Formen annehmen. Dann ist die Wahrscheinlichkeit groß, dass alles außer Kontrolle gerät. Hier geht es um eine schwelende, aber starke Energie, die eine enorme Gerichtetheit mit sich bringen kann, wobei sich das Leben immer mehr und ausschließlich um das Thema der Projektion drehen wird. Wie bei dem unaspektierten (Duett-)Herrscher von 8 ist es auch bei Monica so, dass man das Problem und die Projektion irgendwie spürt, man aber das Gefühl hat, es nicht wirklich greifen zu können, um dann plötzlich festzustellen, dass man mittendrin sitzt und gezwungen wird, die Probleme anzugehen. Das Verarbeiten von Problemen mit einem unaspektierten Herrscher von 8 verläuft unregelmäßig und unvorhersehbar. Man kann sich in die unmöglichsten Situationen hineinmanövrieren und neigt eher dazu, zu manipulieren oder eine Doppelrolle zu spielen. Das spielte bei Linda Tripp ebenso eine Rolle wie bei Monica – und das zum selben Zeitpunkt. Die Tatsache, dass Tripps Pluto im 8. Haus steht, verstärkt das Ganze noch. Pluto in 8 lässt sich kurz mit folgendem Satz beschreiben: „Warum sollte man es sich leicht machen, wenn man es sich auch schwer machen kann?" Warum dieser Ausspruch so zutreffend ist, werde ich weiter unten erklären. Dazu müssen wir uns kurz einige Merkmale des 8. Hauses ansehen. Bezüglich Theorie und Hintergrund verweise ich auf mein Buch „Astrologische Huizen".

a. Planeten im 8. Haus und im Aspekt zum Herrscher von 8 sind Planeten, die uns sowohl faszinieren als auch Angst einjagen.

Zu diesen Planten unterhalten wir eine Art Hassliebe. Aufgrund der Faszination suchen wir die Bereiche, mit denen sie zu tun haben, immer wieder auf. Aber unsere Angst kann dazu führen, dass wir ein Versteckspiel mit ihnen treiben oder nicht den Mut haben, uns alles von ihnen anzusehen, was wir vielleicht auch gar nicht wollen. Die gleichen Planeten spielen auch in anderer Hinsicht eine Doppelrolle. Wir können die Planeten im 8. Haus im Aspekt zum Herrscher von 8 als Möglichkeit nutzen, um zu unserem eigenen Inneren durchzudringen und zu lernen, wer wir sind und was wir wollen. Wir können sie als Instrument einsetzen, um Probleme zu verarbeiten. Andererseits dienen uns genau diese Planeten auch als Hilfsmittel, um unsere Probleme zu verdrängen!

So kann Jupiter im 8. Haus oder im Aspekt zum Herrscher von 8 im positiven Sinn bedeuten, dass man beispielsweise nach dem Sinn von Ereignissen sucht und so den Zusammenhang zwischen innen und außen zu erkennen lernt, wodurch man sich auch selbst besser kennenlernen kann. Der gleiche Jupiter kann aber auch in kunstverständige Theorien über Sinngebung flüchten, womit der Betroffene selbst außer Schußweite bleibt. Oder Jupiter nimmt als begeisterungsfähiger und optimistischer Planet die Dinge viel zu leicht, so dass er vielleicht glaubt, schon angekommen zu sein, während die Verarbeitung eigentlich erst noch beginnen müßte. Im ersten Fall kann man echte Lebensweisheit entwickeln und auf milde Weise tief philosophisch werden. Im zweiten Fall richtet man aber möglicherweise mit seinem unbesonnenen Optimismus ziemlich viel Durcheinander an oder verletzt andere Menschen mit überheblichen und stark wertenden Bemerkungen.

6. Pluto im 8. Haus oder im Aspekt zum Herrscher von 8 bringt große Wachstumsmöglichkeiten durch alles, was mit Tiefgang zu tun hat - indem das Unterste zu oberst gekehrt wird, oder indem wir uns mit dem Verborgenen beschäftigen, das nicht ans Licht gebracht werden will.

Es spielt überhaupt keine Rolle, ob es sich hierbei um die Gerichtsmedizin handelt, die mit Hilfe äußerst kleiner Hinweise doch noch Beweise für ein Verbrechen finden kann oder ob es um Psychologie oder Parapsychologie und ähnliche Dinge geht. In all diesen Fällen kann man durch die Beschäftigung mit den tieferen Hintergründen des Menschen, der Materie und des Lebens in all seinen Facetten (denken Sie an Physik und Ähnliches mehr) ein tieferes Gefühl für Zusammenhänge bekommen und Erkenntnisse darüber gewinnen, wie die Dinge miteinander verbunden sind. Betrachtet man sich selbst unter diesem Blickwinkel, kann man die eigene Tiefe, seine Ängste, den eigenen Schatten und nie gekannte Möglichkeiten erkennen lernen. Der gleiche Pluto kann aber auch das Wissen über diese Bereiche als Machtmittel benutzen. Dann schauen wir nicht nach uns selbst oder setzen Plutos Macht sogar als Werkzeug ein, um andere, als Überkompensation eigener Ängste, „klein zu kriegen". Solch ein Mensch wird all sein Wissen, einschließlich Klatsch, auf die eine oder andere Art „strategisch" einzusetzen wissen, um selbst aus der Schußlinie zu bleiben (bis man es zu weit treibt und sich sein eigenes Grab schaufelt). Oder man erlebt, dass jemand seine Haltung bestimmten Personen gegenüber radikal ändert, denen dann eine negative Projektion in die Schuhe geschoben wird, nur um sich nicht ansehen zu müssen, wo man selbst schief liegt.

c. Pluto in 8 oder im Aspekt zum Herrscher von 8 hat - aus positiver Sicht - ein unglaubliches Durchhaltevermögen, wenn es darum geht, um eine Sache zu kämpfen.

Allerdings wird er nur davon profitieren können, wenn er sich selbst und all seinen Facetten absolut ehrlich ins Gesicht schaut. In diesem Fall kann er selbst die schwierigsten Situationen überwinden. Der gleiche Pluto wird uns, selbst wenn er negativ wirkt und wir uns selbst und anderen gegenüber unehrlich sind, ebenfalls einen langen Atem verleihen. Allerdings schaufelt man sich dann nach und nach sein eigenes Grab und manövriert sich in eine schier aussichtslose innere (und oft auch äußere) Situation hinein. Denken Sie daran, dass man sich selbst gegenüber durchaus unehrlich und gleichzeitig davon überzeugt sein kann, lupenreine Motive zu haben! Unehrlichkeit, wie ich sie hier verstehe, hat sicher nicht so sehr mit Lügen zu tun (obwohl auch das möglich ist), sondern mit dem, was man tut - tatsächlich und wirklich tut - und welche unbewussten und verborgenen Motive einen dazu bringen, die man aber nicht erkennen kann oder will; oder man hat einfach keinen Mut, sich diese Motive einzugestehen.

Für Linda Tripp bedeutet das, dass sie sich mit ihrem wachsenden und ständig stärker werdenden Hass auf Clinton hätte fragen können, welche Seite sie in sich selbst so sehr ablehnte. Je stärker die Emotionen in Bezug auf einen anderen Menschen sind, desto stärker ist der unbewusste Komplex, der mit dieser Projektion – diesem Gefühl – zu tun hat. Statt dessen setzte sie die manipulativen Fähigkeiten von Pluto ein, um Clinton, den Träger ihrer Projektion, anzuschwärzen.

d. Wenn man im Zusammenhang mit einem Planeten in 8 oder im Aspekt zum Herrscher von 8 die Schattenseite verdrängt, entwickelt man ausgerechnet für diese Seite eine starke Faszination, die das Leben beherrschen kann.

Das ist eine wichtige Folge des 8. Hauses und der Projektion unserer Verdrängungen. Von diesen Themen fühlen wir uns immer wieder angezogen, oder wir werden immer wieder in Situationen verstrickt, die damit im Zusammenhang stehen. Und auch das kann uns in hohem Maße beherrschen. So kann Pluto im 8. Haus – schon allein mit dieser Plazierung sind wir für unterschwellige Machtprobleme sensibilisiert - immer wieder Teil solcher Schwierigkeiten werden. Dazu gibt dann auch das eigene Verhalten Anlass, was aber längst nicht immer deutlich wird. Man kann mit Hilfe seines Verhalten eine Aura um sich verbreiten und so subtile Signale aussenden, dass andere darauf anspringen. Ich habe mehrfach erlebt, dass jemand mit Pluto in 8 von anderen als arrogant angesehen wurde, mit der Folge, dass er es mit bestimmten Formen von Widerstand oder mit Schattenprojektionen zu tun bekam. Ein Klient erzählte mir beispielsweise, dass er das Gefühl hätte, von seinen Kollegen nicht für voll genommen und nicht verstanden zu werden. Er konnte überhaupt nicht begreifen, dass sie ihn als arrogant und distanziert empfanden. So sah er sich selbst nicht, und er trat seiner Einschätzung nach auch nicht so auf. Und doch spürte ich, dass er so etwas ausstrahlte, das er selbst aber offensichtlich nicht Griff hatte. Deshalb auch die Reaktion der anderen. Das Einzige, was er tun konnte, war, sich nicht auf einen Kampf einzulassen, sondern die Ursache für seine subtilen Botschaften zu erforschen. Was verbirgt sich hinter dieser Mauer von Distanz? Was ist der Hintergrund dieser leicht arroganten Haltung? Welche Ängste sind die Ursache für diese Schutzhaltung? Solange er diese Fragen nicht für sich zu beantworten weiß, wird er immer wieder mit Situationen konfrontiert werden, in denen er sich falsch beurteilt oder zurückgewiesen fühlt. Er wird in Situationen geraten, in denen er das Gefühl hat, andere klatschen über ihn oder aber in denen er glaubt, dass etwas oder jemand einen Streit mit ihm inszeniert, ihn fertigmachen will und vieles mehr. Der Kern des Problems liegt tatsächlich in einem fundamentalen Gefühl der Unsicherheit und Angst in ihm selbst. Pluto in 8 oder im Aspekt zum Herrscher von 8 kann sich sogar von anderen verfolgt fühlen. Verfolgungswahn geht oft mit starken Minderwertigkeitsgefühlen einher, die unbewusst mit der Vorstellung überkompensiert werden, dass sich die ganze Welt nur um einen selbst dreht.

Noch einen letzten Punkt möchte ich hier in den Vordergrund stellen. Das 8. Haus schenkt uns nichts; wir müssen um alles kämpfen – und mehr noch: wir wollen sogar für die Dinge, die mit den Themen des 8. Hauses zu tun haben, kämpfen. Müssen wir das nicht, besäßen sie keinen Wert für uns. Das entsteht aber nicht aus dem Gefühl heraus, dass man die Dinge sonst nicht verdient hätte. Das 8. Haus will sich positiv eingebunden fühlen, und je mehr man sich mit etwas beschäftigt und sich dafür einsetzt, um so größer wird das Gefühl der Verbundenheit und sein Wert. Dann verfügt man im positiven Sinn über die enorme Fähigkeit, mit viel Energie, Einsatz und Engagement zu kämpfen, und man genießt es bis in die Zehenspitzen, wenn alles gut gelingt. Dieses Engagement kann auch eine negative Ausprägung bekommen. In dem Fall baut sich eine enorme Spannung demjenigen gegenüber auf, der als Projektionsfläche benutzt wird, und es breitet sich das Gefühl aus, dass die Projektion alleine noch nicht ausreicht. Es ist, als ob etwas in einem gärt oder einen dazu antreibt, das Problem auf die eine oder andere Weise noch schlimmer zu machen. Man startet beispielsweise Aktionen, die das Problem für den anderen noch verstärken. Man erkennt aber nicht, dass auf diese Weise das Problem auch für einen selbst größer wird. Möglicherweise beißt man sich dermaßen fest, das man nicht mehr loslassen kann.

Wie man es auch dreht und wendet, Planeten im 8. Haus oder im Aspekt zum Herrscher von 8 wollen in die Tiefe vordringen, ob das unserem Bewusstsein gefällt oder nicht. Wird man also selbst nicht aktiv, um sich mit einem „tieferen" Bereich zu beschäftigen, sorgt das Unbewusste dafür, dass wir im Außen damit konfrontiert werden. Anstatt seine Energie für eine Vertiefung und Sich-Einlassen-Lernen zu verwenden, steckt man sie in äußere Probleme. In beiden Fällen ist man also sehr stark mit den Planeten beschäftigt, die mit dem 8. Haus verbunden sind, auch wenn man das selbst nicht so sieht. Das ist der Hintergrund der Bemerkung: „Warum sollten wir es uns leicht machen, wenn wir es uns auch schwer machen können?" Ein leichter Weg ist einfach zu oberflächlich für das 8. Haus.

Nun wieder zurück zum Horoskop von Linda Tripp. Es ist deutlich, dass sie ihre manipulativen Fähigkeiten in „Monica-gate" zum vollen Einsatz gebracht und sich irgendwie in dieser Sache festgebissen hat. Einige Momente waren dabei für sie von großer Wichtigkeit:

1. Als „Vorspeise" die Versetzung ins Pentagon, die sie als Verschlechterung empfand und wodurch ihre Wut und die negative Projektion auf Clinton nur noch geschürt wurde. In der primären Progression hatte ihr MC ein Quadrat mit Pluto zu verarbeiten.
2. Dann die Freundschaft mit einer „Schicksalsgenossin", Monica Lewinsky, die ebenfalls „weggelobt" wurde. Es ist bekannt, dass, wenn man mit einem bestimmten Komplex zu tun hat und jemandem begegnet, der mit demselben Thema zu kämpfen hat, sich möglicherweise ein merkwürdiges Erkennen auftut, das zeitweise sogar zu sehr „dicken" Freundschaften führen kann. In dem Jahr, in dem Lewinsky ins Pentagon kommt und Tripp kennenlernt, läuft Neptun am Ende von Steinbock im Transit über Tripp's Herrscher von 8 hin und wieder zurück. (Ebenfalls im Quinkunx zum Herrscher von Monica's 8. Haus!). Neptun war im April 1996 stationär, mit einem Orbis von 1° zu Linda's Herrscher von 8 (was seine Wirkung intensivierte und verlängerte) und aktivierte damit ihr 8. Haus. In den darauffolgenden Jahren bewegt sich Neptun weiterhin vor und zurück und berührt stets aufs Neue diesen Punkt. In diesem Jahr lernt sie also Lewinsky kennen und beim darauffolgenden Neptuntransit arbeitet sie mit an:
3. Dem Artikel in *Newsweek*, in dem sie Clinton beschuldigte, sexuelle Affären unterhalten zu haben. Weiter oben erwähnte ich bereits, dass man eine fatale Entscheidung treffen oder einem fatalen Rat folgen kann, wenn Pluto oder der Herrscher von 8 aktiviert wird. Tripp tat beides. Die fatale Entscheidung war, bei *Newsweek*

mitzuarbeiten, wodurch sie in voller Breite in die Nachrichten geriet. Natürlich wurde sie von Clintons Anwälten knallhart aufs Korn genommen und war allen möglichen Angriffen ausgesetzt. Darüber war sie äußerst wütend (was ihre Projektion auf Clinton nur noch verstärkte), sie hätte allerdings von vorne herein wissen können, dass die Dinge so laufen würden, denn so etwas passiert seit Jahr und Tag in den Vereinigten Staaten, wo sehr vieles in den Medien ausgefochten wird. Wenn sie ihre Ruhe hätte haben wollen, hätte sie nur ihren Mund halten müssen. Neptun ist aber Nebenherrscher von 3. Als Neptun dann auf ihrem Herrscher von 1 (Jupiter) und ihrem Herrscher von 8 (Mond) zu stehen kam, nutzte sie die Informationen, die sie hatte (3. Haus), um sie an die Presse weiterzugeben (ebenfalls 3. Haus). Mit diesem Schritt betrat sie definitiv die Arena, obwohl sie sich das sicher nicht so vorgestellt hatte.

4. Der fatale Rat, dem sie in der gleichen Zeit folgte, war der Vorschlag von Goldberg (siehe weiter oben), die Gespräche mit Monica aufzunehmen. In dem Staat, in dem Tripp wohnt, gilt dies als strafbare Handlung. Erst kürzlich wurde bekannt, dass sie für dieses Vergehen strafrechtlich verfolgt werden und sogar auf die Anklagebank soll. Sie wollte Clinton an einen Ort bringen, den sie für sich selbst niemals in Erwägung gezogen hätte, und doch hat sie sich unbewusst und ohne sich darüber im Klaren zu sein, selbst den Weg dorthin bereitet. Es geht hier um das heimliche Aufnehmen (Neptun) und das Thema der Telefongespräche und Tonbänder (Nebenherrscher von 3).

Wir sehen also, dass Tripp mit dem Transit Neptuns alias Nebenherrscher von 3 auf ihrem Duett-Herrscher von 8 all die Zutaten bekam, um es sich selbst und anderen schwer zu machen.

5. Auch Pluto mischt im Sommer 1997 noch mit und kann bei den „fatalen Entscheidungen" mitgewirkt haben. Er steht im Transit und stationär auf 2°50‘ in Schütze, und somit sowohl in Konjunktion zur Sonne als auch in Konjunktion mit Merkur. Ein Pluto-Transit befördert das Unterste zuoberst und bedeutet eine Konfrontation mit dem Schatten und anderen Verdrängungen. Geht es um die Sonne und einen Mann, der eine hohe Position bekleidet und außerdem eine Autorität ist, die man nicht ausstehen kann, ist die Wahrscheinlichkeit groß, dass sich diese Projektion auf unangenehme Weise vertiefen wird. Und genau das ist im Nachhinein auch deutlich der Fall gewesen. Auch Merkur ist wieder beteiligt: Presse und Tonbänder. Allerdings ist die Sonne Herrscher des 9. Hauses und Merkur ist Nebenherrscher dieses Hauses, das mit Anwaltschaft, Rechtsprechung und ähnlichen Dingen zu tun hat! Im Oktober 1997 wird Uranus in einem Quinkunx stationär zu sich selbst (auf 4° Wassermann) und im Sextil zu Merkur, der schon in ihrem Geburtshoroskop im Quinkunx zu Uranus steht. Jetzt haben wir ein Yod im Transit! Es betrifft Uranus (Herrscher von 3) im Radix, Uranus im Transit und Merkur. Kein angenehmer Transit, um sich mit der Presse einzulassen. Merkur als Nebenherrscher von 9 hat mit richterlicher Macht zu tun. Ein Yod mit dem Herrscher von 3 in doppelter Ausführung in Kombination mit richterlicher Macht bedeutet, dass es Schwierigkeiten geben kann, wenn man Informationen und Tonbänder, bei denen etwas faul ist, der Gerichtsobrigkeit übergibt. Der scheinbare Sieg könnte sehr leicht zum Pyrrhussieg werden! In den kommenden Jahren bildet Neptun das gleiche Yod: ein Sextil zu Merkur und ein Quinkunx zu Uranus. Dann wird sie vermutlich selbst vor dem Richter stehen müssen: wegen heimlichem, unerlaubtem Beschaffen von Informationen.

Pluto ist dann schon längst aus der Nähe von Sonne und Merkur verschwunden, allerdings ist er auf dem Weg zum Aszendenten. Übrigens erweist sich nach der Freigabe der Tonbänder mehr und mehr, dass Tripp äußerst manipulativ vorgegangen war und Monica ziemlich viele Aussagen regelrecht in den Mund gelegt hatte. Und zwar in dem Zeitraum, als Pluto im Transit noch über ihre Sonne und ihren Merkur und im Quinkunx zu ihrem Uranus (Herrscher von 3) vor und zurück lief. Dementsprechend fielen auch ihre manipulativen Fähigkeiten aus.

Es ist beeindruckend sich anzusehen, wie das Horoskop von Tripp an das von Monica Lewinsky anschließt. Betrachten wir beide Horoskope in der Synastrie, sehen wir, dass das Duett Venus (Herrscher von 8) – Saturn von Monica Lewinsky ein Yod mit dem Duett Mond (Herrscher von 8) – Jupiter von Tripp bildet! Wir haben ein Yod mit zwei unaspektierten Herrschern des 8. Hauses und zwei Frauen, die aus dem Unbewussten heraus agieren werden. Ein wahres Feuerwerk!

Die Transite Neptuns über das Duett Mond-Jupiter von Tripp bildeten ein Yod im Transit zum Duett Venus-Saturn der Lewinsky. Während dieses Transits werden beide Frauen auf „schicksalhafte" Weise miteinander verwoben.

Kenneth Starr

Starr war immer als Unbestechlichkeit in Person bekannt, und er wird sehr stark von seiner strengen und religiösen Erziehung beeinflusst. Brav machte er stets das, was getan werden musste, schon als Schuljunge; er war eine Art Musterschüler und Musterkind. Zu Beginn seines Berufslebens verkaufte er Bibeln. Bis heute konnte niemand etwas Ungebührliches an diesem gläubigen Mann und seiner Vergangenheit entdecken, worauf seine Mutter sehr stolz ist. Sie erklärte vor der Presse, dass sie ihren Sohn so erzogen habe und sicher sei, dass er jede Angelegenheit, wie unangenehm sie auch sein möge, zu einem Abschluss bringen würde.

Gerade weil Starr den Ruf hatte, unbestechlich und ehrlich zu sein, wird er zum Ankläger im Prozess gegen Clinton erwählt, was sich für Clinton als großer Nachteil zu erweisen schien. Identifiziert sich nämlich jemand allzu stark mit einer bestimmten Haltung, die zum mächtigen Ausgangspunkt seines Handelns wird, besteht die große Wahrscheinlichkeit, dass das genaue Gegenteil – Unehrlichkeit und Manipulation – verdrängt wird. Nun kann jemand tief von innen heraus einen bestimmten Lebenswandel und eine bestimmte Bewusstseinshaltung vertreten, der von Grund auf ehrlich und aufrichtig ist, und sich gleichzeitig bewusst sein, dass niemand, auch er selbst nicht, jederzeit die Ehrlichkeit in Person sein kann. Sich der Tatsache bewusst zu bleiben, dass Unehrlichkeit zur Schattenseite werden und dann und wann einfach durchbrechen kann, ist von großer Wichtigkeit, um tatsächlich ehrlich zu bleiben.

Wenn man sehr viel Energie darauf verwendet, ein bestimmtes Bild von sich abzugeben, ist die Möglichkeit besonders groß, dass man nicht wahrhaben will, auch selbst Fehler machen zu können. Solche Erinnerungen werden sehr schnell weit weggepackt und oft vergessen. Oder sie werden mit irgendwelchen Argumenten und Motivationen „schöngeredet", die aber nicht ehrlich sind, sondern nur dazu dienen, unser Verhalten zu rechtfertigen. Wenn man selbst an diese Argumentationen und Rechtfertigungen glaubt, kann man am Idealbild seiner selbst festhalten. Allerdings geht das mit einem bestimmten Maß an Einengung unseres Bewusstseins einher, und dieser Prozess hat enorme Folgen. Das Unbewusste wird nämlich mit diesem Verlauf der Dinge nicht einverstanden sein und zu meutern beginnen. Dieser „Protest" manifestiert sich auf verschiedene Weise. Vorwiegend treten auf:

Unruhige Gefühle von innen heraus; ein latentes Gefühl von Unwohlsein. Das Bewusstsein interpretiert all das oft falsch und sucht die Ursache in der Außenwelt. Etwas oder jemand muss Schuld sein und dieser Jemand dient dann als Projektionsfläche.

Projektion. Allen Inhalten, die verdrängt und vom Bewusstsein nicht wahrgenommen werden, begegnet man verstärkt in der Außenwelt. Man ärgert sich heftig über Menschen, die Kennzeichen der Inhalte aufweisen, die man selbst verdrängt hat. Jemand braucht nur einen kleinen Aufhänger zu bieten, und schon springt man darauf an. Kennzeichnend für Projektionen ist, dass je größer die Verdrängung und somit auch der Komplex ist, desto stärker wird die Emotion ausfallen, die durch das

„Erkennen" des Verdrängten in der Außenwelt ausgelöst wird, und um so heftiger geht man dagegen an.

Faszination. Es entsteht eine geheimnisvolle Art der Faszination gerade für die Themen, die verdrängt sind. Diese Faszination muss natürlich eine Rechtfertigung haben, daher ist es „ideal", wenn man sich auf professionelle Art damit beschäftigen kann. Die Faszination an sich wird man natürlich in jeder Tonart verleugnen.

Obwohl mit dem Projektionsmechanismus noch viel mehr zusammenhängt, reichen diese Kennzeichen aus, um das Verhalten von Starr zu beschreiben. Die Art und Weise, in der er sich festgebissen hat, immer unter dem Deckmantel des „richtigen Rechtsweges" hat viele erstaunt. Es ist sehr deutlich zu erkennen, dass Clinton den Schatten von Starr verkörpert. Wenn man sich aus einem religiösen Standpunkt heraus mit einer starken Ehemoral identifiziert, wird das Spielerische, das Sinnliche, das Sexuelle und die freie Moral natürlich verdrängt und tabuisiert. Ein Präsident, der Seitensprünge wagt, wird dann zur Personifizierung des Bösen, das bekämpft werden muss.

Auch Menschen, die genießen können und einen etwas leichteren und lockereren Lebensstil haben, werden aufgrund dieser strengen Moral nicht akzeptiert und können Irritationen verursachen. Nur Tugendhaftigkeit, harte Arbeit und Reinheit sind Werte, die gelebt werden dürfen. Clinton vertritt eine flexiblere Haltung und auch, wenn er hart arbeitet, hat er doch etwas Flamboyantes, das Starr völlig fehlt. Wieder ein Teil seines Schattens, der ihm von Clinton vor Augen geführt wird.

Wenn jemand die Personifizierung dessen verkörpert, was man selbst verdrängt hat, wird diese innere Unruhe immer dann ausgelöst, wenn man dieser Person begegnet. Die Verdrängung und der dazugehörige Komplex werden allein durch das Sehen der Person angerührt! Durch diese unruhigen Gefühle kann man aus dem Gleichgewicht gebracht werden. Eine logische Folge ist, die äußere Quelle seiner Unlustgefühle zu bekämpfen. Bei Starr geht das so weit, dass er Clinton auch dann noch verfolgen will, wenn er nicht mehr Präsident ist. Er hat vor, ihn wegen Meineids vor Gericht zu bringen. Die Tatsache, dass Starr keine Grenzen mehr kennt, läßt erkennen, wie sehr sein Komplex angewachsen ist.

Die Faszination für seine Verdrängungen hat Starr der Welt laut und deutlich verkündet. Wenn man nichts, aber auch gar nichts mehr zu den Themen finden kann, für die man zuständig ist, und dann einen ellenlangen Bericht (Tausende von Seiten) mit äußert detaillierten sexuellen Informationen präsentiert, gibt das natürlich zu denken. Das *NRC/Handelsblad* schrieb über das Verhör von Starr: *„Das Argument* *von Starr, dass es bei der Affäre nicht um Sex ging, ist nicht leicht zu verkaufen, nachdem er selbst im September in einer Wortwahl über die Affäre berichtete, die selbst Pornographen hätte neidisch machen können. Außerdem kommt Starr nicht daran vorbei, dass die ganze Sache darauf begründet ist, ein Verhältnis geheimzuhalten.*" Ist eine Verdrängung sehr stark, wird man keinerlei Verständnis für die emotionale Pattsituation aufbringen, in der sich jemand befindet, dem eine Affäre nachgewiesen wird. Es ist wohl mehr als menschlich, dass dieser Jemand anfänglich versuchen wird, sich vor deren Enthüllung zu drücken. Starr kann das ausschließlich als *Obstruktion des Rechtsweges* betrachten und hängt das gesamte *impeachment* daran auf. Dabei ging es sowohl um die Sache Paula Jones als auch um die der Monica Lewinsky.

Kennzeichnend für Projektionen ist, dass der Blick auf den anderen getrübt ist und die sich daraus ergebenden Handlungen nicht im Verhältnis zum Geschehen stehen, und dass man versucht, seine Vorgehensweisen soweit wie möglich zu rechtfertigen und eine objektive Erklärung dafür abzugeben.

Ein anderes Kennzeichen für Verdrängungen ist, dass man, manchmal in schwacher, manchmal auch in stärkerer Ausprägung, ab und zu genau das Verhalten an den Tag legt, das man verwirft oder mit dem man sich bewusst keinesfalls identifizieren will.

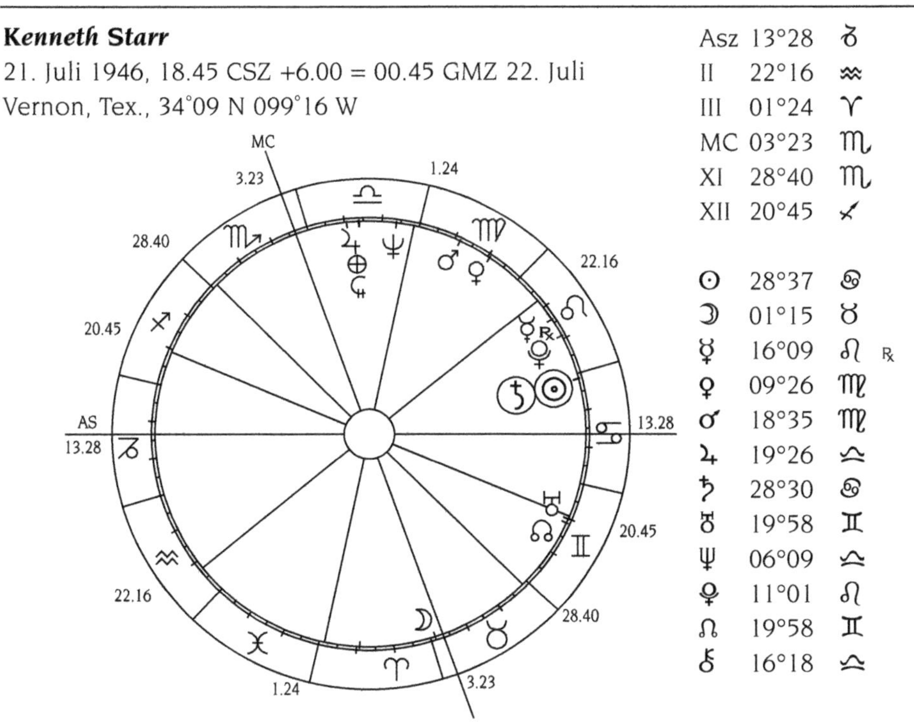

So scheint Kenneth Starr ganz bewusst verschwiegen zu haben, dass er der Berater der Anwälte im Prozess von Paula Jones gegen Clinton war, als er Justizminister Reyno um die Erlaubnis bat, seine Untersuchungen in der Affäre Lewinsky weiter auszudehnen. Monica Lewinsky beklagte sich, ungerecht behandelt zu werden. Sie sagte, Starr habe versucht, sie daran zu hindern, Kontakt mit Anwälten aufzunehmen und habe sie enorm unter Druck gesetzt. Außerdem hatte Starr Informationen, die für Clinton günstig waren, monatelang, bis nach den Wahlen zurückgehalten.
Mit anderen Worten:
Der „unbestechliche und ehrliche" Starr hat selbst Informationen über seine Rolle in einer früheren Rechtsangelegenheit im Zusammenhang mit Sexualität zurückgehalten, und er hat Lewinsky unter Druck gesetzt, keinen Anwalt einzuschalten, womit er versucht hat, ihr ihre juristischen Rechte abzusprechen. Außerdem hat er auch positive Informationen, die das Verfahren beeinflusst hätten, zurückgehalten. Ist das ehrlich? Vermutlich wird er eine gute Ausrede dafür haben und nicht erkennen wollen, was sich da tatsächlich abspielt. Und das ist nun mal leider das Kennzeichen für jemanden, der einen Komplex hat.
Wenn wir, ausgehend von dieser psychologischen Analyse, das Horoskop von Starr betrachten, sehen wir, dass Venus und Mars in seinem 8. Haus in Jungfrau stehen. Eine hervorragende Position, das Sexualleben bis in die kleinsten Einzelheiten zu analysieren! Planeten in 8 und im Aspekt zum Herrscher von 8 sind, wie wir bereits sahen, Inhalte, mit denen uns eine Art Hassliebe verbindet: Angst bei gleichzeitiger Faszination. Die Themen Beziehung und Genießen (Venus), Selbstsicherheit und Durchsetzungskraft (Mars), eventuell auch die Macho-Vorstellung (Mars) sind dann Themen, auf die Starr übersensibel reagieren wird. Er wird das Bedürfnis haben, eine tiefgreifende Beziehung zu erleben (Venus in 8) und den Wunsch nach Selbstsicherheit, Kampfgeist und für sich selbst eintreten zu wollen (Mars) verspüren. Gleichzeitig wird er Angst haben, all das auch zum Ausdruck zu bringen. Diese Angst kann ihn dazu veranlassen, nach einer „sicheren Beziehung" zu suchen, die sich an den gängigen Normen und Wertvorstellungen orientiert (um so mehr als Saturn in Konjunktion zum Herrscher von 8 steht). Allerdings schwelt der tiefere Wunsch von Venus, wirkliche Tiefe und Leidenschaft zu erleben, natürlich weiter, auch wenn er noch so stark verdrängt ist. Diese Art Leidenschaft muss also in der Außenwelt sehr heftig attackiert werden, damit sie ihn bloß nicht an sein eigenes verdrängtes Bedürfnis erinnert. Da Venus keine Hauptaspekte bildet und somit unaspektiert ist, unterliegen ihre Bedürfnisse und Äußerungsformen größeren Extremen.

Mit Mars in 8 kann die Angstseite zu indirektem Verhalten führen. Das heißt, nicht auf direktem Weg für sich selbst geradezustehen, sondern strategisch vorzugehen. Diese Seite kann besonders kampflustig für eine sogenannte objektive Sache eintreten, die immer auch emotional gefärbt ist. Mars hat auch mit dem Sexualakt zu tun: mit der Penetration, von der Starr vermutlich fasziniert ist und mit der er sich gleichzeitig unwohl fühlen dürfte.

Der Herrscher von 8 steht in Konjunktion mit Saturn. Ein Planet in 8 im Aspekt zum Herrscher von 8 ist auf zwei Arten zu nutzen: als Chance, die eigenen Probleme anzugehen und - paradoxerweise - auch als Mechanismus, die eigenen Verdrängungen noch weiter wegzustecken. Wenn es um Saturn geht, ist ein den Normen und traditionellen Werten verpflichtetes Leben eine gute Sache, mit sich selbst Verstecken zu spielen. Das erreicht man, indem man sich Werten wie Reinheit und Einfachheit, Einschränkung und Verantwortungsbewusstsein verpflichtet, um den Ausdruck der tiefen Bedürfnisse von Venus und Mars ganz sicher und „berechtigterweise" zum Schweigen zu bringen. Das Wort „Pflicht" kann dann als Entschuldigung genutzt werden, sich bis ins Detail mit den Venus- und Mars-Aktivitäten eines anderen Menschen auseinanderzusetzen!

Die Beschäftigung mit Schönheit und Kunst, Sport und Durchsetzungskraft, auch Sexualität (Mars) und sich genügend Zeit für sich selbst zu nehmen (Saturn), hätten Starr zur gleichen Zeit tatsächlich helfen können, Probleme zu verarbeiten und sein Gleichgewicht zu finden.

Starr hat allerdings den Herrscher von 8 in Konjunktion mit Saturn sehr stark übertrieben. Kein Wunder, die beiden bilden ein Duett! Was in der gesamten Lewinsky-Affäre auffällt, ist, dass wir es mit Folgendem zu tun haben:

- *Starr:* ein Duett mit Herrscher von 8
- *Tripp:* ein Duett mit Herrscher von 8
- *Lewinsky:* ein Duett mit Herrscher von 8.

Das Duett von Tripp bildet ein Yod mit dem Duett von Lewinsky, und eine Opposition zu dem Duett von Starr, beide ausgesprochen exakt. Eine „schicksalhafte" Verwobenheit von drei überkompensierenden Herrschern des 8. Hauses.

Starr hat das Zeichen Jungfrau im 8. Haus eingeschlossen, womit wir noch einen zweiten Herrscher von 8 haben: Merkur. Auch die Position und die Aspekte des Nebenherrschers von 8 spielen eine wichtige Rolle. Merkur steht auf Pluto im Sextil zu Jupiter und im Sextil zu Uranus. Diese Planeten stellen auch Mechanismen dar, die

einerseits der Verarbeitung, andererseits der Verdrängung dienen können. Gleichzeitig werden sie Angst und Faszination hervorrufen.
Wir haben uns weiter oben bereits ausführlich mit Linda Tripp‘s Pluto in 8 beschäftigt. Pluto im Aspekt zum Herrscher von 8 oder zum Nebenherrscher von 8 hat eine ähnliche Bedeutung. Mit einer Verbindung zu Pluto im 8. Haus kann man sich völlig in eine Sache verbeißen, von Aufgeben ist dann keine Rede mehr. Tripp hat Pluto in 8, Starr Pluto im Aspekt zum Nebenherrscher von 8 und Clinton Pluto im Aspekt zum Herrscher von 8. Drei, die im Kampf miteinander liegen. Monica Lewinsky spielt eine ganz andere Rolle; sie hat keine Verbindung zwischen Pluto und dem 8. Haus.
Jupiter in Verbindung zum 8. Haus kann im positiven Sinn jemand sein, der aus einer optimistischen Lebenseinstellung heraus gut mit Problemen zurechtkommt. Es besteht jedoch das Risiko, dass man aufgrund seines Optimismus Probleme übersieht, auch wenn sie längst auf der Lauer liegen. Sich mit Bereichen zu beschäftigen, die zum Terrain Jupiters gehören, ist eine Möglichkeit, sich selbst näher zu kommen, beinhaltet aber auch die Möglichkeit, die Dinge zu verdrängen. Jupiter hat mit Rechtsprechung zu tun. Sich mit juristischen Dingen zu befassen, kann uns mit menschlichen Dynamiken konfrontieren, die zum Nachdenken anregen und uns mit eigenen inneren Themen konfrontieren. Es ist also möglich, psychologisch zu wachsen, wenn man sich mit juristischen Angelegenheiten befasst. Die gleichen juristischen Angelegenheiten kann man aber auch dazu benutzen, eigene Probleme zu überdecken, indem man gegen das Böse, das man auf andere projiziert, in den Kampf zieht. Der gesamten Berichterstattung in den Medien zufolge scheint Starr vor allem die letztgenannte Ausdrucksform von Jupiter im Aspekt zu seinem Nebenherrscher von 8 zu betonen.
Mit Uranus ist das eine andere Geschichte, da er natürlich mit dem Drang nach Individualität und Ursprünglichkeit zu tun hat. In Verbindung mit dem 8. Haus wird man sehr stark von diesen Dingen angezogen und möchte sie nur allzu gerne verwirklichen, gleichzeitig hat man auch Angst davor. Immer wieder die Polarität im 8. Haus! Die Angst kann zur Projektion auf all das führen, was originell, von der Norm abweichend und anders ist und auf alle, die nicht am gleichen Strang ziehen. Dagegen muss dann vorgegangen werden!
Uranus hat aber noch andere Kennzeichen, die sehr wichtig sind, um ihn verstehen zu können. Liz Greene hat sie auf hervorragende Weise in ihrem Buch „Uranus im Horoskop. Prometheus und die Kunst, das Feuer zu stehlen“ dargestellt. Sie zeigt auf, dass Uranus Gefühlsprobleme hat und ein Planet ist, der stark mit dem Utopischen zusammenhängt. Das perfekte Modell eines Staates, einer Gesellschaft oder jedes

andere umfassendere Denkmodell hat mit Uranus zu tun. Einer Lehre anzuhängen, die stark von utopischen und idealistischen Ideen durchzogen und eine geistige Konzeption ist, gehört zum Kennzeichen von Uranus. Das Paradox ist, dass das Bekennen zu dieser Lehre uns zu einem kollektiven Wesen macht und die Aufopferung eines Teils unserer Individualität fordert, und das im Namen der Freiheit. Bewegungen wie beispielsweise die *Rote Armee Fraktion* in Deutschland waren nicht einfach revolutionäre Bewegungen, sondern eine ganze Ideologie. Dahinter steckten ganz spezielle Auffassungen, wie ein Staat funktionieren und welche Rechte den Bürgern eingeräumt werden müssten.

Auch religiöse Lehren können mit Uranus zu tun haben. Bei Uranus geht es nicht so sehr um den Inhalt, sondern mehr um die Gesamtkonstruktion einer Lehre. Wenn eine religiöse Strömung ein Idealbild davon konstruiert hat, wie der Mensch sein sollte und wie die Welt idealerweise funktionieren müsste, ist das eine uranische Erscheinung. Der Inhalt der Lehre gehört dann zu Neptun.

Wenn Uranus in einer idealisierten und perfektionistischen Form zum Ausdruck kommt, ist er jeder Menschlichkeit beraubt (so wie der griechische Gott Ouranus, der seine Kinder nicht akzeptierte, weil sie nicht perfekt waren!) Dann wird das System das Wichtigste. Hier zeigt sich vielleicht ein Zusammenhang damit, dass Uranus der zweite Herrscher (auch Nachtherrscher oder –dispositor genannt) des Zeichens Steinbock ist. Eine einfache, praktische Struktur gehört zu Saturn, die utopisch-geistige Struktur zu Uranus.

Uranus kann in Verbindung mit dem 8. Haus einen Fluchtweg in eine fast eiskalte Identifikation mit einer utopischen Idee bedeuten, unabhängig davon, ob dies eine religiöse oder gesellschaftliche Vorstellung ist. Von Starr weiß man, dass er sehr bibelfest ist und äußerst strenge Überzeugungen vertritt. Eine solche Haltung beinhaltet natürlich auch, dass man zu lernen hat, sich zu beherrschen; Verständnis für alle möglichen menschlichen Ausdrucksformen, Ängste und Seitensprünge ist damit selbstverständlich ausgeschlossen.

Mit Uranus in Verbindung zum 8. Haus ist psychologisches Wachstum und das Verarbeiten von Problemen sehr gut möglich, vor allem auf uranischen Gebieten – von Astrologie und alternativer Heilkunde bis hin zur Technik und dem Computerwesen. Da Starr wenig davon erkennen läßt, gehe ich etwas ausführlicher auf die Ausdrucksformen ein, die er dennoch an den Tag legt.

In Starr‘s Horoskop finden wir die entsprechenden unaspektierten Planeten: ein Duett zwischen Sonne und Saturn, einen unaspektierten Mond, einen unaspektierten Neptun und eine unaspektierte Venus. Fünf von zehn Planeten! Diese fünf Planeten drängen sich stark in den Vordergrund und sind wichtige Antriebskräfte für

Starr. Einige Themen der Sonne sind beispielsweise Identität, Ehre, Ansehen und Autorität. Saturn bedeutet Struktur, Recht und Ordnung. Der Mond beschreibt das Weibliche, das Nährende und Versorgende. Neptun umfasst das Einfühlsame und „Herausfühlende", das Musikalische und Religiöse. Venus bringt die Dinge in Beziehung und steht für Zärtlichkeit, Erotik, Genuss und für das Künstlerische. Alles Themen, die mit Problemen zusammenhängen, die über mehrere Generationen in der Ursprungsfamilie von Starr bestehen, und die in Starr selbst eine eigene Auflösung finden wollen. Mit einer unaspektierten Sonne kann das die Suche nach einer eigenen Individualität und Autorität bedeuten, die man zwar besonders akzentuiert, anfänglich aber nicht mit dem Bewusstsein erfasst. Natürlich kann Starr im Verlauf seines Lebens lernen, gut damit umzugehen. Allerdings muss er sich dann der Tatsache bewusst werden, wie wichtig es für ihn ist, sein Selbstwertgefühl aufzubauen und es in der Außenwelt auch zum Ausdruck bringen können. Solange er das nicht erkennt, wird er auf Menschen, die eine selbstverständliche Autorität an den Tag legen, möglicherweise „allergisch" reagieren. Clinton verfügt über diese Ausstrahlung, die ihn um so mehr zu einem Objekt für Starr's Projektionen ausstaffieren kann.
Das ausgeprägte religiöse Interesse von Starr kann mit seinem unaspektierten Neptun im Zusammenhang stehen. Im positiven Sinne kann ein unaspektierter Neptun zu einem Gefühl des Eins-Seins mit allem Lebendigen, einer starken Verbundenheit mit der Natur und einem Gespür für die mystische und verträumte Seite des Lebens bis hin zu einer tiefen, eigenen Spiritualität führen. Im negativen Sinn sorgt er eventuell für religiösen Fanatismus und Dogmatismus und führt zu einem Leben in einer Welt voller Illusionen. Kurzum: ein sehr begnadeter Mensch, wenn er die Gaben seines unaspektierten Planeten entwickelt, aber ein ausgesprochen problematischer Mensch, wenn er damit Verstecken spielt.

Starr musste als Zeuge bei der Anhörung der juristischen Kommission des amerikanischen Abgeordnetenhauses auftreten. Er wurde zwölf Stunden lang unter Beschuss genommen; besonders von den Demokraten wurde er hart angefasst. Das amerikanische Volk aber zeigte wenig Interesse. Die direkte Fernsehausstrahlung zog so wenige Zuschauer an, dass eine Fernsehstation nach der anderen die Ausstrahlung einstellte. Starr ist also nicht populär geworden, tatsächlich empfinden ihn viele Amerikaner als abstoßend. Das verspricht nicht viel Gutes bei den kommenden Progressionen und Transiten.
Ein Transit, vor dem er sich sehr in Acht nehmen muss, ist der Transit von Pluto im Quadrat zur Venus - das Thema, um das es größtenteils geht! Innerlich können erhebliche Spannungen auftreten, genauso gut ist es aber möglich, dass Geschichten

bekannt werden, in denen Starr nicht als ein so anständiger Mensch wegkommt, oder es stellt sich heraus, dass er nicht immer nur höflich mit Frauen umgeht. Nachdem Monica sich nun an Andrew Morton gewandt hat (den Biografen von Lady Diana), um ihm ihre Geschichte zu erzählen, hat Starr wohl doch etwas zu befürchten. Monica ist sehr wütend auf ihn...

Venus ist der Herrscher seines 9. Hauses, dem Haus, das auch mit Rechtsangelegenheiten zu tun hat. Pluto wird im Januar 1999 das erste Mal ein Quadrat bilden und es noch einige Male wiederholen. Uranus stand gerade im Transit zu Venus und läuft weiter in Wassermann, wird dort auf 16° stationär, in einer exakten Opposition zum zweiten Herrscher des 8. Hauses von Starr: Merkur. Die Folgen können für Starr plötzliche Konfrontationen und Spannungen bedeuten. Das geschieht im Mai 1999, also in einem Monat, in dem Pluto wieder auf 9° Schütze im exakten Quadrat zu Venus steht. Für Starr ist die ganze Sache noch nicht erledigt.

Der transistierende Pluto stand im November 1998 im Quadrat zum Sonne-Saturn-Duett von Starr, was ihn der breiten Öffentlichkeit nicht sympathischer hat erscheinen lassen. Neptun wurde im Oktober 1998 auf 20°31‘ im Steinbock stationär und befand sich noch innerhalb eines Orbis von 1° in Opposition zu seiner Sonne, also seinem Herrscher von 8. Das wirkt sich viele Monate lang aus. Der Beginn der Anhörungen, in denen Starr selbst befragt wurde, fiel unter den Transit von Saturn im Quadrat und zu Neptun in Opposition zu seinem Duett-Herrscher von 8. Innerlich wird Starr sich vermutlich längst nicht so ruhig und sicher fühlen, wie er sich nach außen hin zeigt.

Weiter oben habe ich schon einige Male auf die Gefahr hingewiesen, dass man eine „fatale“ Entscheidung trifft oder einem „fatalen“ Rat folgt, wenn das 8. Haus im Transit oder in der Progression aktiviert wird. Wir sahen, dass Linda Tripp beim Transit von Neptun in Konjunktion zu ihrem Duett-Herrscher von 8 auf den Rat von Goldberg hin die Telefongespräche mit Monica aufzeichnete, um sie später an Starr weiterzugeben. Auch für Kenneth Starr spielte dieser Neptun-Transit eine Rolle. Es ist bekannt, dass er mit allen Untersuchungen über Clinton vollständig gescheitert war und damit aufhören wollte. Er wurde aber von den Republikanern unter Druck gesetzt, weiterzumachen, was er dann auch tat. Kurze Zeit später erschien Tripp dann mit den Tonbändern...

Die Entscheidung, weiterzumachen, hatte enorme Folgen, Folgen, die Starr im Moment seiner Entscheidung in keiner Weise überblicken konnte, und die sicher noch ein Nachspiel für ihn haben werden.

Es kann sehr gut sein, dass Starr unter diesem stationären Transit wieder eine Entscheidung trifft oder einem bestimmten Rat folgt, was wiederum riesige Folgen nach sich ziehen könnte.
Der Transit Saturns wird noch über seinen Mond in Opposition zu seinem MC laufen. Mit keinem dieser Aspekte gewinnt man an Beliebtheit. Neptun folgt kurze Zeit später und bildet ein Quadrat zu seinem Mond und ein Quadrat zum MC, und zwar, wenn er seinen Weg im Wassermann fortsetzt. Es werden also eine Reihe wichtiger Horoskopfaktoren von Starr transistiert, von denen die meisten ihn potentiell in eine schwierige Situation bringen können.

Ein auffallendes Detail: Pluto steht im Horoskop der Vereinigten Staaten auf 27°34 Steinbock, also auf der Sonne-Jupiter-Konjunktion von Linda Tripp, in Opposition zur Sonne-Saturn-Konjunktion von Starr und in einem Yod mit der Saturn-Venus-Konjunktuion von Monica Lewinsky.

Was erkennen wir hier - kurz zusammengefasst - als Zusammenspiel?
Lewinsky, Tripp und Starr haben alle drei ein Duett, an dem der Herrscher von 8 beteiligt ist, und bei allen dreien wird dieses Duett in den betreffenden Jahren von Neptun im Transit aktiviert. Diese drei Menschen werden in einen Prozess verwickelt, der sich um Dinge dreht, die mit einem negativen Neptun im Zusammenhang stehen: Unehrlichkeit und geheime Tonbandaufnahmen (auch im Auftrag des tadellosen Starr), Betrug, Unterminierung und vieles mehr. Die Aktivierung des Herrschers von 8 gab bei allen Dreien den Verdrängungen und Komplexen eine Hauptrolle in diesem Drama.
Das ist aber noch nicht alles.
Seit der Watergate-Affäre, die dazu führte, dass Nixon zurücktreten musste, hat die Presse begonnen, sich auf die eine oder andere Weise mit den Präsidenten zu befassen. In Bezug auf ihre Triebe und Charakterzüge betrachtete man sie zunehmend als ganz normale Menschen, und die Presse neigte immer mehr dazu, so viele Skandale wie möglich an die Öffentlichkeit zu bringen. Im Zusammenhang mit der Monica Lewinsky Affäre werden zum ersten Mal Stimmen aus der Öffentlichkeit laut, man möge von dieser Art Klatsch doch lieber verschont bleiben. Die Leute haben einfach genug von dieser Art der „Kriegsführung“. Wenn ein Duett oder ein Yod bei jemandem zu großen Kontroversen in den Nachrichten führt, konnte ich schon öfter erleben, dass dieses Yod oder Duett auf der gesellschaftlichen Ebene eine neue Einstellung eingeleitet hat. Es kann sein, dass die Lewinsky-Affäre letztendlich den Beginn

Das Kräftespiel in der Affäre Clinton–Lewinsky

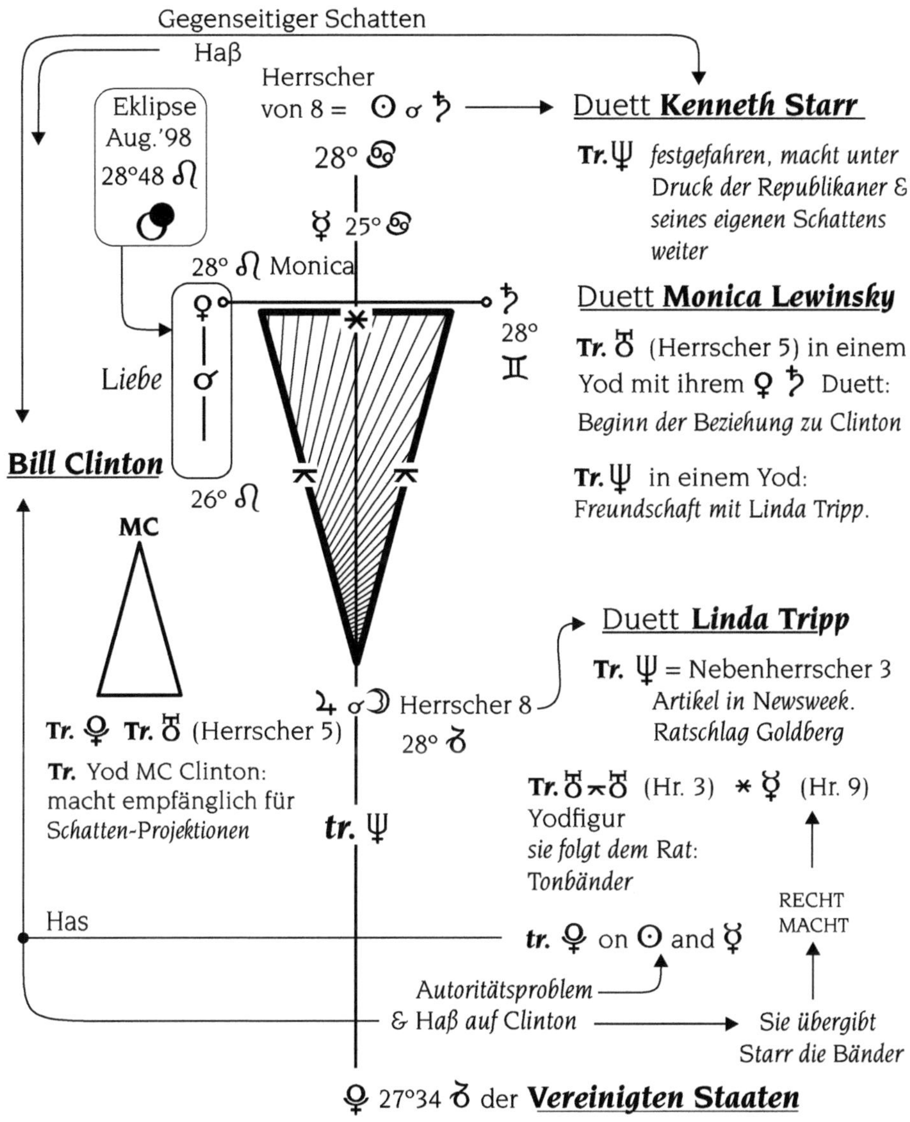

eines etwas nuancierteren Umgangs mit der Verbreitung von Nachrichten über Menschen in hohen Positionen bewirkt. Es wird zwar noch eine Weile dauern, bis das spürbar wird, die ersten Signale sind aber nicht zu übersehen.

Aktivierte Yodfiguren treten oft bei Kreuz- oder Wendepunkten in unserem Leben auf. Wenn dieses Leben eine öffentliche Funktion hat, kann das aktivierte Yod auch mit einem veränderten Unterton in der Gesellschaft zu tun haben. Ein Yod kann eine Veränderung in Gang bringen. Vor allem Menschen mit Yodfiguren und unaspektierten Planeten werden in Zeiten eines Wendepunktes oder in wichtigen Übergangssituationen in den Vordergrund treten oder eine Mittelpunktfunktion einnehmen. Die amerikanische Gesellschaft befindet sich in einem Veränderungsprozess, in dem der religiöse Fundamentalismus eine wichtige Rolle spielt. Starr fungiert nun an diesem Wendepunkt als Gerichtsdiener, und die Überkompensationen seines 8. Hauses und seiner unaspektierten Planeten erreichen weltweit die Nachrichten. In vielen Ländern herrscht großes Erstaunen darüber, wie es in den Vereinigten Staaten zugeht. Manch ein Regierungsoberhaupt hat auf dementsprechende Fragen erklärt, all das einfach sehr eigenartig zu finden. Helmuth Kohl, der frühere Bundeskanzler Deutschlands, drückte sich noch stärker aus und bezeichnete die ganze Sache als eine ekelhafte Inszenierung. Der ganze Trubel weist auf einen schwarzen Fleck, einen Teil des Schattens und ein Kernproblem in der amerikanischen Gesellschaft hin, das sich nicht mehr verschleiern oder verstecken läßt. Mit allen Extremen und Absurditäten, die wir jetzt bei Licht besehen können, ist der Same für eine Veränderung in der amerikanischen Gesellschaft gelegt. Starr hat dabei eine große Rolle gespielt, ebenso Tripp (Duett Mond-Jupiter) und Lewinsky (Duett Venus-Saturn), und wie wir gesehen haben, finden wir bei allen dreien den Herrscher des 8. Hauses im Duett.

Clinton

Über Clintons Horoskop habe ich bis jetzt kaum etwas ausgesagt. Der Grund ist die heftige Diskussion, die momentan hinsichtlich der tatsächlichen Geburtszeit von Clinton in Amerika geführt wird. Verschiedene Varianten sind auf den Tisch gekommen, zwei davon sind auffallend und haben leidenschaftliche Anhänger: eine Geburtszeit von 03.44 a.m. und eine Geburtszeit von 8.51 a.m. Im Bezug auf Yodfiguren fällt das Horoskop mit der Uhrzeit 8.51 auf. Es gibt zwar kein Yod im Radix, aber in der für Clinton so schwierigen Periode, in der die Demaskierung unabwendbar näher rückte und er mit dem Rücken zur Wand stand, bildeten Pluto und Uranus im Transit eine Yodfigur mit seinem MC. Das passt sehr gut. Bei der Geburtszeit 8.51 a.m. sehen wir dann die folgenden Transite:

***Februar* 1997**

- Transit Pluto Quinkunx MC, und das auch noch stationär! Transit Uranus ebenfalls im Quinkunx zum MC. Zusammen also ein zeitlich befristetes Yod MC-Pluto-Uranus. Transit Saturn in Opposition zum Aszendenten.

***November* 1997**

- Transit Uranus im Quinkunx zum MC und:

***Dezember* 1997**

- Transit Pluto im Quinkunx zum MC, also eine Wiederholung der Yodfigur.

***August* 1998**

- Wieder ein stationärer Transit von Pluto im Quinkunx zum MC.

Wenn Pluto einen stationären Transit bildet, kann man von einer Wirkung von einem halben Jahr ausgehen. Wenn Pluto in dieser Zeit ein Yod bildet, wie im Jahre 1997, nimmt er in dieser Periode die volle Wirkung der Yodfigur mit in Angriff. Innerhalb der Wirkperiode dieser Yodfigur erschien der obengenannte Artikel in *Newsweek*, in dem er von Linda Tripp der sexuellen Zusammenkünfte mit Kathleen Willey, im Jahr 1993, beschuldigt wurde. Von diesem Augenblick an beschäftigte sich

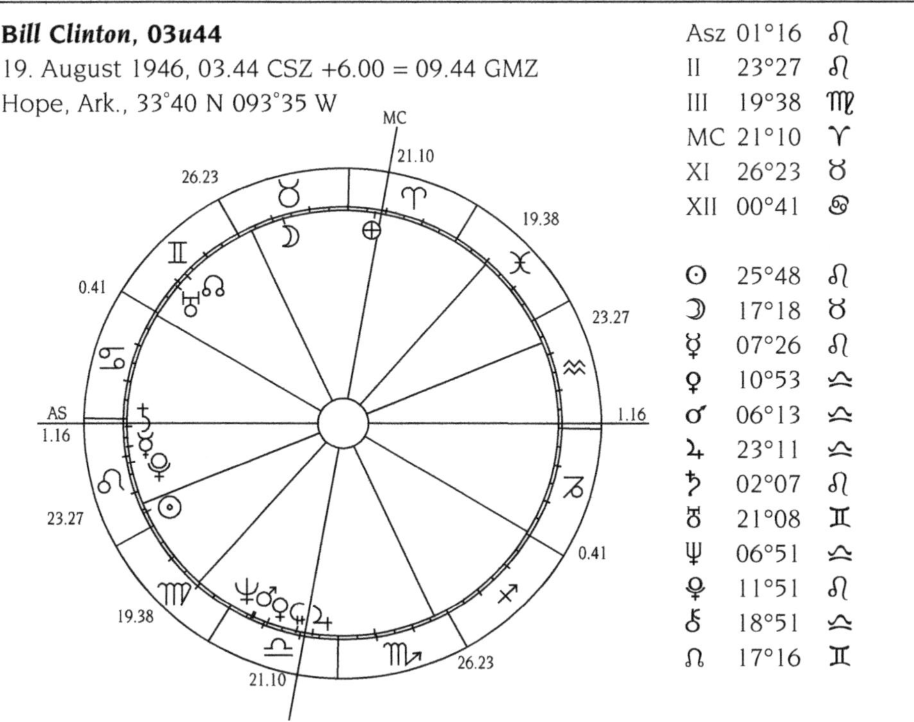

Bill Clinton, 03u44
19. August 1946, 03.44 CSZ +6.00 = 09.44 GMZ
Hope, Ark., 33°40 N 093°35 W

Asz	01°16	♌
II	23°27	♌
III	19°38	♍
MC	21°10	♈
XI	26°23	♉
XII	00°41	♋
☉	25°48	♌
☽	17°18	♉
☿	07°26	♌
♀	10°53	♎
♂	06°13	♎
♃	23°11	♎
♄	02°07	♌
♅	21°08	♊
♆	06°51	♎
♇	11°51	♌
⚷	18°51	♎
☊	17°16	♊

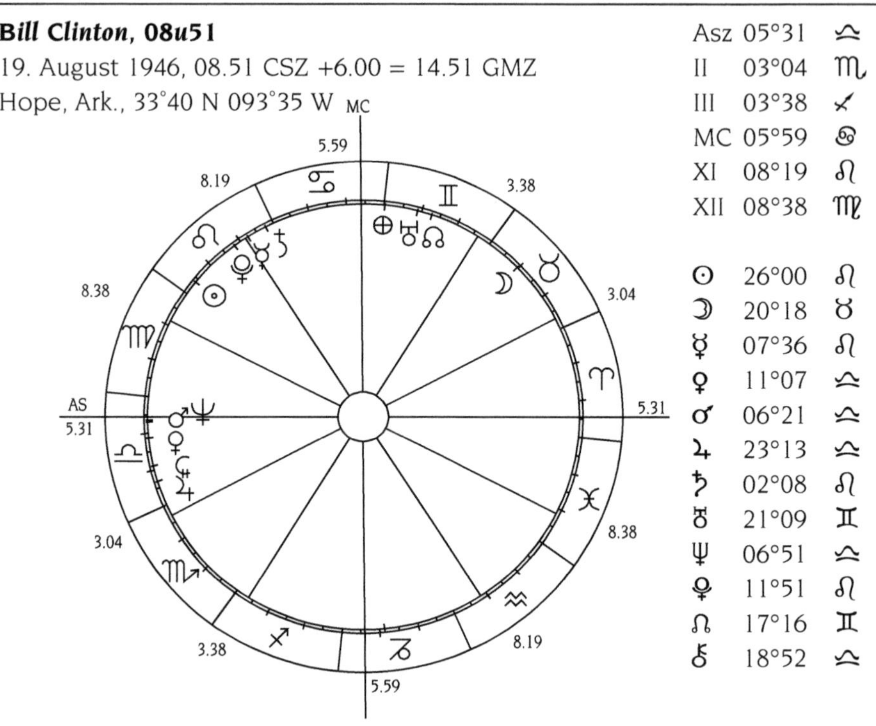

das ganze Land mit den sexuellen Eskapaden des Präsidenten, der ja bereits in die Geschichte Paula Jones verwickelt war.

In der gleichen Periode scheiterte Ankläger Starr mit all seinen Untersuchungen und kündigte an, dass er zurücktreten und sich nach einer anderen Stellung umsehen wolle. Am folgenden Tag nahm er seine Kündigung wieder zurück, und zwar wie verlautet, unter dem starkem Druck der Republikaner, die Clinton in jedem Fall „stürzen“ wollten. Von diesem Moment an waren die gesamten Clinton-Untersuchungen mit einer ‚Alles-oder-Nichts-Atmosphäre‘ behaftet. Clinton kam immer mehr mit dem Rücken zur Wand zu stehen.
Die Planeten, die dieses Yod in Clintons Horoskop bildeten, waren Pluto und Uranus. Pluto hat mit Macht zu tun und kann auch bei Sex mitreden. Uranus herrscht über das 5. Haus von Clinton (bei der Geburtszeit 8.51 a.m.). Traditionell beschreibt dieses Haus „romantische Affären und amouröse Erfahrungen“. Ein Yod dieser bei-

den Planeten mit dem MC ist in einer Periode, in der die Sexaffäre auf sämtlichen Titelseiten prangt und für den Einsatz in einem außer Kontrolle geratenen Machtspiel natürlich sehr passend. Das 5. Haus hat auch mit Ansehen und Selbstvertrauen zu tun. Clintons Ansehen war somit Teil der Yodfigur!

Als sich das Yod Ende 1997 wiederholt, entsteht ein neues Problem für Clinton. Tripp nimmt die berüchtigten Telefonate mit Monica auf Tonbänder auf, die sie später an Starr weitergibt. Clinton wird noch stärker an die Wand gedrängt.

Der darauffolgende stationäre Pluto-Transit beginnt bereits Anfang 1998 zu wirken, wird im August 1998 exakt, und spielt noch bis in den Herbst hinein eine Rolle. Ein ausgesprochen schwieriger Transit also, mit dem sich die Folgeerscheinungen der Yodfigur auswirken. Es kommt zu einer unvorstellbaren Eskalation; die Rücksichtslosigkeit kennt keine Grenzen mehr. Pluto bringt Clinton wiederum in eine Pattsituation. Auch wenn es diesmal kein komplettes Yod mehr ist, wissen wir aus Erfahrung, dass ein solcher Transit, wenn er Teil einer Yodfigur gewesen ist (das war 1997 der Fall), bei seiner Wiederkehr die Themen, Probleme und Pattsituationen wieder aufleben lassen kann. Und genau das tat Pluto dann auch!

Stellen Sie sich einmal vor, wie sich das anfühlen muss: Bis in die intimsten Details steht ihr außereheliches Sexualleben auf Internet und den Titelseiten sämtlicher Zeitungen, und das weltweit. Und dann müssen Sie als Präsident eines großen und mächtigen Landes vor einer Vielzahl Regierungshäupter eine Ansprache vor den Vereinten Nationen halten. Was geht dann in Ihnen vor?

Wenn die Geburtszeit 8.51 a.m. richtig ist, vervollständigt das zeitlich befristete Yod von Clinton das Bild der zeitweise aktivierten Duett-Herrscher des 8. Hauses in den Horoskopen von Lewinsky, Tripp und Starr. Wie grotesk sich doch eine Sache entwickeln kann, und wie viele Pattsituationen entstehen – eigentlich für alle Teilnehmer! – und wie die Dinge doch außer Kontrolle geraten und nicht mehr aufzuhalten sind; all das konnten wir mitverfolgen. Allerdings könnte sich die ganze Affäre in einigen Jahren als Beginn eines Wendepunktes herausstellen und beleuchten, wie die Vereinigten Staaten bis dahin mit den Themen Sexualität und Macht, puritanischen Überzeugungen und Glaubensfragen umgegangen sind.

Kapitel 13
Tod und Leben

„Ich war in der 18. Woche schwanger mit unserem zweiten Kind. Eine Schwangerschaft, in der alles anders verlief als in der ersten. Diese Schwangerschaft hatte sich ganz unerwartet angekündigt und sie war sicher nicht von uns geplant. An sich war das kein Problem; wir wollten gerne noch ein zweites Kind. Als ich nach einem halben Jahr mit dem Stillen unseres ersten Kindes aufhörte, stellte sich meine Menstruation nicht wieder ein. Einen weiteren Monat später fühlte ich mich müde und lustlos; ich schien schwanger zu sein. Da der Test aber negativ ausfiel, schlug ich mir diese Möglichkeit aus dem Kopf. Im Lauf der Zeit spürte ich dann, dass sich bei mir langsam ein rundes Bäuchlein abzeichnete. Da ich der ganzen Sache aber nicht traute, ging ich zum Gynäkologen. Ich schien in der 18. Woche schwanger zu sein! Das war am 23. Dezember 1994."

So der Inhalt von Jannette's Brief an mich. Diese Periode in ihrem Leben schien der Beginn einer sehr schwierigen Zeit zu sein, in der sie vieles zu verarbeiten hatte.
Jannette ist eine sanfte Frau, die sich nicht in den Vordergrund stellt. Ich kenne sie schon seit Jahren und habe sie immer als freundlich und ruhig erlebt; vielleicht ist sie sogar ein wenig zu ängstlich, Aufmerksamkeit für sich selbst einzufordern. Trotzdem besitzt sie eine Menge Fähigkeiten und hat auch viele Interessen. Jannette hat eine unaspektierte Venus im Horoskop. Venus bildet zwar ein Quadrat zum Aszendenten und eine Konjunktion mit dem MC, aber keinen Aspekt zu anderen Planeten, daher ist sie unaspektiert. Die Tatsache, dass Venus mit den beiden Ausgängen des Horoskops verbunden ist, prägt sie als dominant und deutlich spürbar.
Eine unaspektierte Venus sehnt sich danach, irgendwo dazuzugehören. Sie möchte als nett empfunden werden und ist auch bereit, Kompromisse einzugehen. Deshalb sieht man bei jemandem mit einer unaspektierten Venus oft ein großes Maß an Nachgiebigkeit und Angst vor Spannungen und Streit. Diese Venus hat nicht genügend Werkzeug zur Hand, um mit Konflikten umzugehen. Eine unaspektierte Venus ist oft im Stande, einen Teil ihrer Selbstsicherheit zu unterdrücken, aus Angst, „nicht mehr dazuzugehören". Jannette hat Mars in Krebs im Quadrat zu Neptun; das ist kein Aspekt, bei dem ein Gefühl von Selbstsicherheit gut zur Geltung kommt! Die Wahrscheinlichkeit ist also groß, dass Jannette, obwohl sie den Mond in Widder hat, einen großen Teil ihrer Selbstsicherheit und ihrer Gefühle - wie Ärger und Wut - verdrängen wird.

Ein unaspektierter Planet äußert sich allerdings in einer Alles-oder-Nicht-Haltung, er stellt sowohl ein Problem als auch eine Gabe dar. Plötzlich kann sich diese Sanftheit völlig auflösen, was sich in dem Gefühl ausdrückt, nicht mehr kommunizieren zu können. Man empfindet sich als Außenseiter und nicht mehr als Teil der Gruppe. Auch der Ausdruck von Zuneigung, Liebe und Freundschaft zeigt bei einer unaspektierten Venus ein wechselhaftes Bild: mal sehr anhänglich und mal sehr distanziert, was sich vor allem in Drucksituationen zeigt. In Spannungssituationen kann ein Mensch mit einer unaspektierten Venus oft nur schwer zeigen, wie sehr er einen anderen liebt und wie sehr er auf andere bezogen ist. Dadurch kann ein stark verzerrtes Bild entstehen und bei dem, dessen Venus unaspektiert ist, große innere Unruhe auslösen.

Venus herrscht im Horoskop von Jannette über zwei Häuser: das 1. und das 8. Haus. Wenn der Aszendentenherrscher unaspektiert ist, leidet der Betreffende, wenn er in eher lockeren Situationen mit der Außenwelt in Kontakt steht, oft unter plötzlichen Gefühlen von Unsicherheit. Es ist, als überkäme ihn plötzlich ein Gefühl, das ihm vermittelt, „die anderen sind zwar sehr nett zu mir, aber das ist sicher nicht echt", oder es entsteht plötzlich eine innere Unruhe, die dazu führt, dass er nicht mehr weiß, wie er sich ungezwungen geben kann. Für Jannette ist das schwierig, denn ein Waage-Aszendent und die so prominente Venus bringen ja gerade dieses sehr starke Bedürfnis mit sich, sozial sicher und freundlich zu funktionieren, ohne Komplikationen und ohne Spannungen.
Auch der Herrscher ihres 8. Hauses ist unaspektiert. Nun ist das 8. Haus nicht gerade ein einfaches Haus. Es stellt einen Lebensbereich in unserem Horoskop dar, in dem tiefgehende Konfrontationen stattfinden. Bei einem unaspektierten Herrscher dieses Hauses sehe ich oft, dass die Konfrontationen sich plötzlich auf eine heftige und einschneidende oder angreifende Weise äußern. Das geschieht oft in einer Art und Weise, in der man sich fragt, warum einem so etwas um Himmelswillen passieren muss. Regelmäßig konnte ich erleben, dass Menschen mit einem unaspektierten Herrscher von 8 stärker in Gefahr sind, die negativen Projektionen einer Gruppe auf sich zu ziehen. Es ist, als hätte der unaspektierte Herrscher von 8 eine Ausstrahlung, die vor allem für die Menschen bedrohlich ist, die ihre eigenen Probleme nicht verarbeiten und auf Grund dessen sehr viel Verdrängtes mit sich herumtragen. Es sieht so aus, als ob ein Mensch mit einem unaspektierten Herrscher von 8 all das automatisch und ungewollt spürbar macht. In einem solchen Fall geschieht es dann, dass sich gewaltige Projektionen auf den Träger des unaspektierten Herrscher von 8 aufbauen.

Die Begabungsseite eines unaspektierten Planeten ist allerdings nicht schlecht! Mit einer unaspektierten Venus wird man früher oder später entdecken, dass man über die Gabe verfügt, die Dinge in Harmonie zu bringen oder dass man künstlerisch oder musikalisch begabt ist, oder dass man Talente besitzt, die mit Formgebung im Allgemeinen zu tun haben Auch gute diplomatische Fähigkeiten gehören zu diesen Talenten.

Beim Aszendentenherrscher geht es darum, sowohl sich selbst als auch anderen ein entspanntes Gefühl vermitteln zu können. Das kann bedeuten - wenn man die Gabe einmal entdeckt hat - , dass man mit der ab und zu aufkommenden Unsicherheit leben kann. Andere Menschen werden sich dann in unserer Nähe sehr schnell wohl fühlen.
Ein unaspektierter Herrscher des 8. Hauses schenkt uns die Gabe, mit Macht umgehen zu können, und/oder das Talent, mit Menschen zu arbeiten, weil das 8. Haus uns die Fähigkeit zur Verfügung stellt, sehr tief zu verborgenen Problemen durchzudringen und zu „erfassen“ (gefühlsmäßig oder intuitiv), was mit dem anderen nicht stimmt oder was jetzt vonnöten ist. Es geht um ein Talent, das sich bei einem unaspektierten Herrscher von 8 oft nach einer Krise oder einem Tiefpunkt manifestiert.

Jannette kommt aus einer großen Familie mit neun Kindern. Sie ist die Jüngste und hat sich schon immer als Außenseiterin gefühlt. Da sie ein Nachkömmling ist, hat sie das Gefühl, nicht zu ihren Geschwistern dazuzugehören. Die Familie war streng gläubig und Jannette hat die Probleme im Zusammenhang mit Glaubensfragen hinter sich gelassen. Sie wird zwar jetzt als Außenseiterin angesehen, aber sie wird akzeptiert. In ihrer Herkunftsfamilie hat sie sich aufgrund ihres Gefühl, eine Außenseiterin zu sein, immer sehr angestrengt, trotzdem dazuzugehören, vor allem, wenn sie spürte, dass ihr dieses Zugehörigkeitsgefühl sehr wichtig war. Sie schreibt:

„Wenn dieses Verlangen in mir aufkommt, strecke ich alle meine Fühler aus, um herauszufinden, wie ich dem anderen entgegenkommen kann. In einer (großen) Gruppe ist das ein nicht zu bewältigendes Unterfangen, man kann sich unmöglich auf all die Menschen einstimmen. Von daher habe ich mich in Gruppenprozessen immer außerordentlich verletzbar gefühlt (das ist immer noch so) und automatisch die Haltung eingenommen, mich freundlich, ruhig und entgegenkommend zu verhalten. Inzwischen ging ich meinen eigenen Weg, allerdings ging ich damit nicht hausieren. Ich teilte mein Anderssein nicht, sogar meine Familie weiß in dieser Hinsicht nicht viel von mir.“

Wenn sie dazugehören wollte, war das, was man von ihr erwartete, die Richtschnur für ihr Handeln. Dann gab sie ihr Bestes, um die Erwartungen der anderen zu erfüllen.
Ihre unaspektierte Venus tendierte also grundsätzlich zur Anpassung, Freundlichkeit und dem Unterdrücken ihrer Selbstsicherheit. Mit dieser Haltung kamen all ihre anderen Seiten aber erheblich zu kurz, womit das Unbewusste sie früher oder später konfrontieren wird. Das passiert nicht selten zu einem Zeitpunkt, in dem wichtige zeitlich begrenzte Aspekte entstehen, bei denen Pluto und/oder der Herrscher von 8 eine Rolle spielen. Für jemanden mit einem unaspektierten Herrscher von 8 kann das eine recht plötzliche und eindringliche Erfahrung darstellen.

Die Thematik eines unaspektierten Planeten kommt am deutlichsten zum Ausdruck, wenn er im Transit oder in der Progression aktiviert ist, oder wenn er selbst progressive Aspekte bildet. Es gibt aber auch andere Momente, in denen sich ein unaspektierter Planet für eine bestimmte Zeit Geltung verschafft. Das ist besonders dann der Fall, wenn im Transit oder in der Progression zeitlich befristete Tendenzen im Horoskop gegeben sind, die einen Bezug zum Thema des unaspektierten Planeten aufweisen. In unserem Fall hat Pluto eine große Affinität zum 8. Haus, über das Venus herrscht. Das bedeutet, dass Pluto in dem Moment, in dem er im Horoskop in der Progression oder im Transit betroffen ist – ob er die Aspekte nun selbst bildet oder sie empfängt - psychologisch gesprochen die Auswirkungen zeigt, um die sich ein unaspektierter Herrscher des 8. Hauses unmittelbar kümmern kann. Ein Beispiel für eine solche Situation ist das, was Jannette ab dem Jahresende 1994 erlebte.

Am 23. Dezember wird festgestellt, dass sie in der 18. Schwangerschaftswoche ist. Das bedeutet, dass sie schwanger geworden sein muss, als die Sonne am Ende des Zeichens Löwe stand, also in der Nähe ihres Pluto. Der vorangegangene stationäre Transit von Pluto war Anfang März 1994, mit Pluto auf 28° in Skorpion und im Quadrat zu sich selbst, und gleichzeitig in einem Quinkunx zur Sonne von Jannette. Ein stationärer Transit drückt unserem Horoskop einen lange anhaftenden Stempel auf, der wesentlich länger wirkt als der Orbis von 1° (die aktive Phase des Transits). Für die Wirkung eines stationären Plutotransits kann man ruhig ein halbes Jahr veranschlagen. Der Transit beginnt also schon etwa drei Monate vor dem Erreichen des exakten Punktes zu wirken, und hat auch noch etwa drei Monate danach die entsprechende Auswirkungskraft. Es wird für Jannette an sich schon keine leichte Zeit gewesen sein, denn Pluto im Quinkunx zur Sonne ist oft konfrontierend, mit Spannungen beladen und geht nicht selten auch mit starken Emotionen einher.

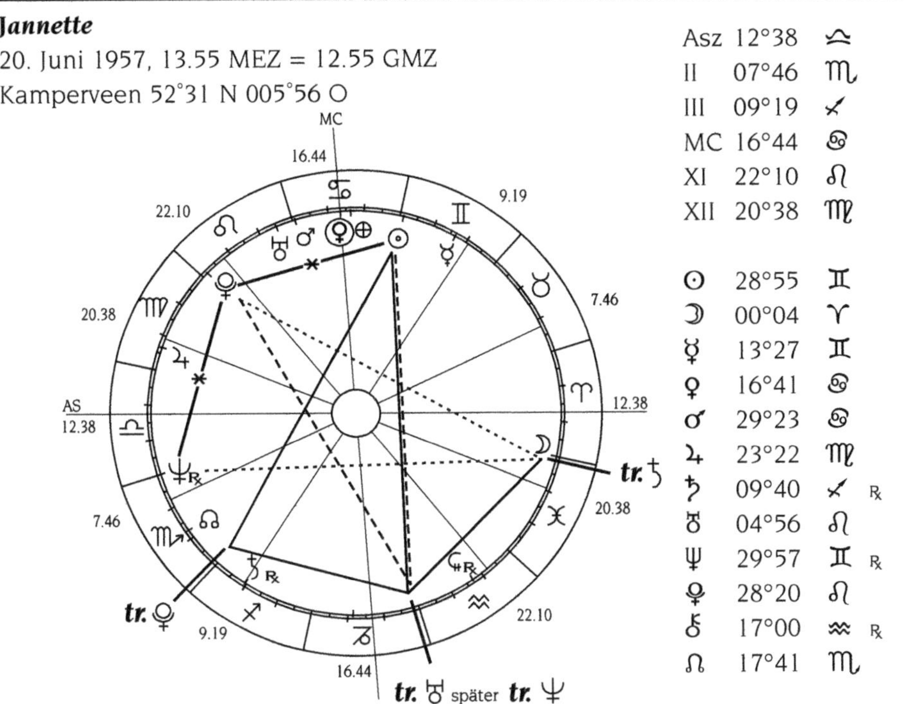

Was dieses Quinkunx aber so bedeutsam macht, ist, dass es als Vorbote einer sich nähernden Yodfigur im Transit fungiert. Uranus läuft auf 28° Steinbock zu und wird ebenfalls ein Quinkunx zu Jannette's Sonne bilden. Das ist aber nicht dieselbe Situation wie die beim stationären Pluto im Frühjahr. Uranus folgt erst später. Wir haben es hier also mit einem „gestreckten" Yod zu tun (das sich noch mehrmals bilden wird). Der Beginn dieser gestreckten Yodfigur fällt tatsächlich mit der Empfängnis ihres ersten Kindes zusammen und mit dem Augenblick, als sie erfährt, dass sie bereits seit 18 Wochen mit dem zweiten Kind schwanger ist. Zu dem Zeitpunkt steht Pluto auf 29° Skorpion, wieder im Quinkunx zu ihrer Sonne. Das ist Ende Dezember 1994, und Anfang Februar 1995 beginnt Uranus ein Quinkunx zu Jannette's Sonne in Zwillinge zu bilden. Aber Uranus bildet dann von Steinbock aus auch ein Quinkunx zu Jannette's Pluto in Löwe, und formt ein echtes Yod, indem er das Sextil zwischen Sonne und Pluto aspektiert.

Im März sehen wir Uranus im Transit im Yod mit Sonne und Pluto, in Opposition zu ihrem Mars und im Quadrat zu ihrem Neptun. Der transistierende Saturn steht Mitte März auf 16° Fische, im Trigon zu ihrer unaspektierten Venus. Wenn sich in Progression und Transit harmonische Aspekte zu einem unaspektierten Planeten bilden, können sich, nach allem, was ich bisher gesehen habe, doch auch unangenehme Dinge zeigen. Es ist, als wollte der unaspektierte Planet sagen: „Ich bin ungreifbar, und deshalb nicht vorhersagbar."

Die Zeit nach dem Entdecken der Schwangerschaft zeigt sich daher als problematisch. Vor allem die Periode Mitte März muss im Auge behalten werden. Jannette schreibt über diese Phase:

„Die folgenden Monate waren sehr schwierig, weil mein Sohn sehr schlecht schlief und tagsüber viel Aufmerksamkeit brauchte. Er hatte einen Ausschlag im Gesicht und litt unter starkem Juckreiz.

Am 25. Februar hielt die Geburtshelferin eine Ultraschalluntersuchung für erforderlich. Der Umfang meines Bauches befände sich nicht in Übereinstimmung mit der angegebenen Schwangerschaftswoche. Ich habe aber keine Angst und mache mir auch keine Sorgen. Am Freitag, dem 17. März, zeigt sich während der Ultraschalluntersuchung, dass etwas nicht in Ordnung ist. Sofort wird ein struktureller Ultraschall anberaumt. In der darauffolgenden Woche stellt sich sehr schnell heraus, dass es wirklich schlecht um das Baby steht – ein Mädchen, wie wir mittlerweile wissen. Eine ernsthafte Chromosomenabnormität ist die Ursache dafür, dass unser Kind kaum lebensfähig ist. Es ist wahrscheinlich, dass es bereits während der Schwangerschaft sterben wird.

Ein furchtbarer Schock! Die darauffolgenden Wochen werden zum Alptraum. Es folgen zahllose Untersuchungen und man schlägt uns vor, die Schwangerschaft abzubrechen, wovon wir aber nichts wissen wollen. Elise soll in meinem Bauch bleiben, solange sie lebt, denn in meinem Bauch hat sie es (noch) gut. Erst wenn sie lebend geboren würde, begänne ihr Leidensweg. Aber die Wahrscheinlichkeit, dass sie die Geburt überlebt, ist gering.

Diese Wochen sind voller Schmerz, aber auch von intensivem Kontakt zwischen Elise und mir geprägt. Sie scheint mich auf eine merkwürdige Art zu stützen. Immer, wenn ich an sie denke, antwortet sie mit einer Reihe kleiner Stöße, sogar mitten in der Nacht, wenn ich wieder einmal nicht schlafen kann. Aber dann folgt eine Zeit, in der es immer stiller wird in meinem Bauch. Die Tritte werden schwächer, die Zwischenpausen der Stille wesentlich länger als vorher. Am Wochenende des 8. April rührt sich nichts mehr in mir und als wir am folgenden Montag die Geburtshelferin aufsuchen, ist kein Herzschlag mehr zu hören. Zwei Tage später kommt die Geburt spontan in Gang.

Es ist eine schöne Geburt. Mein Mann und ich sind zusammen, die Hebamme kommt zu spät, weil die Geburt nur eineinviertel Stunde gedauert hat. Ich nehme Elise selbst in Empfang, als sie geboren wird, und das Gefühl, wie sie dort in meinen Händen liegt,

wird für immer in meiner Erinnerung bleiben. Es ist ein sehr intimes Ereignis, wie wir so zu dritt sind. Elise sieht so schön aus, ein dunkles Baby, mit schwarzen Haaren und dunklen Augen. Sie liegt ganz friedlich da und nichts deutet darauf hin, dass sie gelitten hat. Nachdem die Hebamme da war, konnten wir sie zusammen waschen und anziehen, das Kleidchen, das ich kurz zuvor für sie gestrickt hatte. Dann legen wir sie in die Wiege. Ihre Wiege…
Nichts Unangenehmes oder Beängstigendes ist an ihrem Tod. Eine intime Situation, eine Geburt zu Hause, ohne Ärzte und ohne die kühle Krankenhausatmosphäre. Sie ist da, wo sie hingehört, in unserer Familie. Am Abend vor dem Begräbnis schreiben Richard (mein Mann) und ich ihr beide einen Abschiedsbrief. Diese Briefe lesen wir am folgenden Tag an ihrem Grab vor, auch wenn das herzzerreißend ist. Trotz dieses so schmerzvollen Ereignisses, gibt uns dies ein gutes Gefühl - einen liebevollen und respektvollen Abschied von unserer Tochter. Bis zum heutigen Tag bin ich glücklich darüber, dass wir auf diese Weise Abschied von ihr genommen haben".

Selbst wenn ein Yod und noch eine Reihe anderer Aspekte wirksam sind, können wir an Jannette's Beispiel sehen, dass es trotzdem möglich ist, in tiefer Verbundenheit zu reagieren und sehr achtsam mit einer so tiefgreifenden Situation umzugehen. Bei Jannette schien das Yod aber noch nicht vollständig zum Tragen gekommen zu sein, selbst wenn es zum Zeitpunkt der Beerdigung gerade außerhalb des Orbis war. Ende April lief Pluto in den Skorpion zurück und bildete erneut ein Quinkunx zur Sonne. Im Juni würde auch Uranus, der gerade in Wassermann eingetreten war, in den Steinbock zurückkehren und das Yod wiederholen. Es gab also bei der Geburt ein Yod und nicht lange danach bildete sich ein doppeltes Yod: das Sextil zwischen Pluto im Skorpion und Uranus im Steinbock, das sich im Juni bildet, formt ein Yod mit Transit Uranus – Transit Pluto – Radix Sonne und ein Yod Transit Uranus–Radix-Sonne –Radix-Puto. In diesem und in den darauffolgenden Monaten entfaltet sich das Yod ganz. Jannette schreibt dazu:

„Kurz nach dem Begräbnis konfrontieren uns meine Schwiegereltern mit dem Vorwurf, dass wir sie in den Wochen vor Elises Geburt ausgeschlossen hätten. Wir hätten ihre Bitten, in dieser Zeit bei uns sein zu wollen, einfach ignoriert. Sie hatten das Gefühl, von uns bewusst ausgeschlossen worden zu sein, was allerdings überhaupt nicht der Fall war. Es war eine bewusste Entscheidung von meinem Mann und mir, diesen Schmerz so sehr wie möglich gemeinsam zu verarbeiten. Außerdem verbrachten wir eine Menge Zeit mit den Untersuchungen im Krankenhaus, die emotional viel von uns forderten. Zu Hause

wollten wir beide unsere Zeit für uns alleine haben und einfach beieinander sein. Natürlich hatten wir auch telefonischen Kontakt zu Familienangehörigen und Freunden. Dieser Vorwurf war aber lediglich die Spitze des Eisbergs jahrelanger Irritationen, unterschwelliger Reibereien und Vorwürfen von beiden Seiten, vor allem zwischen meiner Schwägerin und mir. Von Anfang an haben wir uns nicht vertragen. Der Anlass, uns anzugreifen - der Tod unserer Tochter, mit dem Richard und ich auf unsere eigene Weise umgingen -, überstieg für mich jegliches Maß."

Hier begegnen wir dem, was wir schon früher als ein „Gefühl von Ungerechtigkeit" umschrieben haben. Jannette ist noch völlig davon in Anspruch genommen, die Erfahrung zu verarbeiten, dass sie ein Kind in ihrem Leib hat sterben fühlen, dass sie nur kurz halten durfte, um es dann zu seinem letzten Ruheort zu begleiten. Sie hat sich nach dieser Hiobsbotschaft, so gut es ging, auf diese Situation vorbereitet und war in der Lage, sich ihr hinzugeben. Sie schickte sich in das Unvermeidliche und wusste daraus doch noch etwas Schönes und Bewegendes zu machen. Das ist allein Jannette's und Richard's Erleben, und nur sie wissen, wie hart dieser Schlag und wie schwer es ist, durch einen solchen Prozess gehen zu müssen. Die ersten Wochen nach dem Begräbnis drehen sich noch Tag für Tag um diese Erfahrung; eine solche Wunde heilt eben nur langsam. Außerdem befindet sich Jannette, wie jede andere Frau nach einer Geburt, noch in einem Prozess hormonaler Veränderungen, die emotional sehr verletzbar machen. Hinzu kommt noch, dass sie die Mutter eines kleinen Kindes ist, das ihre Aufmerksamkeit braucht. In dieser Situation beginnen ihre Schwiegereltern auf unmissverständliche Weise, Richard und Jannette, vor allem aber Jannette, zu beschuldigen, egoistisch gewesen zu sein und überschütten sie mit Vorwürfen. Der Schmerz der beiden wird überhaupt nicht in Betracht gezogen, es zählt nur ihr Gefühl, nicht willkommen gewesen zu sein. Kein Verständnis für die endlosen Stunden im Krankenhaus und das Bedürfnis der beiden, selbst irgendwie mit dieser Situation zurechtzukommen. Das Verhalten der beiden wird als Angriff auf die Familie interpretiert. Am 29. Juli 1995 findet dann ein Familiengespräch statt, in dem Richard und Jannette vorgeworfen wird, keine Rücksicht auf den Schmerz der Familie genommen zu haben.

„Das Gespräch entgleiste und mündete in einen heftigen Streit, bei dem speziell ich den Schwarzen Peter zugeschoben bekam. Von allen Seiten bekam ich Schläge ab, selbst von Menschen, mit denen ich bis dahin auf gutem Fuß zu stehen geglaubt hatte. Auch Richard bekam Vorwürfe zu hören, die aber indirekt gegen mich gerichtet waren; ich sei Schuld, dass Richard sich so zu seinem Nachteil verändert habe.

...mir brannten die Sicherungen durch. Was kann man gegen so viele unberechtigte Vorwürfe und solch ein egoistisches Gebaren tun, während man selbst durch ein sehr tiefes Tal gehen muss. Das ging über ein normales Maß völlig hinaus. Ich war wütend. Und dann noch der Zeitpunkt, an dem all das passierte. Hätte das ganze Getue nicht solange aufgeschoben werden können, bis wir uns selbst wieder einigermaßen zurechtgefunden hätten? Diese Frage habe ich mir häufiger gestellt.
In den darauffolgenden Jahren bin ich noch einmal auf dieses Unverständnis seitens der Familie zurückgekommen. Verstanden wurden wir aber niemals wirklich; ich musste weiterhin mit diesem Schmerz und der Wut leben".

Das Gefühl von Ohnmacht, Ungerechtigkeit, dem Unverständnis und vor allem das ausgesprochen schonungslose Timing der Schwiegereltern sind typisch für eine Situation, an der ein Yod mitwirkt. Es ist einfach zuviel und bringt Jannette in eine Situation, die sie sicher nicht verdient hat. Aber danach fragt ein Yod nicht. Am 27. Juli waren der Transit Uranus und der Transit Pluto vollauf mit ihrem Yod auf Radix-Sonne und Radix-Pluto beschäftigt. Jannette muss nun versuchen, mit dem Verlust eines Kindes und mit der negativen Haltung - passender ausgedrückt: mit der manipulativen Zurückweisung - ihrer Schwiegereltern, ins Reine zu kommen. Eine Situation, in der sie sich einsam und unverstanden fühlte, was durch das Verhalten ihres kleinen Sohnes noch verstärkt wurde:

„In dieser Zeit habe ich alle Hände voll zu tun mit unserem Kleinen. Unbewusst hat er alles mitbekommen und er reagiert auf die Ereignisse mit einem sehr schwierigen Verhalten. Vom Verstand her kann ich das sehr wohl verstehen, aber emotional komme ich nicht damit zurecht. Er fordert sehr viel Aufmerksamkeit und ich werfe ihm insgeheim vor, mir nicht die Ruhe zu gönnen, zu trauern. Ich reagiere nicht gerade einfühlsam auf ihn und um mich selbst ein wenig zu entlasten, überlege ich mir, ihn in den Kindergarten zu geben. Das wird allerdings ein Drama, deshalb lassen wir den Plan fallen.
Neben all den anderen Gefühlen, gesellt sich noch ein starkes Schuldgefühl meinem Sohn gegenüber hinzu. Ich weiß, dass ich ihm zuwenig gebe, aber ich bin nicht im Stande, es anders zu machen."

Versetzt man sich in Jannette's Situation, ist es mehr als verständlich, dass ihr einfach viel zu viel zugemutet wurde und sie nun wirklich am Ende ihrer Kräfte ist. Dass ihr Sohn die nachteiligen Folgen zu spüren bekommt, ist natürlich ein Problem, aber aufgrund der Umstände, in denen alles zusammenkam, kann ihr kein Vorwurf gemacht werden. Sie tut, was sie kann und was in ihren Möglichkeiten liegt. Wie

anders hätten die Dinge verlaufen können, wenn ihre Schwiegereltern sie tatsächlich unterstützt hätten! Sie fühlt sich ihrem Sohn gegenüber immer schuldiger, was sicher nicht förderlich für ihr Selbstvertrauen ist.
Aber noch ein anderer Faktor spielt eine Rolle. Der Pluto des Jungen bildet ein Quinkunx zur Sonne seiner Mutter. Es ist wichtig, zu erkennen, dass das Horoskop eines Kindes immer als Transit in den Horoskopen der Eltern wirkt. Dieser Transit „gerinnt" und bleibt in der Persönlichkeit des Kindes für immer bestehen. Jannette bekam ihren Sohn zu der Zeit, in der Pluto sich im Quinkunx über ihre Sonne hin- und herbewegte (und zum Bestandteil einer Yodfigur werden würde). Das bedeutet, dass ihr Sohn allein durch seine Anwesenheit, egal, wie er sonst ist oder was er auch tut, die Mutter dazu bringt, sich immer wieder zu fragen, wer sie eigentlich ist und was sie vom Leben will. Das sind Fragen, die zur Sonne gehören. Wenn man sich selbst völlig verleugnet oder ein Leben lebt, das nicht zu einem passt, genügt die Anwesenheit dieses Kindes, einen immer wieder mit verborgenen und verdrängten Bedürfnissen zu konfrontieren. Oft erkennt man als Mutter nicht, was da geschieht, das Einzige, was man weiß, ist, dass man sich unsicher und unruhig fühlt. Man reagiert auch sensibler auf das Drängende (das jedes Kind hat) und die immerwährende Suche des Kindes nach Aufmerksamkeit. Die Reaktionen fallen nun einmal stärker aus, wenn die Sonne im Konflikt zum Pluto des Kindes steht. Deshalb ist es auch verständlich, dass Jannette, die so vieles zu verarbeiten hatte, ihren Sohn in den Kindergarten schicken wollte. Seine Anwesenheit zu Hause, wie sehr sie ihn auch liebt, verstärkte ihre inneren Probleme noch. Sie sehnte sich danach, zu sich selbst zu kommen.
Eltern, die einen inneren Verarbeitungsprozess zu durchlaufen haben, können oft eine sehr positive und anregende Verbindung zu dem Kind aufbauen, mit dem sie ein Pluto-Aspekt verbindet. Das gilt auch für Konfliktaspekte. Hier habe ich ungewöhnliche Beispiele erlebt. Oftmals muss allerdings zunächst eine Sache erledigt sein, und zwar die Verarbeitung tief liegender und tief verwurzelter alter Probleme.

Tatsächlich sieht man, dass während das Yod aktiv ist, immer mehr Sicherheiten, sowohl äußere als auch innere, in sich zusammenfallen und durch keinen neuen Halt ersetzt werden können. Wichtig ist aber, dass ihr Mann ihr in dieser unerfreulichen Situation zur Seite steht.
Pluto wechselt im Dezember 1995 in Schütze und verlässt das Yod. Auch Uranus verlässt im Januar 1996 das Yod. Das heißt aber nicht, dass nun Ruhe einkehrt. Im März bewegt sich Neptun auf ein Yod zu. Neptun steht auf 27° Steinbock und bildet ein Quinkunx zu Pluto. Er wird dann innerhalb des Orbis stationär, während Saturn im März 1996 von 25° nach 29° Fische läuft. Von dort aus bildet er nicht nur ein Quad-

rat zur Sonne, sondern auch ein Quinkunx zu Jannette's Pluto. Also wieder ein Yod, diesmal aufgrund des Sextils zwischen Saturn und Neptun am Himmel (ausgehend von Fische und Steinbock) zu Jannette's Pluto in Löwe.
Im März 1996 findet wieder ein Familiengespräch statt. Jannette's Schwiegereltern haben sich bis zu diesem Zeitpunkt unparteiisch verhalten, es wird nur noch über oberflächliche Dinge geredet und der Kontakt ist ohne Tiefgang. Jannette spürt, dass ihr Schwiegervater sie unterschwellig ablehnt. Im März, als das Yod aktiviert ist, läuft das neuerliche Familiengespräch, von dem Jannette sich so sehr gewünscht hatte, zu einer besseren Verständigung zu finden, wieder ins Leere. Eigentlich wird die ganze Sache nur noch schlimmer: Jannette werden wieder verdeckte Vorwürfe gemacht und sie bekommt zu hören, dass sie nicht besonders rücksichtsvoll sei. Sie spürt eine stillschweigende Übereinkunft, nicht mehr über all die Vorwürfe, die bereits geäußert wurden, zu reden. Es ist also nicht möglich, die Dinge wirklich durchzusprechen. Außerdem wird ihr bewusst, dass sich ihr Schwiegervater nicht mehr unparteiisch verhält, sondern sich gegen sie gestellt hat.

„Auf eine sehr subtile Weise, so wie nur er das kann, vermittelt er mir, wie ich meine Haltung zu verändern habe. Ich habe sehr stark den Eindruck, dass ich die große Übeltäterin bin. Das macht mich wirklich wütend; am liebsten würde ich mit der ganzen Meute brechen. Ich halte das Gefühl von Wut und Schmerz in mir fest; ich komme überhaupt nicht damit zurecht. Ich fühle mich so schlecht verstanden, und ich kann mich des starken Eindrucks nicht erwehren, dass ein Komplott gegen mich geschmiedet wird".

In einem Brief bringt sie all ihre Frustrationen zum Ausdruck, aber sie schickt ihn nicht ab. Dieser Brief würde die ganze Sache nur noch verschlimmern. Ihr Mann und sie ergreifen noch einmal die Initiative, die ganze Geschichte durchzusprechen. Diesmal mit Richard's Schwägerin und seinem Bruder. Jannette sehnt sich danach, jetzt endlich begriffen zu werden. Sie legt ihren Schmerz offen und die Dinge werden ausgesprochen. Aber das so sehr ersehnte Verständnis bleibt aus. Jannette bleibt im Schmerz ihres Trauerprozesses und der Wut über den Verlauf der Dinge stecken. Und wieder wird sie schwanger. Im September 1996. Im Hintergrund regiert die Angst, aufgrund der Erfahrungen mit der letzten Schwangerschaft. Es scheint aber alles gut zu gehen. Wo die Dinge aber nicht gut laufen, ist an Jannette's Arbeitsplatz. Sie ist Krankenschwester und findet seit längerer Zeit keinen Gefallen mehr an ihrem Beruf. Bei Menschen mit einem aktivierten Yod erlebe ich das sehr häufig, sie werden von innen heraus in eine ganz neue Lebenssituation getrieben. Da sie das nicht erkennen, geraten sie auf die eine oder andere Weise in berufliche Schwierigkeiten, auch die Arbeit an sich

gestaltet sich in dieser Zeit erheblich schwieriger. Oft ist auch von Lustlosigkeit die Rede. Fast so, als wollte die innere Stimme, aber auch die Außenwelt einem sagen: „Wird es nicht langsam Zeit, sich nach etwas anderem umzusehen?"
Jannette empfand tatsächlich diese Lustlosigkeit. Etwas Neues beginnen? Darüber dachte sie lieber nicht nach. Zuerst stellte sich die Frage, was sie denn sonst noch tun könne und an zweiter Stelle natürlich die der sozialen Sicherheit. Wo würde sie landen? Was sollte sie tun? Sie war dabei, eine Yoga-Ausbildung abzuschließen und würde damit gerne etwas auf die Beine stellen.

„Ich spürte aber, dass ich in diesem Stadium noch nicht weit genug war, etwas vollständig Neues zu wagen. Ich hatte keine Ahnung, wie ich selbständig eine Yoga-Praxis führen könnte, und zog vorläufig noch lieber eine Stelle im Angestelltenverhältnis vor, was immer das auch war. Einen allmählichen Übergang von der Krankenpflege zu Yoga, so hatte ich mir das vorgestellt. Diese Zeit war mir aber nicht vergönnt, ich wurde krank und konnte einfach nicht mehr weiter."

Sie versuchte bis zu ihrem Mutterschaftsurlaub weiterzuarbeiten, was ihr aber nicht gelang. Im Januar 1997 ging sie zum Betriebsarzt und meldete sich kurze Zeit später krank. Es ist nicht zu verkennen, dass sie eine Zeitlang aussetzen muss. Ab Januar 1997 beginnt Neptun in Steinbock ein Yod mit ihrer Sonne und mit ihrem Pluto zu bilden. Neptun kann uns eine Menge Energie abziehen und uns träge und abwesend werden lassen, und das mit Sicherheit bei einem Konfliktaspekt. Als ob die Lustlosigkeit und das Gefühl von Leere noch nicht genug wären, stellen sich bei Jannette Mitte Januar Beschwerden im Beckenbereich ein. Die Beschwerden gehen mit einer Instabilität einher, die ihr das Laufen und Stehen sehr erschweren.
Das Yod wird, mit einigen Pausen, das ganze Jahr 1997 bestehen bleiben und sich erst Ende Januar 1998 auflösen.

„Ich bekomme Physiotherapie, aber mit dem Fortschreiten der Schwangerschaft nehmen die Beschwerden zu, und werden so schlimm, dass ich mich in den letzten Monaten außerhalb des Hauses nur noch im Rollstuhl fortbewegen kann. Zuhause werde ich immer geschickter darin, fast alles im Sitzen zu bewerkstelligen; ich rolle mit meinem Schreibtischstuhl vom Wohnzimmer in die Küche und zurück. Inzwischen mache ich mir Sorgen, wie alles werden soll, wenn das Baby erst einmal da ist und mein Becken noch immer nicht wiederhergestellt ist. Außerdem liegt unsere Wohnung im Obergeschoß, was die Situation nicht gerade erleichtert. Als ob das noch nicht reichen würde,

haben wir auch noch sehr laute Nachbarn. Es ist also niemals wirklich ruhig im Haus. Immer öfter klagen wir über Lärmbelästigung, vor allem wenn unser Sohn wegen des Lärms nebenan wieder einmal nicht schlafen kann."

Jannette und ihr Mann beschließen, sich nach einer anderen Wohnung umzuschauen, allerdings bekommen sie keine Dringlichkeitsbescheinigung. Jannette hat das Gefühl, in eine Depression zu rutschen und erhält Hilfe von einem Therapeuten, der sie die restliche Schwangerschaft über begleitet. Am 24. Mai wird ihre Tochter, ein prächtiges, gesundes Baby geboren. Jannette genießt die Zeit im Wochenbett in vollen Zügen. Allmählich bessern sich auch ihre Beckenbeschwerden. Trotzdem gerät sie noch schnell aus der Fassung, auch als sie plötzlich doch noch ein neues Haus, ein Einfamilienhaus, angeboten bekommen. Mit Schrecken sieht sie der Renovierung und Reinigung des neuen Hauses entgegen. Sie erhalten aber reichlich Unterstützung und letztlich findet Jannette aus ihrer Niedergeschlagenheit heraus. Am 1. September 1997 ziehen sie um. Im Lauf der Zeit erkennt Jannette, dass es ein schönes Haus ist, auch wenn sie weiß, dass sie nicht ihr ganzes Leben hier wohnen bleiben möchte.

„*Mein Schwangerschaftsurlaub ist nun vorbei, was jetzt? Ich bin mir ganz sicher, dass ich einen Strich unter meinen früheren Beruf ziehen muss, und gleichzeitig jagt mir diese Entscheidung Angst ein. Was soll ich jetzt machen? Meine Ausbildung als Yoga-Dozentin ist abgeschlossen und ich will zukünftig etwas Neues damit beginnen. Trotzdem finde ich es in diesem Stadium noch viel zu früh, um eine definitive Entscheidung zu treffen. Die Unsicherheit und diese totale Labilität machen das Ganze auch nicht besser. Mein Arbeitgeber vermittelt mir eine Berufsberatung. Die Tests, die ich mache, liefern kein Ergebnis, mit dem ich weiterkommen könnte.*"

Wieder typisch Neptun im Yod mit der Sonne. Unsicherheit, keinen Mut, sich zu entscheiden, und ein starkes Gefühl von Labilität; all das sind Merkmale, die zu diesem Yod gehören. Selbst die Berufsberatung hilft nicht weiter. Neptun spielt hier in Bezug auf Beruf und Karriere eine wichtige Rolle, er ist in Jannette's Geburtshoroskop der Herrscher ihres 6. Hauses!
Und doch erlebe ich, dass Menschen mit einem Yod oder einem unaspektierten Planeten im Horoskop in ihrem Leben sehr unterschiedliche Dinge tun, die dann plötzlich und unerwartet zusammenfließen und in einer neuen Lebensrichtung Gestalt annehmen. So auch bei Jannette.

„Erst als ich eine Berufsberatung außerhalb meines Betriebes aufsuche, wird eine Reihe von Dingen deutlich. Alle Ausbildungen und Kurse, die ich in den letzten 15 Jahren als Hobby betrieben habe, scheinen so wichtig zu sein, dass ich genau in diesen Bereichen einen neuen Beruf schaffen muss. Alle Untersuchungen weisen in die gleiche Richtung."

Als diese Schlussfolgerungen endlich auf dem Tisch liegen, ist das Yod mit Neptun allerdings immer noch aktiv. Ein Rückschlag kündigt sich an: Ihre Entscheidung wird erschwert, weil ihr Mann Probleme hat, eine Arbeit zu finden. Würden sie von der noch im Aufbau befindlichen Praxis Jannette's leben können? Wie sieht es mit der materiellen Sicherheit und der Fürsorge für die Familie aus? Hinzu kommt, dass sich Jannette mit dem Gefühl quält, keine gute Mutter zu sein. Zudem wird sie durch ihren immer noch sehr fordernden Sohn mit ihrer lange verdrängten Ungeduld, ihrer Wut und ihrer Ohnmacht konfrontiert, was dazu führt, dass ihre Schuldgefühle wieder die Oberhand gewinnen. Erneut droht sich die Spirale abwärts zu bewegen.

Jannette sucht Hilfe, um einen Anstoß in die richtige Richtung zu bekommen. Sie erkennt sehr genau, woran es hapert und was eigentlich los ist. Trotzdem gelingt es ihr nach all den Jahren voller Emotionen nicht, den richtigen Knopf zu finden und umzuschalten. Sie ist müde und verspürt wenig Lebenslust. Sie findet keine wirkliche Freude mehr an den Dingen. Sie bittet um ein Gespräch und bringt ihre Träume mit. Es ist Januar 1998. Jannette schreibt:

„Anhand von Traumdeutungen wird mir deutlich, in welche Richtung mich das Leben ‚schubst'. Die Botschaften sind deutlich: mehr Zeit für mich selbst, mich nicht hinter Verantwortlichkeiten wie der von Mutterschaft verkriechen. Was den Ärger mit meiner Familie betrifft: nicht länger Verständnis erwarten, aber auch nicht mehr entgegenkommend sein, sondern im Kontakt mit meiner Schwiegerfamilie bei mir selbst bleiben. Ich muss mir immer wieder die Frage stellen: ‚Warum tue ich das?', um so mein Handeln und die Entscheidungen, die ich treffe, klar zu halten. Eigentlich lautet die Botschaft: ‚Werde unabhängig und akzeptierte dich selbst.' Mein Sohn konfrontiert mich auch mit diesem Teil in mir selber, indem er seinem eigenen Weg folgen will, unabhängig davon, ob die Umgebung das gutheißt oder nicht. Ich begreife jetzt, dass ich, wenn ich diesem Teil in mir Aufmerksamkeit schenke und ihn im Außen zeige, nicht mehr so extrem auf sein Verhalten reagieren muss".

Jannette beginnt zu erkennen, wie sich ihre unaspektierte Venus ausgewirkt hat, und wie sie nun ihrem Zorn, ihrer Selbstbehauptung und Unabhängigkeit einen Platz geben muss. Das, was ihr im Verhalten ihres Sohnes die größten Schwierigkeiten bereitet, ist nämlich seine Unabhängigkeit, sein Ungehorsam und sein Eigensinn. Er schert sich um nichts, und nichts kann ihn veranlassen, das zu ändern. Jannette versteht sehr genau, dass ihr Sohn Verhaltensweisen zeigt, die zu ihrem Schatten gehören. Ein Teil ihrer heftigen Gefühle ihm gegenüber können sich auflösen, wenn sie ihrem eigenen Schatten einen Platz zu geben weiß. Ihre Verhalten als Kind steht zur Diskussion. Ihr ewiges Tasten „Was wird jetzt von mir erwartet" steht deutlich im Kontrast zur Haltung ihres Sohns. Er zeigt ihr eine andere Seite von sich selbst: sein Pluto steht im Konfliktaspekt zu ihrer Sonne, wie wir weiter oben schon feststellten konnten.
Jannette kann diese Botschaft gut annehmen und geht motiviert damit um. Nur der Schmerz um ihr totgeborenes Kind spielt immer noch eine Rolle. Warum musste das geschehen? Welche Rolle hat dieses Ereignis in meinem Leben gespielt? Das sind Fragen, mit denen Jannette sich immer noch auseinandersetzt.
Ich weiß aus Erfahrung, dass es nicht weiterhilft, eine rationale Antwort auf diese Frage zu suchen. Vielleicht gibt es Lebensphilosophien, die Erklärungen finden. Fühlt man sich allerdings davon nicht berührt, bleibt man mit leeren Händen zurück. Was aber wirklich funktioniert, ist die aktive Imagination, eine Methode gemäß der Arbeitsweise von C.G. Jung, um mit dem Unbewussten in Kontakt zu kommen. Ich schlage Jannette einen weiteren Termin vor, um sie mit dieser Methode mit ihren inneren Bildern von Elise in Kontakt zu bringen. Jannette stimmt zu und ist sich sehr bewusst, dass dies viele Emotionen in ihr wecken wird.
Ich bitte Jannette, sich zu entspannen, ihre Augen zu schließen und Elise auf eine Weise zu visualisieren, die Jannette gefällt. Jannette sieht sofort Bilder:

Elises Geburt. Sie kommt sehr schnell zur Welt. Sie ist warm und weich. Sie ist tot, aber das empfinde ich nicht so. Ich nehme sie selbst in den Arm. Sie ist dunkel und ihre Augen sind geöffnet. Sie ist ganz friedlich. Nichts weist darauf hin, dass sie gelitten hat.
Jetzt liegt sie in der Wiege. Es ist eine sehr schöne, bestickte Wiege.
In meinem Bauch war sie immer sehr lebendig, ein starkes Mädchen.
Sie kommt auf mich zu. Sie ist groß und klein, das Bild wechselt: groß und plötzlich wieder klein. Sie will mich irgendwohin mitnehmen. Sie hält mich an der Hand und nimmt mich mit. Es ist so schön…
(Jannette beginnt leise zu weinen)

Es ist so schön, an ihrer Hand zu gehen.
Sie hat mich immer geführt. Und jetzt tut sie es wieder. Sie zeigt mir eine Landschaft mit Blumen und Wiesenschaumkraut. Herrlich und weit. Ich weiß nicht, ob sie sprechen kann, sie macht immer nur Gesten, so als ob sie mich einlädt.
(Jannette schweigt).

Die Imagination nimmt ihren Lauf und berührt Jannette zutiefst - zu persönlich, um hier wiedergegeben zu werden.

Anschließend sprechen wir über die Imagination. Es sind Jannette's Bilder, und sie ist die Einzige, die ihren Wert wirklich zu schätzen weiß. Assoziationen zu Bildern und Gefühlen können manchmal etwas verdeutlichen.
Jannette muss an ihre unaspektierte Venus in Krebs denken.

„Ich kann mir vorstellen, dass sie mich ‚innere Kraft und Liebe' lehren will."
Sie fährt fort:
„Die Landschaft ist voll von violettfarbenen Blumen, eine herrliche Farbe. Elise hielt mich an der linken Hand. Mit einladenden Gesten forderte sie mich auf, an dieser Landschaft teilzuhaben…"

Ich frage sie nach einer Assoziation zu dem Wiesenschaumkraut.
„Meine Jugend. Die Zeit, in der ich ein kleines Mädchen war. Es gab Weiden voll mit Wiesenschaumkraut. Bis zu meinem achten Lebensjahr wohnte ich auf einem Bauernhof, es war eine schöne Zeit.
Ich war oft alleine auf den Wiesen und fand irgendwo ein Fleckchen für mich allein. Daran kann ich mich noch sehr gut erinnern. Ich überließ mich meinen Phantasien und fühlte mich niemals einsam. Ich fühlte mich einfach gut mit mir selbst. Auch gelangweilt habe ich mich nie, ich spielte oft alleine. Meine Welt war sehr groß und voller Phantasie. Ich besaß eine sehr reiche Welt.
Später hatte ich vor allem Schwierigkeiten mit der Außenwelt - mich als jüngstes Mädchen gegen die Großen durchzusetzen und dieses Problem mit dem Akzeptiert-Sein-Wollen. In der Wirklichkeit gab es vieles von dem, was ich in meiner reichen inneren Phantasiewelt besaß, nicht.
Diese innere Welt, diesen Reichtum, der mich in meinen Kinderjahren nährte, habe ich verloren, meine Phantasie brennt nur noch auf Sparflamme. Dazu gehört auch meine Kreativität. Ich habe zwar sehr viele Interessen verfolgt - gesungen, getanzt, gemalt, die

Kunstakademie besucht - aber nichts von all dem beibehalten. Aber es nagt an mir. Ich habe jetzt eine Familie und nicht mal mehr die Zeit, Klavierstunden zu nehmen…"

Plötzlich wird Jannette alles klar. Elise hat sie ohne Worte an die Hand genommen und sie zu den Wiesen voller Wiesenschaumkraut geführt. Elise hat Jannette gezeigt, dass sie, um sich selbst leben zu können, zurückfinden muss zu der, die sie war und zu ihren Gefühlen, die sie in diesen frühen Jahren empfunden hat. Jannette schreibt später darüber:

„Elise führte mich zurück in eine innere Welt, voll an Reichtum, die immer noch da war, die ich aber allmählich immer mehr vernachlässigt hatte. Ich war sehr gerührt, dass sie sie mir zurückgab, das hat mich sehr glücklich gemacht. Ich weiß jetzt auch, dass ich mich selbst nähren kann, indem ich dieser inneren Welt Zeit und Aufmerksamkeit widme. Das passt auch wunderbar zu meiner Arbeit als Yogalehrerin. Auch hierbei richtet sich der Blick nach innen.
Später habe ich die Wiesenschaumkrautwiese gemalt. Das Bild hat einen Platz in meinem Arbeits- und Yogaraum bekommen. Wiesenschaumkraut hat jetzt eine besondere Bedeutung für mich. Ich habe in diesem Jahr damit begonnen, es zu sammeln und zu trocknen."

Jannette brauchte keine weiteren Gespräche mehr. Sie konnte dem Leben und Sterben von Elise nun einen Platz in ihrem Leben geben, und ihr Schmerz wich allmählich einem Gefühl der Versöhnung und Sinnhaftigkeit des gesamten Geschehens, ohne dass sie ihren Schmerz verleugnen musste. Elises Sterben hat letztlich zum Sterben ihres allzu angepassten und selbstverleugnenden Verhaltens geführt, und das Gefühl von Kraft, das Elise sie in ihrem Bauch hat spüren lassen, gab Jannette die Stärke, ihre eigenen Entscheidungen und Talente mehr zu berücksichtigen. Der Sterbeprozess von Elise stellte gleichzeitig die Geburtswehen der echten Jannette dar.
Dieser Prozess, in dem Jannette sich befand, dauerte so lange wie Yodfiguren im Transit gebildet wurden. Als 1998 der letzte Transit vorüber war, führten wir die Imaginationen durch. Alles konnte allmählich seinen Platz finden, und Antworten und Lösungen kündigen sich an.

So beendet Jannette ihren Brief:
„Die darauffolgende Zeit war nicht plötzlich völlig sorglos. Noch heute mache ich mir Gedanken darüber, wie ich als Selbständige mein Auskommen haben kann. Die finanzielle Einschränkung und die Sorge um meine Familie ist immer noch schwierig für

mich. Aber es bewegt sich etwas. Ich gebe inzwischen Yogaunterricht und fühle mich durch meine Erfahrungen damit ermutigt, das Ganze weiter auszubauen.
Sogar bei meinem alten Arbeitgeber gebe ich Yogaunterricht für Mitarbeiter und Klienten. Dafür hatte ich schon lange ‚gekämpft' und jetzt kann ich es endlich verwirklichen, was für mich, nach monatelangem Verhandeln, ein Triumph ist.
Außerdem habe ich eine Ausbildung in Yoga für Schwangere begonnen. Durch die Erfahrungen, die ich selbst gemacht habe, fühle ich mich mit dem gesamten Themenbereich Schwangerschaft und Geburt eng verbunden, und ich hoffe, dass ich dem auf diese Weise eine Form geben kann. Gleichzeitig gebe ich mir mit dieser Ausbildung die Möglichkeit, einen Teil des Schmerzes zu verarbeiten und ihm einen Platz einzuräumen.
Ansonsten habe ich noch eine Menge Pläne, die vielleicht, wenn die Zeit reif dafür ist, Gestalt annehmen. Ich kann mich wieder auf die Zukunft ausrichten, während es lange Zeit nur ums Überleben ging.
Alles in allem schaue ich auf eine Periode zurück, die bis jetzt vielleicht die schwerste meines Lebens war. Und obwohl ich immer noch damit beschäftigt bin, wieder auf die Füße zu kommen, kann ich schon jetzt sagen, dass das Durchschreiten dieses tiefen Tales mich irgendwohin führt. Davon bin ich einfach überzeugt."

Der unaspektierte Herrscher von 8 konfrontierte Jannette sehr intensiv mit den Themen von Leben und Tod. Sie steckte solange in diesem tiefen Tal, wie die Yodfiguren im Transit aktiv waren. Nach einer durchlebten Yodfigur ist man nie wieder der Mensch, der man einmal gewesen war. Oft geschieht es, dass nach einer solchen Periode in vielerlei Hinsicht ein völlig anderes Leben begonnen wird. Wenn diese Menschen es richtig anfangen, befindet sich dieses andere Leben viel mehr in Übereinstimmung mit der Person, die man wirklich ist und ähnelt nicht mehr der, die man vor dieser Zeit einmal gewesen ist. Jannette konnte zu ihrer Kraft zurückfinden und ihre alte Arbeitsstelle aufgeben. Sie ging zwar dorthin zurück, aber diesmal als selbständige Frau mit eigenen Vorstellungen und einem eigenen Beitrag – sie half den Menschen mit ihren Yogaübungen. Jannette hatte den Mut, Risiken einzugehen und Entscheidungen für sich selbst zu treffen; sie kann sich die Zukunft wieder vorstellen. Ich erlebe so oft, dass Probleme und ein solches Tief sehr häufig zur Entfaltung eines Talents oder einer Gabe führen. Jannette absolviert jetzt zusätzlich eine Ausbildung in Yoga für Schwangere. Ich bin davon überzeugt, dass sie ein besonderes Talent besitzt, auch die schwierigsten Schwangerschaften begleiten zu können.

Kapitel 14
Yodfiguren und ein Duett in der Jugend von Carl Gustav Jung

Carl Jung kam in einer Familie von Pfarrern und Ärzten zur Welt: auf der mütterlichen Seite gab es sechs Pfarrer; sein Vater und auch dessen zwei Brüder waren ebenfalls Geistliche. Sein Großvater war ein zu seiner Zeit sehr bekannter und geschätzter erneuernder Arzt, und gleichzeitig war er Rektor der Universität Basel. Als Arzt ließ er unter anderem das Bürgerhospital erweitern, und er stiftete ein Heim für Schwachsinnige.

Jung hat eine Yodfigur mit Pluto in Stier, Mars in Schütze und Jupiter in Waage, und ein Sonne-Neptun-Duett. Fünf der zehn Planeten in seinem Horoskop hängen also direkt mit Themen zusammen, die schon seit Generationen eine Rolle spielen. In seinem Erwachsenenleben würden ihn religiöse Fragen (Jupiter und Neptun), sein Beruf als Arzt (Jupiter) und das Vertiefen in die Dynamik der Psyche nicht nur am meisten beschäftigen, sondern ihn auch in eine ganz eigene Richtung bringen, mit der er letztlich dann berühmt geworden ist. Nichts war sicher für ihn. Sein Leben stand, wie wir es bei einem Yod und einem Duett erwarten können, ganz im Zeichen der Suche.

Von Kind an lauschte Jung Gesprächen über religiöse Themen, Predigten und theologischen Diskussionen, die ihn ungeheuer fesselten und gleichzeitig verärgerten. Er spürte die rationalen Konstruktionen, die Probleme seines Vaters und die Unechtheit des religiösen Erlebens. Mit Jupiter in einem Yod und einem unaspektierten Neptun werden beide Seiten einer Religion in den Vordergrund gestellt. Jupiter beschreibt vor allem die religiöse Sichtweise, die Lehre und das Studium, während Neptun vielmehr das wortlose Erlebnis und die Erfahrung des Religiösen vermittelt. Mit Neptun verwischen sich die Grenzen; im Vordergrund steht das Erleben der Einheit.

Jung gibt in seinem Buch „Erinnerungen, Träume, Gedanken“ viele Anekdoten, Gefühle und Erfahrungen wieder, die sein Yod und sein Duett sehr gut illustrieren. Ich werde einige davon aufzeigen, um die Dynamik seiner Yodfigur und seines Duetts zu erläutern.

Die drei äußeren Planeten Uranus, Neptun und Pluto können uns mit einer anderen Wirklichkeit in Kontakt bringen, unabhängig von der üblichen dreidimensiona-

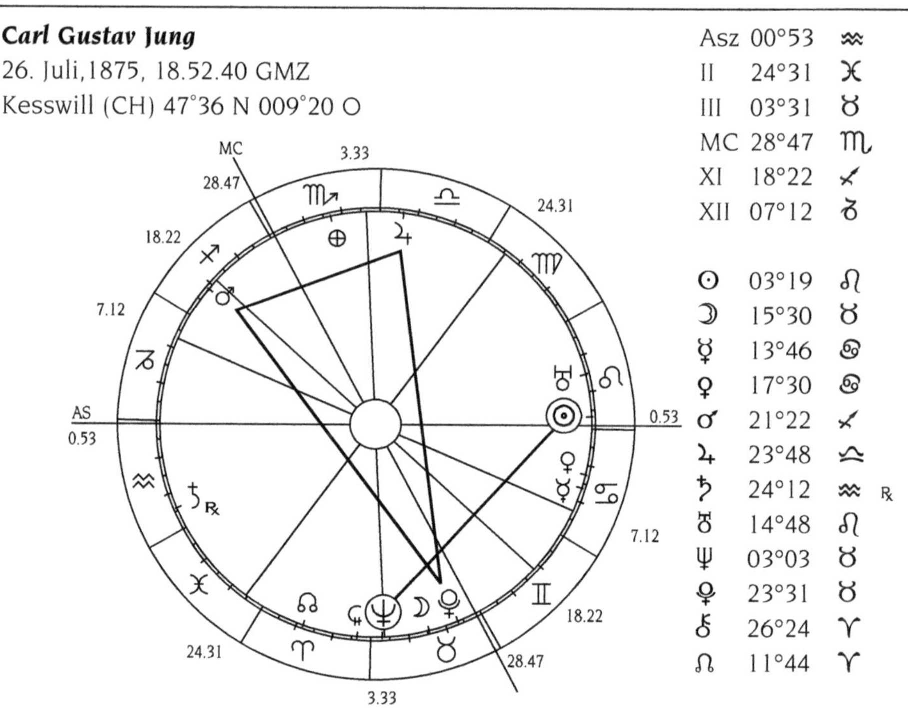

len Welt, in der wir leben und die uns vertraut ist. Jeder dieser drei Planeten tut das auf eine andere Weise.

Neptun ist stark verbunden mit dem Transzendentalen und der Erfahrung von Einheit in der Verschiedenheit, wobei bestehende Grenzen nicht mehr selbstverständlich sind. Mit Neptun treten wir in eine Traumwelt ein, eine Welt voll an Symbolen und Mysterien. Auch die Grenzen von Zeit und Raum sind für Neptun relativ. Deshalb ist er auch der Planet, der mit Hellsichtigkeit und Hellfühligkeit in Verbindung gebracht wird. Das Verwischen dieser Grenzen kann aber auch allgemeine menschliche Themen, die tief in unserer Seele verborgen sind, an die Oberfläche bringen und kollektives psychisches Material mit persönlichen Gefühlen und Erlebnissen vermischen. Neptun hält das Bewusstsein von anderen Dimensionen in uns lebendig und läßt uns sensibel für das Mythologische und Religiöse sein und für alles, was mit inneren Bildern zu tun hat: von der Phantasie bis hin zum Traum, vom Märchen bis hin zur Vision. Neptun verleiht der Wirkung unserer inneren Natur bildhaft Gestalt, während er uns gleichzeitig auch für die lebendige Wirklichkeit der äußeren Natur empfänglich sein läßt.

Jung liefert uns hierfür eine Reihe deutlicher Beispiele aus seinen Kinderjahren. Zwischen seinem siebten und neunten Lebensjahr spielte er gerne mit Feuer, innerhalb einer runden, steinernen Mauer. Entlang dieser Mauer erstreckte sich eine Böschung, in die ein Stein eingebettet war. Dieser Stein ragte ein wenig aus dem Boden heraus; Jung fühlte, dass dies sein ganz eigener Stein war. Wenn er alleine war, setzte er sich darauf und in seinem Kopf entspann sich dann ein Gedankenspiel nach einem ganz bestimmten Muster, das mit der Feststellung begann, dass er auf dem Stein saß und er somit oben und der Stein unten war. Aber ihm zufolge konnte auch der Stein „Ich" denken, etwa so: „Ich liege hier, auf dieser Böschung, und er sitzt auf mir." Das führte ihn unwiderruflich zu der Frage: „Bin ich derjenige, der auf dem Stein sitzt, oder bin ich der Stein, auf dem er sitzt?" Eine Frage, die Jung immer wieder in Verwirrung und Verzweiflung stürzte und ihn darüber nachgrübeln ließ, wer nun was war. Die Antwort blieb unklar und machte ihn unsicher, aber es ging eine merkwürdige Anziehungskraft von diesem Gedankenspiel aus, das ihn faszinierte. Jung konnte stundenlang auf diesem Stein sitzen, „im Bann des Rätsels, das er mir aufgab", wie er sich ausdrückte.
Die Beziehung zwischen Psyche und Materie hat Jung immer wieder gefesselt. Die Erfahrung mit dem Stein zeigt, wie eine tiefere philosophische Frage, die gemessen an üblichen Maßstäben, überhaupt noch nicht zu einem Jungen dieses Alters passt, als kollektives Thema auftauchen kann und zu einem persönlichen Erlebnis wird. Die Auflösung der Grenzen zwischen Jung und dem Stein, und die Verwirrung um seine Identität bilden ein schönes Beispiel für das Duett zwischen Sonne und Neptun.

Ein anderes Beispiel vom Verwischen der Grenzen von Zeit und Raum ist Jung's Geschichte über das ‚Männchen und den Stein in der Griffeldose'. Im Altertum kannte man einen kleinen verhüllten Gott, einen Telésforos, der auf manchen Abbildungen neben einem Äskulap zu sehen ist, dem er aus einer Schriftenrolle vorliest. *Telésforos* war der Schutzgeist derjenigen, die sich von einer Krankheit erholen mussten; er gehört zum Reich des Gottes Asclepios. Telesforos wird oft in einen Umhang gehüllt und mit einer Kappe auf dem Kopf dargestellt – das war die Kleidung derjenigen, die gerade von einer Krankheit genesen waren. Jung entdeckte die Existenz dieser mythologischen Figur erst, als er schon längst erwachsen geworden war. Das Gleiche gilt für seine Entdeckung, welche Rolle die ‚magischen Steine' spielen, die er in seinen „*Alchemical Studies*" (CW 13) beschreibt. In § 128 zeigt er, wie das Bild des Steines mit dem Bild des Göttlichen im Zusammenhang steht. In der frühesten griechischen Alchemie finden wir den Stein als Symbol des Göttlichen; in alten Zeiten begegnen wir dem Stein als Geburtsstätte der Götter. Die Vorstellung von einem

„Geburtsstein" finden wir bei den verschiedensten Völkern aller Zeiten; schon Jung erwähnt den *churinga* oder Geburtsstein der australischen Aborigines. Es handelt sich um Steine, die bearbeitet und verziert wurden, um als rituelle Objekte benutzt werden zu können. Man glaubt, dass diese Steine „Kindersteine" sind und dass die Seelen von Kindern in diesen besonderen Steinen leben. Wenn man diese Steine reibt, soll die Seele in die Gebärmutter eintreten. Die Ureinwohner Australiens und Melanesiens glaubten, dass diese *churinga*'s aus den Totem-Ahnen hervorgegangen sind und Relikte von deren Körpern und Aktivitäten und daher mit *manna* gefüllt sind. Die Steine sind heilig und werden an besonderen Orten aufbewahrt.

Die Idee von den magischen Steinen finden wir an allen Orten dieser Welt, auch in der westlichen. Jung verweist auf Ausgrabungen in der Nähe von Basel und im Kanton Solothurn. Hier wurden Steine gefunden, die in Birkenbast eingewickelt waren. Magische Steine sind von jeher dazu benutzt worden, um zu heilen oder um einen Eid zu schwören und vieles mehr. Es gibt eine Menge alter Überlieferungen, aus denen wir ableiten können, dass Steine als beseelt angesehen wurden.

All das war Jung, als er 10 Jahre alt war, natürlich völlig unbekannt, trotzdem müssen diese alten Themen unbewusst in ihm fortgewirkt haben. Er beschreibt, dass er in diesem Alter eine gelbe Federschachtel mit einem kleinen Schloss besaß, in der sich ein Lineal befand. Am Ende des Lineals schnitzte er ein kleines, ungefähr sechs Zentimeter großes Männchen mit Gehrock, Zylinder und blankpolierten Schuhen. Er färbte es mit Tinte schwarz, sägte es vom Lineal ab, und legte es in die Federschachtel, worin er ihm ein Bettchen bereitete. Aus einem Stück Wolle fabrizierte er sogar ein Mäntelchen für dieses Männchen. Jung besaß einen länglichen, schwärzlichen Rheinkiesel, den er mit bunten Wasserfarben so bemalte, dass er in einen oberen und einen unteren Teil getrennt wurde. Diesen Stein legte er zu dem Männlein; das war dann sein Stein. Jung erlebte dies alles als sein großes Geheimnis, und er brachte die Schachtel mit dem Männchen heimlich zu einem verbotenen Ort auf dem Dachboden des Hauses (das Verbot hing mit den morschen Bodenbrettern zusammen - es war einfach gefährlich, diesen Ort aufzusuchen). Er wusste genau, dass dort niemand sein Geheimnis entdecken würde. Das ganze Ritual hatte für ihn eine heilsame Wirkung. Bis dahin hatte er sich unglaublich zerrissen und unsicher gefühlt; das Verstecken dieser Schachtel auf dem Stützbalken des Dachbodens gab ihm ein sicheres Gefühl und seine innere Zerrissenheit wich einer größeren Ruhe. Immer wenn er es schwer hatte, aus welchen Gründen auch immer, dachte er an sein Männlein auf dem Dachboden und kam dann wieder besser zurecht. Ab und zu ging er auf den Dachboden und nahm kleine Papierstreifen mit, die er in einer Art Geheimschrift beschrieben hatte, das waren sowohl Briefe, mit denen er dem Männ-

chen etwas mitteilen wollte, als auch die „Bibliothek“ des Männleins. Jung erinnerte sich später nicht mehr, was er dem Männlein schrieb. Der gesamte Prozess gab ihm ein neues Gefühl von Sicherheit und zurückblickend auf diese Periode schreibt Jung, dass dies das Wesentlichste seiner frühen Jugendjahre und von größter Bedeutung für ihn gewesen sei. Er spürte in seiner Kindheit etwas wie „ein Geheimnis“ und hatte den Wunsch, es zu ergründen. Er sieht das Männchen als einen ersten, noch unbewusst-kindlichen Versuch, dem Geheimnis eine Form zu geben.
Später erkennt Jung das kleine Männlein als Teleforos, den Schutzgott derjenigen, die von einer Krankheit genesen. Jung's Gesundheit war in seiner Jugend nicht besonders gut, worunter er aber vor allem in der Zeit als er das Männlein schnitzte, litt, war das Bewusstsein von der großen Welt und der Gesellschaft, in der er sich außergewöhnlich unsicher fühlte. Sie stellte eine regelrechte Bedrohung für ihn dar, und er wusste nicht, wie er damit umgehen sollte. Nach dem Ritual mit dem Männlein ging es ihm bedeutend besser, so als ob Telesforos genau in dem Augenblick Einzug gehalten hätte, in dem für Jung‘s Psyche eine veränderte Haltung anstand, und Teleforus auch symbolischer Ausdruck des Heilungsprozesses für diese seelische Wunde war. Die Bekleidung von Telesforos stimmte größtenteils mit derjenigen überein, die im Altertum gebräuchlich war, ohne dass der kleine Jung auch nur die geringste Ahnung davon gehabt hätte. Offenbar wusste etwas Tiefes und „Archaisches“ in sein Unbewusstes einzudringen, das im Altertum mit Heilung zu tun hatte, um auch bei diesem Zehnjährigen einen Heilungsprozess zu bewerkstelligen!
Der Stein spielte dabei eine große Rolle. Als er später das Buch „*Wandlungen und Symbole der Libido*“ schreibt, begegnet er in der Literatur, die er untersucht, auf verschiedenen Seiten der Idee der „Seelensteine“. Er begreift, dass es um genau den Stein geht, den er seinem Männlein mitgegeben hatte, einen magischen Stein voller Kraft, wie die *Churingas* der Aborigines. Er versteht dann auch seinen Drang, das Männlein an einem unerreichbaren Ort verstecken zu müssen. Dieses Verhalten können wir auf der ganzen Welt wiederfinden, wenn es um diese magischen Steine geht. Jung schreibt darüber:

„Mit dieser Wiedererinnerung kam mir zum ersten Mal die Überzeugung, dass es archaische seelische Bestandteile gibt, die aus keiner Tradition in die Individualseele eingedrungen sein können. Es gab nämlich in der Bibliothek meines Vaters, die ich – nota bene erst viel später – durchforschte, nicht ein einziges Buch, das dergleichen Informationen enthalten hätte. Nachgewiesenermaßen wusste auch mein Vater nichts von solchen Dingen.“

Obwohl Jung in seinem Buch nichts darüber andeutet, sehen wir, dass sich in diesem geheimen und heilenden Ritual des Zehnjährigen bereits der „Finger Gottes" auswirkt: Es geht um Telesforos, den Schutzgott des Heilungsprozesses, und Jung wird später Arzt und Psychiater! Den Seelenstein hatte er in zwei Hälften unterteilt, einen oberen und einen unteren Teil. Bei Jung's Lebenswerk geht es auch um die Integration unseres oberen und unteren Teils, um das Bewusste und das Unbewusste. In diesem Ritual hat Jung's Bestimmung ihren Anfang genommen. Die Geschichte passt sehr gut zu den Möglichkeiten von Jupiter in einem Yod und denen Neptuns in einem Duett.

Der Planet Pluto bringt uns mit den dunklen Seiten des Lebens, mit Tabus und dem Unaussprechlichen in Kontakt, mit den Tiefen und auch der Intensität des Erlebens und der Erneuerung der Persönlichkeit - wenn die Konfrontation mit der dunklen Welt angegangen wird. Pluto in einem Yod ist ein Suchender nach dem Verborgenen, das kann variieren zwischen Altertum und Archäologie (tatsächliche Ausgrabungen) bis hin zur Psychiatrie (etwas „ausgraben" im übertragenen Sinn). Jung war an beidem interessiert. Aber schon sehr früh bekam er es mit den schwierigen Seiten von Pluto zu tun. Er hatte Träume und Bilder, die ihn innerlich ernstlich in Schwierigkeiten brachten. Beispielsweise der Traum von einem riesigen Phallus auf einem Thron. In diesem Traum hört er seine Mutter sagen, dass dieser Phallus ein Menschenfresser sei. Damals war er drei Jahre alt. Dieser Traum hatte ihn tief beeindruckt und noch Jahre später beschäftigt. Im fehlte aber der Mut, darüber zu reden. Nachdem er bereits viele Jahre als Arzt tätig gewesen war, erkannte er das Bild seines Traumes als rituellen Phallus. Er hatte den Eindruck, dass ihn dieser Phallus auf irgendeine unterirdische Gottheit aufmerksam machen wollte, über die nicht gesprochen wurde. Dass ein dreijähriges Kind aus einer sehr frommen Familie von einer dunklen Macht und einem Penis träumt, ist ein Vorbote der Sensibilität Jung's für den Schatten seiner Umgebung, und ein Vorbote seiner Suche nach dem, was ‚hinter dem Sichtbaren' liegt. Auf Grund dessen wird er in seinem Leben unwiderruflich immer wieder auf Tabus stoßen, die er ans Licht bringen muss. All das konnte aber nicht ohne Konfrontationen ablaufen.

Als er zwölf Jahre alt war, drängte sich Jung ein anderes Tabu-Bild auf, ganz unvermittelt, als er an einem schönen Sommertag zur Schule ging. Er genoss die Sonne, die sich strahlend im Dach des Doms spiegelte. Er war dankbar für die Schönheit, die Gott geschenkt hatte, als er plötzlich spürte, dass ein bedrohlich düsteres Bild an die Oberfläche drängte. Tagelang musste er gegen das „Durchbrechen" dieses Bildes

ankämpfen, denn er spürte, dass es eine Gotteslästerung war, und das konnte er nicht mit seinem Gewissen in Einklang bringen. Er grübelte und peinigte sich, warum Gott ihm ausgerechnet diese Gedanken aufdrängte. Letztlich fühlt er jedoch, dass Gott sowohl das Gute als auch das Böse geschaffen hatte. Gott schuf Adam und Eva, und da die beiden gegen Gott gesündigt und Gott auch die Schlange erschaffen hatte, konnte es nicht anders sein, als dass Gott auch die Möglichkeit erschaffen hatte, zu sündigen – das sind die Gedanken, die dem zwölfjährigen Carl durch den Kopf gehen. Er fühlt, dass er den Mut aufbringen muss, das, was sich ihm aufdrängt, auch zu erfahren. Dabei denkt er, dass Gott ihm wohl Gnade und Erleuchtung schenken wird, wenn er dies alles richtig verstanden hat. Ein bemerkenswerter Konflikt für einen Zwölfjährigen, der versucht, einem erwachsenen theologischen Problem mit all der Bibelkenntnis, die er in diesem Moment besitzt, näherzukommen.
Er überläßt sich also dem Bild, dass er in sich aufsteigen spürt, und „sieht" den Dom, darüber den blauen Himmel, Gott sitzt auf einem goldenen Thron, und unter dem Thron fällt plötzlich ein riesiges Exkrement auf das Kirchendach, zerschmettert es und verwüstet die ganze Kirche.
Jung erlebt ein Gefühl „unbeschreiblicher Erlösung", als das Bild endlich aus ihm heraus ist, und später schreibt er, ein Gefühl mystischer Erleuchtung empfunden zu haben. Gleichzeitig wusste er von diesem Moment aus seinem tiefsten Inneren heraus, dass es eine Kraft gab, die größer war als er selbst, eine Kraft - die er als Gott erfuhr - der er ausgeliefert war. Später schreibt er noch, dass er damals zu der Erkenntnis kam, dass vom Menschen durchaus etwas verlangt werden kann, das sich im Streit mit der religiösen Tradition befindet. Gerade durch dieses Sich-Einlassen kann man eine Form von Gnade erfahren. Aufgrund dieser Erfahrung brach für Jung eine sehr schwierige Zeit an. Er erkannte implizit, dass das Göttliche mehr umfasste, als die Kirche lehrt, und vor allem mehr war, als sein Vater ihn lehrte. Er hatte eine tief emotionale Erfahrung gehabt, deren Bestätigung er in allen Predigten und Diskussionen über theologische Probleme vermisste. Er wurde durch sein Unbewusstes mit einem problematischen Bild konfrontiert: einer Kombination von Tabuisiertem (Exkrementen) und Heiligem (dem Bild der Gottheit). Dies ist ein viel zu umfassendes Bild für einen jungen Menschen. Und doch musste er damit ins Reine zu kommen versuchen. Auch hier sehen wir wieder einen Vorläufer für sein späteres Leben. Die Art und Weise, mit der sich Jung mit religiösen Themen beschäftigt, wird von den gängigen kirchlichen Strömungen nicht immer begrüßt. Auf seine psychologische Abhandlung über das *Buch Hiob* erhält er viel Kritik, wodurch Jung selbst sehr gute Kontakte einbüßt. Am Ende seines Lebens ist er enttäuscht, dass man den Themen, an denen er gearbeitet hatte, soviel Widerstand entgegenbrachte. Tatsächlich geht es in Jung's

Werk immer wieder um das Zusammenbringen von Tabu und Religiosität, wodurch eine tiefere Einsicht in die psychische Dynamik möglich wird. Erst nach seinem Tod sehen wir mehr und mehr, dass die Einsichten Jung's an Anerkennung gewinnen.
Die eher religiös-philosophischen Probleme stehen mit Jupiter im Yod im Zusammenhang, Pluto intensiviert sie nicht nur, sondern er ist der Planet, der die dunkle Seite und die Tabu-Sphäre aufdeckt. Jung's Yod offenbart ihm dieses Thema, als er zwölf Jahre alt ist, was enorme Folgen nach sich zieht. Es ist der Beginn der Entfremdung von seinem Vater, weil er das Gefühl hat, etwas erfahren zu haben, das seinem Vater nicht bekannt ist. Außerdem spürt er, dass sein Vater überhaupt eine Reihe von Dingen nicht versteht oder fassen kann. Dadurch gerät er in eine Art Isolation, ein Gefühl, das für eine Yodfigur so kennzeichnend ist. Auf der anderen Seite stimmt ihn diese Erfahrung ernst und nachdenklich. Er schreibt wörtlich: *„Sie warf einen Schatten auf mein Leben“*.
Jung nennt zwar kein Datum, er schreibt lediglich, dass es im Sommer 1887 geschah, an einem Tag, als er zur Schule ging. Die Wahrscheinlichkeit ist sehr groß, dass dies im Juni/Juli war, da ja in den Sommerferien keine Schule stattfindet. Sehen wir uns den Planetenstand in diesen beiden Monaten im Jahr 1887 an, finden wir einige bemerkenswerte Transite. Saturn läuft im Juni von 20° Krebs auf 27° Krebs - im Juli -, und bildet in dieser Zeit ein Quinkunx zu Mars (Teilnehmer an Jung's Yod) und ein Sextil zu Pluto (ein anderer Teilnehmer an Jung's Yod), und formt das zeitlich begrenzte Yod Saturn (Krebs) – Mars (Schütze) und Pluto (Stier). Es geht um den Lernprozess des Schmerzes (Saturn), der jetzt für eine Konfrontation sorgt, wodurch er ernsthafter und nachdenklicher wird - ebenfalls Saturn-Eigenschaften! Saturn bildet im Transit noch ein Quadrat zum dritten Teilnehmer der Radix-Yodfigur, zu Jupiter. Saturn ist auch der Herrscher des 12. Hauses, dem Haus der inneren Bilder, Visionen und Symbole, und dem Haus, das uns in Kontakt bringt mit den tieferen Schichten unserer Psyche.
Danach geht Neptun von 28°00‘ Stier auf 29°40‘ Stier und bildet eine Opposition zum MC. Neptun ist Teil seines Radix-Duetts und kann sich daher in Extremen auswirken, wenn er selbst zeitweise aktiviert wird. Herrscher von 12 (Saturn) und Duett-Neptun bringen zusammen eine tiefe und archetypische Erfahrung mit sich, die mit einem Problem im Zusammenhang steht, welches das Auffassungsvermögen eines Zwölfjährigen weit überschreitet. Gleichzeitig dient es als Vorbote der Dinge, mit denen Jung später in seinem Leben noch zu tun bekommt.
Jung hält seine Erfahrung ängstlich geheim und fühlt sich nicht wohl damit. Aufgrund seiner Erziehung und der Weise, in der er zu leben versuchte, empfand er seine Erfahrung als beschämend und sich selbst als verachtenswert. Er hatte das Gefühl,

mit etwas Bösem, Schlechtem oder Dunklem in Berührung gekommen zu sein. Auch wenn er versuchte, bei anderen Leuten vorsichtig nachzuhaken, bekam er keinen einzigen Hinweis darauf, dass auch sie solche Dinge erlebten.

„So bekam ich das Gefühl, ausgestoßen oder auserwählt – verflucht oder gesegnet zu sein." schreibt er. Und weiter: „Meine ganze Jugend kann unter dem Begriff des Geheimnisses verstanden werden. Ich kam dadurch in eine fast unerträgliche Einsamkeit, und ich sehe es heute als eine große Leistung an, dass ich der Versuchung widerstand, mit jemandem davon zu sprechen. So war damals schon meine Beziehung zur Welt vorgebildet, wie sie heute ist: auch heute bin ich einsam, weil ich Dinge weiß und andeuten muss, die die anderen nicht wissen und meistens auch gar nicht wissen wollen."

Eine sehr deutliche Beschreibung des Yod- und Duett-Gefühls!
Aufgrund dieser Erfahrung und all seiner Grübeleien und des Nachdenkens beginnt Jung die Religion mit anderen Augen zu betrachten und zweifelt auch an dem, was sein Vater erzählt. Nun rufen sowohl ein Yod als auch ein Duett an sich schon immer wieder aufs Neue Zweifel hervor. Sind Jupiter und Neptun beteiligt, geht es vor allem um religiöse Zweifel. Jung suchte und wollte Tieferes finden. Die Geschichten seines Vaters langweilten ihn, er fand sie ganz einfach hohl – sie wurden ohne innere Betroffenheit erzählt. Als er etwas älter ist, geht er zwar immer wieder auf die Diskussionen mit seinem Vater ein, stößt aber grundsätzlich gegen eine Mauer. Er begann zu erkennen, dass sein Vater mit dem Glauben und der Theologie einen Kampf ausfocht, und dass sein Vater eine Reihe von Dingen einfach nicht verstand. Um nicht immer wieder mit dieser Unsicherheit konfrontiert zu werden, betonte er immer nachdrücklicher, dass man einfach „glauben" müsse, und das ist nun genau das, was ein Yod nicht kann. Jung stellte letztlich enttäuscht fest, dass die Theologie ihn von seinem Vater entfremdet hatte. Er schreibt, dass es ihn schockiert habe, wie sehr sein Vater in den Bann der Kirche und ihr theologisches Denksystem verstrickt war, wodurch er nicht im Stande war, das Göttliche direkt und innerlich zu erfahren. Jung kann nicht anders, als sich als unabhängiger Denker zu zeigen (Pluto als Herrscher von 9 im 3. Haus im Yod mit Jupiter), trotzdem weist er den Glauben nicht zurück, auch nicht durch diese Erfahrung. Er fühlt sich sein Leben lang als Christ, allerdings auf seine ganz eigene, einzigartige Weise. Er gräbt und forscht immer weiter; in seinem religiösen Erleben spielte auch noch ein anderer Faktor mit. Er beschreibt, dass er immer einen deutlichen Zwiespalt in sich gespürt habe und dass er tatsächlich zwei Persönlichkeiten in sich fühle, die er Nummer Eins und Nummer Zwei nannte. Das hat übrigens nichts mit einer Persönlichkeitsstörung zu tun; Jung war sich dieser beiden

„Strömungen“ in sich selbst bewusst und konnte ihnen auch Raum in seinem Leben geben. Er beschreibt Nummer Eins als den Sohn seiner Eltern, der zur Schule ging, aufmerksam, fleißig, anständig und ordentlich war, und auch etwas weniger intelligent. Nummer Zwei war nicht nur erwachsen, sondern sogar alt. Jung beschreibt ihn als skeptisch und misstrauisch und weit weg von der normalen Welt. Dieser Persönlichkeitsanteil stellte mehr die Natur und die Erde dar, die Sonne, den Mond und die Jahreszeiten, die lebendige Schöpfung und vor allem auch die Nacht, die Träume, und alles was „Gott“ unmittelbar in ihm zu Stande brachte. (Er selbst setzt das Wort Gott in seiner Beschreibung über Nummer Zwei in Anführungszeichen.) Nummer Eins ist der Schuljunge von 1890, aber Nummer Zwei, die einem Tempel, vergleichbar ist, in dem jeder, der ihn betritt, verändert wird. Die Art, wie Jung Nummer Zwei dann beschreibt, ist eigentlich als das Bewusstsein einer kosmischen Einheit zusammenzufassen, einem Bewusstsein vollkommenen Staunens, bei dem man sich selbst vergisst.

Er erzählt, dass die Wechselwirkung zwischen Nummer Eins und Nummer Zwei sein Leben lang eine Rolle gespielt hat, und dass dies nichts mit „Gespaltensein“ im üblichen medizinischen Sinn zu tun hat. Etwas Ähnliches, so behauptet er, spielt sich in jedem Menschen ab. Und er deutet an, dass es seit Menschengedenken die Religionen sind, die zur Nummer Zwei des Menschen, also dem innerlichen Menschen gesprochen haben. Im Leben von Jung hat Nummer Zwei die wichtigste Rolle gespielt.

„Ich habe immer versucht, dem freien Lauf zu lassen, was von innen her an mich heranwollte.“

Dass diese Nummer Zwei eine so herausragende Rolle im Leben Jung's spielte, ist gut vorstellbar. Mit dem Herrscher des 10. Hauses im Yod und der Sonne in einem Duett spielt im Hintergrund ein fortwährender Zweifel an der eigenen Manifestation und der eigenen Identität eine wichtige Rolle. Die Art, wie Jung Nummer Zwei beschreibt, passt außerdem gut zu Jupiter im Yod und Neptun im Duett. Es sind die Plazierungen im Yod und im Duett, die diese Seite so spürbar und unumgänglich machen. Stärker noch: mit einem Yod und einem Duett ist es unmöglich, diese Gefühle in den Hintergrund zu drängen, weil sie sich immer wieder mit aller Heftigkeit aufdrängen. Das geschieht nun nicht immer in Augenblicken, in denen es dem Bewusstsein passt. Aber gerade das sorgte dafür, das Jung auf der Ebene der Tiefenpsychologie, der Religion und der Symbolik so außergewöhnlich kreativ wur-

de. Diese Spannung ging immer wieder mit Zweifeln und Suchen einher, und Jung hatte selbst über einen kurzen Zeitraum Angst, verrückt zu werden.
Wir können Jung's Yod und Duett auch im Licht der Häuserherrscher betrachten. Wir sahen schon, dass der Herrscher von 10 und Herrscher von 9 an seinem Yod beteiligt sind (Pluto), aber auch Nebenherrscher von 2 (Mars) und Herrscher von 11 (Jupiter). Neptun ist Herrscher von 2 und die Sonne Herrscher von 7. Die Häuser 2, 7, 9, 10 und 11 haben daher auch direkt mit Yod- oder Duett-Erfahrungen zu tun. Auf einige will ich kurz eingehen.

Das 2. Haus dreht sich um das tatsächliche Erfahren der festen Materie, das 1. Haus beschreibt, was wir nach unserer Geburt als „feste Materie" wahrnehmen - unseren eigenen Körper. Ich habe immer wieder sehen können, dass die Art, wie wir unseren Körper erfahren und erleben und wie wir mit ihm umgehen, mit dem 2. Haus im Zusammenhang steht. Probleme, die sich im 2. Haus manifestieren, gehen oft mit körperlichen Themen in der Jugend einher, vor allem in der mytischen Phase. Jung hat sowohl den Herrscher als auch den Nebenherrscher des 2. Hauses in einem Duett und in einem Yod; er hat in der Tat problematische körperliche Erfahrungen machen müssen, beispielsweise ein Ekzem, das er in seinem Buch als mögliche Reaktion auf die Eheprobleme seiner Eltern beschreibt. Sein Nebenherrscher von 2 in einem Yod mit Pluto kann sowohl eine körperlich problematische Erfahrung mit sich bringen (bei Pluto-Verbindungen habe ich oft Ekzeme ausmachen können), als auch auf eine Erfahrung mit psychischen Problemen hinweisen. Jung litt auch unter Anfällen von Pseudo-Krupp, verbunden mit Erstickungsanfällen. Die Gefahr des drohenden Erstickens habe ich bei Neptun mehrfach sehen können. Auffällig ist, dass Jung in solchen Momenten immer eine leuchtende kreisförmige Vision über sich erblickte, die ihn bei den Anfällen beruhigte – auch das ist Neptun.
Mit dem Herrscher von 9 in einem Yod studiert man immer wieder andere Dinge, als die Lehrer von uns erwarten. Dinge, die man von uns verlangt, tun wir einfach nicht oder sie spielen nur eine nebensächliche Rolle. Kinder mit dem Herrscher von 9 in einem Yod sind oft auch sehr eigensinnig und eigenwillig und können gleichzeitig in unüblichen Bereichen ausgesprochen wissbegierig sein. Auch bei Jung war das der Fall. Er studierte als Kind Probleme, die nicht zu seinem Alter passten. So schrieb er einmal einen Aufsatz über ein Thema, das ihm sehr am Herzen lag und das sehr tiefsinnig war. Er hatte sich sehr viel Mühe damit gegeben, wurde aber von seinem Lehrer beschuldigt, es irgendwo abgeschrieben zu haben. Da er bei den einfachen Themen nie sein Bestes gab, hielt man ihn für dumm und oberflächlich - eine

falsche Einschätzung und unangebrachte Beschuldigungen, aber nie wurde etwas richtig gestellt.
Jung fühlte sich immer schon anders als andere und erlebte die Welt in seiner Schulzeit als eine Bedrohung. Da sein Anderssein Isolation bedeutete, wollte er so wenig wie möglich auffallen und so wenig wie möglich als „anders" angesehen werden. Das führte dazu, dass er sich Mühe gab, in der Schule nur mittelmäßig zu sein und sich in keiner Weise auszuzeichnen (was ihm auch gelang). In Bezug auf seine Freunde hegte er vor allem Sympathien für Jungen sehr einfacher Herkunft, oft auch für schwach begabte Kinder, obwohl er in diesem Freundeskreis seine intellektuellen Interessen nicht einbringen konnte. Das führt uns zu seinem 11. Haus, da der Herrscher von 11 an seinem Yod beteiligt ist. Jung schrieb über diese Freundschaften seiner Kinderzeit, dass sie ihm den Vorteil einbrachten, als arglos zu gelten. Diese Freunde bemerkten nichts Eigenartiges an Jung, der innerlich weiterhin mit den eindringlichen Erfahrungen, seinem Traum, dem Männlein in der Federschachtel und anderen Dingen zu kämpfen hatte. Allmählich hatte er die Vorstellung entwickelt, dass das, was er seine „Eigenartigkeit" nannte, bedeuten musste, dass er widerwärtige Eigenschaften besaß, derer er sich zwar nicht bewusst war, die aber seine Freunde und Lehrer abstieß – ein Yod mit Herrscher von 11 (Freunde) und Herrscher von 9 (Lehrer)! Das änderte sich aber in seinem späteren Leben. Letztendlich hatte Jung einen treuen Freundeskreis mit vielen Gleichgesinnten.

Wie Jung seine Kinderjahre beschreibt, läßt erkennen, wie sehr er einerseits auf der Suche nach einer Identität war, und in welch schlechtem Licht er sich andererseits selbst sieht. Er kämpft mit einem starken Gefühl von Selbstablehnung, mit Schuldgefühlen und der Vorstellung, schlecht zu sein. Er litt sehr stark unter Minderwertigkeitsgefühlen, die mit der Sonne im Duett im Zusammenhang stehen. Eine Duett-Sonne oder eine unaspektierte Sonne braucht mehr Zeit, um Selbstvertrauen zu finden. Diese Sonne ist auch mehr in Gefahr, zwischen Minderwertigkeitsgefühlen und Selbstablehnung einerseits und übertriebenem Selbstbewusstsein andererseits zu schwanken. Letzteres als Überkompensation oder Drang, im Mittelpunkt der Aufmerksamkeit zu stehen. Jung waren beide Seiten nicht fremd.

Jung's Leben kennzeichnet sich durch das ständige „in Berührung" kommen mit dem Nicht-Alläglichen aus, dem Unüblichen und Ungewohnten. Ob es sich nun um Spiritismus handelt, womit er in seiner Studentenzeit experimentierte, oder um Alchemie, die er psychologisch durchleuchtet hat. Merkmale der Yodfigur und des Duetts sind auch, dass die Dinge anders verlaufen als erwartet. Das geschah auch

nach dem Tod von Jung's Vater. Es ist kein Geld da, um Jung's weiteres Studium zu sichern, und er sieht sich dem Druck ausgesetzt, sich irgendeine Bürostelle zu suchen. Das tut er nicht; er leiht sich Geld, um weiter studieren zu können, er muss allerdings Schulden machen. Am liebsten hätte er sich in Chirurgie spezialisiert, da ihm das aber zu lange gedauert hätte, suchte er sich eine Assistentenstelle in einer Klinik. Mit seinem eigensinnigen Charakter war er bei seinen Dozenten nicht gerade beliebt. Daher musste er die Vorstellung, an der Universität arbeiten zu können, aufgeben. Vielleicht irgendwo in einem kleinen örtlichen Krankenhaus, in dem er eben schwer arbeiten müsste. Dann fand ein Wechsel an der Universität statt. Mit dem neuen Mann kam Jung dann gut zurecht, und dieser bot ihm letztlich an, mit ihm als Assistent nach München zu gehen. Besser schien es sich nicht entwickeln zu können; Jung wäre alle seine Probleme mit einem Schlag los. Aber genau zu diesem Zeitpunkt musste er sein Examen in Psychiatrie ablegen, ein Fach, auf das die ganze medizinische Fachwelt herabschaute. Die Vorlesungen, die er bis dahin gehört hatte, waren wenig anregend für ihn gewesen. Als Jung dann im allerletzten Moment das Lehrbuch von Krafft-Ebbing zu lesen beginnt, bekommt er starkes Herzklopfen und ist sehr aufgeregt. Wie ein Blitz aus heiterem Himmel wurde ihm klar, dass die Psychiatrie das einzige Ziel seines Lebens sein könne, und dass seine beiden Interessengebiete, sowohl das biologische als auch das seelische, nur in der Psychiatrie zusammenfließen könnten. Niemand verstand, warum er die Assistentenstelle ablehnte und sich für ein äußerst gering geschätztes Gebiet entschied.
Wieder dieser „Seitenweg", auf den uns Yodfiguren und unaspektierte Planeten treiben, und genau das passierte auch Jung. Mit dem gleichen Yod wurde er allerdings der Begründer einer der wichtigsten Strömungen dieser Richtung!
Am 10. Dezember begann er als Assistenzarzt in der Klinik Burghölzli, nun in der Psychiatrie. Was er dort sah und erlebte, schuf die Grundlage für einen großen Teil seines späteren Werkes. Neptun stand im Transit im Quinkunx zu seinem MC und aktiviert die Welt des Unbewussten. Dieses Mal waren es nicht die inneren Bilder, die sich aufdrängten, er musste vielmehr seinen Weg in den sonderbarsten Bildern und Verhaltensweisen psychiatrischer Patienten finden. Am 10. Dezember 1900 stand Jupiter, an dem Morgen, als er in die Klinik eintrat, auf 21° Schütze. Exakt auf Mars, einem der Punkte seiner Radix-Yodfigur.

Yodfiguren und unaspektierte Planeten haben wir immer wieder mit Themen in Verbindung gebracht, die schon seit vielen Generationen eine Rolle spielen. Jung hat dies wörtlich beschrieben. Er hatte eine merkwürdige Schicksalsverbundenheit zu seinen Vorfahren erlebt und das ausgeprägte Gefühl, dass er unter dem Einfluss von

Dingen oder Fragen stand, die unvollendet oder von seinen Eltern, Großeltern und anderen Vorfahren unbeantwortet geblieben waren.

„Es scheint oft, als läge über einer Familie ein unpersönliches Karma, das von den Eltern auf das Kind übergeht. So schien es mir immer, als müsse ich Fragen beantworten, die das Schicksal schon früher meinen Vorfahren gestellt hatte, die aber noch nicht beantwortet waren; als ob ich Dinge vollenden müsse, oder auch nur fortsetzen müsse, die vor meiner Zeit unvollendet blieben."

Jung fragte sich, ob diese Fragen mehr persönlicher oder mehr allgemeiner, kollektiver Natur sind, aber er hatte den Eindruck, dass es um letzteres geht. Solange man dieses allgemeine Muster jedoch nicht erkennt, zeigt es sich als persönliches Problem. Denken Sie an die Erfahrungen, die er als Kind machte: an seinen Traum und an seine Vision. Für ihn waren es persönliche Kämpfe und Geheimnisse, aber letztlich schienen es archetypische Bilder zu sein, die Probleme kollektiver Art umfassten. Weiter schreibt er, dass sowohl unsere Seele als auch unser Körper aus Bestandteilen zusammengesetzt sind, die schon in den Reihen unserer Vorfahren angelegt waren.

„Das ‚Neue' in der individuellen Seele ist eine endlos variierte Umgruppierung uralter Bestandteile", sagt er, und warnt dann auch davor, sich nicht zu stark von der Beschleunigung, die man Fortschritt nennt, mitreißen zu lassen, weil er uns mit großer Geschwindigkeit von unseren Wurzeln losreißt.

Und: *„Je weniger wir von dem begreifen, was unsere Väter und Großväter gesucht haben, desto weniger verstehen wir von uns selbst, und wir tragen mit aller Macht dazu bei, die Instinktlosigkeit, die Entwurzelung jedes einzelnen Menschen zu vergrößern…"*,

wobei Instinktlosigkeit für Jung vor allem bedeutete, dass wir den Kontakt zur Natur in uns und unser Vermögen, zu überleben, verlieren.

„Wenn wir zu genau hören und sehen, begrenzen wir uns auf den Zeitpunkt des Heute. Wir merken dann nicht, ob und wie unsere Ahnenseelen das Heute erfahren und verstehen – oder mit anderen Worten: wie das Unbewusste reagiert."

Jung meint hier nichts „Spiritistisches", er weist vielmehr darauf hin, dass im Unbewussten jedes Menschen, in seiner komplexen Struktur, das psychische Erbe seiner Vorfahren mit eine Rolle spielt. Das ist ein Teil seiner selbst geworden und äußert sich in Bildern, Gefühlen, Träumen und Projektionen. Man kann nur glücklich werden, wenn man mit den Botschaften aus dem eigenen Unbewussten ins Reine kommt. Es sind unsere eigenen Komplexe, aber die Stimmen vieler Generationen, die uns vorausgingen, klingen darin mit.

Jung hatte auch ständig das Gefühl, in einer anderen Zeit zu leben, ein Jahrhundert früher; er empfand sehr heftige Gefühle, als er als kleines Kind das erste Mal eine Kutsche aus dem 18. Jahrhundert sah. Er fühlte, dass es seine Kutsche war, und dass ihm etwas verlorengegangen war. Auf einer Abbildung einer seiner Vorfahren entdeckte er Schuhe mit großen Schnallen, auch die erkannte er wieder. Mehr noch, er fühlte sie an seinen eigenen Füßen. Solche Erfahrungen konnten ihn sehr verwirren, aber auch darüber konnte er mit niemandem sprechen. Die Auflösung der Grenzen von Zeit und Raum spielen also schon früh eine Rolle für ihn.

Aufgrund der Offenherzigkeit, mit der Jung über seine inneren Erfahrungen und Erlebnisse berichtet, können wir uns ein gutes Bild von den Unsicherheiten und den Themen machen, mit denen er zu kämpften hatte, die als Teile der Yodfigur und des Duetts erkennbar werden. Immer scheint ein Gefühl des Andersseins, der Einsamkeit und des Nicht-Verstanden-Werdens mitzuspielen. Gleichzeitig hat uns die Zeit gelehrt, dass Jung ein eindrucksvolles Lebenswerk geschaffen hat, auf Grund dessen viele Menschen bis in die tieferen Regionen der Psyche blicken können, in Tiefen, die Jung so eifrig und wie unter Zwang gesucht hat und einfach entschlüsseln musste.

Kapitel 15
Noch einige Beispiele von Yodfiguren und unaspektierten Planeten

Helen: *Zeitlich begrenzte Yodfiguren im Transit*

Helen ist bildende Künstlerin und fertigt in einem Atelier, das zu ihrer Wohnung gehört, prächtige Bronzebilder. Schauen wir nach Aspekten innerhalb der Zeichengrenzen, finden wir bei ihr sowohl eine unaspektierte Venus als auch eine unaspektierte Sonne. Venus ist Herrscher von 10 und die Sonne Herrscher von 1. Mit anderen Worten: keiner der beiden Herrscher der „Ausgänge" im Horoskop bildet einen Hauptaspekt zu anderen Planeten. Somit ist Helen besonders empfindsam für die Frage, wer sie ist und wie sie nach außen hin auftritt.

Sonne und Venus stellen auch ein enormes Talent und eine große Kraft dar; eine unaspektierte Venus ist sehr „formend" für eine Künstlerin. Ihre inneren Zweifel bezüglich ihrer Leistungen können also nicht verhindern, dass ihre Venus da zu Ausdruckskraft gelangt, wo es um Formen, Farben und Proportionen geht. Helen fertigt Bilder aus Bronze – Bronze und Kupfer sind Metalle, die Venus zugeordnet sind!

Nun gibt es in einem Horoskop mit Sicherheit noch mehr, das mit Kunst zu tun hat; auch das 12. Haus kann beispielsweise einem Künstler Einfühlungsvermögen und die Kraft geben, etwas Subtiles auszudrücken. Das ist etwas, worüber Helen mit ihrer Mond-Pluto-Konjunktion in 12 auch sicherlich verfügt.

Mit einer unaspektierten Venus, die gleichzeitig Herrscherin von 10 ist, wird Helen ihren eigenen Weg im Bereich der Präsentation ihrer Kunstobjekte mit eigener Formgebung finden müssen, unabhängig davon, was andere sagen und was sie einmal gelernt hat. Gleichzeitig kann ihre unaspektierte Venus auch in ihrer Beziehung zum Ausdruck kommen: in der Art, in der sie ihr eine Form gibt; die Rolle, die diese Beziehung in ihrem Leben spielt, wie sie sich darin fühlt, gefühlsmäßigen Extremen, Unsicherheit und Suchen unterworfen zu sein, und die Beziehung gleichzeitig als ganz wichtigen Faktor zu erleben. Eine unaspektierte Sonne kann zu einem Gefühl von Unsicherheit bezüglich ihrer eigenen Kraft und Identität beitragen und ebenfalls für Unklarheit im Hinblick auf das Männliche und die Männer an sich in ihrem Leben sorgen.

1987 und 1988 wurden in ihrem Horoskop eine Reihe wichtiger Transite aktiv, worin die beiden unaspektierten Planeten einbezogen waren; Transite, die auch zeitlich befristete Yodfiguren bildeten. Um nur einige davon zu nennen:

Transit Uranus Trigon Venus
Januar 87 – Juni/Juli 87 – Oktober/November 87 von Schütze ausgehend

Transit Uranus Quadrat Sonne
Februar/Mai 87, stationär! – November/Dezember 1987 noch einmal gerade innerhalb des 1° Orbis, stationär im September 1988

Transit Saturn
Stationär auf 14° Schütze, ein Yod mit MC und Jupiter bildend,
Juli/September 1987

Transit Saturn Trigon Venus
Dezember 1987

Transit Saturn Quadrat Sonne
Januar 1988, Juli/August/September 88 (stationär!)

Transit Saturn Quinkunx Mond und Quinkunx zu sich selbst
Januar 1989

Transit Saturn Sextil Merkur
Februar 1989

Transit Neptun Quinkunx Pluto
Von Steinbock ausgehend im Januar 1987, Juli bis einschließlich November 1987 stationär

Transit Neptun Quinkunx Mond und Quinkunx Saturn
Februar bis einschließlich Juni 1987 stationär! – Es kommt zu einer Yod-Bildung: Neptun-Mond-Saturn, und etwas ausgedehnter auch das Yod Neptun-Mond-Merkur. Dezember 1987, August bis einschließlich November 1988 stationär

Transit Neptun Sextil Merkur
März/April/Mai 88 (stationär) Januar 1989

Transit Pluto Quadrat Mond
Stationär Juli 1987 (Mai/September 1987)

Wir sehen also, dass Uranus 1987 mehrere Male sowohl Venus als auch die Sonne im Transit aspektiert. Die Sonne erhält zweimal einen stationären Transit, im Frühjahr 1987 und im Herbst 1988, was spürbar, verunsichernd, ungreifbar und mit Spannung verbunden ist.

Im Sommer 1987 gesellt sich ein stationärer Saturntransit hinzu, der ein zeitlich begrenztes Yod mit Jupiter bildet und im Sommer 1988 noch einmal stationär im Quadrat zur Sonne steht.

Neptun bildet dann von Steinbock aus ein Yod mit ihrem Mond-Pluto und ihrem Saturn, indem er Quinkunxe dazu bildet; außerdem formt er ein Sextil zu Merkur, wodurch sich ein weiteres zeitlich begrenztes Yod ergibt. Auch hier wieder verschiedene Male stationäre, also nachdrückliche Transite.

Als „normaler“ Aspekt bildet Pluto im Transit ein ebensowenig leicht zu handhabendes Quadrat zum Mond.

Ab 1989 lösen Saturn und Uranus Neptun bei der Yod-Bildung zum Mond und Saturn ab, ebenso Mond und Merkur, aber mit diesen beiden Planeten geht es etwas schneller als mit Neptun in den Jahren 87/88. Neptun ist der Herrscher ihres 8. Hauses und kann deshalb entsprechende Ängste und Spannungen an die Oberfläche befördern und für die nötigen Konfrontationen sorgen.

Helen hat diese zwei Jahre als eine äußerst verwirrende und unterminierende Periode beschrieben:

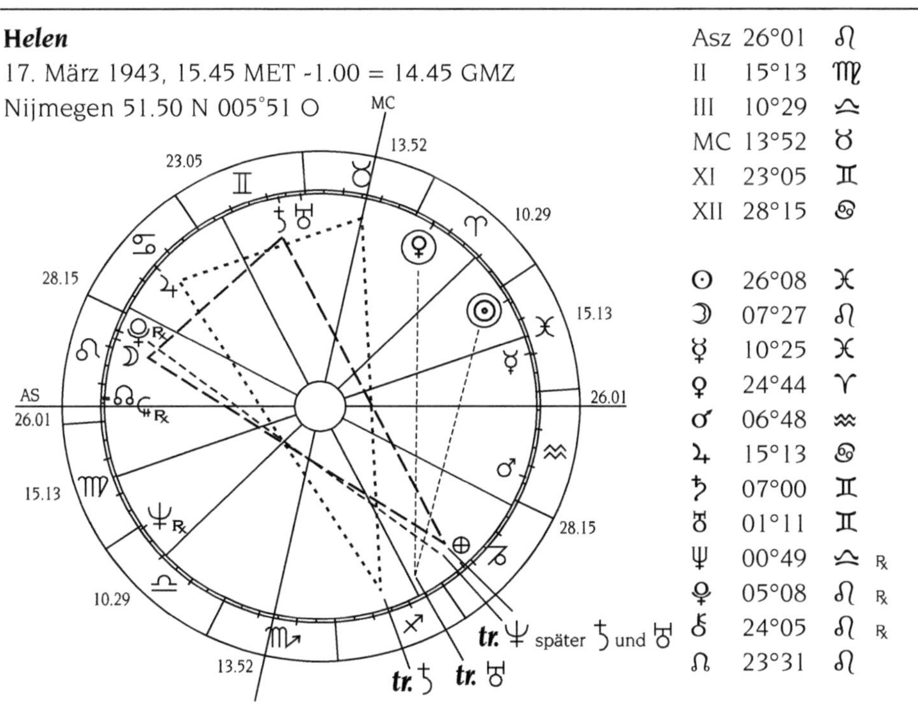

„Alles saß ‚fest' und es gab ein Entscheidungsproblem. Ich wusste nicht, ob ich umziehen sollte oder nicht. Aber eigentlich war alles total festgefahren: Arbeit, Beziehung und auch die häuslichen Verhältnisse." schreibt sie.

Helen hat zu dieser Zeit einen Partner, mit dem sie nicht zusammenwohnt, den sie aber liebt. Auch er ist Künstler. Sie weiß nicht genau, wie sie der Beziehung einen Rahmen geben kann und was sie genau will. Sie erlebt ihren Partner als guten Kameraden, hat aber Angst vor seinem fordernden Verhalten und weiß, dass sie dem auf Dauer nichts entgegensetzen kann, wenn sie zuviel Zeit mit ihm verbringt. Darum bleibt es eine Beziehung auf Abstand. Sie spürt, dass sie ihre mühsam erworbene Identität verlieren wird, wenn er zuviel in ihrer Nähe ist.

In den ersten Monaten, in denen das Yod von Neptun und die Uranus-Transite eine Rolle zu spielen beginnen, häuften sich Ereignisse, die Helen das Gefühl gaben, völlig fertiggemacht zu werden. Die BKR, die Unterstützungskasse für bildende Künstler, die ihnen in Bezug auf ihr Einkommen Sicherheit gab, schloss ihre Tore. Die Künstler mussten also zusehen, wie sie alleine für ihren Lebensunterhalt aufkommen konnten. Die Miete war nun nicht mehr erschwinglich für Helen und von allen Seiten wurde ihr versichert, dass ein Umzug unvermeidlich sei. Zu ihrer Wohnung gehörte ein kleines Atelier, das eigentlich nur eine behelfsmäßige Lösung war. Am liebsten wäre ihr stattdessen eine kleine Wohnung mit einem großen Atelier gewesen. Diese Idealvorstellung schien aber jetzt unerreichbarer als jemals zuvor.

Plötzlich schien das Schicksal ihr aber günstig gesonnen zu sein. Man vermittelte ihr eine Atelierwohnung, um die jeder sie nur beneiden konnte. Sie unterschrieb den Mietvertrag, war aber nicht so recht glücklich damit. Die Wohnung lag in der Nähe der Wohnung ihres Freundes und Partners. Würde sie umziehen, würde das unwiderruflich bedeuten, zu dicht in seine Nähe zu rücken. Und das brachte die Gefahr mit sich, von seinem fordernden Verhalten vereinnahmt zu werden, wodurch sie ihre Selbständigkeit und ihre Bewegungsfreiheit verlieren würde. Da stand sie nun; sie hatte das Gefühl mit dem Rücken zur Wand zu stehen. Wenn sie die so sehr ersehnte Atelierwohnung nahm, bedeutete das Beziehungs- und Identitätsprobleme: die unaspektierte Sonne und die unaspektierte Venus auf voller Höhe und die Auswirkungen einer Yodfigur. Da sie kein sicheres Einkommen mehr hatte (das Venus-Thema plus Herrscher von 2, Merkur, in einem zeitlich begrenzten Yod), musste sie sehr viel arbeiten und ihre eigene Form finden, ihre Werke an die Öffentlichkeit zu bringen. Sie musste also neue Wege finden, um mit ihrer Kunst ein Einkommen zu erzielen. Venus

ist Herrscher von 3 (Öffentlichkeitsarbeit) und Herrscher von 10: einer neuen Manifestation von sich selbst eine Form geben.
Sie hatte zwar den Mietvertrag für die neue Atelierwohnung unterzeichnet, aber nicht den Mut, dort zu wohnen. Folge: Sie blieb in ihrer alten Wohnung und musste zusehen, wie sie die Miete für zwei statt für nur eine Wohnung aufbringen konnte, und das in einer Zeit, in der ihr Einkommen alles andere als gesichert war. Das bedeutete also, doppelt soviel zu arbeiten.

„*Ich verschob den Umzug mit der Begründung, zuerst noch einen Auftrag fertigstellen zu müssen.*", schreibt sie, obwohl das eine Ausflucht war. Sie fürchtete einfach die Folgen für ihre Beziehung und für ihre Arbeit.

„Von diesem Moment an lebte ich in einem krisenhaften Panikzustand, ich sah mich selbst am Rande des Abgrunds balancieren, und welchen Schritt ich auch machen würde, ob in die eine oder die andere Richtung, ich würde abstürzen. Manchmal konnte ich vor lauter Spannung im wahrsten Sinne des Wortes nicht mehr auf den Beinen stehen. Was ich letztendlich tat, war, den Umzug weiter hinauszuschieben – ich bezahlte also zwei Mieten – und arbeitete so gut ich konnte weiter, bis alle meine finanziellen Reserven aufgebraucht waren und ich Freunde fand, die auf der Suche nach einer Unterkunft waren, denen ich meine neue Wohnung zeitlich befristet überlassen konnte.
In diesem Sommer ergaben sich allerlei zusätzliche Aktivitäten, beispielsweise das Entwerfen eines Thema-Bildes, auf das ich meine Freunde und Bekannten mit einem Mailing aufmerksam machte; das war eine ungewöhnliche Weise für mich, meine Arbeit zu verkaufen; es lief nicht auf direktem Weg, man subskribierte vielmehr für ein Bild und bezahlte in mehreren Terminen, verteilt über das ganze Jahr (genauso lange, wie die Yod-Wirkung von Neptun anhielt!) Das hat mich tatsächlich vorm Untergang gerettet.
In Bezug auf den möglichen Umzug, vor dem ich panische Angst hatte, geschah folgendes: jedes Mal, wenn das Yod aktiv wurde, wurde ich mit dem Thema konfrontiert. Von verschiedenen Instanzen wurde Druck auf mich ausgeübt, endlich eine Entscheidung zu treffen, oder ich war selbst der Meinung, den Knoten durchschlagen zu müssen. Aber es war mir absolut nicht möglich, und schon allein bei dem Gedanken fühlte ich mich wie gelähmt. Egal, ob ich nun umziehen würde oder nicht, ich sah in Bezug auf meine Arbeit (die mir meine Existenz sichert) eine riesige Katastrophe auf mich zukommen, oder besser ausgedrückt: völlige Liquidation! Eine Art Todesurteil; ich begriff überhaupt nicht, wem ich das zu verdanken hatte.

Die gesamte Periode, in der das Yod wirksam war, kann ich als eine Zeit beschreiben, in der ich für keinen Moment Ruhe fand. Es schwebte eine Art Damoklesschwert über meinem Haupt und oft kostete es mich meine gesamte Energie, überhaupt auf den Beinen zu bleiben. Es beherrschte mich völlig, wie sehr ich auch versuchte, alles noch einmal der Reihe nach durchzugehen, es schien einfach keine Lösung zu geben. Auch Freunde, die ich bat, das Problem zu analysieren, konnten mich nicht wirklich beraten, der eine sagte: „Mach es" und der andere sagte: „Mach es nicht". Was ich letztlich unternahm, war, mich nicht von der Stelle zu rühren und einfach weiterzuarbeiten!
Objektiv betrachtet war es eine sehr merkwürdige Situation. Ich hatte mich so sehr in eine Pattsituation hineinmanövriert, dass zwei Wohnungen auf meinen Namen liefen – was in Amsterdam eigentlich gar nicht möglich ist, bei mir allerdings schon – und dass ich schon vor einigen Monaten meinen Mietvertrag gekündigt hatte, aber durch ein merkwürdiges Zusammentreffen von Umständen immer noch dort wohnte. Die Wohnungsbaugesellschaft hatte noch keine neuen Mieter für die alte Wohnung. Als dann doch Nachmieter gefunden wurden, habe ich noch am gleichen Tag, per Eilbrief, meine Kündigung zurückgezogen!"

Wir sehen in Helens Fall ein unmögliches Zusammentreffen widriger Umstände; sie sieht einfach keinen Ausweg mehr. Sie steht in jeder Hinsicht unter Spannung, und auch ihre Freunde können ihr nicht helfen. Mir fällt immer wieder auf, dass bei zeitlich begrenzten Yodfiguren auch ein Astrologe keine guten Ratschläge zur Hand hat. Fast scheint es so, als ob man in dieser Zeit einfach keinen Rat geben „dürfe". Bei Helen geriet alles durcheinander und nirgendwo gab es einen Halt. In ihrer Arbeit, ihrer Beziehung und in ihren Wohnverhältnissen fühlte sie nichts als Unruhe, Unwohlsein, Unsicherheit und Spannung; sie sah einfach keinen Ausweg mehr.
Hier sehen wir allerdings, dass das Problem ihrer finanziellen Sicherheit darauf zurückzuführen war, das die Regierung die nationale Regelung für Künstler zurückgezogen hatte. Die größte Spannung, mit der Helen zu kämpfen hatte, entsprang ihrer Unsicherheit, ihrer inneren Widersprüchlichkeit, ihren Ängsten und ihrer Unruhe. Das heißt, dass Yodfiguren und unaspektierte Planeten nicht immer mit schwierigen äußeren Umständen im Zusammenhang stehen müssen. Das Gefühl, mit dem Rücken zur Wand zu stehen, kann durchaus von innen kommen. Damit wird die Erfahrung allerdings nicht weniger schwierig!

„Als der Transit Neptun nach anderthalb Jahren aus dem Orbis lief, löste sich das Problem auf, fast auf den Tag genau. Das Stundenhoroskop zeigte sehr deutlich, das es das Beste war, nicht umzuziehen. Die Wohnung wäre für meine Arbeit nicht geeignet, und

würde mir auf Dauer keine Verbesserung einbringen. Das stimmte mit meiner Meinung überein, und innerhalb eines Tages schrieb ich alle nötigen Briefe an die entsprechenden Instanzen, um die ganze Sache rückgängig zu machen.
Ich bin zu dem Schluß gekommen, dass ich, obwohl meine Wohnung immer noch gewisse Probleme mit sich bringt, diese Entwicklung nicht bereue. Einfach weiterzuarbeiten hat sich letztlich positiv ausgewirkt und mir sogar neue Beziehungen beschert, von denen jetzt besonders eine eine sehr wichtige Rolle in meinem Gefühlsleben spielt. Diese Beziehung, die sich plötzlich während eines Transits von Neptun im Trigon zum MC ergab, hat bei mir einen enormen Bewusstwerdungsprozess in Gang gesetzt und mich in vielerlei Hinsicht mit meiner Bedrückung während der Yod-Zeit konfrontiert."

Helen übersieht hier, dass Uranus während dieses Transits ein Yod mit ihrem Mond-Pluto einerseits und Saturn andererseits bildete und dass der Mann, der plötzlich in ihr Leben trat, eine Mond-Pluto-Konjunktion hat.
Beim Durchlesen des Textes dieses Kapitels fügte Helen zu diesem Punkt noch einige Zeilen hinzu, die ich hier wörtlich wiedergebe:

„Die Frustrationen und Spannungen dieser Yod-Transite legten den Samen für diesen Bewusstwerdungsprozess; aufgrund neuer Beziehungen/Verliebtheiten wurde ich fast zwanghaft mit der Erkenntnis über Mann-Frau-Beziehungen konfrontiert. Die Beziehung mit meinem jetzigen Partner ist das Ergebnis, wobei bemerkenswert ist, dass er in seinem Geburtshoroskop neben einer Mond-Pluto-Konjunktion in Löwe ein Yod zwischen Sonne als Apex und Uranus und Aszendent hat. Außerdem steht sein MC genau auf meiner Sonne in Fische im 8. Haus.
Die Beziehung hat sich aus der Arbeit heraus entwickelt, insbesondere durch den Auftrag ‚Gorilla mit Jungen' (fast metaphorisch für das Mond-Pluto-Thema!).
In dieser Periode stand auch in der Liebe und in Bezug auf Beziehungen der Begriff „Pattsituation" im Mittelpunkt. Solche Verbindungen waren ‚unmöglich', ‚unerreichbar' und ‚zwanghaft' und nahmen keine Gestalt an. Ich hatte das äußerst widersprüchliche Gefühl, handeln zu müssen und es nicht zu können. Ich glaubte, etwas zu wollen, wofür die Zeit sichtlich noch nicht reif war. Ich konnte einfach nicht sehen, wohin das alles führt.
Für mich scheint diese Yod-Periode eine Zeit gewesen zu sein, in der es außergewöhnlich stark um meine Selbsterhaltung ging. Neptun im Transit (mein Herrscher von 8!) bildete den Apex zu meiner Mond-Pluto-Konjunktion in 12 und meiner Saturn-Uranus-Konjunktion in 10. Er wirkte als Brennpunkt in diesen Bereichen: aufreibend und unterminierend. Ich hatte Existenzängste und fortwährend das Bild eines ‚Abgrunds'

vor Augen. Außerdem fühlte ich mich – trotz der Aufmerksamkeit meines Partners und meiner Freunde - sehr alleine. Am schlimmsten war mir, dass meine ‚Entschlusslosigkeit' verkannt wurde und ich meiner Umgebung nicht klarmachen konnte, dass jede Entscheidung meinen Untergang bedeuten würde!
...Schließlich will ich noch anmerken, dass ich die Erfahrung gemacht habe, dass die Spannung einer Yodfigur so groß sein kann, dass man irgend etwas daran tun muss. Allerdings nimmt man den „Kampf" am besten mit Hilfe von Aktivitäten in Angriff, bei denen der Konflikt weniger hineinspielt (in meinem Fall war das meine Arbeit). Man sollte seine Energie besser nicht auf das Problem richten, das die Pattsituation andeutet. Die Energie muss im positiven Sinne fließen können, weil die Spannung größer wird, wenn sie auf die Pattsituation fixiert bleibt, die sie regelrecht auffrisst. Ein Gefühl von Ohnmacht gewinnt hierbei die Oberhand."

Helens Beispiel beschreibt deutlich die emotionale Spannung und das Gefühl, während einer Yodfigur in einer Pattsituation zu stecken. Ich habe oft gesehen, dass während einer Yodfigur ein Traum in Erfüllung zu gehen scheint, der aber von schwierigen Umständen begleitet wird; in unserem Fall ist es die ersehnte Atelierwohnung, die enorme Folgen für ihre Beziehung haben würde. Letztlich haben ihre Aktivitäten in dieser Yod-Periode dazu geführt, dass sie einen anderen Mann kennenlernte, wodurch sich die Beziehung zu ihrem vorherigen Freund veränderte. Sie blieben zwar Freunde, waren aber kein Paar mehr. Nachdem das Yod mit Neptun vorüber war, löste sich auch das größte innere Chaos auf. Da Neptun auch Herrscher von 8 ist, spielten auch innere Konfrontationen eine Rolle. So wie Helen es ausdrückte: es ergibt sich eine Lösung, sobald das Yod vorbei ist. Die Antwort war bereits die ganze Zeit über da, allerdings noch nicht greifbar.

Jacqueline: *Von äußerer Struktur zu innerem Fließen*

„Ich spüre, dass ich immer unterwegs und immer auf der Suche bin und niemals ankomme." schreibt Jacqueline, die drei Yodfiguren in ihrem Horoskop hat:

- Sonne Sextil Mond, beide im Quinkunx zu Saturn
- Mars Sextil Mond, beide im Quinkunx zu Saturn
- Neptun Sextil Pluto, beide im Quinkunx zu Merkur.

Saturn in Jungfrau und Mond in Wassermann befinden sich nur zwei Bogenminuten außerhalb des Orbis. Da Saturn aber der alte Zeichenherrscher von Wassermann ist (der Nachtdispositor), kann ihm ein etwas größerer Orbis zugestanden werden. Jacqueline's Leben ist ein Lehrbeispiel für die Wirkung einer solchen Yodfigur, was ebenfalls dafür spricht, den Orbis auf etwas mehr als 3° (siehe Kapitel 1) anzusetzen; bis maximal 3,5°. (Auch Jacquelines Vater hat ein Yod mit Sonne, Mond und Saturn; und ihre Mutter eine Mond-Saturn-Opposition.)
Sie schreibt weiter:

„Es fällt mir schwer, mir meine Zeit einzuteilen. Welche Pläne ich auch für meine Tage und Wochen mache, es läuft immer anders als geplant. Meistens tue ich alles mögliche andere, nur nicht das, was ich mir wirklich vorgenommen habe... Bei anderen Menschen scheinen die Schwierigkeiten oft von außen verursacht zu werden; bei mir geschieht es immer von innen heraus. Immer, wenn ich denke: Jetzt weiß ich es, beginnt es in mir zu gären, und ich werde sehr unruhig, so als würde mir der Boden unter den Füßen weggezogen. Dann fühle ich mich sehr unglücklich und muss wieder auf die Suche gehen...Es ist sehr schwierig für mich, innere Ruhe zu finden.

Jacqueline fasst sehr deutlich in Worte, welche Gefühle Yodfiguren auslösen können. All das habe ich auch immer wieder von anderen Klienten und Schülern gehört.

Wenn Sonne und Mond an einem Yod beteiligt sind, kann man ruhig davon ausgehen, dass die Gefühle, die dieses Yod auslösen wird, bis in die kleinste Faser zu spüren sind. Die beiden Lichter des Horoskops spielen eine zentrale Rolle im Leben jedes Menschen. Wenn das Zentrum des Bewusstseins, das, woraus man seine Identität bezieht (Sonne) und die Haltung, mit der man versucht, sich wieder wohlzufühlen (Mond) in ein Yod einbezogen sind, wird man durch eine Phase gehen, in der man kaum zur Ruhe kommt. Fragen wie: „Wer bin ich und was will ich?" bringen eine

Menge innere Unruhe und Unsicherheit mit sich. Von Natur aus beziehen wir uns auf den Mond im Horoskop, wenn wir wieder etwas zur Ruhe kommen wollen, sowohl durch die Aktivitäten, die zu Haus und Zeichen gehören, als auch durch die Planeten, mit denen der Mond verbunden ist. Wenn aber der Mond an einem Yod beteiligt ist, verschafft er uns nicht die gewünschte Ruhe, er bringt aber nicht nur diese Unruhe mit sich, sondern verstärkt sie auch noch.

Saturn ist der Apex der Yodfigur, der auf zwei extreme Arten gespürt werden kann. Die ängstliche Seite Saturns führt möglicherweise zu der Neigung, sich peinlich genau an die Regeln zu halten und bestimmten Erwartungsmustern zu entsprechen. Äußerst pflichtgetreu das zu tun, was getan werden muss, ist eine Möglichkeit oder Form, Halt in dieser Welt zu finden. Da Saturn aber in einem Yod steht, ist es gleichzeitig sehr schwierig, die Dinge auf eine Art zu tun, bei der man selbst das Gefühl hat, gut genug zu sein. Dabei geht es wirklich um das eigene Gefühl, denn mit diesem Saturn kann man sehr stabil und ruhig auf andere Menschen wirken, die nicht erkennen, welche Stürme im eigenen Inneren toben. Saturn in einem Yod kann auch das Risiko beinhalten, dass man aus einer tiefen Angst vor sich selbst und dem Leben

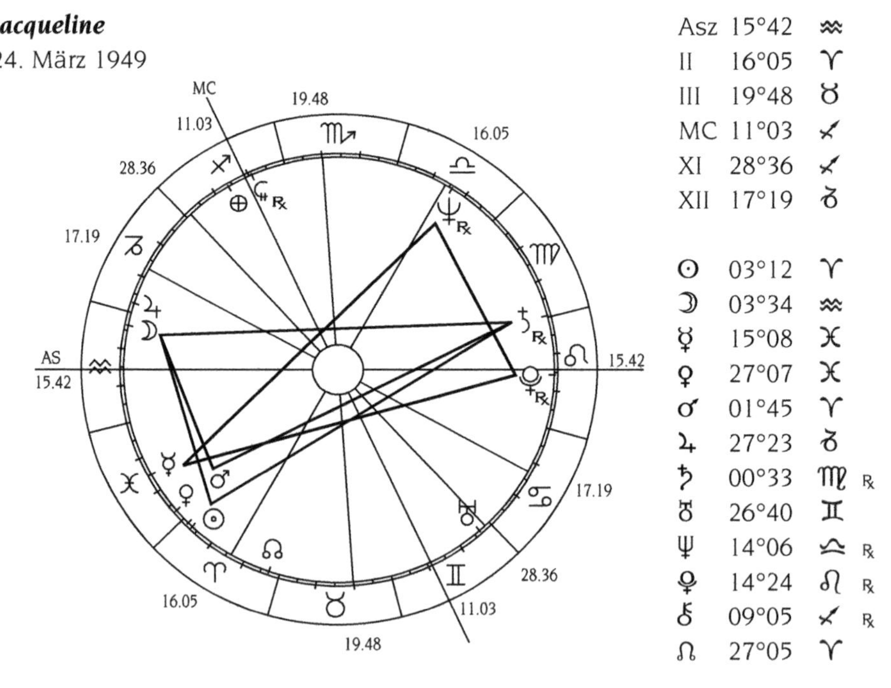

versucht, sich auf sicheres Terrain zurückzuziehen, indem man beispielsweise zwanghaft an bestimmten Formen und Ritualen oder Meinungen und Handlungen festhält. Das geschieht aus einem Bedürfnis nach äußerer Sicherheit, das man in sich selbst nicht zu spüren vermag. Saturn in einem Yod kann sich aber auch sehr positiv auswirken.

Die kraftvolle Seite von Saturn im Yod ist die, dass man tatsächlich für andere ein Fels in der Brandung ist, was man selbst nicht in diesem Maße erkennen kann. Man gibt anderen Rückhalt, während man gleichzeitig das Gefühl hat, selbst auf der Suche nach Stabilität zu sein. Ständige Zweifel über die Form des eigenen Lebens oder über die Art, in der man konkrete Aktivitäten gestalten muss, verhindern, dass man erkennt, in welchem Maße man auf seine eigene Art eigentlich sehr flexibel auf Situationen reagieren kann. Oft wird man sich da wiederfinden, wo eine alte Form verschwinden und eine neue aufgebaut werden muss. In Firmen ist das oft die Abteilung, in der es (noch) keine Struktur gibt oder in der eine bestehende Struktur nicht mehr ausreicht; man wird oder ist dann unmerklich und ungewollt Teil des Veränderungsprozesses.

Bei einem Yod-Saturn, der aus Angst nach Sicherheit sucht, erlebe ich häufig, dass der Betroffene eine Anstellung sucht (und findet), die absolut klar zu sein scheint: klare Handlungen, feste Aufgaben, wenige Abweichungen und viel Routine. Und hier zeigen sich dann die Probleme. Eine solche Stelle kann nämlich als so erdrückend erfahren werden, dass der Betroffene sich keinen Rat mehr weiß und sogar verschiedene psychosomatische Beschwerden entwickeln kann. Möglicherweise ist die Sicherheit sogar gewährleistet, aber dann ist da ein Chef oder Vorgesetzter, mit dem man überhaupt nicht zurecht kommt oder er reißt einen immer wieder aus der Arbeit oder der Routine heraus. Möglicherweise kommt man auch genau zu dem Zeitpunkt in diese Firma, in der man beispielsweise aufgrund gesellschaftlicher Veränderungen, gesetzlicher Regelungen, ökonomischer Umwälzungen allerlei unerwarteten Problemen die Stirn bieten muss. Derjenige, dem es gelingt, das Yod „fließen“ zu lassen, kann in diesen Erneuerungsprozessen eine sehr wichtige Rolle spielen und einen wichtigen Beitrag zur Schaffung einer neuen Form und einer neuen Sicherheit leisten, oftmals, ohne es selbst zu bemerken. Gibt man Saturn allerdings eine negative Richtung, wird man völlig gestresst sein.

Saturn ist auch Teil der Yodfigur mit Mond und Mars als Grundlage. Hier verbindet sich Saturn mit dem eigenen Aktivitätsmuster und dem Bedürfnis, für sich selbst einzutreten. Bei einer Sonne-Mars-Konjunktion in Widder könnte man jemanden erwarten, der das Leben mit enormer Geschwindigkeit und einer enthusiastischen

Ausstrahlung im Sturm erobert. Saturn im Yod kann diese feurige und lebenslustige Dynamik für längere Zeit unterdrücken, beiseite drängen, zäh werden lassen oder ihr in anderer Weise im Weg stehen, natürlich im Zusammenhang mit der gesamten Yod-Tendenz. Allerdings wird diese tatkräftige Dynamik niemals verschwinden, früher oder später wird sie sich Bahn brechen. Spannungskopfschmerz ist eine der möglichen Ausdrucksformen bei diesem Prozess.
Saturn, als Apex, ist auch der Herrscher des 12. Hauses, das uns direkt mit unserem Einfühlungsvermögen und Mitgefühl in Kontakt bringt. Das kann auf die unterschiedlichste Weise zum Ausdruck kommen: von sozialer bis hin zur ehrenamtlichen Arbeit in der Dritten Welt, vom Krankenhaus bis hin zur Anlaufstelle für Suchtkranke, vom Klosterleben bis hin zur Musik. Neptun in ihrem zweiten Yod (Neptun, Pluto und Merkur) unterstreicht all das noch. Der Herrscher von 12 in einem Yod kann auf eine tiefe Sehnsucht nach einer ‚anderen Welt' und nach einer spirituellen Versenkung mit sich selbst hinweisen und auf ein fast wehmütiges Bedürfnis, sich mit Mensch und Natur eins zu fühlen. Hier besteht das Risiko, sich in den Gefühlen zu verlieren und Fluchttendenzen zu entwickeln, um dem Alltagsleben zu entfliehen. Die Gabe, auch im Zusammenhang mit Neptun und Pluto in dem anderen Yod, besteht in einem ganz besonderen Einfühlungsvermögen, mit dem man anderen Menschen hervorragend helfen kann, weil man intuitiv erfasst, worum es geht. Außerdem ist es sehr gut möglich, dass es sich hierbei, in welcher Form auch immer, um eine paranormale Begabung handelt. Diese Gabe sehe ich häufig, wenn das Neptun-Pluto-Sextil an einem Yod beteiligt ist, wahrscheinlicher noch, wenn auch der Herrscher von 12 daran beteiligt ist, wie es bei Jacqueline der Fall ist.
Jacqueline schreibt in ihrem Brief weiter:

„Ich fühle mich sicher in einer strukturierten Umgebung, beispielsweise einem Kloster oder einem Retreat-Ort oder Ähnlichem, obwohl ich weiß, dass es nicht der Sinn dieses Lebens ist, mich (wieder) dorthin zurückzuziehen."

Hier zeigt sich die eine Seite von Saturn, sowohl als Saturn (Bedürfnis nach Klarheit und Struktur) aber auch als Herrscher von 12 - anhand ihrer Beispiele: Kloster oder Retreat-Ort!
Saturn kommt aber auch als ‚Pflicht-Planet' in diesem Yod zum Tragen:

„Im Alltagsleben bin ich ‚süchtig nach Perfektion'. Immer muss alles sauber und in Ordnung sein, bevor ich mich entspannen darf und kann. Aber selbst dann noch ist es schwierig, die ständigen Einflüsse von außen loszulassen."

Damit hat sie es aber gleichzeitig, wie wir bereits sehen konnten, sehr schwer. Wenn es nämlich um die Ausführung dieser Dinge geht, läuft grundsätzlich alles anders, als sie es geplant oder vorhergesehen hat. Da ist ständig dieser Drang, alles festzulegen und pflichtgetreu zu erledigen, wobei die Gestaltung ständig „unter Beschuss“ steht.

Ein Yod im Horoskop ist oft ein Hinweis darauf, dass die zweite Lebenshälfte völlig anders aussieht als die erste. Das kann sich innerhalb der eigenen Psyche, durch eine völlig andere Sichtweise auf das Lebens, aber nicht selten auch im Außen abspielen, indem man völlig andere Aktivitäten als früher betreibt. All diese Veränderungen sind sehr augenfällig. Auch hierfür ist Jacqueline ein beredtes Beispiel.
1996 schrieb sie: *„Ganz allmählich wird das 12. Haus immer wichtiger in meinem Leben: nach dem Abitur habe ich Jura studiert und als Ratsfrau im Sozialbereich gearbeitet. Ich war Rechtsanwältin an der Universität und später habe ich noch Steuerrecht studiert.“*

Wieder begegnen wir dem Sozialen (Neptun, 12. Haus) und Saturn (Steuerrecht). Aber das veränderte sich noch:

„1989/1990 veränderte sich all das. Saturn lief im Transit durch mein 12. Haus. Im Laufe des Jahres 1989 habe ich mir ein (zweites) Horoskop machen lassen und bin zu einer Aura-Lesung gegangen. 1990 begann ich, Kurse in intuitiver Entwicklung zu belegen und ließ mich von einer hellsehenden Heilerin behandeln. Außerdem unterzog ich mich einer Hypnose-Therapie. 1991 (nachdem Saturn über meinen Mond in 12 gelaufen war) begann ich mit einer Regressionstherapie und biodynamischer Massage. Seit Mitte 1991 vertiefe ich mich auch noch in die Astrologie. Andere Aktivitäten folgten: Singen, Yoga, Schwimmen, Meditation, Heilzeichnen, Mandalas malen, Beschäftigung mit Traumsymbolen und Traumdeutung, ein bisschen Numerologie und Tarot, Chakra-Behandlungen, Healing-Workshops (Verbindung mit der Energie der Erde), Workshops in holotropem Atmen, Stimm-Therapie, Tanzen, Fußreflexzonen- und Polaritätsmassage. Ich interessierte mich immer mehr für das, was sich auf der Energieebene in und zwischen Menschen abspielt. In dem Moment, in dem diese Veränderungen stattfanden, konnte ich das Ausmaß nicht überblicken. Es geschah einfach, ohne dass ich verstand, was da los war (mehr oder weniger aufgrund meiner Kopfschmerzen und dem Verlangen, eine Lösung dafür zu finden). Wenn ich im Nachhinein auf all das zurückblicke, hat mein Leben damals eine Richtungsänderung erfahren, so, als hätte ganz allmählich ein neues Leben für mich begonnen. Ich folgte mehr meinem inneren Gefühl und meinen inneren Bedürfnissen, anstatt die Forderungen und Erwartungen von außen zu erfüllen.“

(Übrigens schreibt sie sehr passend – und das betrifft all diese Yodfiguren: *„Zwischen 1986 bis 1995 habe ich mir von sechs verschiedenen Leuten ein Horoskop erstellen lassen, um Klarheit und Halt in all diesen Veränderungsprozessen zu finden, die mir zwar im Nachhinein klar waren, aber nicht, als ich mitten drin steckte."*)

Jacqueline beschreibt, dass diese Veränderungen und die Kurse, die sie belegte, während des Saturntransits durch ihr 12. Haus stattfanden. Das passt sehr gut zu den Themen, die sie studierte und entspricht auch den Heilmethoden, denen sie sich unterzog. Der Anlaß waren ihre permanenten Kopfschmerzen – möglicherweise ein Spannungskopfschmerz von Saturn, und auch eine Stauung der Widder-Energie. Wenn wir uns aber die weiteren Transite anschauen, die in dieser Periode mitspielten, erkennen wir eine bemerkenswerte Yod-Betonung:

***Januar* 1989**
Tranist Uranus Anfang Steinbock: nacheinander im Quadrat zu Jacqueline's Mars und Sonne. Uranus bildet zuerst ein Trigon zu ihrem Saturn, der in Jacqueline's Horoskop gleich in zwei Yodfiguren eingebunden ist.

***Februar* 1989**
Transit Pluto stationär auf 15°11 in Skorpion, im Quadrat zu sich selbst und im Trigon zum Radix-Merkur – zwei Punkte ihrer Radix-Yodfigur.

***März* 1989**
Transit Saturn stationär auf 13°56 in Steinbock, der innerhalb von 1° Orbis ein Quinkunx zu ihrem Radix-Pluto bildet und bereits in einem Yod im Quinkunx zu ihrem Merkur steht. Der transistierende Saturn ist also dabei, ein neues Yod zu bilden. Er steht auch im Quadrat zum Radix-Neptun, einem weiteren Punkt der Radix-Yodfigur von Jacqueline.

***Juni/Juli* 1989**
Uranus im Transit im Quadrat zu Jacqueline's Sonne.

***Juli/Oktober* 1989**
Uranus im Transit (stationär auf 1°20' Steinbock) im Quadrat zu Jacqueline's Mars und im Trigon zu ihrem Saturn.

***August* 1989**
Jupiter tritt in Krebs ein und bildet ein zeitlich begrenztes Yod, indem er ein Sextil zu Saturn und ein Quinkunx zum Mond bildet (die beide bereits zu einem bestehenden Yod gehören).

Oktober/November 1989
Transit Pluto wieder im Quadrat zu seiner eigenen Radixposition und im Trigon zu Merkur. Transit Uranus im Quadrat zur Sonne.

Dezember 1989
Transit Saturn läuft zurück in Steinbock auf 13°, 14° und 15°. Er bildet ein Quadrat zum Radix-Neptun, ein Sextil zum Radix-Merkur und ein Quinkunx zum Radix-Pluto. Das bestehende Yod wird aktiviert (Neptun-Pluto-Merkur) und im Transit entsteht ein weiteres Yod: Saturn-Merkur-Pluto.

April 1990
Transit Neptun wird stationär auf 14°34 in Steinbock - wo Saturn kurz zuvor noch für ein Yod gesorgt hat - und bildet ein monatelang intensiv spürbares Yod, indem er ein Sextil mit Merkur und ein Quinkunx zu Pluto bildet. Neptun steht auch im Quadrat zu seiner Radixposition. Der stationäre Transit bringt ein stärkeres Gewicht und eine besondere Betonung mit sich. Ende 1990 und Anfang 1991 bildet sich dieser Aspekt erneut!

März 1991
Transit Saturn in Konjunktion zum Radix-Mond: eine Aktivierung der Yodfiguren Sonne-Mond-Saturn und Mars-Mond-Saturn.

April 1991
Ein stationärer Uranus im Transit auf 13°49 in Steinbock: die Bildung einer neuen Yodfigur mit Radix-Pluto, der bereits ein Quinkunx zum Radix-Merkur bildet.
September 1991
Stationärer Neptun auf 13°59 Steinbock, wieder ein neues Yod mit Pluto und Merkur.

Dezember 91/Januar 1992
Uranus bildet von Steinbock aus ein Yod mit Pluto und Merkur und wiederholt dasselbe noch einmal im September 1992, als er auf 14°03 in Steinbock stationär wird.

Als die letzten „Wehen" des stationären Uranus allmählich aufhören, sehen wir auch, dass Saturn im Transit definitiv über Jacqueline's Aszendent läuft. Er ist schon mehrmals darüber hin- und wieder zurückgelaufen, aber jetzt verläßt er endgültig das 12. Haus. Was Jacqueline als Entwicklung angesehen hatte - als Saturn durch ihr 12. Haus lief -, erwies sich in Wirklichkeit nur als die Spitze eines Eisberges. Während dieses Zeitraumes wurden ihre Geburts-Yodfiguren durch wichtige Transite aktiviert, von denen einige stationär und daher sehr eindringlich wirkten. Saturn, Uranus, Neptun und Pluto haben alle ihren Beitrag dazu geleistet. Ohne dass sie es zu diesem Zeitpunkt hätte erkennen können, schlug Jacqueline einen neuen Weg in ihrem Leben ein. Sie folgte ihrem inneren Ruf und tat das, was sie ansprach. Die aktivierten Yodfiguren brachten sie auf den Weg. Alles kam wie von selbst auf sie zu, ohne dass deutlich wurde, wohin dieser Weg führen würde. Jacqueline befasst sich jetzt mit Bereichen, die sich völlig von ihrer Arbeit an der Universität oder dem Steuerrechtswesen unterscheiden! Sie ist nun viel mehr mit Dingen beschäftigt, die ihr ein Gefühl von Erfüllung in ihrem Leben vermitteln.

Ein schönes Beispiel für eine vollständige Wende, ein Beispiel, das aufzeigt, dass ein Yod besondere Talente bereithalten kann, selbst wenn man das nicht erkennt. Hätte man Jacqueline in ihrem achtzehnten Lebensjahr erzählt, was sie in ihrem späteren Leben einmal tun würde, hätte sie vermutlich mit vollkommenem Unverständnis reagiert.

Christina

„Als Kind habe ich mich als schwarzes Schaf in meiner Familie gefühlt. Da ich oft Streit mit meiner Mutter hatte, glaubte ich, dass ich die Stimmung zu Hause verderben würde. Schon früh bin ich von zu Hause weggegangen.“ schreibt Christina, die ein Yod mit Sonne, Pluto und Neptun hat.

Die Sonne wird zwar meistens mit dem Vater gleichgesetzt, aber ich habe sehr häufig erlebt, dass sie uns auch Informationen über den selbständigen und/oder dominanten Teil der Mutter liefert. In diesem Yod kann die Sonne auf Konflikte mit allen Menschen, die eine Autoritätsposition bekleiden, hinweisen. Die Sonne strebt danach, sich selbst zu verwirklichen und ihre eigene innere Autorität zu finden und zu entwickeln. Für eine Sonne in einer Yodfigur kann das ziemlich häufig zu Problemen führen, weil das Selbstvertrauen oft großen Zweifeln unterliegt und unterminiert wird. Außerdem ist man viel sensibler gegenüber widersprüchlichen Behauptungen, die andere über uns äußern. Daher kann die Sonne in einem Yod innerlich, nicht selten aber auch äußerlich mit Menschen zusammentreffen, die das Sagen haben wollen. Innere Zweifel und fehlendes Selbstvertrauen können in der Form nach außen projiziert werden, dass man andere unterminiert. Das hat nichts mit Gemeinheit oder Unehrlichkeit zu tun. Vielmehr verhält es sich so, wie wir das bereits bei einem Yod erleben konnten: Jemand gerät in eine Lebenssituation, in der das Thema „Leitung“ einem Wandel unterworfen ist, oder wo etwas verändert werden muss. Derjenige mit der Sonne im Yod kann hier, gewollt oder ungewollt, zum Katalysator werden. Christina hat auch Pluto im Yod, wodurch es noch intensiviert wird. Aufgrund dieser Kraft will sie, trotz aller eventueller Gefühle von Unsicherheit, das Unterste zuoberst kehren - Pluto scheut keine Konfrontation.

Aber auch Neptun ist am Yod beteiligt, der Planet, der Energie entziehen und das Verlangen nach einer anderen Art des Erlebens mit sich bringen kann. Außerdem ist Neptun auch der Planet, der für unklare Situationen, Unordnung und Demotivierung sorgen kann oder sich möglicherweise sonstwie unterminierend auswirkt. In positiver Hinsicht kann er eine tiefere Verbundenheit, ein großes Einfühlungsvermögen und ein feines Gespür mit sich bringen, was es notwendig macht, sich wirklich Zeit für sich selbst zu nehmen, um zu seinen eigenen Gefühlen kommen oder bei sich selbst bleiben zu können.

Wenn es um die Identität (Sonne) geht, und Pluto und Neptun ein Yod mit der Sonne bilden, begegnet man Extremen: von Ungreifbarkeit bis hin zu Heftigkeit und Eindringlichkeit; von Nachgiebigkeit und Apathie bis hin zu Machtgebaren. Und genau das erlebte Christina.

Sie geriet tatsächlich Anfang der 80er Jahre an ihrem Arbeitsplatz in eine Konfliktsituation, in der das Thema Macht und Autorität eine wichtige Rolle spielte.

Über diese Periode schreibt sie:

„Ich arbeitete damals (im Sommer 1979) bei einer Bank und geriet in einen heftigen Arbeits- und Machtkonflikt. Ich war mir darüber im Klaren, dass ich diejenige war, die den Konflikt in Gang gesetzt hatte und nicht meine Vorgesetzen. Das erste Mal in meinem Leben spürte ich, dass ich Macht besaß, was mir zu dieser Zeit ein phantastisches Gefühl gab. Ich glaubte, über eine riesige Menge an Energie zu verfügen, mit der ich es mit der ganzen Welt aufnehmen könne. Da ich über die konservative Mentalität innerhalb der Bank ziemlich verwundert war, juckte es mich in allen Fingern, diese Langeweile zu durchbrechen. Ich sorgte also für Rabatz und fühlte mich wie ein frischer Wirbelwind, der die überholten Strukturen wegfegte.

Mit meinen hartnäckigen Fragen über die Hintergründe aller möglichen Vorgänge begann ich, die Ruhe zu stören. Zunächst wurde mein Interesse begrüßt, aber irgendwann wurden meine Fragen zu unbequem. Außerdem wollte ich mit meinem Ehrgeiz auch Karriere machen und fing an, für mich selbst einzutreten, was allerdings nicht begrüßt wurde - der Kampf begann. Die Spannungen eskalierten und es entstand ein offener Konflikt.

Später, als ich mir mein Horoskop ansah, dachte ich, dass dies möglicherweise mit Sonne Quinkunx Pluto zu tun haben könne. Allerdings machte sich auch die andere Verbindung, Sonne Quinkunx Neptun langsam bemerkbar. Ich war völlig erschöpft, nach-

dem ich mehrere Jahre lang wirklich auf die Barrikaden gestiegen war. Ich zog in den Kampf gegen Autoritäten, der mich letztlich vollkommen zu Boden warf.
Ein Hindernis in dieser Periode war außerdem (möglicherweise durch das Yod), dass ich mich eher wechselhaft verhielt. Ich war beispielsweise in der einen Woche sehr selbstsicher und ungehemmt und ging Vorgesetzte mit meinen kritischen Bemerkungen und Kommentaren an. In der darauffolgenden Woche sank mein Energiepegel wieder und ich fühlte mich apathisch. Wenn meine Chefs dann eine Reaktion von mir erwarteten, verstand ich nicht, worüber sie sich so aufregten. Ich war einfach nicht in der Lage, selbstsicher zu reagieren und fand es herrlich, mich einfach gehen zu lassen. Für mich selbst und für sie war das sehr verwirrend.
Während dieses Konflikts suchte ich Unterstützung bei einer Gewerkschaft und später bei einem Anwalt, der mir riet, zu kündigen. Davon wollte ich aber nichts hören, das hätte mein Ehrgefühl nicht erlaubt.
Die ganze Geschichte erstreckte sich von 1979 bis 1988. 1988 wurde letztlich, nach einem heftigen Kampf, der Arbeitsvertrag von einem Amtsrichter aufgelöst - ich war arbeitslos".

Christina
26. Februar 1946, 14.20 MET -1.00 = 13.20 GMZ
Bodegraven 52°05 N 004°45 O

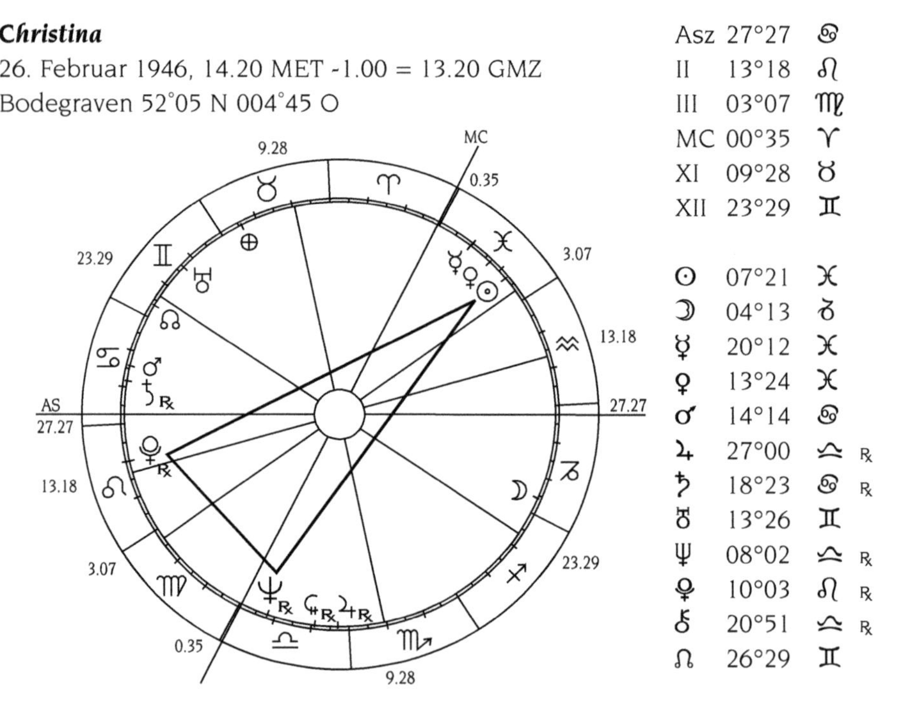

Asz	27°27	♋
II	13°18	♌
III	03°07	♍
MC	00°35	♈
XI	09°28	♉
XII	23°29	♊

☉	07°21	♓	
☽	04°13	♑	
☿	20°12	♓	
♀	13°24	♓	
♂	14°14	♋	
♃	27°00	♎	℞
♄	18°23	♋	℞
♅	13°26	♊	
♆	08°02	♎	℞
♇	10°03	♌	℞
⚷	20°51	♎	℞
☊	26°29	♊	

Im Oktober 1978 fällt eine Sonnenfinsternis auf einen Punkt der Yodfigur, auf 8° Waage, genau auf ihren Neptun. Die folgende Sonnenfinsternis im Februar 1979 fällt auf 7° Fische, auf den anderen Punkt ihrer Yodfigur, exakt auf ihre Sonne. Diese Eklipsen haben vermutlich den ganzen Prozess eingeleitet. Der nicht berührte Punkt der Yodfigur, Pluto, setzte das Ganze dann in Gang. Sonne und Neptun waren „verdunkelt“ und spielten erst später eine Rolle. Schauen wir uns die Transite in dieser Zeit an:
Im Mai 1979 steht Saturn im Transit stationär auf 7° in Jungfrau, in Opposition zu Christinas Sonne, dem Apex ihrer Yodfigur, und von November 1980 bis April 1981 läuft die Jupiter-Saturn-Konjunktion am Himmel im Quinkunx zur Sonne hin und wieder zurück, im Sextil zu Neptun und in Konjunktion zu Pluto und aktiviert somit das Yod. Beide Planeten kommen auf dem Radix-Pluto von Christina zum Stillstand, wodurch sie die zeitlich begrenzte Aktivierung der Yodfigur besonders betonen. Im August 1981 kehren sie nochmals zurück.
Wir sehen bei Christinas Kampf viele Extreme der Yodfigur zur Wirkung gelangen. Sie wagt den Kampf mit Autoritäten, hat aber gleichzeitig den Ehrgeiz, selbst eine Autoritätsperson zu werden. Sie will zwar Strukturen durchbrechen, aber auch innerhalb dieser Strukturen Karriere machen. Ihr Verhalten wechselt zwischen selbstsicherem Auftreten und Apathie. Kurz gesagt: Extreme, die, wenn man mitten darin steckt, für denjenigen mit dem Yod mindestens ebenso unergründlich und schwierig sind wie (für) die Vorgesetzten, die damit zu tun hatten.

„Später verstand ich, was der tiefere Hintergrund dieses Arbeitskonfliktes war. 1987 verunglückte meine Mutter, und damals spürte ich erstmals, dass ich lernen musste, nicht festzuhalten, sondern loszulassen. Von einem auf den anderen Tag war ich von allen feministischen Ambitionen geheilt und hatte ein völlig anderes Bewusstsein. Erst dann konnte ich die Entscheidung treffen, die viel umstrittene Position bei der Bank aufzugeben; und innerhalb kürzester Zeit war meine Kündigung geregelt.“

Im Juli 1987 bildet Pluto in einem stationären Transit ein Trigon zu ihrer Sonne. Er steht stationär auf 7° in Skorpion. Als stationärer Transit vertieft und verlängert er die Wirkung - Zeit zum Aufarbeiten, auch bei einem Trigon! Man sieht immer wieder, dass es bei Pluto-Transiten (und vor allem bei den stationären) nicht so wichtig ist, welchen Aspekt sie bilden. Sobald Pluto durch irgendeinen Aspekt eine Verbindung zu einem anderen Planeten eingeht, spornt er zu Tiefgang und Verarbeitung an - er kann ziemlich konfrontierend sein. Da Pluto bei Christina auch Teil einer Yodfigur ist, kann er bei seinen Transiten auch immer ein Stück dieser Yod-Idee mit

sich bringen. Christina erlebt also Pluto stationär im Trigon zu ihrer Sonne und ihre Mutter stirbt. Übrigens hatte Pluto schon früher, im Februar 1986, diesen Transit gebildet, ebenfalls stationär. Damals steckte Christina noch mitten in ihrem Konflikt am Arbeitsplatz. Zu dieser Zeit lief auch der transistierende Neptun (der andere Punkt ihrer Yodfigur) über ihren Mond. Das können die ersten Anzeichen für die Anflüge von Apathie und den Mangel an Selbstsicherheit gewesen sein. Neptun bildet diesen Aspekt im November und Dezember 1986 nochmals, um dann das ganze Frühjahr 1987 im stationären Transit auf Christinas Sonne einzuwirken. Er bringt nicht nur die Yod-Wirkung mit sich – da er ja am Radix-Yod beteiligt ist -, er bildet vielmehr auch von diesem Jahr an ein neues Yod und formt von Steinbock aus ein Sextil zur Radix-Sonne und bewegt sich in einem späteren Stadium auf ein Quinkunx mit Radix-Neptun zu. Auch Pluto bildet 1987 von Skorpion aus immer wieder Aspekte zum Radix-Yod. Was wir also sehen, ist, dass beide transsaturnale Planeten, die an Christinas Radix-Yod beteiligt sind, es 1987 im Transit mehrfach aktivieren. In diesem Jahr beginnen sich bei Christina innere Veränderungen bemerkbar zu machen. Im Jahre 1988 wiederholen sich diese Aspekte. 1989 nehmen Saturn und Uranus im Transit den Platz von Neptun in Steinbock ein, und bilden die Yodfiguren Saturn-Sonne-Pluto und Uranus-Sonne-Pluto.
Eine Zeit der Verarbeitung und Konfrontation und eine Zeit, in der die verborgenen Gaben und Talente der Yodfigur ans Licht drängen. Außerdem ging es darum, alte Muster zu durchbrechen und dem Neuen Gehör zu schenken, wie unsicher und undeutlich das anfänglich auch scheinen mag.

„So landete ich in einem jahrelangen, tiefgehenden Trauerprozess. Es starben Onkel, Tanten und Nichten. Freundinnen erkrankten an Krebs, und so weiter. Immerzu war ich damit beschäftigt, mich im Loslassen zu üben. Ich tat nichts anderes mehr als zu weinen; aber es tat mir gut.
Mit 14 Jahren wäre ich fast ertrunken. Seit dieser Zeit habe ich eine sogenannte Wasser- und Tiefenangst. Nachdem ich diesen Ängsten 30 Jahre lang nachgegeben hatte (zu meinem Leidwesen machte ich einen großen Bogen um sämtliche Schwimmbäder), beschloß ich, mir nicht mehr von ihnen auf der Nase herumtanzen zu lassen. Schon vor vielen Jahren stellten sich bei mir Rückenbeschwerden ein, die mich dazu zwangen, etwas für meine Kondition zu tun. Erst da ging ich ins Schwimmbad. Es war herrlich, ich war wieder in meinem Element: Wasser! Wer weiß, vielleicht kam ich damals mit der wahren Bedeutung des Sonne-Neptun Quinkunx in Berührung. Es geht wohl um viel Gefühl für die subtilen Ebenen des Lebens. In diesem Sinn hatte ich das Gefühl, mich in einem Transformationsprozess zu befinden.

Es gab noch etwas anderes, das mich in der ersten Lebenshälfte sehr beschäftigte. Ich hatte etwa ein- bis zweimal im Jahr einen Erdbebentraum, aus dem ich immer voller Angst erwachte. Ich sah mein Bett über einer riesigen Erdspalte stehen und fühlte tatsächlich, wie die Erde bebte. Dann wartete ich darauf, die Menschen in Panik die Straße entlang laufen zu sehen. Aber es passierte rein gar nichts. Gerade als ich anfing, mir Sorgen über diesen Traum zu machen, las ich auf der „Traumseite" einer Zeitschrift, dass solche Träume für das Erleben großer Veränderungen stehen. Nach dem Tod meiner Mutter (September 1987) und dem Verlust meiner Arbeit (Februar 1987) hatte ich auch das Gefühl, auf einem Stuhl zu sitzen, bei dem ein Bein nach dem anderen in Stücke ging. Als Symbol für mein Leben, das in sich zusammenbrach.
Während der 26 Jahre (1962-1988), die ich mitten im Arbeitsprozess stand, hatte ich ständig das Gefühl, dass es etwas gibt, worin ich wirklich gut bin. Aber ich konnte es nicht greifen, konnte diesem Talent nicht nahekommen. Deshalb veränderte ich mich beruflich immer wieder von Neuem. Ich hatte zwar das Gefühl, gute Arbeit zu leisten, allerdings stimmte sie mit meinem Inneren nicht überein. In den letzten Jahren, nach dem Verlust meines Arbeitsplatzes, hatte ich dieses Gefühl nicht mehr.
Seitdem ich einen Kursus in Jungscher Psychologie absolviert habe, nehme ich mein Trauma nicht mehr so schwer. Sollten hier wirklich meine Gaben schlummern? Weil ich jetzt weiß, was es heißt, durch Schmerz, Kummer und Trauer zu gehen, passiert es regelmäßig, dass andere Menschen mir spontan ihre Erfahrungen mit Krankheit und Tod erzählen. Ich fühle mich auf eine ganz eigene Art „zu Hause", wenn es um Fragen von Leben und Tod geht. In diesen Grenzbereichen liegen zwar meine panischen Ängste begründet, trotzdem spüre ich auch Kraft."

Das Gefühl, das Christina bei ihrer Arbeit hatte - dass etwas nicht stimmt und irgendwo ein wichtiges Talent zu schlummern schien -, höre ich oft von Menschen mit einem Yod. Die innere Unruhe und das Suchen führen dann oft zu vielfältigen Berufswechseln oder der Aufgabe des alten Arbeitsplatzes. Also genau das, was auch Christina praktizierte. Dieses Gefühl, dass „etwas nicht an die Oberfläche kommt", dem man „nicht näherkommen kann", erkennt man bei Yodfiguren sehr deutlich, wie wir schon mehrfach sehen konnten. Das heißt aber nicht, dass Christina in ihrer Arbeit nicht wirklich gut war. Auch für diesen Beruf könnte sie Talent gehabt haben. Aber das Grenzgebiet zwischen Leben und Tod, für das sie sich immer mehr interessierte, bietet ihr tatsächlich eine Menge Möglichkeiten. Sie könnte auf die eine oder andere Weise selbständig (Sonne) arbeiten und Menschen helfen, die ihrer Hilfe bedürfen (Neptun), vor allem bei Fragen und Problemen über Leben und Tod (Pluto). Dass sie dabei auch Ängste erlebt, gehört einfach dazu. Ihr Gefühl hat ihr eigentlich schon die Richtung gezeigt, in der sie möglicherweise enorm wachsen kann. Ein paar Jahre später schrieb sie mir, dass sie eine zweijährige Ausbildung am Niederländischen Institut für Sterbebegleitung begonnen hat.

„Das tue ich mehr um meines eigenen Prozesses willen, als dass ich behaupten würde, dass ich so etwas wirklich kann“ schreibt sie. Hier zeigen sich wieder die Unsicherheit und Zweifel der Yodfigur. Christina wird noch dahinterkommen, wie sehr ihr dieses Thema ‚auf den Leib geschrieben' ist! Weiter schreibt sie:

„Und doch erlebe ich meinen Prozess als Individuationsweg. 26 Jahre war ich in großen, anonymen Organisationen angestellt und habe es genossen, mich mitten in der Masse zu befinden. Nun durchlaufe ich einen ganz individuellen Prozess und oft habe ich das Gefühl, noch etwas ‚auf die Beine stellen zu müssen', wie man so schön sagt. In den vergangenen neun Jahren spürte ich auch, dass ich jemand bin, der ein Familienkarma oder unerledigte Dinge seiner Familie zu vollenden hat. Manchmal fühlt es sich an, als ginge es um eine jahrhundertealte Familienlast. Worum es hierbei geht, weiß ich allerdings nicht so genau....“
Sie beschreibt exakt das Gefühl, das ein Yod oft mit sich bringt - wie wir schon viele Male sehen konnten.

Jetzt, kurz vor Beendigung dieses Buches, steht Pluto im Quadrat zu ihrer Radix-Sonne und aktiviert somit wieder das Yod. Christina befindet sie sich also mitten in einer plutonischen Zeit. Wieder kommt sie in ihrer Umgebung mit Todesfällen in Kontakt. Einen dieser Tode erlebte sie als sehr außergewöhnlich. Es ging um eine Freundin, die ebenfalls ein Yod im Horoskop hat, genau an derselben Stelle wie Christina. Während Christina ein Yod mit Sonne (auf 7°) in Fische im Quinkunx zu Pluto in Löwe und Neptun in Waage hat, findet sich bei ihrer Freundin ein Yod mit Mond in Fische auf 7° im Quinkunx zur Sonne in Waage (auf Christinas Neptun) und Pluto in Löwe, nahe Christinas Pluto. Ein sich überlappendes Yod also.

„In den letzten anderthalb Jahren hatten wir einen ganz besonderen Kontakt zueinander und wir halfen uns gegenseitig. Wir wussten von den gemeinsamen Yodfiguren, und das machte unsere Freundschaft zu etwas Besonderem. Im Herbst 1998 starb meine Freundin. Oben auf der Todesanzeige steht: ‚Sterben heißt wiedergeboren zu werden'. So sprachen auch wir beide immer über den Sterbeprozess: Über ihre Transformation in die

geistige Welt und mein Leben, das voller Veränderungen war, dass ich im Hier und Jetzt durchzustehen hatte. Das waren die Themen, die wir miteinander austauschten..."

Schon allein aus dieser Beschreibung wird deutlich, auf welch natürliche Weise Christina mit Leben und Tod umgehen kann. Vielleicht ist diese Aktivierung ihrer Yodfigur wirklich der letzte Anstoß für eine neue Bestimmung in ihrem Leben. Die Erdbebenträume hat sie schon seit längerem nicht mehr gehabt...

„*Wohin all das führen wird, weiß ich ganz einfach nicht. Manchmal ist es wirklich beängstigend!*" teilte sie mir kürzlich in einem Brief mit.

Wenn man weiß, wie Yodfiguren wirken, gibt es nur einen einzigen Rat: Folgen Sie der Stimme Ihres Herzens und gehen Sie auf die Dinge ein, die Ihnen begegnen. Erkennen Sie, dass Sie Ihre Unsicherheit stärker als notwendig erleben, und dass Sie wesentlich mehr können, als Sie im ersten Moment glauben. Machen Sie einfach einen Schritt in die Richtung, die Sie anspricht. Der Rest geschieht dann von alleine...

Kapitel 16

Gemma: einem Generationsthema eine eigene Form geben

In Gemma's Horoskop steht Merkur in Wassermann und bildet ein Sextil zu Venus im Widder. Diese beiden Planeten formen ein Yod mit ihrem MC in Jungfrau. Da Merkur und Venus immer über mehrere Häuser im Horoskop herrschen, nehmen bei diesem Yod eine Reihe von Häusern an dessen Thematik teil. Merkur ist Herrscher von 8 und Herrscher von 10, und Venus ist Herrscher von 6, Herrscher von 7 und Herrscher von 11.
Gemma hat die Gefühle, die mit ihrem Yod zusammenhängen, aufgeschrieben und in folgende Worte gefasst:

„Die latente, vage Unruhe habe ich sehr deutlich gespürt, schon als Kind. Ich habe erkannt, dass ich aus der Einheit herausgefallen war, und das war sehr schmerzlich für mich. Ich war anders, als man das von mir erwartete oder wünschte, und ich gab Bemerkungen von mir, die als „nicht passend" empfunden wurden. Ständig hatte ich das Gefühl, von meiner Mutter im Stich gelassen zu werden. Ich musste Leistung erbringen und galt als „Prachtstück". Der Ausdruck und die Entfaltung meiner Persönlichkeit schien durch Blockaden behindert zu werden. Ich hatte das Gefühl, nicht in Ordnung zu sein und nicht die sein zu dürften, die ich bin, was starke Emotionen in mir auslöste: Angst, Wut und Schmerz lagen im Wettstreit miteinander.... Ich hatte eine deutliche Außenseiterfunktion in meiner Familie inne und war 'das Kind, das anders war.' Ich hatte und habe eben völlig andere Einstellungen und andere religiöse Vorstellungen. Früher dachte ich oft, ich sei so etwas wie ein Findelkind, das aus einem anderen Teil der Welt stammte und nicht niederländischer Herkunft war. Oft glaubte ich gar, noch nicht einmal der westlichen Welt anzugehören (sondern eher dem Osten oder Südamerika).
Ich spürte eine Verbindung zur Natur und dem Weltall, die niemand anderem in der Familie eigen war...
Meine Vorstellungen vom Frau-Sein kann man als progressiv bezeichnen. Auch in dieser Hinsicht entsprach ich in keiner Weise dem traditionellen Frauenbild unserer Familie: Eine Frau ist lieb und sanft, „ordentlich" mit einem Mann verheiratet, der soziales Ansehen genießt, den man zudem auf ein Podest zu stellen hat; sie hat immer als gute, sich selbst verleugnende Mutter für die Familie dazusein. Meine (sehr glückliche) Ehe

mit einem aus der Kirche ausgetretenen katholischen Priester hat damals sehr viel Staub aufgewirbelt. Meine Eltern hatten ein sehr klares Bild von dem Typ Mann vor Augen, den sie sich für mich vorstellten. Mein Mann wurde diesem Bild nicht gerecht. Er war nicht der Boss in unserer Ehe und ich war genauso wenig die folgsame Frau. Unsere Rollenverteilung beruhte auf Gleichwertigkeit und beinhaltete auch Raum für eigene Aktivitäten. So etwas war in meiner Familie überhaupt nicht üblich! Ich behielt auch meinen eigenen Namen (mein Mann stand völlig dahinter), was unvermeidlich auf Kritik stieß.
Ich präsentiere und verhalte mich nicht entsprechend der Normen, die in unserer Familie Gültigkeit besaßen. In der Familie meines Mannes hingegen wurde ich von einigen Leuten als „vornehm“ bezeichnet. So habe ich sehr widersprüchliche Reaktionen hervorgerufen, die auf mich auch oft verwirrende Auswirkungen hatten.“

Gemma beschreibt hier das bekannte Gefühl bei einer Yodfigur. Das Gefühl, nicht dazuzugehören, einfach anders zu sein als andere und dergleichen mehr. Ihr 10. Haus spielt eine doppelte Rolle im Yod: sowohl das MC als auch der Herrscher des 10. Hauses sind hier bedeutsam. Daher ist es kein Wunder, dass Gemma soviel Nach-

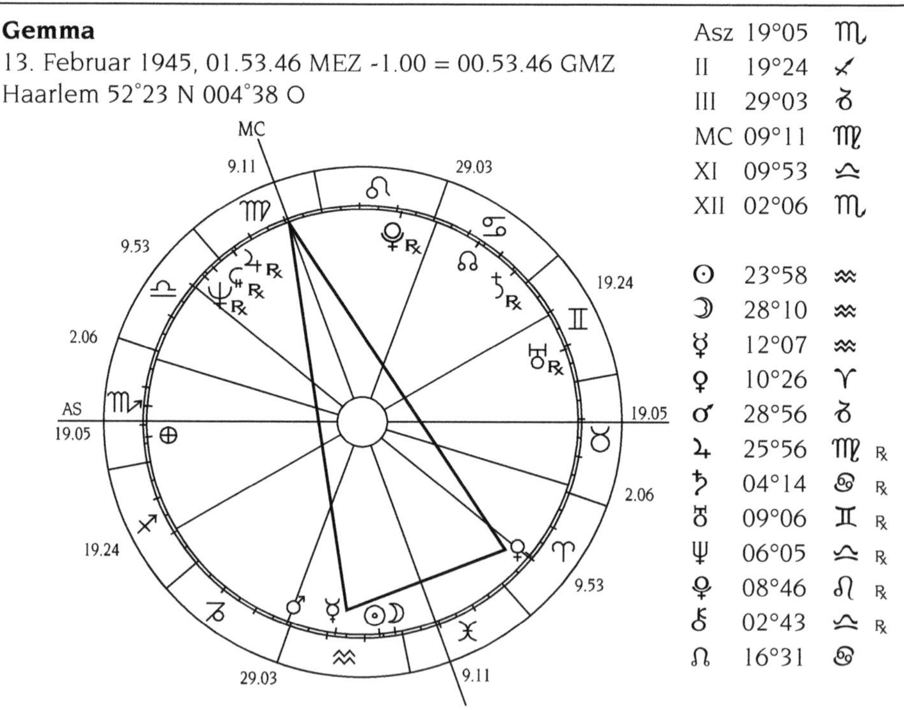

druck auf das Problem legt, sich im Außen darzustellen. Gemma's Ursprungsfamilie identifizierte sich mit einem höheren Niveau. Ihre Eltern taten alles, um die äußeren Bedingungen zu erfüllen, die eine solche „Position" verlangten. Außerdem waren sie

„...katholisch. Sie versuchten, sich entsprechend der Regeln zu ihrem Glauben zu bekennen. Darin waren sie eindeutig, dogmatisch und konservativ. Mit allem, was davon abwich, hatten sie große Mühe.

Ihre Mutter ist Jungfrau mit Sonne im 12. Haus und Neptun am MC, Mond im Quadrat zu Saturn und Sonne im Trigon zu Saturn, und sie bekam

„von jung an die Rolle des Opfers zugeschoben, die sie auch ohne weiteres akzeptierte. Ihre Mutter war eine sehr dominante Frau, aber auch von ihren Schwestern wurde sie herumkommandiert. Ständig saßen sie ihr im Nacken. Sie ließ sich ziemlich leicht in die Rolle des Sündenbocks drängen. Sie fing die schlechte Laune meines Vaters ab, beschwichtigte Familienstreitigkeiten und verlor die Fassung, als Onkel, Tanten, Bekannte, Pastöre und Nonnen ihre jüngste Tochter (mich also) als merkwürdiges Kind bezeichneten. Meine Mutter neigte zwar zu starken Depressionen, sie hatte aber auch eine sprühende und kreative Seite, die jedoch langsam aber sicher von der Last ihrer Schuldgefühle und religiöser Ängste unterdrückt wurde."

Gemma's Mutter hat sich also völlig mit den Möglichkeiten zur Aufopferung und mit ihrem religiösen Erleben identifiziert. Die Sonne in 12 und Neptun am MC hätten natürlich auch eine inspirierte Musikerin hervorbringen können. Sie blieb aber in der Rolle stecken, die sie von Kind an gespielt hatte und setzte sie in ihrer Ehe fort. Gemma's Mutter hat aber auch eine Reihe ganz anderer Seiten in ihrem Horoskop. Sie hat Mond in Widder im Trigon zu Mars in Löwe, Trigon Uranus in Schütze und Sextil Pluto in Zwillinge. Pluto und Uranus stehen in ihrem Horoskop in Opposition, beide im Quadrat zur Sonne. Was für eine Dynamik und was für ein Freiheitsdrang!

„Erst jetzt begreife ich, dass sie unter Depressionen litt, denn das gewaltige Bedürfnis nach einem überschäumenden und abenteuerlichen Leben hat sie niemals verwirklichen können." schreibt Gemma.

Gemma's Mutter hat damit einen beachtlichen Teil ihres Horoskops - ihre Anlagen - verdrängen müssen, um der anderen Seite - Aufopferung und Rückzug - weiterhin

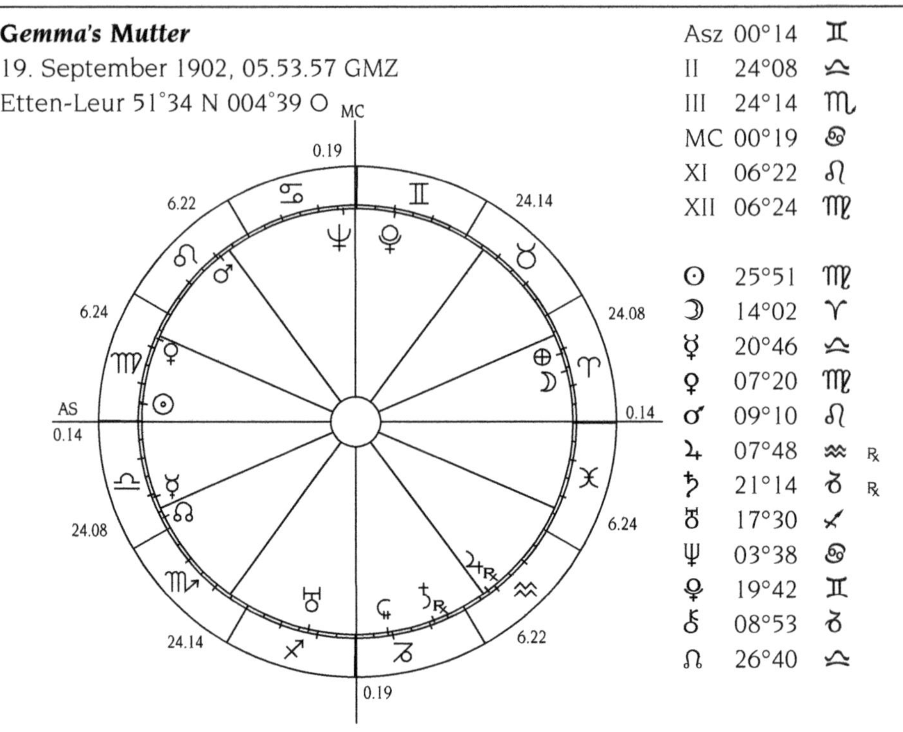

Form geben zu können. Nur durch die Identifikation mit einer höheren Wirklichkeit und ihrem Glauben konnte sie das durchhalten.

„Rundum tragisch war, dass sie Gott mehr und mehr als einen strengen Vater ansah, der hart über ihre Fehler urteilen würde. Die Heilige Maria war für sie das Beispiel einer Frau, die sich selbst immer zurückstellte. Diese Vorstellungen wirkten in ihrer Psyche nach und trugen zu ihren Depressionen bei; weil sie nicht die Ganzheit ihres Wesens lebte.“

Gemma's Vater hatte eine Reihe sehr strikter Ansichten, die für sein Leben bestimmend waren. An erster Stelle stand, aus einer guten Familie zu stammen, am besten mit Stammbaum und eigenem Wappen. Intellektuell hatte man überdurchschnittlich zu sein: gute Noten in der Schule und am besten eine wissenschaftliche Ausbildung.

Auch musikalisch musste man gebildet sein, was bedeutete, ein Instrument spielen zu können. Schließlich hatte man dogmatisch katholisch zu sein. Leistung, Ehre und

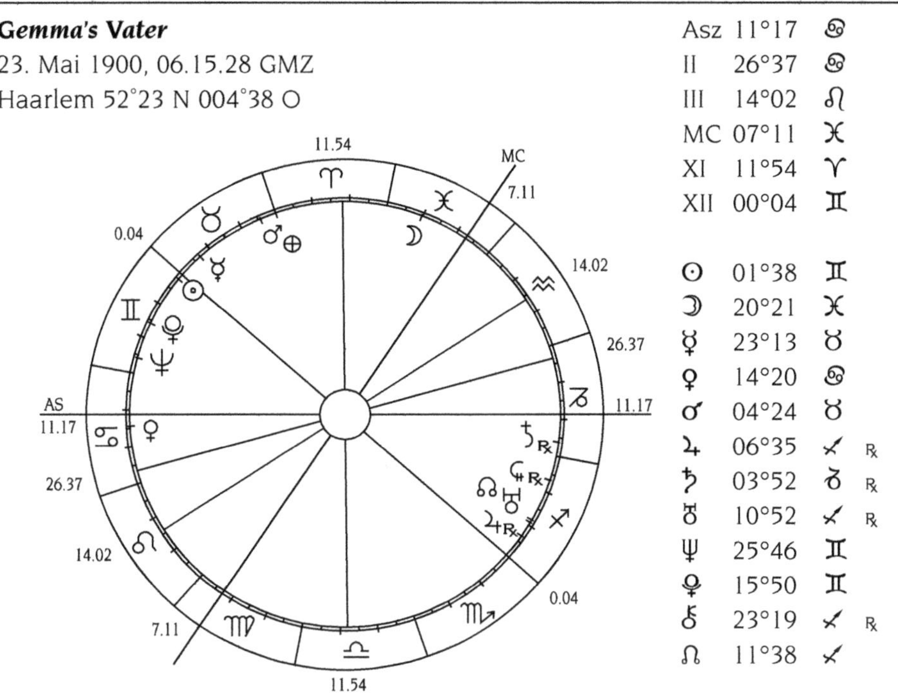

Ansehen also! Mit dieser Einstellung muss auch er einen lebendigeren und flotteren Teil seines Horoskops stark verdrängt haben.

Gemma's Eltern hatten diese Überzeugungen in ihrer eigenen Jugend mit auf den Weg bekommen. Sie wussten diese Muster aber nicht zu durchbrechen. Und doch „rumorte" es in dieser Familie unter der Oberfläche. Das Horoskop der Mutter von Gemma's Vater (ihrer Oma also) ist durchsetzt mit Yodfiguren. Bei Gemma's Oma finden sich folgende Yodfiguren:

- Pluto-Mars-Jupiter
- AC-Pluto-Mars
- MC-Pluto-Jupiter
- Mars-Saturn-AC

Gemma's Oma hat die Sonne in 12, und einen unaspektierten Neptun! Sie hat ihre religiösen Werte an ihren Sohn - Gemma's Vater - weitergegeben. Auch Gemma's Vater hat die Sonne in 12, den Mond in Fische, er übernimmt diese Werte fließend.

Was Gemma's Oma jedoch verdrängt haben muss, ist eine kraftvolle Dynamik und Selbständigkeit. Begegnet man heutzutage Kindern mit einer Verbindung zwischen Mars, Jupiter und Pluto, erlebt man, dass sie eine ausgeprägte Selbstsicherheit und Tatkraft an den Tag legen. Das sind Kinder, die sich nicht so leicht etwas einreden lassen, und die sich ihren eigenen Weg im Leben erkämpfen, ein eigenes Ziel und eine eigene Richtung wählen, vor allem wollen sie ihre eigene Meinung haben. Diese Kinder können es weit im Leben bringen. Übrigens, eine bekannte Frau mit einem T-Quadrat zwischen Mars, Jupiter und Pluto ist Margret Thatcher, um nur ein Beispiel zu nennen. Selbst wenn diese drei Planeten an einem Yod beteiligt sind, tut das der riesigen Kraft, die in dieser Verbindung steckt, keinerlei Abbruch. Sie ist lediglich mit größerer Spannung verbunden.

Gemma's Oma hatte also ein Yod, bei dem das Thema Freiheit, Raum, Selbstsicherheit und die eigene Meinungsbildung im Mittelpunkt stand, ihre anderen Yodfiguren betonen diese Thematik nur noch. Wir wissen, dass Yodfiguren vor allem dann auftreten, wenn sich deren Themen schon seit mehreren Generationen im Ungleichgewicht befinden. In den meisten Fällen spielen Tarnung und Verdrängung eine wich-

Gemma's Oma

10. Juli 1875, 04.30 WPZ -0.17.16 = 04.12.44 GMZ
's-Gravenhage 52°05 N 004°19 O

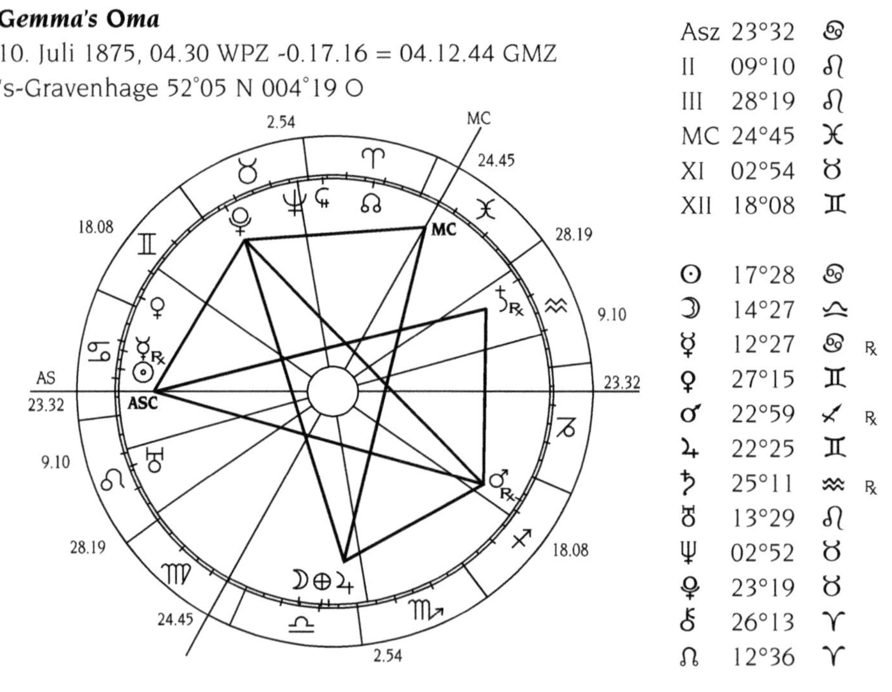

Asz	23°32	♋	
II	09°10	♌	
III	28°19	♌	
MC	24°45	♓	
XI	02°54	♉	
XII	18°08	♊	
☉	17°28	♋	
☽	14°27	♎	
☿	12°27	♋	R
♀	27°15	♊	
♂	22°59	♐	R
♃	22°25	♊	
♄	25°11	♒	R
♅	13°29	♌	
♆	02°52	♉	
♇	23°19	♉	
⚷	26°13	♈	
☊	12°36	♈	

tige Rolle. Mit anderen Worten: schon bei Gemma's Oma ist es sehr wahrscheinlich, dass in deren Familie ein regelrechter „psychischer Energiestau" im Zusammenhang mit diesen Themen bestand. Gemma's Oma hätte die Chance gehabt, für einen Wendepunkt zu sorgen. Die Unsicherheit der Yodfigur und der unaspektierte Neptun haben sie sich jedoch für die „religiöse Linie" entscheiden lassen, die von ihrem Sohn fortgesetzt wurde.
Gemma's Vater heiratet dann eine Frau, die, wie seine Mutter die Sonne im 12. Haus hat, und den unaspektierten Neptun seiner Mutter am MC widerspiegelt. Und wie bei seiner Mutter zeichnet sich eine starke Dynamik in ihrem Horoskop ab; sie hat ein enormes Bedürfnis nach Raum und Freiheit. Bei beiden Frauen ist dieses Verlangen deutlich im Horoskop verankert. Aber beide haben dem im alltäglichen Leben keine Gestalt geben können und diese Themen verdrängt.
Es gibt noch einen wichtigen Faktor. Gemma's Oma hat Venus im 12. Haus, was (wie ich in meinem Buch über das 12. Haus aufgezeigt habe) oft ein Hinweis auf Beziehungsprobleme in der Ehe der Eltern ist, die durch sogenannte „fromme Lügen" überdeckt wurden; oder es wurde so getan, als sei alles in bester Ordnung und die Probleme wurden verdrängt. Möglicherweise gibt es aber auch künstlerische oder kunstsinnige Talente in der Familie, die nicht gelebt werden dürfen. Aber auch die Themen Weiblichkeit, Genuß von Schönheit und den angenehmen Dingen des Lebens wurden bei den Eltern unterdrückt. Bei Gemma's Mutter findet sich Venus im 12. Haus!
Beim Studium ganzer Familienreihen hat sich mehrfach gezeigt, dass wenn ein bestimmter Planet über mehrere Generationen im 12. Haus steht, die Verdrängung in Form eines unaspektierten Planeten oder einer Yodfigur in den Vordergrund tritt. Nun, Gemma hat Venus in ihrem Yod!

Aus dem Gesamtbild ihrer Familie, das sich aus dem Vorangegangenen ergibt, scheinen einige Dinge in den Vordergrund zu treten:

- Probleme mit der Selbstdarstellung in der Außenwelt. Die Familie will hoch angesehen sein. An Gemma's Yod sind MC und der Herrscher von 10 beteiligt.
- Die übertriebene Betonung intellektueller Leistungen. Bei Gemma findet sich Merkur im Yod.
- Der Nachdruck, auch musikalisch/künstlerisch etwas darzustellen einerseits, während Freude, das einfache Genießen des Lebens und dergleichen keine Wertschätzung erfahren: Gemma hat Venus im Yod.
- Die übertriebene Betonung des Religiösen, was von Gemma nicht reflektiert wird.

- Die enorme Verdrängung der Charakterzüge Selbstsicherheit und Freiheitsliebe der Oma väterlicherseits und ihrer Mutter. Dies taucht zum Teil im restlichen Horoskop von Gemma wieder auf - Venus in Widder im Sextil zu Uranus und im Trigon zu Pluto -, besonders auffällig kommen diese Themen in den Yodfiguren von Gemma's Tochter zum Ausdruck.

Gemma's Tochter hat Pluto am MC, mit Mars und Neptun im Yod. Und sie hat ein Yod zwischen Sonne, Mond und Uranus. Wenn wir einen etwas größeren Orbis als 3° nehmen, findet sich noch ein Yod zwischen Mars, Saturn und Neptun.

Die Yodfiguren von Gemma's Tochter scheinen auf die Yodfiguren von Gemma's Oma zurückzugreifen! Also die Themen im Zusammenhang mit Mars und Pluto und Saturn und Neptun - die Themen ihrer Oma. Sonne, Mond und Uranus kommen noch hinzu. Mit anderen Worten: Gemma scheint einen Teil des roten Fadens der Familienproblematik in ihrem Yod aufzugreifen, während ihre Tochter einer anderen Linie folgt.

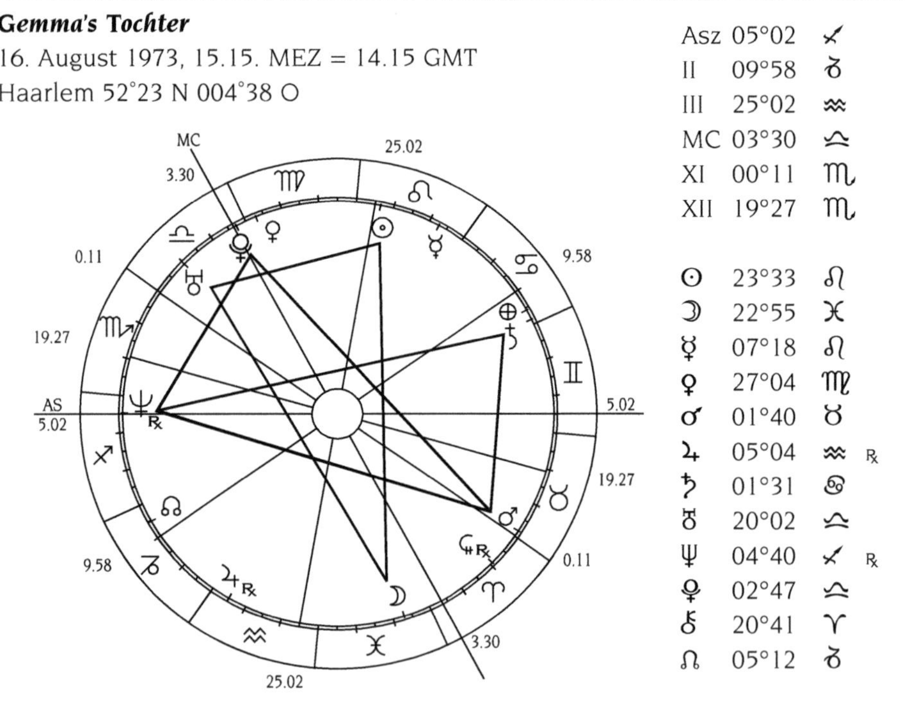

Ich habe oft erlebt, dass die Themen eine Generation überspringen können, um danach mit voller Kraft über mehrere Generationen hinweg weiterzuwirken. In Gemma's Fall hat die Oma ein Yod, aber es scheint, als ob ihre Eltern noch so gerade unbehelligt geblieben sind. Das ist allerdings relativ, weil sie ein Kind und ein Enkelkind mit einem Yod bekamen. In diesen Yodfiguren wurden auch die Themen ihrer Verdrängungen sehr deutlich sichtbar.

Nun zurück zu Gemma's Situation. Wir erkennen hier ein großes Potential, das sich weder bei ihren Eltern noch bei den Familienmitgliedern vorausgegangener Generationen verwirklicht hat. Es wurde eine Art Fluchtverhalten an den Tag gelegt, das darauf hinauslief, ein Leben zu führen, das möglichst genau dem entspricht, was „sich gehört". Gemma, mit ihrem MC und ihrem Herrscher von 10 im Yod, ist dazu einfach nicht in der Lage. Sie bringt also den Schatten ihrer Eltern in voller Lebensgröße zum Ausdruck.
Ihre Eltern übernahmen kritiklos die Lehren der Kirche. Gemma hat aber Merkur im Yod, und dieser Merkur stellt nun einmal unangenehme Fragen und sieht die Dinge anders. Auch das ist für die Eltern konfrontierend. Gemma lernte gut und war anfänglich der Augapfel ihres Vaters. Sie schreibt:

„Er sah in mir eine Art Wunderkind. Aber schon bald schienen meine Bemerkungen - sicherlich die über religiöse Dinge - Unruhe in ihm zu säen. Er fand mich ‚merkwürdig' und ‚seltsam'."

Auch in anderen Dingen schien Gemma sich zum Gegenteil seines Ideals zu entwickeln:

„Ich bin seinem Verlangen, ein ‚Wunderkind' zu sein, nicht gerecht geworden. Ich bin weder eine berühmte Solistin geworden noch eine brillante Wissenschaftlerin. Auch äußerlich stelle ich nicht den Idealtypus unserer Familie dar, der schlank, blond und aristokratisch ist. Ich bin im Gegenteil kräftig, dunkel und weiß offensichtlich die sinnliche Seite des Lebens zu genießen. Ich vertrete ziemlich progressive Vorstellungen über den katholischen Glauben, und ich habe mich obendrein noch mit Astrologie und Jungscher Psychologie beschäftigt. Mein Vater legte sehr viel Wert darauf, dass beide genannten Bereiche von der wissenschaftlichen Welt anerkannt würden, deshalb lehnte er sie ab. In seinem letzten Lebensjahr konnte er doch noch erkennen, dass all das nicht völlig unsinnig sein konnte, wenn ich mich mit diesen Dingen beschäftige. Trotzdem blieb sein Widerstand groß."

Hier wird mehr als deutlich, dass Gemma mit ihrem Yod als Spiegel des Schattens ihrer Eltern viel Unruhe bei ihnen auslöste, wofür Gemma verantwortlich gemacht wurde. Auch ihre Mutter hatte Probleme mit der Art, wie Gemma ihr Leben lebte.

„Sie begriff nicht, dass ich mich nicht mehr an die Normen anpasste, die ihr selbst heilig waren.
Der Mann, mit dem ich verheiratet bin, hatte sein Amt als Priester niedergelegt, womit sowohl mein Vater als auch meine Mutter große Schwierigkeiten hatten. Mein Vater vertrat die feste Überzeugung, dass man sich als guter Katholik an das zu halten habe, was der Papst und die Bischöfe vorschrieben. Auch diese Überzeugung unterminierte ich, und das jagte ihm Angst ein. Da meine Mutter glaubte, dass ich vor Gott in Ungnade gefallen sei, wurde auch das zu einer Quelle großer Angst in ihr. Außerdem hatte sie Angst, von der Familie, ihrem Bekanntenkreis und der Gemeinde schief angesehen zu werden, weil sie eigentlich Schuld an all dem sei. Sie bekam eine Last aufgebürdet, die sie eigentlich nicht tragen konnte, was sich in schweren Depressionen äußerte."

Was wir hier auch sehen, ist, wie die Haltung des Vaters Gemma gegenüber ins Gegenteil umschlägt: war Gemma zunächst sein Augapfel, von dem er außerordentlich viel erwartete, bekam sie später die Rolle des Sündenbocks zugeschoben. Extreme Vorgehensweisen also, die so kennzeichnend für ein Yod sind! Gemma hat lange unter schrecklichen Schuldgefühlen gelitten. Ihrem Vater gegenüber, weil sie glaubte, dass sie ihn eigentlich in jeder Hinsicht ziemlich enttäuscht hatte, und ihrer Mutter gegenüber, weil sie ernstlich erkrankte. Zudem flößte man Gemma ab und zu ein, dass alles Leid, das sie verursacht hatte, zum Zustand ihrer Mutter beigetragen habe. Eine der Aufgaben der Yodfigur ist es, sich Klarheit über seine Schuldgefühle zu verschaffen. In den weitaus meisten Fällen gibt es absolut keinen Grund dafür. Trotzdem können diese Schuldgefühle sehr stark sein, was uns lange daran hindert, die kreative Seite der Yodfigur auszudrücken. Gemma wusste sich aber immer wieder von diesen schwierigen Gefühlen zu befreien. Letztendlich hat sie in ihrem Herzen wirklichen Frieden mit ihrer Mutter schließen können.

Da Merkur im Yod im Grunde an unüblichen Dingen interessiert ist, ist es auch nicht verwunderlich, dass Gemma nicht die akademische Psychologie wählt, wenn sie sich mit der Psyche des Menschen beschäftigt, sondern die Jungsche Psychologie. Und die Astrologie ist in den Augen unserer Gesellschaft natürlich immer noch ein Grenzgebiet.

„Weil ich mich mit Astrologie beschäftigte, wurde ich von einigen Familienmitgliedern argwöhnisch beäugt. Glücklicherweise gibt es aber auch einige, die dem positiv gegenüber eingestellt sind!
Auch in meinem Bekanntenkreis hat sich manch einer aufgrund meiner astrologischen Aktivitäten aus dem Staub gemacht. Aus dem gleichen Grund gelte ich auch in der Musikwelt bei einigen Kollegen als jemand, der auf die schiefe Bahn geraten ist."

Das trifft Gemma aber nicht mehr. Sie will sich „gesellschaftlich als die Frau zeigen, die sie ist" und „wie im Lehrbuch habe ich als Luftzeichen meine Gefühle einfach weg argumentiert. Dass die psychologische Astrologie mir begegnete, war nicht zuletzt aus diesem Grund ein wahrer Segen!

Gemma's Mann hat die entsprechenden Quinkunxe im Horoskop und einen unaspektierten Pluto. Mit diesem Pluto wird er möglicherweise mit großen und tiefgreifenden Lebensveränderungen konfrontiert. Es war für ihn ein riesengroßer Schritt, sein Priesteramt niederzulegen; seine Schwiegerfamilie hatte wie gesagt enorme Schwierigkeiten damit. Seine Ehe mit Gemma ist allerdings hervorragend. Sie geben einander allen Raum für die eigene Selbstentfaltung, und sie können alles miteinander besprechen. Außerdem sind sie nach fast 30jähriger Ehe immer noch verliebt ineinander. Die beiden sind der lebende Beweis dafür, dass man auch mit Yodfiguren oder unaspektierten Planeten eine sehr glückliche Ehe führen kann – das habe ich oft erleben können. Dabei ist mir aufgefallen, dass beide Partner schließlich eine Lebenshaltung gefunden hatten, in der das Suchen nach greifbarer Sicherheit in den Hintergrund getreten war. Dafür war der Drang nach Offenheit, Ehrlichkeit und dem Bedürfnis, den eigenen Weg zu suchen und ihm eine Form geben zu dürfen – koste es was es wolle -, in den Vordergrund getreten. Diese Lebenshaltung kennzeichnet auch die Ehe von Gemma und ihrem Mann.

Wie ich weiter oben schon erwähnt habe, hat Gemma eine Tochter, die ebenfalls eine Reihe von Yodfiguren im Horoskop hat. Auch wenn man bereits an seinem Yod oder den unaspektierten Planeten arbeitet, können sie sich, wenn sie einmal aufgetaucht sind, weiterhin manifestieren und über mehrere Generationen hinweg wirken. Gemma spürte, dass ihre Tochter sensibel auf die oben beschriebene Familienproblematik reagierte. Glücklicherweise sind beide in der Lage, sich gegenseitig zu unterstützen, sie können sehr gut über alles miteinander reden. Gemma's Tochter bekam von ihren Eltern immer den Raum, sie selbst sein zu können, und sie hat deutlich zu erkennen gegeben, dass sie das auf positive Weise geformt hat.

Trotzdem wird auch die Tochter eine Reihe eigener Entscheidungen treffen müssen, teilweise auf den Gebieten der Yod-Inhalte, die sie mit ihrer Mutter teilt, größtenteils aber in anderen Bereichen, die auf die Themen der Oma ihrer Mutter, ihrer Urgroßmutter also, zurückgehen. Wenn wir die Punkte, Planeten und Häuserherrscher von Gemma, ihrer Oma und ihrer Tochter betrachten, finden wir folgende Übereinstimmungen:

Gemma's Oma:	AC, MC, Mars, Jupiter, Saturn, Pluto; Herrscher 5, 6 und 7 und Nebenherrscher von 10 in Yodfiguren Neptun, Herrscher von 10 unaspektiert
Gemma:	MC, Venus und Merkur, Herrscher von 6, 7, 8, 10 und 11 in einem Yod
Gemma's Tochter:	MC, Sonne, Mond, Mars, Saturn, Uranus, Neptun und Pluto; HErrscher von 2, 3, 4, 8, 9 und 12 in Yodfiguren.

Oma	**Gemma**	**Tochter**
MC & HERRSCHER 10	MC & HERRSCHER 10	MC
MARS	-	MARS
JUPITER	-	HERRSCHER 9
SATURN	-	SATURN
PLUTO	HERRSCHER 8	PLUTO & HERRSCHER 8
HERRSCHER 5	-	SONNE
HERRSCHER 6	HERRSCHER 6	-
HERRSCHER 7	VENUS & HERRSCHER 7	-
NEPTUN	-	NEPTUN & HERRSCHER 12
-	MERKUR	HERRSCHER 3
-	HERRSCHER 11	-
	(VENUS)	HERRSCHER 2
-	-	URANUS
-	-	MOND/HERRSCHER 4

Die Suche nach einem eigenen Weg, einer eigenen Struktur, einer eigenen Religiosität und einer eigenen Identität ist also ein wichtiges Thema für Gemma's Tochter. Indem Gemma ihrer Tochter zeigt, wie kreativ man mit einem Yod leben kann, wird sie ihr ein gutes Vorbild sein.

Gemma geht intellektuell ihren eigenen Weg und es gelingt ihr jedes Jahr mehr, die Frau zu sein, die sie sein möchte; und sie akzeptiert, wer sie ist. Auf musikalischem Gebiet kann sie sich vollkommen ausleben. Sie spielt hervorragend Orgel und ist mit Leib und Seele dabei. Jahrelang sah sie sich immer wieder neuen Konflikten ausgesetzt, weil sie das Gefühl hatte, mit ihren Kenntnissen und ihrem Wissen, besonders auf astrologischem und psychologischem Gebiet, wofür sie ebenfalls Talent besitzt (Merkur ist Herrscher von 8), etwas tun zu müssen und gleichzeitig aber auch ihrem musikalischem Talent Ausdruck zu verschaffen (u.a. Venus). Beides gleichzeitig auszuüben ist schwierig, vor allem mit ihrem Bedürfnis, sich dem, was sie beschäftigt, voll und ganz zu widmen. Mit dem Herrscher von 6 im Yod ist es natürlich ziemlich schwierig, sofort die passende Richtung zu finden, oder, wenn man sie bereits gefunden hat, das rechte Maß zu halten und auf Kurs zu bleiben. Es ist nicht so, dass einem dies nicht gelingen könnte, trotzdem benötigt man eine gewisse Anlaufzeit, die aufgrund getroffener oder zu treffender Entscheidungen immer mit Unsicherheit einhergeht.
Gemma hat jahrelang sowohl damit gekämpft als auch in beiden Richtungen mit Freude gearbeitet. Bis sie sich entschloß, sich eine Weile völlig zurückzuziehen und so gut wie keine bezahlte Arbeit mehr zu verrichten. Sie wollte, abgeschirmt von der fordernden Außenwelt, mit der Verarbeitung ihrer Jugend und ihrer Vergangenheit einen Schritt weiterkommen, um auf einer tieferen Ebene mit sich selbst ins Reine zu kommen. Ihr Mann unterstützte sie, wie immer, auch hierbei. So durchlebte Gemma eine für sie wichtige Zeit, in der sie lernte, dem Leben nachzugeben, sich zu entspannen und die Dinge mehr so geschehen zu lassen, wie sie kommen.
Auf diese Weise entdeckte sie eine wichtige Voraussetzung, um sich das Yod kreativ entfalten zu lassen: nachgeben und vollkommen im Hier und Jetzt leben. Genießen, was da ist, und diejenige sein, die sie ist. Und genau in dieser Zeit bekam Gemma ein Angebot, von dem sie nur hätte träumen können. Sie sollte die Nachfolge eines großen und beliebten Organisten einer wichtigen Kirche antreten – eine große Ehre. Sie hat das Angebot angenommen, und in dem Jahr, in dem Uranus sich im Transit mit dem Yod verbindet, ist die Sache perfekt. Das bedeutete auch, dass sich das Spannungsfeld hinsichtlich der Entscheidung, die sie in ihrem Beruf treffen „musste", sich auflöste. Und als ob das Leben ihrer Familie zuzwinkerte: Ehre und Ansehen als Organistin, in einer großen Kirche!

Kapitel 17

Leben mit mehreren Yodfiguren:

Die Erfahrungen von Esther

Esther absolvierte ein Psychologiestudium, und sie ist Astrologin. Die Deutung von Quinkunxen und Yodfiguren ist ihr daher sehr vertraut. Da sie selbst eine Reihe von Yodfiguren in ihrem Horoskop hat, ist sie ihre Erfahrungen für einen unserer Workshops noch einmal der Reihe nach durchgegangen. Sie hat den Mond am Apex im Quinkunx zu Pluto auf der einen Seite und im Quinkunx zu Merkur, Sonne und Neptun auf der anderen Seite, so dass wir es tatsächlich mit drei Yodfiguren zu tun haben:

- Mond, Pluto und Merkur
- Mond, Pluto und Sonne
- Mond, Pluto und Neptun

Sie schreibt:
„Eine der kennzeichnenden Äußerungen dieser Yodfiguren besteht darin, dass, welche glücklichen oder schmerzlichen Erfahrungen ich auch immer mache, meine Gefühle niemals eindeutig sind. Wie böse, glücklich oder betrübt ich auch bin, immer ist da etwas in mir, das mir sagt, dass dieses Gefühl nicht ganz passt. Ich kann mich deshalb, auch wenn es für Außenstehende vielleicht anders aussieht, niemals ganz einem bestimmten Gefühl hingeben, selbst nicht in einer inferioren Aufwallung - als Luftzeichen ist Wasser mein inferiores Element.
Ich fühle mich daher niemals so richtig wütend, nie völlig betrübt, aber auch nie vollkommen glücklich. In einer Psychodrama-Gruppe konnte ich mich diesbezüglich ein wenig besser kennenlernen. Die anderen Gruppenmitglieder, aber auch mein Ehemann und meine derzeitigen Freunde, wurden tatsächlich ganz verrückt von dieser Unklarheit in mir. Bis zum Überdruss wurde mir die Frage gestellt, was ich nun tatsächlich fühle und immer wieder waren es mindestens zwei Gefühle gleichzeitig, die sich bei mir meldeten.“

Wenn Esther zu erkennen gab, dass sie sowohl wütend auf jemanden war, als auch Mitleid mit ihm empfand, kommentierte ihre Umgebung das immer wieder als Abwehrhaltung. Esther schreibt dazu:

„Und doch wusste ich, wie verdreht dieses Gefühl auch war, dass es mit Abwehr nichts zu tun hatte. Ich hatte keine Angst, aber ich fühlte mich unecht, wenn ich mich nur für ein einziges Gefühl entschied. Das ist meine Realität, in der ich mich oft unsicher fühle, obwohl ich das selten zu erkennen gebe. Ich kann, so scheint es zumindest, nicht dafür sorgen, dass andere mich wirklich verstehen. Ich fühle mich immer anders. Inzwischen habe ich mir selbst beigebracht, mich anderen gegenüber eindeutig darzustellen, weil sie sonst nicht wissen, mit wem sie es zu tun haben. Mit Menschen, die mir sehr nahestehen, glückt mir das nicht besonders gut, daher kommt es immer noch häufig zu recht subtilen Kommunikationsstörungen."

Diesen Kommunikationsstörungen liegen immer diese zwiespältigen Gefühle zugrunde. Man will etwas und gleichzeitig will man es nicht, oder man will sich für einen anderen, aber gleichzeitig auch für sich selbst entscheiden und so weiter. Esther weiß dann letztlich nicht mehr, was sie wirklich will und ärgert sich sowohl über die Situation als auch über ihre Reaktion. Innere Spannungen bauen sich auf, auf Grund dessen sie sich dann gezwungen verhält. Die Folge ist, dass der andere genau *deshalb* nachfragt, ob irgend etwas nicht in Ordnung ist. Dieses Nachfragen schafft an sich schon wieder ein neues Problem, weil Esther nicht genau erklären kann, was mit ihr los ist. Nicht, dass sie es nicht wüsste; sie würde ihr Gegenüber gerne an ihren Gefühlen teilhaben lassen (wenn es nicht gerade um ihre tiefsten Gefühle geht). *„Die Erfahrung hat mich aber gelehrt, dass der andere mich nicht versteht und ich meine Gefühle besser für mich behalte."* erklärt Esther. Die Wahrscheinlichkeit ist aber sehr groß, dass sowohl Esther als auch die andere Person sich nicht mehr wirklich wohlfühlen.

„Darum fühle ich mich auch am wohlsten, wenn ich mit mir alleine bin, an einem Ort, an dem Kummer, aber auch gleichzeitig Freude sein darf. Zu lange alleine zu sein gefällt mir allerdings auch nicht. Ich kann aber nur sehr schwer ein Gleichgewicht zwischen dem Zusammensein mit anderen und dem Alleinsein finden, weil ich nie weiß, inwieweit ich bei anderen ich selbst sein kann."

Menschen, die Esther näher kennen und sie so akzeptieren, wie sie ist, können auch ihre lebendige Seite kennenlernen und erleben, wie herzlich man mit ihr lachen kann. Darüber schreibt Esther selbst zwar nichts, trotzdem kann diese entspannte Seite plötzlich, ganz spontan durchbrechen. Für die Außenwelt ist jedoch nie ersichtlich, wie Esther sich innerlich in einem solchen Moment wirklich fühlt. Ich selbst habe aber durchaus den Eindruck, dass sie bereits wesentlich entspannter wirkt. Was sie schreibt, fasst aber die innerlich erlebten, sich widerstreitenden Tendenzen von Yodfiguren in klare Worte.

Merkur im Yod zusammen mit dem Mond, als Herrscher von 3 sind mitverantwortlich für allerlei Kommunikationsstörungen, als Folge der „Zwiespältigkeit" ihrer Gefühle. Esther erlebt aber auch die gleiche Zwiespältigkeit in ihrem Denken, übrigens ohne dass dies ihrem klaren und scharfen Intellekt Abbruch täte. Ein Yod sagt nichts über die *Qualität* der Begabung eines Menschen aus, sondern vor allem etwas über die *Art und Weise*, in der diese Form annimmt und sich manifestiert! Auch Pluto ist an diesem Yod beteiligt, ein Planet, der oft versucht (aus Unsicherheit oder Angst), eine Situation unter Kontrolle zu halten, was in einem Yod aber schwierig ist. Sie schreibt:

„Im mentalen Bereich kann ich mich niemals mit einer einfachen Erklärung zufriedengeben. Die vielen Facetten lassen sich nicht so ohne weiteres weit genug aus meinen Gedanken verbannen, um mich ungestört mit einer einzigen Sache beschäftigen zu können, was im Alltagsleben natürlich unabdingbar ist, sonst käme ich ja zu nichts. Die

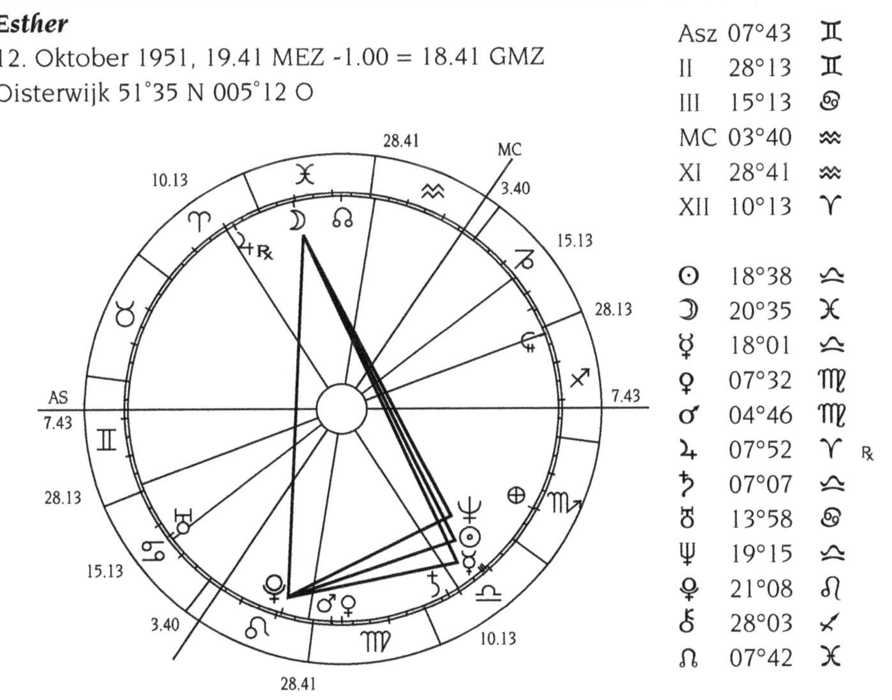

Anspannung, die ich aushalte, um den anderen Gedanken und Gefühlen kein Gehör zu schenken, sorgt dafür, dass sich eine Menge Spannung in mir aufbaut. Laut Aussage meines Physiotherapeuten sind meine Schultermuskeln ständig dermaßen verkrampft, dass eine völlige Entspannung kaum noch möglich ist. Obwohl ich versuche, die Dinge unter Kontrolle zu halten, weiß ich gleichzeitig, dass ich das gar nicht kann. Ich finde es besonders unangenehm, wenn die Dinge nicht so laufen, wie ich will. Gleichzeitig weiß ich aber, dass das, was ich will, mehr ist, als jemals zu realisieren wäre. Egal auf welche Weise ich versuche, die Situation unter Kontrolle zu halten, sie gleitet mir aus den Händen, wo ich dabei bin. Gelingt mir doch einmal etwas, bin ich grundsätzlich unzufrieden mit dem Ergebnis oder erachte es als unwichtig."
Das bekannte „Ist das jetzt Alles?-Gefühl" einer Yodfigur!

Merkur und der Herrscher von 3 in einem Yod zeigen sich noch auf eine andere Weise:

„In letzter Zeit ist mir klar geworden, dass Berichte, die ich abzugeben habe, unter dieser Haltung gewaltig leiden. Obwohl ich sehr gut in der Lage bin, logisch strukturiert zu denken und Schemata und Modelle liebe, fällt es mir schwer, sie zu beschreiben. Ich kann sie wohl klar umrissen darstellen, aber die Worte greifen zu kurz, um das Erleben des Ganzen wiederzugeben, das ja bekanntlich größer ist als die Summe der Teile. Bei jedem Schritt, den ich tue, erlebe ich diese Art der Begrenzung und Unvollständigkeit. Die Struktur kann ja vielleicht durchaus logisch sein, für mich ist sie damit aber längst noch nicht wahr. Obwohl ich sehr genau weiß, dass Begrenzung die Grundlage für Theoriebildung ist und ich Theorie und Logik großen Wert beimesse, bleibt bei jeder abschließenden Darlegung etwas, das nicht stimmt."

Für Esther bleiben immer Fragen offen, die aus ihrer inneren Unruhe heraus entstehen. Grundsätzlich sagt jemand mit einem Yod – besonders, wenn Merkur oder der Herrscher von 3 daran beteiligt ist: *„Ja, aber –„*. Wenn die Umgebung das nicht versteht, entstehen möglicherweise erhebliches Unverständnis und große Verwirrung, was sicher nicht zu einem Gefühl von Sicherheit beim Yod-Eigner beiträgt! Eine mögliche Reaktion ist, dass er oder sie wirklich kein Wort mehr herausbringt oder sich völlig verschließt und gar nichts mehr von sich gibt. Die Spannung allerdings bleibt weiterhin spürbar. Vielleicht versucht er oder sie trotzdem Klarheit zu gewinnen, leider führen solche Versuche aber zu noch mehr Verwirrung.
Sehr vieles hängt davon ab, wie der andere reagiert und in welchem Maße seine Reaktion „erwachsen" ist. Merkur spielt beim Lernen eine wichtige Rolle. Wenn man

ein Kind mit Merkur im Yod unterrichtet, wird es unbequeme Fragen stellen. Selbst wenn es genau versteht, was gemeint ist, weiß es doch immer noch einen problematischen Punkt anzusprechen. Hat der Lehrer oder die Lehrerin ein Selbstwert- oder Autoritätsproblem, kann ein solches Kind als besonders schwierig und unangenehm erfahren werden, und natürlich schiebt man dem Kind dann die Schuld in die Schuhe. Ein innerlich ausgeglichener Lehrer aber wird das Verhalten des Kindes nicht als Angriff auf sich selbst interpretieren, sondern spüren, dass dahinter sowohl Unsicherheit als auch der Hunger nach mehr und nach tieferem Wissen steckt. Dieser Lehrer wird akzeptieren, dass das Kind eine ganz andere Vorgehensweise und viel mehr Aufmerksamkeit braucht als ein Durchschnittskind. Wenn ein Kind in seiner Jugend auf diese Weise von einem Erwachsenen Verständnis erfährt, kann es später die Früchte hiervon ernten. Esther gibt davon ein schönes Beispiel aus ihrer eigenen Schulzeit wieder:

„Ich fragte immer weiter, mit dem Ergebnis, dass ich mit neun Jahren aus der Klasse geschickt wurde, weil ich fragte: ‚Woher weiß ich denn, dass unser Gott der einzig Wahre ist? Wenn ich in einem anderen Land geboren wäre, würde ich dann auch glauben, dass deren Gott der Wahre ist?‘ Die Antwort war: ‚Weil es in der Bibel geschrieben steht‘. ‚Aber woher soll ich denn wissen, ob in der Bibel die Wahrheit steht?‘ fragte ich weiter. Die Lehrerin fand, dass es jetzt reichte. Ich solle auf dem Flur unseren Herrgott um Vergebung für meinen Unglauben bitten. Tja, ich war nun einmal auf einer konfessionellen Schule. Natürlich verließ ich die Klasse, meinen Respekt für diese Lehrerin aber hatte ich für immer verloren. Ich habe noch zahllose ähnliche Erfahrungen machen müssen.“

Jüngere Kinder können auf recht verrückte Weise denken und philosophieren und über eine spielerische, einzigartige Logik verfügen, die von Erwachsenen oft als „unreif“ abgetan wird. Unschuldige Kinder sind oft hervorragend in der Lage, Widersprüchlichkeiten und merkwürdige Paradoxien auf den Punkt zu bringen. Ein Erwachsener mit Merkur oder Herrscher von 3 im Yod verfügt über die wunderbare Fähigkeit, die Gedankenwelt der Kinder zu verstehen, sie als wertvoll anzuerkennen und sie im Bereich des Denkens, der Logik und bei Lebensproblemen zu unterstützen - wenn er die Bedeutung seines Merkurs im Yod erkennen konnte.
Esther absolvierte eine Ausbildung als Lehrerin, studierte anschließend Psychologie und arbeitete an der Universität, und sie studierte Astrologie. Sie ist Lehrerin und Astrologin und hat viel Freude mit den Kindern, die sie unterrichtet. Sie versteht deren Welt und geht damit sehr natürlich und entspannt um. Hier manifestiert sich

sehr deutlich die Gabe Merkurs im Yod und als Herrscher von 3; Esther ist ein Naturtalent, wenn es um die Gedankenwelt der Kinder geht, und sie kann sich mit ihrer Art zu unterrichten sehr gut darauf einstellen.
Sie hegt auch eine Vorliebe für Forschung und hat während der Periode, in der sie an der Universität beschäftigt war, in diesem Bereich einiges getan. Dazu schreibt sie:

„In vielen Situationen, in denen ich eine Regel kennenlernte, stieß ich, sobald ich sie anwenden wollte, auf die sogenannte Ausnahme, für die ich wiederum eine Lösung finden musste, die sich meistens auch irgendwie ergab. Dabei wird man zwar sehr erfindungsreich, lernt aber nicht besonders gut, bereits bestehende Wege zu beschreiten, so dass man etwas Triviales manchmal einfach nicht anwenden kann. Eine Lösung zu finden, kostet immer besonders viel Anstrengung, die zwar in einem Aha-Erlebnis mündet, aber keine Sicherheit für die Zukunft bietet. Ich werde oft für meine Art Lösungen gelobt und höre sehr häufig, dass ich damit irgend etwas anfangen müsse. Nehme ich das aber bewusst in Angriff, sind die Schwierigkeiten, mit denen ich konfrontiert werde, wieder unvorhersehbarer Art. Da ich aber das Gefühl habe, mich vor den anderen beweisen zu müssen, bin ich nicht mehr offen für Lösungen, die sich normalerweise irgendwo außerhalb meines Bewusstseins auftun. Die Folge ist, dass ich scheitere, wofür ich nur mich selbst verantwortlich machen kann. Völlig schuldig fühle ich mich aber auch nicht, weil ich genau weiß, dass es hier um ein unglückliches Zusammentreffen verschiedener Umstände geht.“

Mit einem Yod läuft man mehr als üblich Gefahr, genau an den Punkt zu gelangen, an dem eine Sache schiefgeht oder stagniert. Der Hintergrund ist, dass Yodfiguren oft dann auftauchen, wenn es um einen Wendepunkt geht, selbst wenn die Richtung und die Gründe in diesem Moment noch unklar sind. Esther nennt es ein „unglückliches Zusammentreffen von Umständen“. Und genau das ist es. Schuldgefühle sind also völlig fehl am Platz. Für jemanden mit einer Yodfigur ist das sehr wichtig zu erkennen! Es liegt also wirklich nicht immer an den eigenen Qualitäten und Fähigkeiten.
Mit Yodfiguren und unaspektierten Planeten gerät man schneller in eine Situation, die eine Ausnahme von der Regel darstellt. Man befindet sich also genau da, wo ein verläßliches Muster nicht funktioniert. Versuchen Sie einmal, da wieder herauszukommen! Aber genau in diesen Situationen zeigen sich unvermutete Talente, egal, ob es um eine Organisation geht (in die man mit einer Yod-Sonne wieder Schwung bringt) oder um inventive Lösungen (Merkur im Yod) oder darum, auf die eine oder andere Art zu fühlen, zu sehen, zu verstehen, „zu fassen“ oder sonstwie eine bestimm-

te Richtung einzuschlagen, um eine Sache wieder flott zu machen (Neptun im Yod). Das beschreibt Esther sehr schön mit den Worten: *„Lösungen, die sich irgendwo außerhalb meines Bewusstseins ergeben"*. Das funktioniert aber nur, wenn eine wichtige Bedingung erfüllt ist: kein Druck und nicht zuviel Spannung. Wird aber Druck ausgeübt, von innen oder weil man um jeden Preis Leistung erbringen will, möglicherweise auch auf Grund von Unsicherheit oder äußeren Erwartungen oder Deadlines, besteht ein größeres Risiko, zu blockieren. Auch das erlebt Esther:

„Das Problem ist nur, dass jemand, der mich wegen meiner Inventivität einstellt, die ich in unverbindlichen Situationen gezeigt habe, letztlich betrogen wird, weil davon in einem festen Arbeitsverhältnis nur wenig übrigbleibt. Diese Tatsache macht mich schon gelegentlich mutlos. Das Einzige, was mich dann noch beruhigt, sind die Momente des Staunens, wenn ich, meist ohne mich anzustrengen, erkenne, warum die Dinge so sind wie sie sind und wie ich ein Teil davon bin."

Hier sehen wir, wie sich die Hilfe Neptuns im Yod Bahn bricht. Gerade indem man einmal die Grenzen relativiert und sich in einem anderen, umfassenderen Bereich aufhält, bekommt alles einen ganz anderen Blickwinkel.

„Praktisch hat das Eine oder Andere dazu geführt, dass ich in der Familie, in meiner Ausbildung und Arbeit ziemlich viele Fehlschläge und Enttäuschungen erlebt habe. Im Nachhinein bedeutete jeder Fehlschlag aber auch wieder eine Chance, die Dinge, die ich oft wohl oder übel liegen lassen musste, wieder aufgreifen zu können. Das verstand ich aber erst später, als ich eigentlich schon wieder auf dem Weg zu einem neuem Fehlschlag an einer anderen Front war."

Hier gibt Esther eine Beschreibung ab, die deutlich macht, dass sie ihre Gaben und Talente fürchterlich verkennt. Von jemandem mit einem Yod wird das allerdings oft tatsächlich so erlebt. Für eine bestimmte Zeit (beim Einem dauert es länger, beim Anderen kürzer) herrscht sehr deutlich das Gefühl vor, dass die Dinge, die man tut, doch nur zu Fehlschlägen führen, oder man glaubt, eben nicht gut genug zu sein und Ähnliches mehr. Ich habe mit verschiedenen Menschen mit Yodfiguren gesprochen, die in ihrer Studentenzeit gute Noten erzielten, die aber stets das Gefühl hatten, es müsse sich um einen Irrtum handeln oder am Notendurchschnitt liegen, der zufällig gut ausgefallen war. Die Menschen hatten, von außen betrachtet, mit der Vorstellung zu kämpfen, dass sie irgendwie ein Misserfolg waren. Ging dann wirklich einmal etwas schief, war das eine Bestätigung ihres Gefühls. Dinge hingegen, die gutgingen oder für die sie Komplimente bekamen, schienen sie irgendwie nicht sehen, hören oder fassen zu können. Die Kinder, die Esther unterrichtet, tragen sie beispielsweise auf Händen, hier kann man also keineswegs von einem Fehlschlag sprechen.

Esther hat von jung an die Erfahrung gemacht, dass es nie ohne Komplikationen ablief, wenn sie einmal krank war. Sie litt heftig, als sie die Masern bekam und erlebte auch Komplikationen beim Pfeifferschen Drüsenfieber; oft hatte sie hohes Fieber und jahrelang Magen- und Darmbeschwerden. Die ersten körperlichen Probleme - Magen- und Darmbeschwerden - stellten sich ein, als sie ein paar Jahre alt war, zu einer Zeit, als bei ihrem Vater Krebs diagnostiziert wurde. Er starb, bevor sie fünf Jahre alt wurde.

Die Sonne von Esther steht in einem Yod mit Pluto und Neptun. Mit dieser Konstellation ist sie sehr sensibel für alles, was sich im Zusammenhang mit den Themen ‚männlich' und ‚Kraft' in ihrer Umgebung abspielt. Der Tod eines Elternteils in einem so frühen Alter hinterläßt natürlich tiefe Spuren, aber mit diesem Thema im Yod nimmt einen dies noch viel mehr mit. Der Mond steht auch in einem Yod mit Pluto und Neptun, und das führt dazu, dass Esther sehr sensibel für die Art und Weise ist, mit der das Eine oder Andere durch ihre Umgebung aufgegriffen und verarbeitet wird. Mit einer Mond-Pluto Verbindung ist sie sehr empfänglich, wenn es sowohl um die positive als um die negative Seite von Versorgtwerden und Geborgenheit geht. Sie wird unbewusst sehr starke Fühler für denjenigen haben, der sie versorgt. Ganz besonders in schwierigen Zeiten wie beispielsweise nach dem Tod eines Elternteils. Der Mond in Verbindung mit Pluto sorgt dann unmerklich und ungewollt für ein fast zwanghaftes Bedürfnis nach Aufmerksamkeit, um der himmelschreienden emotionalen Unsicherheit die Stirn bieten zu können. Beim Yod kommt dieses Verlangen aber in Situationen zum Ausdruck, in denen es nicht erfüllt werden kann. Möglicherweise wird es auch im falschen Augenblick eingefordert oder derjenige mit dem Yod verschließt sich vor den damit einhergehenden Ängsten und tut so, als wäre alles in Ordnung. In Esther's Fall bringt das Yod in Bezug auf ihre Gefühle große innere Unruhe mit sich, Angst und Unsicherheit und eine besondere Empfindlichkeit für die Art, wie ihre Mutter mit dem Sterbeprozess ihres Vaters umgeht.

„Ich konnte meinen Schmerz über den Verlust nicht äußern, weil ich spürte, dass meine Mutter, die weder weinte noch lachte, das nicht aushalten würde. Stattdessen wurde ich immer ruhiger. Den dicken Kloß, den ich in meinem Hals spürte, schluckte ich hinunter."

Es ist schwierig nachzuvollziehen, ob Esther's Mutter sie wirklich nicht hätte auffangen können. Allerdings ist es eine Tatsache, dass ein Kind mit einem Yod, an dem Mond und Pluto beteiligt sind, sehr sensibel auf Ängste und Verdrängungen in der häuslichen Umgebung reagiert. Neptun, als Teil der Yodfigur, fügt dem noch eine nahezu paranormale Dimension bei. Möglich ist auch, dass gerade aufgrund der Sensibilität übertrieben reagiert wird, und eine Form von Selbstablehnung entstand, die wir bei Yodfiguren häufiger beobachten können.

Für Esther begann eine schwierige Periode. Ihre Mutter und sie wohnten zeitweise in einer anderen Gegend, in der sie sich nicht zu Hause fühlte. Sie wurde regelrecht getriezt und sogar körperlich angegriffen (beispielsweise in einen Wassergraben geschubst). Niemand stand ihr bei, auch ihre Mutter nicht. *„Aufgrund all dieser Ereignisse hatte ich die Vorstellung entwickelt, dass ich, egal was ich auch tat, Schläge bekam.“* schrieb Esther. Selbst in ihren Träumen floss ihr die Kraft aus den Armen, wenn sie für sich selbst kämpfen wollte.

Ungefähr vom Tod ihres Vaters an bis zu ihrem zehnten Lebensjahr war ihr Leben von *„Krankheit, Angstgefühlen und Einsamkeit und unaufhörlichen Sticheleien“* gekennzeichnet. In dieser Zeit wird das Yod immer wieder durch Progressionen und Transite aktiviert. Die Beziehung zu ihrer Mutter verläuft schwierig. Da Esther sich schon sehr früh dazu entschieden hatte, ihrer Mutter mit ihren eigenen Problemen und Ängsten nicht zur Last zu fallen, ließ sie sie folglich auch nicht an ihrem Leben teilhaben. Auch wenn Esther krank war, hatte sie große Schwierigkeiten mit ihrer Mutter, die ihr sehr strenge Ruhe- und Diätvorschriften verordnete - vom Brennesselsaft bis hin zu Schwitz- und Fastenkuren und rigoroser Isolierung. Esther aber sehnte sich, gerade wenn sie krank war, nach ein wenig Aufmerksamkeit und wollte einfach etwas vorgelesen bekommen oder ein Spiel spielen. Da so etwas nicht in Frage kam, glaubte Esther, für ihre Krankheit auch noch bestraft zu werden. Sie hatte das Gefühl, kein vollständiger Mensch mehr zu sein und auf ihren Körper reduziert zu werden.

Das Nährende und Versorgende ist ein Mondthema, und der Kontakt, den man zum eigenen Körper hat, hängt mit dem 2. Haus zusammen. Sowohl der Mond als auch der Herrscher von 2 sind an Esther's Yod beteiligt. Was wir anhand der kurzen Beschreibung ihrer ersten zehn Lebensjahre erkennen können, ist, dass sie unter Einsamkeitsgefühlen und dem Gefühl, zurückgewiesen zu werden litt, dass sie Sticheleien ausgesetzt war und Kommunikations- und Kontaktprobleme mit ihrer Mutter hatte. Die Folge: sowohl der Aufbau des Selbstwertgefühls (Sonne) als auch das

Gefühl von Vertrauen in das Leben (Mond) und den eigenen Körper (Herrscher von 2) war ein Problem und verlief nicht reibungslos.

„Von 1966 an wurden die Yodfiguren wieder durch eine Reihe von Transiten und Progressionen aktiviert. Während dieser Periode fragte ich mich, welchen Sinn mein Leben eigentlich hätte und ob mein Vater nicht besser einige Jahre früher hätte sterben können, dann existierte ich zumindest nicht. Ich wusste nicht mehr, was ich wollte und ich hatte zu nichts mehr Lust - normale Pubertätserscheinungen, mit denen ich mich aber allein gelassen fühlte. Glücklicherweise bemerkte meine Niederländisch-Lehrerin anhand eines Aufsatzes von mir, dass ich ziemlich niedergeschlagen war. Sie knüpfte ein Gespräch mit mir an, und das war meine Rettung, nicht weil sie direkt auf meine persönlichen Probleme einging, sondern weil ich zum ersten Mal jemandem begegnete, der meiner Vorstellung nach den Schlüssel zum Geheimnis des Lebens kannte. Sie war Indonesierin und Rosenkreuzlerin und wusste eine Menge über Literatur und Mythologie. Mit ihrer kleinen, zarten Gestalt und ihrer mysteriösen Stimme war sie für mich die Verkörperung der Isis. Durch sie wurde mein Interesse für Mythologie und Literatur geweckt. Vor allem der magische Realismus sprach meine Phantasie in hohem Maße an. Im Kontakt mit dieser mythologischen Welt begann ich, das Leben als etwas Sinnvolles zu erfahren."

Das Bild, das Esther hier entwirft, ist eine fabelhafte Auslegung einer Mond-Pluto-Neptun-Yodfigur: Durch die Mythologie und „Magie", die ihr in dieser Frau begegnete, kann sie wieder zu sich selbst und dem Sinn des Lebens zurückfinden. Da es aber trotz allem ein Yod ist und bleibt, geriet Esther gerade durch diese positive Entwicklung in ein emotionelles Dilemma.

„Meine Mutter konnte es nicht ertragen, dass ich mit dieser Lehrerin mehr Kontakt hatte als mit ihr. Sie spürte, wie sie sich ausdrückte, zwar schon immer einen großen Abstand zwischen uns, habe aber jetzt das Gefühl, mich für immer verloren zu haben. Als sie das sagte, bekam ich Mitleid mit ihr. Ich hatte das Gefühl, zwischen zwei Stühlen zu sitzen. Einerseits hatte ich gerade, weil ich immer geglaubt hatte, sie könne meinen Schmerz nicht ertragen, meine Gefühle vor ihr verborgen, während ich andererseits deshalb eine Art Scham ihr gegenüber empfand. Außerdem hatte ich Angst, mein tiefstes Selbst zu verlieren, wenn ich es mit ihr teilen müsste. Sie hatte nicht das Recht, meine Welt zu betreten. Trotzdem wollte ich ihr keinen Kummer bereiten."

Dieser Teil von Esther's Gefühlen passt zu einer Verbindung zwischen Pluto und Mond (er kann sich aber auch beim Herrscher von 8 im Aspekt zum Mond oder beim Mond im 8. Haus zeigen). Bei diesen drei Kombinationen begegne ich häufig der Angst, tiefere Gefühle mit Menschen zu teilen, die einem sehr nahestehen, beispielsweise der Mutter. Diese Angst beschreibt das Gefühl, dass einem „etwas" weggenommen wird, wenn man es mit dem Anderen teilt. Dabei geht es nicht direkt um eine Handlung, die sich gegen den Anderen richtet, sondern es ist mehr die Folge eigener Ängste. Wenn Pluto und Mond am Yod beteiligt sind, ist die Wahrscheinlichkeit größer, dass dieses Thema auf unbequeme und ausgeprägtere Weise zum Ausdruck kommt. So auch bei Esther, die in ein Dilemma geriet, für das sie letztlich aber eine gute Lösung fand. Obwohl sie ihre Mutter immer noch nicht an ihren Regungen teilhaben ließ, fand Esther einen Weg, ihr das Gefühl zu geben, für ihr Leben wichtig zu sein.

Die Zwiespältigkeit dieser Situation bestand in dem Problem, dass Esther einerseits in Kontakt mit einer Welt kam, die sie faszinierte; mit der Welt der Mythologie, dem magischen Realismus, dem Mystischen und etwas, das tiefe Gefühle in ihr hervorrief, und sie gerade durch diese Erfahrungen mit ihrer Mutter ins Reine kommen musste. Als sich etwas mehr Offenheit zwischen den beiden zu entwickeln schien, ließ ihre Mutter Esther an ihren Ängsten, Zweifeln und ihrem Schmerz teilhaben. Sie hielt regelrecht Vorträge darüber, wie falsch oder richtig sie mit allem umgegangen war. Kurz gesagt, bürdete sie Esther ihre eigenen Probleme auf, was für eine Gymnasialschülerin, die mitten in der Pubertät steckt, nicht einfach war.
Auch bei anderen Menschen mit Mond und Pluto im Yod habe ich Derartiges erlebt. Eine Frau erzählte mir beispielsweise, dass eines Abends, während sie ihre Hausaufgaben fürs Gymnasium machte, ihre Mutter weinend und völlig verstört in ihrem Zimmer stand. Schluchzend erzählte sie, dass sie das Gefühl habe, ein anderes Familienmitglied, mit dem die Tochter gut zurecht kam, würde versuchen, sie ihr wegzunehmen. Die Tochter - die Frau mit Mond und Pluto im Yod - verstand überhaupt nichts mehr; ihrer Meinung nach waren die Befürchtungen der Mutter völlig grundlos. Trotzdem geriet sie so sehr in Verlegenheit, dass sie ihrer Mutter mehr Aufmerksamkeit schenkte. Das äußerte sich vor allem darin, dass sie begann, für ihre Mutter zu sorgen, wodurch sie tatsächlich zur Mutter ihrer Mutter wurde. In psychologischer Hinsicht verlor sie auf diese Weise ihre eigene Mutter. Auch bei Esther spielte sich ein solcher Prozess ab. Sie schreibt:

„Meine Mutter sah sich selbst als nicht erwachsen an und erzählte mir, dass ich in allem eigentlich reifer wäre als sie. Dann meinte sie noch, dass es trotz allem besser für mich wäre, dass mein Vater nicht mehr am Leben sei, weil er mir bei meiner Entwicklung nur im Weg gestanden hätte. Außerdem habe er kein Kind gewollt, weil er schon recht alt war. In ihrem Bücherregal stapelte sich inzwischen populärwissenschaftliche psychologische Literatur, vor allem von den Anhängern Adlers. Obwohl ich eigentlich nichts damit anfangen konnte, versuchte ich letztlich, ihrem Bild zu entsprechen. Mein Urteil war ihr offensichtlich sehr wichtig und ich wusste, wie ich ihr nach dem Mund reden musste. Dass ich damit noch mutterloser wurde als jemals zuvor, erkannte ich erst später."

Im März 1968 beginnt ein wichtiger Wendepunkt in Esther's Leben. Am Himmel bildet Pluto einen stationären Transit zu ihrem Mond. 1968 - im Frühjahr - steht Pluto stationär auf 20° in Jungfrau und bleibt bis August innerhalb des Orbis. Ihr MC stand in der primären Progression in Opposition zu ihrem Pluto. Eine Zeit der Verarbeitung und Umkehr. Esther erzählt:

„Ich bekam zum zweiten Mal die Masern, gefolgt von Pfeifferschem Drüsenfieber und anderen Komplikationen. Das Krankheitsritual artete in eine wahre Schlacht aus. Ich war so wütend, im Bett liegen zu müssen, dass ich das Fußende mit meinen Füßen zertrümmert habe. Alle Kuren und Diäten nutzten nichts. Eine Krankheit wurde von der nächsten abgelöst, bis von einer gänzlich unerwarteten Seite Rettung nahte. Eine flüchtige Freundin besuchte mich und erzählte mir, dass sie in den Ferien ein Schiffs-Camp mitmachen würde. Und auf einmal kam sie auf die Idee, ob ich nicht Lust hätte, mit ihr zu kommen. Äußerst symbolisch für ein Yod mit Mond in Fische im 11. Haus. Nach viel Theater und Nörgeleien konnte ich mein Vorhaben bei meiner Mutter durchsetzen. Am Tag der Abreise war ich noch leicht zu ermüden und litt unter einem schweren Nesselfieber. Zwei Tage, nachdem wir auf den Flüssen unterwegs waren, waren alle Beschwerden verschwunden. Wie neugeboren kam ich nach Hause. Zum ersten Male hatte ich mich in einer Gruppe von mehreren Leuten wohl gefühlt. Offensichtlich hatte ich mich so sehr verändert, dass ein Mädchen aus meiner Klasse bemerkte, es sei, als ob ich nach meiner Krankheit zur Schule zurückgekehrt sei, um mich auf die Bühne zu stellen, einen Vorhang wegzuziehen und allen zuzurufen: ‚Hier bin ich'. Auch in der Schule hatte ich jetzt das Gefühl, dazuzugehören, auch wenn ich mich innerlich immer noch als anders erlebte. Die Äußerungen meiner Mutter nahm ich mir nicht mehr allzu sehr zu Herzen - die Konflikte über mein Tun und Lassen fanden einfach kein Ende. Die Beklemmung von früher war vorbei."

Plutos Transite und Progressionen können eine wahre Befreiung sein und leiten oft eine Periode großen seelischen Wachstums ein - wenn die Botschaft positiv aufgegriffen wird. Sicher kann man sich dessen aber niemals sein. Das eine Mal kann man einen enormen Schritt nach vorne machen, bei dem man viel Morast hinter sich lassen kann, während man ein anderes Mal geradezu in diesen Morast hineingerät. Das passierte Esther, als Pluto 1975 in der Primärprogression in Opposition zu ihrem Mond stand. Die Quadrate von Sonne und Merkur zu Pluto in der Primärprogression, die 1974 exakt gewesen waren, wirkten sich übrigens noch zusätzlich aus.
Seit 1972 lebte Esther mit ihrem Partner zusammen. 1975 heirateten die beiden und zwar in der Periode, als Pluto in der Primärprogression in Opposition zu ihrem Mond stand. Eine Woche nach der Hochzeit kam sie dahinter, dass ihr frischgebackener Ehemann eine ihrer Freundinnen mehr liebte als sie.

„Das war ein dermaßen großer Schock, dass es schien, als stürze meine gesamte Welt ein. In der darauffolgenden Woche habe ich mehr geweint als jemals zuvor in meinem Leben. Meine Arbeit als Lehrerin – ich gab auch Blockflötenunterricht - konnte ich nicht mehr bewältigen. Ich kündigte, reichte die Scheidung ein und stürzte mich ins Kneipenleben.“

Sie ging eine kurze Beziehung mit jemandem ein, der sich später als Psychopath erwies und sie auf clevere Weise um eine Menge Geld und wertvolle andere Dinge brachte. Im gleichen Jahr begegnete sie einem wesentlich älteren Mann, mit dem sie eine sehr intensive emotionale Beziehung verband.

„In dem Maße, in dem ich immer abhängiger von ihm wurde, zog er sich mehr und mehr zurück, wodurch ich, wie schmerzlich das auch war, zu begreifen begann, dass ich in ihm einen Vater gesucht hatte. Dieser Mann ist sehr wichtig für mich gewesen. Er hat mich dazu angespornt, zu studieren und mich einer psychotherapeutischen Behandlung zu unterziehen. Die Mythologie, Literatur, die Musik und auch die Astrologie, womit ich mich schon eine Reihe von Jahren beschäftigt hatte, wurden zur Seite gelegt, um für eine kausale wissenschaftliche Annäherung an die Wirklichkeit und die Suche nach tiefer liegenden Motiven in mir selbst und anderen Platz zu machen, und das ohne jede Schönfärberei.

Das Jahr 1975 bezeichnet sie als Katastrophenjahr, ein Jahr, in dem Pluto in der Primärprogression nicht nur ihren Yod-Mond aspektiert, sondern sich der transistierende Pluto über ihren Radix-Saturn (älterer Mann!) und in Opposition zu ihrem

Jupiter - Herrscher ihres 7. Hauses - hin- und wieder zurück bewegt. Wir sehen hier turbulente Entwicklungen in Bezug auf das Thema Partnerschaft (Jupiter ist Herrscher von 7), auf das Thema Studium (Jupiter, und Saturn als Herrscher von 9) und die unbewusste Suche nach einem Rückhalt, nach Struktur und einem Vater (Saturn). Ein Pluto-Transit zum Herrscher von 9 kann eine bestehende Lebenssicht eingreifend verändern, vor allem wenn es um eine theoretische Sichtweise geht. Da Pluto bereits in Esther's Geburtshoroskop am Yod beteiligt ist, kann er bei all seinen Transiten das Unvorhersehbare und Ungreifbare der Yodfigur mit sich bringen. Auch dieses Jahr hat sich für sie wieder als Wendepunkt-Jahr erwiesen, wie bereits 1968 beim Pluto-Transit in Opposition zu ihrem Mond. Diesmal allerdings mit viel mehr Komplikationen und verwirrenden Erfahrungen.

Sie ließ die mythologische Welt hinter sich und wandte sich der Wissenschaft zu. Solche Richtungsänderungen sind bei Yodfiguren nicht unüblich. Aber gerade bei Yodfiguren sieht man in einem späteren Stadium sehr oft - wenn der Faden positiv aufgegriffen wurde -, dass alle Erfahrungen, auch die Extreme, irgendwie auf ganz natürliche Weise zusammenfließen. So auch bei Esther, die jetzt viel Freude daran hat, eigene astrologische Forschungen und auch die anderer so wissenschaftlich wie möglich anzugehen und zu strukturieren. Astrologie, Psychologie, Musik, Mythologie und das Mystische haben in ihrem Leben ebenso einen Platz gefunden wie Statistik und Wissenschaft; all das kann sie erfolgreich miteinander kombinieren. Wieder eine Kostprobe einer „unmöglichen" Kombination, die für jemanden mit einem Yod eigentlich ganz normal, natürlich und selbstverständlich ist, gerade weil man mit einem Yod solche unterschiedlichen Inhalte in sich trägt, für die die herkömmliche Psychologie noch nicht genügend Werkzeug liefert - viele Menschen mit einem Yod haben das erlebt. Auch bei Esther war es nicht anders.

„Diese Periode hat mein ganzes Leben und den Blick auf mich selbst tiefgreifend verändert und die merkwürdige Facette von Krisis, die so kennzeichnend für das Yod ist, war mehr als je zuvor spürbar. Dem Aufnahmegespräch beim IMP zufolge waren die verschiedenen Aspekte meiner Persönlichkeit wenig integriert, was meiner Meinung nach auch mit dem Yod zusammenhängen kann. Denn bei einem Yod müssen scheinbar nicht zu vereinbarende Elemente und Verarbeitungsweisen auf eine subtile, schwer nachvollziehbare Weise trotz allem zusammenarbeiten, was in einer weniger subtilen psychologischen Diagnostik nicht ans Licht kommen kann."

1979 und 1980 läuft der transistierende Pluto über die Sonne-Merkur-Neptun-Konjunktion in Waage hin und wieder zurück: die eine Seite des Yods transistiert über die andere! Außerdem bildete Pluto von dieser Position aus auch immer wieder Quinkunxe zum Mond.

Esther's Leben verläuft ziemlich turbulent. Seit einem Jahr wohnte sie mit einem Mann zusammen, der eine Menge persönlicher Probleme hatte. Außerdem gab es Schwierigkeiten mit Geld und Wohnung; gut lief eigentlich nur noch ihr Psychologiestudium. In dieser Situation, als die Beziehung mit ihrem Freund aufgrund seiner Probleme für Esther fast unerträglich wurde, wird sie schwanger. Die Schwangerschaft und auch die Geburt verlaufen äußerst schwierig.

„Es war eine schreckliche und langwierige Geburt. Man glaubte, das Kind würde nicht mehr leben und auch um mein Leben wurde gebangt. Übrigens wollte ich nichts lieber als tot sein, es war so unerträglich, dass ich so etwas nie wieder erleben wollte. Dann fand mein Freund heraus, dass die Aufzeichnungsgeräte nicht funktionierten, das Kind aber am Leben war. Aufgrund dieser Entdeckung rettete er mich in letzter Sekunde vor einem in diesem Augenblick für mich lebensgefährlichen Kaiserschnitt. Letztlich wurde unser Töchterchen lebend geboren."

Fragen über Leben und Tod und Dingen, die in Grenzbereichen liegen, bin ich mit Pluto im Yod nur allzu häufig begegnet, besonders, wenn sowohl Pluto als auch Neptun am Yod beteiligt sind und eines der beiden großen Lichter (Sonne oder Mond). Obwohl Esther auch hierfür ein passendes Beispiel ist, will ich nachdrücklich darauf hinweisen (wie ich das an anderer Stelle in diesem Buch bereits erläutert habe), dass man dies nicht verallgemeinern darf. Ich kenne auch Frauen mit Pluto in einem Yod, bei denen Schwangerschaft und Geburt gut verlaufen sind. Manchmal treten andere Ausdrucksformen von diesem Pluto in den Vordergrund: Der Bruch mit einem Elternteil, wenn ein Kind geboren wird; Sterbefälle in der näheren Umgebung, während man schwanger ist, sind nur einige Beispiele.

In Esther's Geburtshoroskop steht Pluto im Quinkunx zu ihrem Mond. Wir haben gesehen, was sie gefühlt und erlebt hat, wenn es um Geborgenheit und Fürsorge in ihrer Jugend ging. Sie hatte eine Mutter, mit der sie nichts teilen konnte oder wollte, und einen Vater, der schon früh gestorben war. Als Pluto am Himmel weiterläuft und

1968 im Transit in Opposition zu ihrem Mond steht, erlebt sie eine Art Wiedergeburt und kann sich innerlich vom Einfluss ihrer Mutter lösen.

Als Pluto 1975 in der primären Progression in Opposition zu ihrem Mond steht, wird sie in hohem Maße auf sich selbst zurückgeworfen und es scheint, als probiere das Leben aus, woraus der Boden ihrer Emotionen und Gefühle besteht. Sie entdeckt, dass sie auf der Suche nach einem Vater ist und nimmt ihr Leben auf eine neue Weise in Angriff, um dieses Thema aufzuarbeiten.
Pluto bildet dann im Transit ein Quinkunx zum Mond und steht in Konjunktion zur Sonne und die beiden vorgenannten Themen scheinen in einer neuen Erfahrung wieder zusammenzufließen. Wie bereits 1975 geht es um eine Beziehung, und mit Sicherheit nicht um eine unkomplizierte. Es kommt aber nicht - wie 1975 - zu einer Scheidung, und es handelt sich auch nicht um einen Psychopathen oder um eine Vaterfigur, sondern um eine Beziehung, die Esther als bedrohlich erlebt und die einen Mann betrifft, der eine Menge Probleme hat. Das Thema Mann/Vater steht wieder im Vordergrund. Und so, wie sie sich 1968 von ihrer Mutter zu lösen wusste, bedeutet die Tatsache, dass Esther selbst Mutter geworden ist und einer schönen Tochter das Leben geschenkt hat, dass sie sich auch jetzt schnell von ihrer Angst lösen kann, selbst umsorgt zu werden.

„Ich entdeckte, dass ich es herrlich fand, die Kleine zu liebkosen und zu versorgen, wodurch ich näher in Kontakt mit meinem eigenen Bedürfnis nach Fürsorge gelangte – womit ich schon immer Schwierigkeiten hatte. Beispielsweise habe ich mich, solange ich mich erinnern kann, vor der Berührung meiner Mutter geekelt. Aber auch bei gut gemeinten und tröstenden Berührungen von anderen Frauen, selbst von Freundinnen, erstarrte ich. Zu meinem eigenen Erstaunen und meiner großen Freude bemerkte ich, dass ich meine Rolle als Mutter auf ganz natürliche Weise erfüllen konnte. Außerdem fällt es mir jetzt viel leichter, bei einem tröstenden Wort auch den Arm um die Schulter von jemandem zu legen, während ich selbst die Berührungen anderer auch als angenehm empfinden kann, mit Ausnahme der meiner Mutter. In der bereits erwähnten Psychodrama-Gruppe habe ich das nicht lernen können. Vielleicht musste mein „Ich“ sich in der vorangegangenen Periode zunächst ein Stück weit auflösen und zurücktreten, damit ich diesen Teil in mir selbst erfahren konnte.“

Obwohl die Beziehung zu ihrem Freund alles andere als angenehm war, sah Esther die Sache ganz nüchtern und erkannte, dass der eheliche Stand ihr mehr Rechte und Vorteile bot als der Status, in dem sie sich jetzt mit ihrem Kind befand. Ihr Freund wollte gerne heiraten, also gab sie nach und ging die Ehe mit ihm ein. Kurze Zeit später wurden seine Probleme so groß und er selbst wurde so unzugänglich und unnahbar, dass Esther den Druck und die psychische Bedrohung nicht mehr aushielt und die Scheidung einreichte. Es scheint fast wie eine Wiederholung ihrer vorherigen Ehe: gerade erst verheiratet und schon reicht sie die Scheidung ein. Dieses Mal läuft es aber anders. Als ihrem Mann die Scheidungspapiere zugestellt wurden, entschloß er sich, in Therapie zu gehen, auch weil er selbst einsah, wie destruktiv er war. Er ließ sich in eine Klinik einweisen, und Esther wurde in die Therapie einbezogen:

„Ich entdeckte, dass ich trotz allem sehr viel für ihn empfand und es noch viele Bereiche gab, in denen wir gut miteinander zurechtkamen. Ich habe die Scheidungsklage zurückgezogen. Von da an lief es insgesamt zwar nicht gerade reibungslos, aber doch ein Stück weit besser als vorher.
Allmählich gelangte ich zu der Überzeugung, dass ich meine Partner immer unter den Poeten, Träumern, Magiern und Mystikern gesucht hatte. Männer, die ziemlich häufig zu tief ins Glas schauten." schreibt Esther. Diese Einsicht verhilft ihr dazu, einen großen Schritt nach vorn zu machen:

„Ich verstand, dass all das etwas mit mir zu tun hatte, dass ich diesen Aspekt meiner selbst aber nicht mehr per se auf einen Partner projizieren muss. Mein Gefühl, abhängig zu sein, war verschwunden. Das Aufrechterhalten der Beziehung zu meinem Mann war daher eine freie Entscheidung. Meine Haltung in der Beziehung kann ich selbst bestimmen und ich kann selbst entscheiden, ob und was ich mir von seiner Kritik und seiner Tyrannei anziehe oder nicht. Ich sehe die Dinge jetzt viel nuancierter, wobei ich mich auch durchaus traue, mir meine eigenen Unarten anzusehen, weil ich keine Angst mehr vor Zurückweisung habe. Ich kann gefühlsmäßig auch besser unterscheiden, was zu ihm und was zu mir gehört, wodurch er mich nicht mehr in die Ecke drängen kann. Ich bleibe bei meinem eigenen Gefühl, wie widersprüchlich das auch manchmal sein mag."

Esther weiß jetzt die vorhergehenden Themen aus den vorangegangen Krisenjahren in einen Zusammenhang zu bringen und auf einem neuen, innerlich wesentlich stabileren Niveau weiterzumachen.

Nach dem Abschluß ihres Studiums bekam sie 1987 eine Stelle an der Universität und musste eine Untersuchung durchführen, bei der sie mit viel Freude an die Arbeit ging. Als es dann darum ging, die Untersuchungsergebnisse für eine Publikation vorzubereiten, spielten Merkur und der Herrscher von 3 wieder in einem Yod auf und sorgten dafür, dass sie mit Versagensängsten zu kämpfen hatte, die sie blockierten. Allmählich spürte sie auch eine immer stärker werdende *„innere Weigerung, auf solche Weise selektiv mit meinen Daten umzugehen, dass die gefundenen kleinen Signifikanzen mehr schienen als sie waren. Außerdem hatte ich auch meine alte Liebe zur Astrologie wieder aufgegriffen und erkannte immer mehr, dass meine Wirklichkeit dort viel farbenprächtiger aussah als das langweilige Grau der Fachgruppe Sozialpsychologie.“* Esther entschließt sich, aufzuhören und in ihren alten Beruf als Lehrerin zurückzukehren. Dazu schreibt sie:

„Der transistierende Saturn stand damals stationär im Quadrat zu meiner Sonne-Merkur-Neptun-Konjunktion, exakt wie im Oktober 1974, als ich meine erste Stelle als Lehrerin bekam. Durch das erneute Unterrichten und den Umgang mit den Kindern, fing ich an, fröhlicher zu werden. Obwohl es ein großer Schritt zurück war, finde ich das jetzt nicht mehr so schlimm. Die Arbeit nimmt mich nicht so sehr in Anspruch, dass ich keine Zeit mehr für meine Hobbys wie die Astrologie und Musik aufbringen könnte. Das wissenschaftliche Klima an der Universität machte es mir unmöglich, auch in der Welt des Unerklärbaren leben und mich noch wundern zu können. Obwohl ich eine wissenschaftliche Denkweise immer noch als sehr wertvoll erachte, erlebe ich dennoch, dass es ein Verständnisniveau gibt, das darüber hinausgeht. Eine Welt, die ich schon in meinen Teenagerjahren kannte, die ich aber lange Zeit nicht mit der Welt der Kausalität, auf die ich ebenfalls sehr viel Wert lege, in Einklang bringen konnte. Inzwischen habe ich Frieden damit geschlossen, dass beide ihre eigenen Erklärungszusammenhänge haben und dass es manchmal Spaß macht, Begriffe aus dem einen Zusammenhang in den anderen übersetzen zu können, dass sie aber auch nebeneinander, auf völlig verschiedene Art, sich der Welt der Erscheinungen anzunähern, bestehen können.“

Esther kommt zu folgenden Schlußfolgerungen:

„Der rote Faden, der sich meines Erachtens durch diese ganze Geschichte zieht, ist das Aus-der-Hand-gleiten oder Laufenlassen von Situationen, die nicht richtig eingeschätzt wurden. Immer wieder war ich gefangen, und ich wusste, dass das eine oder andere nicht in Ordnung war, aber ich fand, wenn es mein eigenes Leben betraf, keine Lösung. Die Lösung tat sich zwar irgendwann auf, aber immer durch eine Krise, in der ich etwas verlor, das mir wichtig gewesen war. Verrückterweise erkenne ich, aber erst seit kurzem, dass all diese merkwürdigen Krisen mich immer wieder ein Stückchen näher zu mir selbst gebracht haben. Diese Situationen, für die ich mich bewusst niemals entschieden

hätte, haben mein Leben zwar nicht leichter gemacht, ihm aber viel mehr Inhalt gegeben.“

Eine Reihe von Menschen hat in den wichtigsten Krisen in Esther's Leben eine ausschlaggebende Rolle gespielt.

„Diese Menschen personifizieren ganz sicher die Aktivierung der Yodfigur, weil ich eine sehr starke, aber eigenartige Bindung zu ihnen habe. Ich geriet in unmögliche Situationen, die mein oder auch ihr Leben gewaltig auf den Kopf gestellt haben.
Vergleiche zwischen deren und meinem Geburtshoroskop zeigen überraschende Ergebnisse. Zwei Punkte, nämlich 20° Steinbock und 20° Stier scheinen gravierend zu sein. Diese Menschen haben hier entweder ihre Sonne oder ihren Mond im Horoskop. Diese Punkte bilden ein Sextil zu meinem Mond, wodurch entweder Pluto oder die Sonne-Merkur-Neptun-Konjunktion, die in meinem Radix die Basis der Yodfigur bilden, als Apex fungieren, während sie im Quadrat mit der anderen Seite meiner Yodfigur verbunden sind.
Auffallend bei all diesen Beziehungen ist, dass sie nie das werden konnten, was sich eine der beiden Parteien gewünscht hätte, während anfänglich eine Art Ablehnung bestand. Auch für meine Mutter, deren Mond auf 20° Steinbock steht, schien ich in keiner Weise das Kind zu sein, das sie sich wünschte. Daneben existiert aber immer eine merkwürdige Bindung oder ein Band, das selbst den Abbruch einer Liebesbeziehung überdauert.“

Mit einigen Männern, mit denen Esther eine solche „Yod-Beziehung“ unterhielt, hatte sie auch eine Liebesbeziehung. Aber selbst nachdem die Beziehungen in die Brüche gingen, blieb das tiefe Band auf eine andere Art bestehen. Die Beziehungen mit diesen Menschen sind für Esther nach wie vor sehr bedeutsam. Bei Esther stehen der Herrscher von 5 und der Nebenherrscher von 5 (resp. Sonne und Merkur) und der Nebenherrscher von 11 (Neptun) im Yod.
Das 7. Haus ist nicht in das Yod einbezogen, was sich für Esther sehr direkt bemerkbar macht. Über die Beziehungen, bei denen sich ein Yod in der Synastrie gebildet hatte, schreibt sie weiter:

„Immer sind diese Beziehungen mit recht eingreifenden Veränderungen in meinem oder in dem Leben des anderen verbunden, die ich im Nachhinein, mit Ausnahme der Kapriolen meiner Mutter, doch als Bereicherung erfahren konnte. Bei meinem Ex-Mann und meinem jetzigen Ehemann hat diese Art der Ablehnung und die Unmöglichkeit der Beziehung nie eine Rolle gespielt – dafür gab es aber genügend andere Schwierigkeiten.

Eine gleichwertige Freundschaft ist allerdings auch nicht möglich. Außer der gemeinsamen Haushaltsführung haben diese Beziehungen an meinem sonstigen Lebenswandel nichts verändert und ich verspüre einen starken Widerstand in mir, wenn das von mir verlangt wird. Bezeichnend ist, dass mein 7. Haus nicht in das Yod einbezogen ist, wohl aber das 5. und das 11. Haus."

Als Esther mit ihrem Psychologiestudium begann, verliebte sie sich in einen Mitstudenten:

„*in einen Typen, auf den ich normalerweise niemals fliegen würde. Er übrigens auch nicht auf mich. Die Geschichte begann mit ein paar Partien Schach in der Kantine, die auf Leben und Tod ausgefochten wurden, weil er nicht fassen konnte, dass ich diejenige war, die grundsätzlich gewann. Es entwickelte sich eine Anziehungskraft zwischen uns, die wie ein Sog wirkte, von dem wir nicht loskamen. Sein Mond steht auf 18° Stier und bildet ein Quadrat zu meinem Pluto, ein Sextil zu meinem Mond und ein Quinkunx zu meiner Sonne-Merkur-Neptun-Konjunktion. Unser gemeinsames Yod wird also durch unser beider Mond als Basis und meiner Sonne-Merkur-Neptun-Konjunktion als Apex gebildet.*"

Die Beziehung entwickelte sich sehr schnell und sehr intensiv und noch ein neues Thema tauchte in Esther's Leben auf: die Meditation. Sicherlich sehr passend, mit Mond in Fische und einer Sonne- Merkur-Neptun-Konjunktion, besonders, wenn diese in einem Yod steht.

„*Neben seinem Studium war er ein sehr aktives Mitglied einer Meditationsgruppe. Seine Erfahrungen auf diesem Gebiet sprachen mich so sehr an, dass ich dieser Gruppe beitrat, was meinen gesamten Lebensstil veränderte. Wir studierten tagsüber nach einem strikten Stundenplan – vorher tat ich das vor allem abends – und verbrachten fast jeden Abend in der Gruppe, in der wir unsere Meditationserfahrungen miteinander teilten. Wir schliefen nur wenig und verbrachten die Nächte vor allem mit Reden. Ich wurde Vegetarierin, trank keinen Alkohol mehr und kehrte den Kneipen den Rücken. Die Meditationstechniken brachten mir zunächst etwas Ruhe von meinen sich ständig drehenden Gedanken, weil ich mich in dieser Gruppe zusammen mit ihm verlieren konnte. Selbst nach Miami sind wir gereist, um dort dem Guru zu begegnen und ihm die Füße zu küssen. Aus mir selbst heraus wäre ich niemals auf diese Idee gekommen. Ich messe meiner eigenen Individualität genügend Wert bei, um eine solche Hingabe als völlig lächerlich zu empfinden. Trotzdem war es eine großartige Erfahrung. Überall*

warmes, strahlendes Licht, das wir auch in unseren Augen wiederfanden. Merkur als das ständige Reden, Neptun als Meditationsgeschehen und Hingabe, die Sonne als strahlende Erfahrung des Lichts, worauf sich übrigens die wichtigste Meditationstechnik gründet, sind in all dem erkennbar. Die 6. Haus-Position dieser Planeten spielte möglicherweise ebenfalls eine Rolle. Praktizierendes Mitglied zu sein, bedeutete auch, für die Gruppe allerlei Dienste zu verrichten, wodurch man auch durch praktische Tätigkeiten Meditationserfahrungen sammelt. Vor solchen einfachen Tätigkeiten graut es mir normalerweise. Trotzdem habe ich einige Male erlebt, dass diese Art Arbeit sehr schön sein kann und dass es egal ist, was man tut. Allerdings kostete es mich immer sehr viel Zeit. Und doch habe ich in dieser Periode die besten Studienleistungen erbracht. Als eine der Ersten schaffte ich mein Propädeutikum und später meine Zwischenprüfung. Es war einfach eine Frage der Disziplin, die ich vorher nicht aufbringen konnte.
Allmählich wurde unsere Beziehung immer schwieriger. Der Machtkampf, der sich anfangs nur auf dem Schachbrett abspielte, begann sich auf das Studium auszudehnen. Er konnte es nicht ertragen, dass ich bessere Ergebnisse erzielte als er. Letztlich fing er eine Beziehung mit meiner bester Freundin an. Ich verlor mit einem Schlag einen Freund und eine Freundin, und ich hatte nicht mal einen Ort, um mich auszuheulen. Mein Mond im 11. Haus, der einen Teil unserer gemeinsamen Yodfigur (an dem auch mein Nebenherrscher von 11 beteiligt war) ausmachte, zeigte nun wieder seine schwierige Seite. Ich versuchte zu meditieren, aber das Licht, das ich sah, war eiskalt und in der Gruppe fühlte ich mich nicht mehr wohl. Auch in mir selbst konnte ich keinen Ruheort finden. Eigentlich begann ich schon vorher einen starken Widerstand gegen das Anbeten von Gurus und die doch etwas asketische Lebensweise in mir zu spüren. Mir widerstrebte vor allem die Vorstellung, dass alles, was den ‚Verstand' betraf, als minderwertig anzusehen sei und das man das Licht erst sehen könne, wenn man alle Abhängigkeiten hinter sich gelassen habe. Ich konnte innerlich nicht mehr mit der Vorstellung übereinstimmen, dass ein Teil in mir einen anderen Teil bekämpfen müsse. Ich stürzte mich voll und ganz in mein Studium und begegnete zwei Monate später dem Mann, mit dem ich jetzt verheiratet bin. Nach einem halben Jahr fand ich es nicht mehr nötig, einen so großen Bogen um meinen früheren Freund zu machen. Es zeigte sich, dass wir immer noch viel füreinander empfanden und es hat sich eine Freundschaft zwischen uns entwickelt, in der wir uns wirklich gegenseitig alles sagen können."

Wenn man auf positive Weise mit einem Yod umgehen will, ist es sehr wichtig, dass die widersprüchlichen Bedürfnisse und Züge ihren Platz bekommen dürfen. Dann ist es unmöglich, dem einen Teil „abzuschwören" und ihn zugunsten eines anderen Teils zu verdrängen, was dann irgendwie an einem nagt und zu innerer Unruhe und

Zweifeln beitragen wird. Das bezieht sich auch auf die strengen Lebensregeln der Meditationsgruppe. Esther hat dies schon an früherer Stelle verdeutlicht. Ihr Yod führt sie zu der Überzeugung, dass jede Sache immer mehrere Seiten hat, und dass nichts vollkommen wahr oder eindeutig ist.
Diese Art von Strenge, die sie in der Meditationsgruppe erlebte - neben der Meditationserfahrung an sich -, beinhaltet jedoch auch Erfahrungen, die durch das Yod in einem bestimmten Moment in ihrem Leben wieder in den Vordergrund treten. Dann wird sich erweisen, dass diese Erfahrungen ein einzelnes Teilchen des Puzzles sind. Und wenn dieses Teilchen seinen Platz findet, wird Esther spüren, dass sie immer mehr in Übereinstimmung mit ihrer inneren Bestimmung gelangen wird. Nachdem ich Esther dieses Kapitel zugeschickt hatte, um ihr Einverständnis einzuholen, fügte sie noch hinzu:

„Eigentlich ist das, denke ich, schon passiert. 1993, als Uranus und Neptun im Transit im Quadrat zu meiner Sonne-Neptun-Merkur-Konjunktion standen, begann ich den Kurs in Jungscher Psychologie. Bei den aktiven Imaginationen erlebte ich eigentlich neben sehr tiefen Gefühlen die gleiche Ruhe wie in meinen Meditationen. Um mich von meinen Gedanken leer zu machen, benutze ich übrigens immer noch eine Reihe dieser Meditationstechniken. Dabei muss ich mich jedoch nicht von meinen Abhängigkeiten lösen und meinen ‚Verstand' unterdrücken, ich kann vielmehr einfach mein ganzes Selbst erfahren. Zwar ist auch hier eine gewisse Disziplin erforderlich, um die Umstände zu schaffen, in denen ich mich zurückziehen kann. Dadurch lernte ich auch, auf allerlei subtile synchronistische Signale zu achten, wodurch letztlich eine Menge Puzzleteilchen zusammengekommen sind. Das Wichtigste ist, dass ich viel besser mit meiner weiblichen und meiner gefühlvollen Seite umgehen gelernt habe."

Es zeigt sich, dass die Menschen, die mit Esther zusammen neue Yodfiguren bilden, dieses Yod von Stier oder von Steinbock aus mit ihrem bestehenden Yod im Horoskop formen. Diejenigen, die von Steinbock aus ihren Teil beitragen, bilden dann ein Sextil mit Esther's Mond, und die Spitze der Yodfigur ist dann Esther's Pluto. Für diejenigen, die von Stier aus das Yod bilden, ist die Sonne-Merkur-Neptun-Konjunktion von Esther der Apex der Yodfigur. Esther bemerkt rückblickend auf diese Beziehungen einige wichtige Dinge:

„Da, wo Pluto als Apex fungiert, spielt der Faktor Tod auf irgendeine Weise eine Rolle. Bei meiner Mutter (Mond auf 20° Steinbock) war es der Tod meines Vaters, der die Sache ins Rollen brachte und es gab Streit um das Erbe. Der ältere Mann, der 1975 eine

so wichtige Rolle in meinem Leben spielte (er hat Sonne und Merkur auf etwa 19° im Steinbock) hatte mich gebeten, mich im Fall seines Todes, um seinen Nachlaß zu kümmern, während ein Mitglied der Psychodrama-Gruppe (Sonne auf 20° Fische und Mond auf 19° Steinbock - genau wie meine Mutter!) mich mit ihrer Suizidalität konfrontierte und auch noch Hilfe bei dem bevorstehenden Tod einer Freundin von mir erwartete.“

Was die von 20° Stier ausgehende Yodfigur betrifft, hat Esther nur Erfahrungen aus der Beziehung mit dem Meditations-Freund. In diesem Yod steht Neptun auch am Apex, zusammen mit Sonne und Merkur.

„Damit berühre ich gleichzeitig den Kern der Familienproblematik, nämlich Religion und Tod. Die mir bekannten Horoskope der Familie von Seiten meiner Mutter scheinen dieses Thema auch zu betonen. ...Der Vater meiner Mutter stammt von geflüchteten französischen Hugenotten, unter deren Nachfahren der Religionskrieg mit all seinem Fanatismus noch immer nicht beendet ist. Daneben gibt es ein frühzeitiges Sterben von Eltern und Kindern, worüber systematisch geschwiegen wird, das aber wie ein roter Faden diese Familiengeschichte durchzieht. Wenn ich all das betrachte, sieht es in jedem Fall so aus, dass ich mit diesen merkwürdigen Yod-Beziehungen auf unkonventionelle Weise etwas von meiner Familienproblematik aufgearbeitet habe, wobei ich, wie gerne ich das manchmal auch gewollt hätte, oft nicht in der Lage war, eine ernste Miene aufzusetzen. In den Augen meiner religiösen Familie bedeuten Psychologie, die Verehrung von Gurus und auch die Astrologie, ganz zu schweigen von all den Beziehungen mit Männern, einen direkten Bund mit dem Teufel. Trotzdem haben Onkel, Tanten, Nichten und Neffen gegenwärtig einen gewissen Respekt vor mir und ich werde trotz meiner völlig anderen Auffassungen und Lebensweise mit aller Rücksicht von ihnen behandelt.“

Ein Yod bietet nun mal keine Garantie für Ruhe. Innerlich ist Esther aber unumstritten in ein viel ruhigeres Fahrwasser gelangt, und ihre widersprüchlichen Erfahrungen haben teilweise ihren Platz gefunden oder schicken sich an, diesen zu finden. Ihre zunehmende innere Stabilität spiegelt sich auch darin wieder, dass sie von den Familienmitgliedern akzeptiert wird, für die sie deutlich ein Stück ihres Schattens verkörpert. Esther's Leben und ihre Erfahrungen in Beziehungen scheinen mit einer tieferen Familienproblematik im Zusammenhang zu stehen; offenbar ist dieser rote Faden in den vorhergehenden Generationen reif für eine Veränderung. Ein Wendepunkt also. Dabei spielt Esther mit ihrem Yod eine wichtige Rolle, ob sie nun will oder nicht. Den Themen der Generationen vor ihr - Religion und Tod (Neptun und

Pluto) – begegnet Esther immer wieder, und das in allen Varianten. Sie kann diesen Themen aber auch eine eigene, kreative und erneuernde Ausdrucksform geben, indem sie sich mit anderen Dimensionen beschäftigt, unabhängig von den begrenzenden üblichen Auffassungen von Psychologie, Musik, dem Mystischen und Magischen, um nur einige Dinge zu nennen, die Esther auch selbst in ihrer Geschichte anführt.

Esther wird auch immer wieder mit Wendepunkten in ihrem Leben konfrontiert, und mit der bekannten Ausnahme von der Regel. Das erkennt sie jetzt, und sie ist in der Lage, sich durchzuschlagen und die Dinge mit dem nötigen Humor zu betrachten. Sie hat die verschiedenen Welten in sich selbst akzeptiert und konnte ihnen einen Platz geben. Das Suchen ist damit zwar nicht beendet, stellt aber nicht länger einen störenden Faktor dar. Sie hat nun Freude am „*Suchen um des Suchens willen*".

Kapitel 18
Schluß

Wir alle sind ein Glied in der Kette menschlicher Erfahrungen, die bis in eine ferne Vergangenheit zurückreicht. Die Fragen unserer Vorfahren leben auch in uns weiter und suchen nach Antworten. Allerdings neigen wir allzu sehr dazu, uns selbst als getrennte Individuen zu betrachten. In der westlichen Welt erkennen wir für gewöhnlich kaum an, wie sehr wir Teil eines Ganzen sind. Denn wir sind Mitglied der Familienreihe und Teil der Gesellschaft und Kultur, in der wir aufwachsen und leben, und wir sind Teil einer Gruppe von Menschen in unserer unmittelbaren Umgebung, von anonymen Dorf- und Stadtmitbewohnern bis hin zu unserem Freundeskreis.
Die Yodfiguren und unaspektierten Planeten verbinden uns, wenn auch in der Regel auf eine etwas unbequeme Weise, mit der Vergangenheit, die einmal war, aber gleichzeitig immer noch besteht und die immer noch Gestalt in uns annehmen will. Wie eine aufgestaute Energie bricht sie sich Bahn und drängt sich uns auf, vor allem, wenn im größeren Rahmen für eine Familienreihe oder sogar eine Gesellschaft oder Kultur „die Zeit" für Veränderungen gekommen zu sein scheint. In diesen Veränderungsprozessen spielen Menschen mit unaspektierten Planeten oder Yodfiguren oft eine entscheidende Rolle, sowohl im Kleinen als auch im Großen. Sie sind diejenigen, die die Wendepunkte markieren.
Veränderungen nehmen allerdings oft mehrere Generationen in Anspruch, deshalb erleben wir auch, dass Menschen mit einem Yod oder einem unaspektierten Planeten in vielen Fällen die Folgen von dem, was ihr Leben ausgelöst hat, nicht mehr erleben. Wenn man den Kampf der Yodfigur und des unaspektierten Planeten nur im Licht eines einzelnen Lebens betrachtet, erscheint es so mühsam und oft auch ungerecht, was sich darin abspielt. Dann stellt sich die Frage, warum die Verbindungen zwischen den gleichen Planeten bei denjenigen, bei denen sie ein Yod bilden, soviel turbulenter verlaufen als bei Menschen, bei denen sie durch ein Quadrat oder eine Opposition, den anderen Spannungsaspekten also, verbunden sind? Nur wenn man seine Yodfiguren und unaspektierten Planeten aus der Perspektive eines umfassenderen Ganzen betrachtet, aus dem Blickwinkel von Wendepunkten in Familienreihen und gesellschaftlichen Prozessen, kann man erkennen, welche eingreifende und wichtige Rolle diese Horoskopfaktoren spielen und was für eine besondere Rolle deren Träger spielen können. Das kann auch im Kleinen der Fall sein.
Erich Neumann geht in seinem Buch „Tiefenpsychologie und neue Ethik" auf ausgezeichnete Weise darauf ein. Er legt dar, dass Entwicklungen des Kollektivs immer

Dutzende von Jahren hinter den Entwicklungen des Einzelnen zurückbleiben. Darum ist es auch das Individuum, das versuchen muss, Lösungen für Probleme zu finden, die es als individuell empfindet, die aber auch Teil eines größeren Ganzen sind. Neumann schreibt:

„Das Individuum, das mit der überwältigenden Erscheinung des „Bösen" in Berührung kommt und dadurch schockiert und oft bis an den Rand des Abgrunds getrieben wird, wehrt sich gegen seinen Untergang. Um am Leben zu bleiben, braucht es die Kräfte aus den Tiefen des Unbewussten, nicht aus Willkür oder nach Belieben, sondern notgedrungen, und es kann mit Hilfe dieser Kräfte und aus sich selbst heraus nach neuen Lebensformen, Werten und richtungsweisenden Symbolen suchen."

Neumann stellt auch fest, dass das Individuum, wenn es mit „dem Bösen" ins Reine kommen muss, nicht nur mit seiner individuellen Wirklichkeit zu tun hat, sondern auch mit *„dem individuellen Ausdruck einer kollektiven Situation. So sind die schöpferischen Kräfte seines Unbewussten, das neue Wege weist, nicht nur individuelle Kräfte, sondern auch die individuelle Form des schöpferischen Aspekts des kollektiven, allgemein-menschlichen Unbewussten."*

Mit anderen Worten: wenn das Individuum diese positiven und schöpferischen Kräfte einsetzen kann, um seine Probleme anzugehen und aufzulösen, schafft es hiermit einen Anfang für Veränderungen. Es scheint, als geschähe dies nur für es selbst, aber das ist nicht der Fall: „Die Zukunft des Kollektivs lebt im Heute der in ihre Probleme verstrickten Einzelnen, die Teil dieses Kollektivs sind", so Neumann, der das folgendermaßen weiter erläutert:

„Sowohl das Problem als auch die seelische Ebene, die die Lösung hervorbringt, wird im Individuum sichtbar, aber beide sind im Kollektiven begründet. Das macht auch die Erfahrung des Einzelnen so bedeutsam. Was sich im Einzelnen abspielt, ist ein Modell für das Ganze, und die ersten Lösungsversuche, die für ihn Lösung und Befreiung sind, bilden den Ansatz für zukünftige Werte und Symbole des Kollektivs.
Der Einzelne und sein Schicksal gelten als Prototyp für das Kollektiv. Sie sind die Retorten, in denen die Gifte und Gegengifte des Kollektivs destilliert werden. Darum ist der Prozess, der sich in der Tiefe der Seele des Einzelnen abspielt und der in ihm ergründet werden kann, von außergewöhnlich großer Bedeutung in einer Zeit des Übergangs und des Verfalls von kollektiven Normen…"

Es ist der innere Kampf im individuellen Menschen, der Lösungen für die Gesellschaft der Zukunft zur Folge haben kann. Neumann stellt fest, dass bestimmte Menschen sensibler sind für die Inhalte des kollektiven Unbewussten. Für sie werden bestimmte Probleme dringlich, während das für das Kollektiv noch nicht der Fall ist. Ich habe sehr deutlich den Eindruck, dass dies vor allem für Menschen mit Yodfiguren und unaspektierten Planeten gilt, und dass der Druck aus der „obersten Schicht" ihres kollektiven Unbewussten, der Schicht, in der sich die Erfahrungen ihrer Vorfahren befinden, mit diesen Problemen zu tun hat. Das Unangenehme ist, dass Menschen mit Yodfiguren und unaspektierten Planeten Schwierigkeiten mit Problemen haben können, die für die meisten Menschen überhaupt (noch) kein Problem zu sein scheinen. Mehr noch: die Probleme, mit denen diese Gruppe von Menschen kämpft, vor allem auch die Art, wie sie kämpfen, wird nicht wirklich als Problem erkannt. Wie oft wird man mit einem Yod oder unaspektierten Planeten mit einer Reaktion von Unverständnis konfrontiert oder mit einer Äußerung wie: *„Nun stell Dich doch nicht so an!"* bedacht. Neumanns weitere Analyse ist sehr wertvoll für Yodfiguren und unaspektierte Planeten, er könnte sie regelrecht dafür geschrieben haben! Ich zitiere:

„Und doch geht es hier um ein zukünftiges Problem der Menschheit, das in ihm zum Ausdruck kommt und ihn zu einer Konfrontation zwingt. Das erklärt, warum diese Menschen in der Zeit, in der sie leben, so sehr aus der Reihe tanzen; es erklärt ihre Einsamkeit und ihre Einsilbigkeit, aber auch ihre prophetisch-bahnbrechende Rolle. Denn das Kollektiv übernimmt nicht nur die Probleme dieser Einzelnen, sondern auch deren Patentlösungen; nicht nur die Kritik, die das Alte abreißt, sondern auch die Synthese, die das Neue aufbaut.
Der Zusammenhang zwischen der Problematik des Einzelnen und der des Kollektivs ist wesentlich größer, als die Menschheit im Allgemeinen erkennt. …Die Ehetragödie des Einzelnen ist das Schauspiel, bei dem das Kollektiv die Veränderungen der Mann-Frau-Beziehung austrägt – ein Problem von kollektiver Tragweite, auch außerhalb der Ehekonflikte des Einzelnen."

Menschen mit einem Yod oder einem unaspektierten Planeten fehlt ganz sicher eine klare Orientierung. Das heißt, die Vorbilder, die sie in ihrer Jugend erlebten, sind in den meisten Fällen nicht ausreichend für sie; mit einer einzigen Ausnahme: wenn ein Elternteil das Kind mit dem Yod oder dem unaspektierten Planeten versteht und ihm auf den Weg helfen kann. Aber meistens ist das Vorbild, das dem Kind geboten wird, unzureichend, oder eines, dem es nicht folgen kann. Das Problem, vor dem das Kind steht, ist, dass keine *„einfache"* oder *„leichte"* Antwort zu finden sein wird. Es gibt kei-

ne einfache Patentlösung; das Kind mit Süßigkeiten oder einem Geschenk beschwichtigen zu wollen, hilft ebensowenig. Es wird ganz allein und aus eigener Kraft eine individuelle Lösung finden müssen, um seiner persönlichen Schicksalsbestimmung Gestalt geben zu können. Und dieser Prozess ist nun mal mit vielen Rückschlägen verbunden.
Durch die eigenen, einzigartigen Lösungen bekommt man auch ein eigenes Gefühl für das, was gut und was böse ist. Und das wird in vielen Fällen teilweise oder ganz von der gängigen Meinung abweichen. Es braucht Mut, dieses persönliche Gefühl, diese persönliche Wertung von Gut und Böse auch tatsächlich zu leben und zu äußern. Dabei wird man empfindliche Saiten zum Klingen bringen und sicher wird einem nicht überall Dank entgegengebracht. Wenn man aber ein Yod oder einen unaspektierten Planeten auf positive Weise zu leben weiß, wird man aufgrund der Tatsache, dass man der Mensch ist, der man ist, und durch die Lösungen, die man findet, gemeinsam mit ‚Schicksalsgenossen' überall in der Welt ein stiller Wegbereiter für neue Normen und Werte in der Zukunft sein.
Auch wenn man keine Yodfiguren und unaspektierten Planeten im Geburtshoroskop hat, wird man Teil dieses Prozesses sein, da man unwiderruflich durch Progressionen und Transite mit zeitlich begrenzten Yodfiguren zu tun bekommt. Somit wird man ebenso Teil dieses Prozesses wie die Menschen, die diese Inhalte im Geburtshoroskop haben und die ihr Leben lang damit beschäftigt sind. Die Fragen und Probleme, die sich zeitlich begrenzt in uns offenbaren und die Pattsituationen, in denen wir uns befinden, können dann sehr wohl mit einer umfassenderen und tieferen Problematik im Zusammenhang stehen, als man in diesem Augenblick erahnen mag.

Wir sind alle Teil eines größeren Ganzen. Wir sind Teil einer Vergangenheit, weil wir Mitglied einer Familie sind, deren Wurzeln weit in eine dunkle Vorzeit zurückreichen. Und wir sind Teil der Zukunft, unabhängig davon, ob wir Kinder haben oder nicht, weil wir die Retorte sind, aus der die Zukunft geformt wird. An wichtigen Kreuzungen der Zeit, in Wendepunktsituationen und bei notwendigen Veränderungen sind Menschen mit Yodfiguren und unaspektierten Planeten - vorausgesetzt, sie können diesen Inhalten ihres Horoskops eine kreative Form geben - im tiefsten Sinne die Wegbereiter für die Zukunft, und dabei ist es nicht wichtig, ob sie im Großen oder im Kleinen eine Rolle spielen. In ihrem inneren Kampf liegt der Samen für eine neue Ethik und für die Normen der Zukunft. Das Yod wurde schon immer „der Fingerzeig Gottes" genannt – und meines Erachtens auch zu Recht. Wir können im tiefsten Sinn auf den Weg vertrauen, den Yodfiguren und unaspektierte Planeten uns weisen.

Literatur

Devold, Simon Flemm: *Morten 11 jaar. Gesprekken over het leven met een kind dat sterven gaat.* Indigo, 1997 (ursprüngl. aus dem Norwegischen)

Dossey, Larry: *Space, Time & Medicine.* Shambhala, Boston, 1982

Idem: *Recovering the soul.*

Duff, Kat: *The Alchemy of Illness.* Pantheon Books, N.Y. 1993

Epstein, Allan: *Understanding Aspects: The inconjunct.* Trines Publishing. Reno.

Franz, M.L. von und J. Hillman: *Lectures on Jungs typology.* Spring Publications, Zürich, 1971

Franz, M.L.: *Shadow and evil in fairy tales.*

Furth, Gregg M.: *The Secret World of Drawings.* Coventure, (Sigo Press) Boston 1988

Greene, Liz: *Uranus im Horoskop.* Chiron Verlag, Mössingen 1999

Hamaker-Zondag, K.M.: *Deutung von Aspekten und Aspektfiguren.* Hugendubel, München 1998

Idem: *Elemente und Kreuze.* Ullstein, Berlin 1997

Idem: *Häuserherrscher und Häuserbeziehungen.* Hugendubel, München 1999

Idem: *Psyche en astrologisch Symbool,* Schors, Amsterdam 1978

Jacoby, Jolande: *Die Psychologie von C.G. Jung.* Fischer, Frankfurt 1978

Jung, Carl G.: *The Collected Works,* 20 vols. Routledge Kegan & Paul, London

Idem: Erinnerungen, *Träume, Gedanken.* Walter, Olten 1971

Idem: *Antwort auf Hiob,* GW1-9, Walter Verlag, Düsseldorf

Idem: *Der Mensch und seine Symbole,* Walter, Olten 1968

Idem: *Alchemistische Studien,* GW1-9, Walter Verlag, Düsseldorf

Koch, Walter: *Aspektlehre nach Johannes Kepler. Die Formsymbolik von Ton, Zahl und Aspekt.* Hamburg, 1952

Morton, Andrew: *Diana. Her true story in her own words.* Pocket Star Books 1998

Neumann, E.: *Tiefenpsychologie und neue Ethik*, (1964, 1948). Kindler Verlag, München

New Larousse *Encyclopedia of Mythology*, Paris

Sackoian und Acker, F. & L.: *That Inconjunct-Quincunx – The not so minor aspect.* Washington, 1973 (2. Auflage).

Quellennachweis der Horoskope in diesem Buch:

Voorhoeve	Selma Schepel, *Sterretijd* Nr. 57, Geburtsurkunde
Khomeini	Rodden, Lois: *Astrodata III*
Havel	Rodden, Lois: *Data News.* Geburtsurkunde
Ghandi	Penfield, Marc H.: *The Penfield Collection.* 2001 data. Nr. 696 und Kampherbeek, Jan: Cirkels, Nr. 618. Andere Zeiten, die genannt wurden: 7.12, 7.58, 7.09, 7.45 (Auswahl von Taeger in: Internationales Horoskope Lexikon), und 23.00 (immer LMT) und 2.30 GMT
Solschenyzin	Penfield, Marc H.: The Penfield Collection. 2001 data. Nr. 1724 und Lois Rodden: *Astrodata II* (nennt auch eine Zeit von 11.00 Uhr)
Willy Brandt	Gauquelin, F. & M.: *Actors and Politicians.* Geburtsurkunde
Jim Jones	Rodden, Lois: *Astrodata II.* Geburtszeit von der Familie erhalten.
Charles	Penfield, Marc H.: *The Penfield Collection.* 2001 data. Nr. 358, Geburtsurkunde. Auch: Lois Rodden: Astrodata II.
Diana	Rodden, Lois: *Astrodata III.* Zeit nach Auskunft der Mutter. Nach Mißverständnissen über die Geburtszeit wurde diese Angabe von Diana bestätigt.
Camilla	Caroline Graham gibt in ihrer Biografie „*Camilla, The King's Mistress*" an, daß Camilla am 17. Juli 1947 in London geboren ist, um kurz nach 7.00 Uhr morgens. Darum habe ich 7.05 genommen. Es ist darauf zu achten, daß 1947 in England *doppelte* Sommerzeit war, also zwei Stunden Unterschied zu GMT!
William	Offizielle Mitteilung an die Presse am Tag seiner Geburt.
Lewinsky	Geburtsurkunde
Tripp	Geburtsurkunde
Starr	Geburtsurkunde

Clinton	Die Zeitangabe 8.51: schriftliche Bestätigung der Mutter, Kopie im Besitz von Lois Rodden. Zeitangabe 3.44: Mutter eines Astrologen gibt an, daß sie eine Kopie von Clinton's Geburtsurkunde in einem speziellen Buch über ihn (als Gouverneur) in Hope gesehen habe, das verschwunden zu sein schien, als Clinton vermehrt in die Nachrichten geriet.
Jannette	persönliche Mitteilung (Jannette ist auch Astrologin)
C.G. Jung	Zeitangabe von seiner Tochter
Helen	Geburtsurkunde
Christina	Geburtsurkunde
Jacqueline	Geburtsurkunde
Gemma & Familienmitglieder:	persönliche Mitteilung von Gemma (Astrologin)
Esther	Geburtsurkunde

Hier kann man sich zum **Neue Erde-Newsletter** anmelden:
newsletter.neueerde.de/anmeldung

NEUE ERDE im Buchhandel

Sollte es Lieferschwierigkeiten bei den Büchern von NEUE ERDE geben, lassen Sie immer im VLB (Verzeichnis lieferbarer Bücher) nachsehen, im Internet unter **www.buchhandel.de**

Alle lieferbaren Titel des Verlags sind für den Buchhandel verfügbar.

Sie finden unsere Bücher auch auf unserer Homepage **www.neue-erde.de** oder in unserem Gesamtverzeichnis, welches Sie gerne hier anfordern können:

NEUE ERDE GmbH
Cecilienstr. 29 · 66111 Saarbrücken
info@neue-erde.de

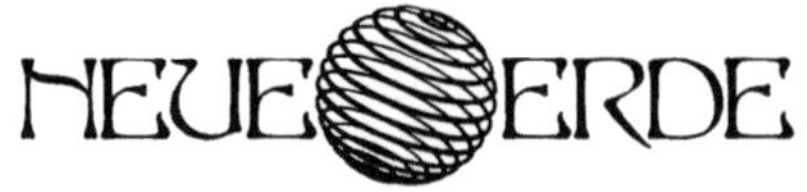